SOCIÉTÉ DE GÉOGRAPHIE DE ROCHEFO.

CONGRÈS NATIONAL

DES

SOCIÉTÉS FRANÇAISES DE GÉOGRAPHIE

XII° SESSION. — ROCHEFORT-SUR-MER. — 1891

Président : M. MILNE-EDWARDS
Professeur au Muséum, membre de l'Institut

COMPTE-RENDU DES TRAVAUX DU CONGRÈS

ROCHEFORT
SOCIÉTÉ ANONYME DE L'IMPRIMERIE CH. THÈZE, RUE CHANZY, 123
1893

CONGRÈS NATIONAL

DES

SOCIÉTÉS FRANÇAISES DE GÉOGRAPHIE

XIIᵉ SESSION. — ROCHEFORT-SUR-MER. — 1891

SOCIÉTÉ DE GÉOGRAPHIE DE ROCHEFORT

CONGRÈS NATIONAL

DES

SOCIÉTÉS FRANÇAISES DE GÉOGRAPHIE

XIIe SESSION. – ROCHEFORT-SUR-MER. – 1891

Président : M. MILNE-EDWARDS
Professeur au Muséum, membre de l'Institut

COMPTE-RENDU DES TRAVAUX DU CONGRÈS

ROCHEFORT
SOCIÉTÉ ANONYME DE L'IMPRIMERIE CH. THÈZE, RUE CHANZY, 123
1893

Société de Géographie de Rochefort

CONGRÈS NATIONAL

DES

SOCIÉTÉS FRANÇAISES DE GÉOGRAPHIE

XIIᵉ SESSION. — ROCHEFORT-SUR-MER. — 1891

Le Congrès de Montpellier avait fait l'honneur à la Société de géographie de Rochefort de la désigner pour organiser en 1891, la 12ᵉ session du Congrès annuel des Sociétés françaises de Géographie, dont l'ouverture avait été fixée au lundi 3 août, pour se terminer le dimanche, 9.

En vue de déterminer la série des questions qui lui paraissaient présenter un réel caractère d'intérêt et d'opportunité, ainsi que pour ouvrir un large champ aux études et aux discussions, le Comité d'organisation du Congrès avait adressé à l'avance à toutes les Sociétés et à tous les savants susceptibles de prendre part aux travaux, le programme ci-après, sans prétendre d'ailleurs en imposer les matières ni poser aucune limite à l'initiative personnelle.

I. — **Océanographie.**

1º Résultats des derniers travaux effectués dans les différentes mers du globe, notamment dans l'océan Atlantique et la Méditerranée ;
2º Théories nouvelles sur l'étendue et les effets du Gulf-Stream ;
3º Mers polaires, australes et boréales ; — Connaissances acquises ; — Explorations projetées.

II. — Les ports de la France sur l'Océan.

On pourrait envisager cette question, surtout au point de vue commercial, en insistant particulièrement sur les principaux ports de commerce de la région : *Bordeaux, La Rochelle* et *Rochefort*, et sur les moyens de défense et la protection qui leur doivent être assurés par les ports militaires.

III. — La Charente maritime ; son cours, son lit, ses rades et les îles qui les protègent.

Cette étude devra envisager la question géographique sous tous ses aspects : *historique, physique et descriptif, économique et commercial, administratif, politique et militaire ;* — Conséquemment, elle traitera du passé, du présent et de l'avenir de ce petit fleuve océanien, le seul à embouchure unique et dont l'heureuse orientation constitue une garantie si précieuse.

IV. — De la colonisation de la France intérieure.

Cette question, très discutée au Congrès de Bourg, a été réservée à un congrès ultérieur, sur la proposition de M. Blanchot, de Tours.

V. — De la colonisation française à l'extérieur.

Dans le vaste cadre que présente ce sujet peut entrer tout ce qui touche :

1º Aux différents systèmes de colonisation employés dans le passé (par les grandes compagnies), dans le présent (la tutelle administrative partout et sur tout), ou proposés par de nouvelles écoles (liberté, initiative privée, sous la simple protection de l'Etat, etc.) ;

2º A l'émigration française vers les colonies françaises et vers les pays étrangers ;

3º A la situation des étrangers dans nos colonies ;

4º A la valeur, relative et respective, des différentes mains-d'œuvre dans nos colonies ;

5º A la colonisation pénale et, conséquemment, à la transportation et à la déportation ;

6º A l'influence de l'émigration sur la dépopulation de la France.

VI. — **La France en Afrique.**

1° Découvertes de nos compatriotes et résultats acquis par eux à la géographie ; — Conséquences économiques et politiques ;
2° Zones d'influence des puissances européennes en Afrique ;
3° *Madagascar*. — Passé, présent et avenir ; — Relations avec les possessions européennes de la côte d'Afrique voisine ; — *Modus vivendi* à adopter avec le gouvernement malgache ;
4° *Le Transsaharien*. — Étude toute d'actualité et qui s'impose au Congrès. Quelque opinion que l'on en ait, on ne peut que souhaiter que cette si importante entreprise soit soumise à des discussions qui emprunteront, nécessairement, à nos grandes assises géographiques, une autorité réelle.

VII. — **L'Indo-Chine française.**

Traiter la question exclusivement au point de vue économique et commercial :

1° Voies fluviales et terrestres favorables au commerce, reconnues et signalées par nos explorateurs ;
2° Direction à donner à notre politique économique et commerciale dans l'Indo-Chine ;
3° Politique à suivre à l'égard des pays limitrophes : *Siam*, *Laos* et *Chine* ; — Étudier, à ce propos, l'histoire des relations de la France avec Siam, depuis Louis XIV.

VIII. — **De l'avenir commercial et économique de nos possessions du Pacifique.**

Les travaux entrepris dans l'isthme de Panama et l'occupation des Nouvelles-Hébrides ont appelé notre attention vers le Pacifique. Les terres qu'y possède la France peuvent se trouver appelées à un grand avenir commercial et économique.

IX. — **Géographie ancienne de l'Aunis et de la Saintonge.**

1° Recherches de géographie préhistorique dans le département. (Cette question répond à un vœu exprimé par le Conseil général de la Charente-Inférieure) ;

2° Modifications du littoral de l'Aunis et de la Saintonge, depuis les temps anciens jusqu'à nos jours ;

3° Formation des dunes. — A quelle époque peut-on faire remonter leur apparition sur le littoral de la Charente-Inférieure ? — A quelle cause attribuer ces apports sablonneux ? D'où proviennent les éléments qui les composent ?

X. — Cartographie, enseignement et vulgarisation de la géographie.

1° Utilité d'étendre l'enseignement de la géographie et d'augmenter les progrès accomplis dans cette voie ;

2° Création d'un Institut géographique ;

3° Choix d'une orthographe conventionnelle et nationale pour les noms géographiques. Il est nécessaire qu'une règle soit adoptée pour les pays de la France extérieure (colonies d'Afrique, d'Asie, et surtout l'Indo-Chine).

En dehors des questions soumises plus particulièrement aux discussions du Congrès, pouvant être l'objet de débats contradictoires, sur lesquelles chacun peut présenter des avis et qui entraînent des conclusions ou même le vote de vœux, le Congrès pouvait entendre des « communications. » Là, le champ devait être laissé entièrement libre ; toutefois, l'on signalait plus spécialement à l'attention des chercheurs les sujets suivants :

1° Détermination de l'état actuel des connaissances géographiques, d'après les plus récentes découvertes ; — Lacunes qui subsistent encore ;

2° Documents géographiques anciens, ignorés ou peu connus ;

3° Les grands voyageurs d'Aunis et Saintonge ; — Biographies (Pierre du Gua, seigneur de Monts ; Samuel Champlain, d'Orbigny, les deux Lesson, Bellot, Thouar, Trivier, etc.) ;

4° Les colons d'Aunis et Saintonge au Canada.

Enfin, l'ordre des travaux du Congrès fut arrêté, sauf

modifications apportées au cours des séances, dans le programme ci-après :

Lundi, 3 août.

2 heures du soir. — Réunion des délégués des Sociétés françaises de Géographie *(Lycée)*.
4 h. 1/2 du soir. — Séance solennelle d'ouverture, sous la présidence de M. le Ministre de la marine, président d'honneur du Congrès de Géographie.
Discours.
Comptes-rendus des délégués des Sociétés.
9 heures du soir. — Soirée à l'Hôtel-de-Ville.

Mardi, 4 août.

9 heures du matin. — Séance consacrée à l'exposition et la discussion des questions du programme du Congrès.
3 heures du soir. — Séance consacrée aux communications personnelles.
8 h. 1/2 du soir. — Conférence publique.

Mercredi, 5 août.

9 heures du matin. —
3 heures du soir. — Comme la veille.
8 h. 1/2 du soir. —

Jeudi, 6 août.

Excursion au port de La Pallice et à La Rochelle.

Le départ aura lieu vers 7 heures du matin. Le trajet se fera en bateau à vapeur : descente de la Charente, traversée des rades de l'île d'Aix, des Trousses, des Basques, de La Pallice.

Débarquement au port de La Pallice. Visite de ce port.

De La Pallice à La Rochelle, en chemin de fer (départ à 10 h. 40 ; arrivée à 11 h. 02).

Réception par la Ville de La Rochelle et la Société de géographie.

Le retour s'effectuera au gré des excursionnistes, soit par le bateau à vapeur, soit en chemin de fer.

8 h. 1/2 du soir. — Conférence publique.

Vendredi, 7 août.

9 heures du matin. — Séance de discussion des questions du programme.
3 heures du soir. — Séance pour les communications.
8 h. 1/2 du soir. — Conférence publique.

Samedi, 8 août.

9 heures du matin. — Séance ordinaire du matin.
3 heures du soir. — Séance de clôture.
8 h. 1/2 du soir. — Conférence publique.

Dimanche, 9 août.

Grande excursion à Royan, par Soubise, Brouage, Marennes, La Seudre et La Tremblade, la forêt d'Arvert, les dunes, le pertuis de Maumusson, Saint-Palais et Pontaillac.
Réception par la Municipalité de Royan.
Par une faveur gracieuse des Chemins de fer de l'État, les membres du Congrès pourront, pour leur retour, partir à leur gré de la gare de Royan ou de celle de Rochefort.

RENSEIGNEMENTS

Nous prions nos collègues de la Société de géographie de Rochefort d'envoyer, aussitôt que possible, leur adhésion au Congrès.

Les membres étrangers à la ville pourront, dès leur descente du chemin de fer, se faire conduire à l'un des hôtels ci-dessous dénommés :

Hôtel du Bacha.
Hôtel de La Rochelle.   Prix de la journée dans ces hôtels : 7 fr. 50.
Hôtel de France.

La séance solennelle d'ouverture et les conférences publiques du soir, se tiendront dans la grande salle de la Bourse (entrée par la rue Martrou), mise gracieusement à la disposition du Congrès, par la Municipalité.

Les autres séances se tiendront au Lycée (rue Audry-de-Puyravault), où des salles nous ont été accordées par M. le Recteur de l'Académie de Poitiers. Indépendamment de la salle des séances ordinaires, le Congrès trouvera un lieu de réunion particulier aux délégués des Sociétés françaises de Géographie, et une salle de correspondance.

A l'entrée du Lycée, nos collègues pourront demander tous les renseignements dont ils auront besoin, retirer leur carte de membre du Congrès, leurs cartes pour les excursions, etc.

Pour les excursions, nous prions tous les membres du Congrès, sans excepter ceux qui habitent Rochefort, de vouloir bien s'inscrire le plus promptement possible.

Pour l'excursion de La Rochelle, le prix approximatif sera de 6 à 7 fr., y compris le déjeuner, mais non le retour en chemin de fer, de La Rochelle à Rochefort.

Pour l'excursion de Royan, le prix ne sera pas supérieur à 20 fr. par personne.

Des cartes-itinéraires et des notices seront distribuées à tous les excursionnistes.

Les membres du Congrès seront heureux si les familles de leurs collègues veulent bien se joindre à eux pour ces promenades.

M. le commandant Silvestre, secrétaire de la Société de géographie de Rochefort, veut bien se charger de tout ce qui concerne les excursions et les logements à retenir. Prière de lui adresser les demandes (rue des Fonderies, n° 2).

Le Secrétaire général,

Dr HENRI BOURRU,
Médecin en chef de la Marine.

COMPOSITION DU CONGRÈS

Présidents d'honneur : (¹)

S. A. LE PRINCE DE MONACO ;
M. BARBEY, Sénateur, Ministre de la Marine.

Président :

M. MILNE-EDWARDS (Alphonse), professeur au Muséum, membre de l'Institut.

Ministres représentés :

M. le Ministre de l'Intérieur, représenté par M. ANTHOINE, Ingénieur, Directeur de la carte de France au Ministère de l'Intérieur ;

M. le Ministre de l'Instruction publique, représenté par M. GAUTHIOT, membre du Conseil supérieur des Colonies ;

M. le Ministre de la Guerre, représenté par M. le capitaine LAPASSET, attaché au service géographique de l'armée ;

M. le Ministre de la Marine, représenté par M. le capitaine GOULLET, de l'infanterie de marine ;

M. le Sous-Secrétaire d'État des Colonies, représenté par M. J.-L. DELONCLE.

SOCIÉTÉS DE GÉOGRAPHIE FRANÇAISES REPRÉSENTÉES

Bordeaux. — *Société de géographie commerciale.* — Délégué : M. MANÈS.

Douai. — *Union géographique du Nord de la France.* — Délégué : M. le baron JULES DE GUERNE.

(¹) S. A. le Prince de Monaco et M. le Ministre de la Marine, qui avaient bien voulu accepter la présidence d'honneur du Congrès, ont malheureusement été empêchés d'y assister ; ils ont envoyé l'expression de leurs très vifs regrets.

La Rochelle. — *Société de géographie.* — Délégué : M. BELTRÉMIEUX.

Le Havre. — *Société de géographie commerciale.* — Délégué : M. DE L'ÉPINE.

Lille. — *Société de géographie.* — Délégué : M. MERCHIER.

Lyon. — *Société de géographie.* — Délégué : M. MANÈS.

Marseille. — *Société de géographie.* — Délégué : M. CATAT.

Montpellier. — *Société languedocienne de géographie.* — Délégué : M. MALAVIALLE.

Nancy. — *Société de géographie de l'Est.* — Délégué : M. BARBIER.

Nantes. — *Société de géographie commerciale.* — Délégué : M. Jules DESFONTAINES.

Oran. — *Société de géographie et d'archéologie.* — Délégué : M. le Dr BOURRU.

Paris. — *Société de géographie.* — Délégués : MM. MILNE-EDWARDS et LESEUR.

Paris. — *Société de géographie commerciale.* — Délégués : MM. Marcel MONNIER et TURQUAN.

Rochefort-sur-mer. — *Société de géographie.* — Représentée par son Bureau.

Saint-Nazaire. — *Société de géographie commerciale.* — Délégué : M. GALLET.

Toulouse. — *Société de géographie.* — Délégué : M. GUÉNOT.

Tours. — *Société de géographie.* — Délégué : M. le colonel BLANCHOT.

AUTRES SOCIÉTÉS FRANÇAISES REPRÉSENTÉES

Cherbourg. — *Société des sciences.* — Délégué : M. le capitaine de vaisseau JOUAN.

Paris. — *Association nationale de topographie.* — Délégué : M. POLIDORE.

Paris. — *Comité de l'Afrique française.* — Délégué : M. PERCHER (Harry-Alis).

Paris. — *Société des études maritimes et coloniales.* — Délégués : MM. le sénateur ISAAC et Paul VIBERT.

SAINTES. — *Comité des Arts et Monuments historiques de la Charente-Inférieure.* — Délégué : M. MUSSET.

SAINTES. — *Société des Archives historiques de la Saintonge et de l'Aunis.* — Délégué : M. AUDIAT.

SOCIÉTÉ ÉTRANGÈRE REPRÉSENTÉE

Union des Sociétés suisses de géographie. — Délégué : M. FRITZ DU BOIS.

LISTE GÉNÉRALE DES MEMBRES PRÉSENTS AU CONGRÈS

MM.

ANTHOINE, ingénieur, directeur de la carte de France au Ministère de l'Intérieur, délégué du Ministre de l'Intérieur.

ARDOUIN (Dr), médecin principal de la marine, de la *Société de géographie de Rochefort.*

ARVAUD, commis courtier, de la *Société de géographie de Rochefort.*

AUDIAT, président de la *Société des Archives historiques de la Saintonge et de l'Aunis.*

BACHELAR, courtier maritime, président de la Chambre de commerce de Rochefort, de la *Société de géographie de Rochefort.*

BALLOT (VICTOR), administrateur principal, résident aux Établissements français au Bénin.

BONNAUX, vice-président de l'*Association nationale de topographie.*

BARBIER, secrétaire général de la *Société de géographie de l'Est.*

BARTET, inspecteur-adjoint de la marine, de la *Société de géographie de Rochefort.*

BARTHÉLEMY-BENOIT (Dr), médecin en chef de la marine, en retraite, vice-président de la *Société de géographie de Rochefort.*

BELTRÉMIEUX, vice-président du Conseil de préfecture du département de la Charente-Inférieure, président de la *Société de géographie de La Rochelle.*

BITEAU, maître principal de la marine, de la *Société de géographie de Rochefort.*

BLANC (EDOUARD), explorateur, de la *Société de géographie de Paris* et de la *Société de géographie commerciale de Paris.*

BLANCHOT, colonel du 125e de ligne, délégué de la *Société de géographie de Tours.*

BOIS (Fritz du), voyageur aux Indes néerlandaises, délégué de l'*Union des Sociétés suisses de géographie,* membre de la *Société de géographie de Paris* et de la *Société de géographie commerciale de Paris.*

BOISSELLIER, agent administratif principal de la marine, de la *Société de géographie de Rochefort.*

BOURRU (Dr Henri), médecin en chef de la marine, secrétaire général de la *Société de géographie de Rochefort.*

BRAUD, maire de Rochefort, conseiller général, député, président d'honneur de la *Société de géographie de Rochefort.*

BUCQUET, de la *Société de géographie de Rochefort.*

CATAT (D^r), explorateur, de la *Société de géographie de Paris* et de la *Société de géographie commerciale de Paris.*

CHASTANG (D^r), médecin en chef de la marine, en retraite, de la *Société de géographie de Rochefort.*

COUILLIAUX (Alcide).

COURCELLE-SENEUIL, lieutenant de vaisseau, de la *Société de géographie de Rochefort.*

DEGORCE, pharmacien en chef de la marine, de la *Société de géographie de Rochefort.*

DELONCLE (Jean-Louis), délégué du sous-secrétaire d'État des Colonies.

DESFONTAINES (Jules), délégué de la *Société de géographie de Nantes.*

DIENNE (Comte de).

DUPLOUY (Dr Charles), directeur du service de santé de la marine, de la *Société de géographie de Rochefort.*

FESTY, lieutenant de vaisseau, de la *Société de géographie de Rochefort.*

FONTORBE (D^r), médecin principal de la marine, professeur à l'Ecole de médecine navale, de la *Société de géographie de Rochefort.*

FOUCAUD, directeur du Jardin botanique, de la *Société de géographie de Rochefort.*

FRANÇOIS, de la *Société de géographie commerciale de Paris.*

GAIFFE (Félix), de la *Société de géographie de Rochefort.*

GALLET, délégué et secrétaire-trésorier de la *Société de géographie de Saint-Nazaire.*

GAUTHIOT, délégué du Ministre de l'Instruction publique, de la *Société de géographie de Paris* et secrétaire général de la *Société de géographie commerciale de Paris.*

GIRAUD (Théodore), avoué, secrétaire de la *Société de géographie de Rochefort*.
GRASSIN, de la *Société de géographie de Rochefort*.
GOULLET, capitaine au 5º régiment d'infanterie de marine, délégué du Ministre de la Marine.
GUÉNOT, délégué et secrétaire général de la *Société de géographie de Toulouse*.
GUERNE (baron Jules de), délégué et secrétaire général adjoint de l'*Union géographique du nord de la France*, à Douai.
ISAAC, sénateur de la Guadeloupe, délégué et vice-président de la *Société des Etudes maritimes et coloniales*.
JAIME, lieutenant de vaisseau.
JOUAN, capitaine de vaisseau, en retraite, délégué de la *Société des Sciences de Cherbourg*.
JOUBERT, pharmacien, de la *Société de géographie de Rochefort*.
JUIN, contre-amiral, président de la *Société de géographie de Rochefort*.
KLIPFEL, lieutenant-colonel d'infanterie de marine, de la *Société de géographie de Rochefort*.
KUNTZ (Frédéric), capitaine au 7º régiment d'infanterie de marine, de la *Société de géographie de Rochefort*.
LAPASSET, capitaine, attaché au service géographique de l'armée, délégué du Ministre de la Guerre.
LÉNÉ, de la *Société de géographie commerciale de Paris*.
L'EPINE (de), avocat, docteur en droit, délégué de la *Société de géographie du Havre*.
LESEUR (Félix), délégué de la *Société de géographie de Paris*.
MAISTRE, explorateur, de la *Société de géographie de Paris* et de la *Société de géographie commerciale de Paris*.
MALAVIALLE, professeur à la Faculté des Lettres de Montpellier, délégué et secrétaire général de la *Société languedocienne de géographie*.
MALLAT, colonel d'artillerie de marine, en retraite, vice-président de la *Société de géographie de Rochefort*.
MANÈS, secrétaire général et délégué de la *Société de géographie de Bordeaux*, délégué de la *Société de géographie de Lyon*.
MARTINEAU, juge d'instruction à Rochefort, de la *Société de géographie de Rochefort*.
MERCHIER, professeur au lycée de Lille, délégué et secrétaire général de la *Société de géographie de Lille*.

MILNE-EDWARDS (Alphonse), professeur au Muséum, membre de l'Institut, délégué de la *Société de géographie de Paris.*

MOINET (Léon), de la *Société de géographie de Rochefort.*

MONNIER (Marcel), explorateur, de la *Société de géographie de Paris* et de la *Société de géographie commerciale de Paris.*

MUSSET, bibliothécaire de la ville de La Rochelle, délégué et président de la Commission des Arts et Monuments historiques de la Charente-Inférieure.

OUI (Jules), pharmacien, de la *Société de géographie de Rochefort.*

PAILLÉ (Dr), archiviste de la *Société de géographie de Rochefort.*

PERCHER (Harry Alis), délégué du *Comité de l'Afrique française.*

PERRIER (Léon), archiviste de la *Société de géographie de Rochefort.*

POLIDORE, délégué de la *Société des Etudes maritimes et coloniales.*

PRIOUX (Paul), imprimeur, de la *Société de géographie de Rochefort.*

REGELSPERGER (Gustave), docteur en droit, de la *Société de géographie commerciale de Paris* et de la *Société de géographie de Rochefort.*

RODANET (Lucien), vice-consul des Pays-Bas, à Royan, de la *Société de géographie de Rochefort.*

SANGO, capitaine de vaisseau, de la *Société de géographie de Rochefort.*

SILVESTRE (Jules), chef de bataillon d'infanterie de marine, en retraite, administrateur principal des affaires indigènes de l'Indo-Chine, professeur à l'Ecole libre des sciences politiques, secrétaire de la *Société de géographie de Rochefort.*

TEXIER (Marcel), trésorier de la *Société de géographie de Rochefort.*

THÈZE (Dr Alfred), secrétaire de la *Société de géographie de Rochefort.*

THOYON, notaire, de la *Société de géographie de Rochefort.*

TURQUAN (Victor), chef du bureau de la statistique au Ministère du Commerce, de la *Société de géographie de Paris* et délégué de la *Société de géographie commerciale de Paris.*

VIBERT (Mme veuve Théodore), de l'*Association nationale de topographie.*

VIBERT (Paul), président de l'*Association nationale de topographie*, délégué de la *Société des Etudes maritimes et coloniales.*

VILLEMEREUIL (BONAMY DE), capitaine de vaisseau, en retraite, de la *Société de géographie de Paris*.

VOLLET, capitaine de vaisseau, en retraite, de la *Société de géographie de Rochefort*.

LISTE DES PERSONNES QUI ONT ADHÉRÉ AU CONGRÈS, SOIT PAR LETTRE, SOIT PAR L'ENVOI DE TRAVAUX

ARMAND (PAUL), secrétaire général de la *Société de géographie de Marseille*.

ARNOULD (colonel), de la *Société de géographie de Paris*.

BASSET, de la *Société de géographie de La Rochelle*.

BAZANGEON, ancien magistrat.

BELLANGER, de la *Société de géographie de La Rochelle*.

BELLET (DANIEL), rédacteur au Ministère des Travaux publics, de la *Société de géographie de Paris* et de la *Société de géographie de Rochefort*.

BERNARD (GABRIEL), de la *Société de géographie de La Rochelle*.

BONNETTI (commandant), de la *Société de géographie de Bordeaux*.

CASSANO (PRINCE DE), secrétaire général de la Commission permanente internationale pour la protection des émigrants, membre de la *Société de géographie de Paris* et de la *Société de géographie commerciale de Paris*.

CASTONNET DES FOSSES, de la *Société de géographie de Paris*, et président de section de la *Société de géographie commerciale de Paris*.

CHAFFANJON, explorateur, de la *Société de géographie de Paris* et de la *Société de géographie commerciale de Paris*.

CHALANDE, de la *Société de géographie de Toulouse*.

CHOLET (G.), avocat, secrétaire général de la *Société de géographie de Nantes*.

COGNÉ, président de la *Société de géographie de Saint-Nazaire*.

COINDON, de la *Société de géographie de La Rochelle*.

COUDREAU, explorateur, de la *Société de géographie de Paris* et de la *Société de géographie commerciale de Paris*.

COUNEAU, de la *Société de géographie de La Rochelle*.

CRÉPY (PAUL), président de la *Société de géographie de Lille*.

CREUZÉ, de la *Société de géographie de La Rochelle*.

DALLOT, de la *Société de géographie de La Rochelle*.

DELAPORTE, lieutenant de vaisseau, de la *Société de géographie de Paris*.

DELAVAUD (Charles), inspecteur du service de santé de la marine, en retraite, président honoraire de la *Société de géographie de Rochefort*.

DUANY-SOLLER (D^r), de la *Société de géographie de La Rochelle*.

DUPUY, professeur au lycée de La Rochelle, de la *Société de géographie de La Rochelle*.

DURET, de la *Société de géographie de Rochefort*.

GALLIÉNI, colonel d'infanterie de marine, de la *Société de géographie de Paris*, de la *Société de géographie commerciale de Paris* et de la *Société de géographie de Rochefort*.

GERMAIN, de la *Société de géographie de La Rochelle*.

GIRAUD, de la *Société de géographie de La Rochelle*.

GRIFFON DU BELLAY, médecin en chef de la marine, en retraite, de la *Société de géographie de Saint-Nazaire*.

HAUTREUX, de la *Société de géographie de Bordeaux*.

JEANVRAIS (Théophile).

LACROUSILLE (de), président de la *Société de géographie de Périgueux*.

LAFORGE (Pierre), de l'*Association nationale de topographie*.

LEVASSEUR, membre de l'Institut, professeur au Collège de France, de la *Société de géographie de Paris*, vice-président de la *Société de géographie commerciale de Paris*, membre honoraire de la *Société de géographie de Rochefort*.

LOISEAU, secrétaire général de la *Société de géographie de Bourg*.

LUSSON, professeur au lycée de La Rochelle, de la *Société de géographie de La Rochelle*.

MARCHE, explorateur, de la *Société de géographie de Paris* et de la *Société de géographie commerciale de Paris*.

MAUREL (Marc), président de la *Société de géographie de Bordeaux*.

MEYER, de la *Société de géographie de La Rochelle*.

PIGEONNEAU, professeur à la Sorbonne, de la *Société de géographie de Paris* et vice-président de la *Société de géographie commerciale de Paris*.

PRA, président de section à la *Société de géographie commerciale de Paris*.

RENAUD (Georges), de la *Société de géographie de Rouen*.

RICHEMOND (Meschinet de), archiviste du département de la Charente-Inférieure, secrétaire général de la *Société de géographie de La Rochelle.*

RUBINE, de la *Société de géographie de La Rochelle.*

SEVIN-DESPLACES, de la *Société de géographie de Paris.*

THIBAUDEAU, de la *Société de géographie de La Rochelle.*

VERDIER, armateur, de la *Société de géographie de La Rochelle.*

PROCÈS-VERBAUX DES SÉANCES

Séance d'ouverture du 3 août 1891.

Présidence de M. MILNE-EDWARDS.

SOMMAIRE. — Discours de M. Braud, maire de Rochefort. — Discours de M. le contre-amiral Juin, président de la Société de géographie de Rochefort. — Discours de M. le vice-amiral Ribell, préfet maritime. — Discours de M. Milne-Edwards, président du Congrès.

La séance est ouverte à quatre heures et demie, dans la salle de la Bourse, mise à la disposition du Congrès par la municipalité de Rochefort, en présence d'une foule nombreuse et d'un grand nombre de fonctionnaires civils et de la marine. On remarque sur l'estrade M. le contre-amiral Juin, président de la Société de géographie de Rochefort ; M. le vice-amiral Ribell, préfet maritime ; MM. Milne-Edwards, professeur au Muséum, membre de l'Institut ; Isaac, sénateur de la Guadeloupe ; Braud, maire et député de Rochefort ; le contre-amiral Dupont, major-général ; Liégey, sous-préfet de l'arrondissement ; le docteur Duplouy, directeur du service de santé de la marine ; le colonel Dulieu, du 7e régiment d'infanterie de marine ; les colonels Mallat et Romouil ; Gauthiot, membre du Conseil supérieur des colonies, délégué du Ministre de l'instruction publique ; Anthoine, directeur de la carte de France au ministère de l'intérieur, délégué du Ministre de l'intérieur ; le capitaine Lapasset, délégué du Ministre de la guerre ; le capitaine Goullet, délégué du Ministre de la marine ; le docteur Bourru, médecin en chef de la marine, secrétaire général de la Société de géographie de

Rochefort ; le commandant Silvestre, professeur à l'École des sciences politiques, etc., etc.

Après l'exécution de l'hymne national par la musique du 3ᵉ régiment d'infanterie de marine, M. Braud, maire de Rochefort, et député de la Charente-Inférieure, a prononcé l'allocution suivante :

Mesdames, Messieurs,

Le Congrès qui va s'ouvrir nous procure la bonne fortune de recevoir et de fêter les hommes éminents qui ont répondu à notre modeste, mais cordiale invitation.

C'est donc au nom de la Municipalité et de la population rochefortaise tout entière, que je leur souhaite la bienvenue dans notre bonne ville et que je les remercie d'avoir bien voulu nous honorer de leur visite.

Je suis particulièrement heureux de remercier MM. les délégués du Gouvernement, qui assistent à cette solennité, car leur présence nous est un sûr garant du succès de notre entreprise.

Soyez assurés, Messieurs, que nous conserverons un précieux souvenir de votre trop court séjour parmi nous, et laissez-moi ajouter que nous avons le ferme espoir de vous revoir bientôt.

Vous allez vous livrer à vos importants travaux scientifiques, qui intéressent à un si haut point tous ceux qui ont souci de la grandeur de la France et du prestige de la République.

Parmi ces études si utiles et si fécondes, il en est une qui préoccupe depuis longtemps les hommes dévoués à la prospérité de notre Arsenal.

Vous pourrez vous convaincre, Messieurs, en visitant notre port militaire et notre magnifique rade, qu'il est indispensable de doter notre marine d'un port de premier ordre, permettez-moi d'ajouter d'un port unique, au point de vue de la défense nationale.

Je n'insiste pas, car je suis convaincu que nous pouvons compter sur votre puissant concours pour nous aider à faire triompher nos justes et légitimes revendications.

Agréez donc, dès maintenant, nos sincères remerciements et l'expression de notre vive reconnaissance. (Vifs applaudissements.)

M. l'amiral Juin prend ensuite la parole et souhaite, à son

tour, la bienvenue aux membres du Congrès, bonheur qui lui cause, dit-il, une émotion qu'il n'a jamais ressentie sur le banc de quart de l'officier ou la passerelle du commandant. C'est que si la Société de géographie de Rochefort a entendu des conférenciers éloquents et des explorateurs célèbres, jamais elle ne vit groupés autour d'elle tant d'hommes éminents. L'amiral remercie M. le vice-amiral Ribell, préfet maritime, qui a été l'intermédiaire bienveillant, très dévoué, entre le Ministre de la marine et le Comité d'organisation du Congrès. La Municipalité et tous ceux qui vont contribuer au succès de cette solennité scientifique, notamment le docteur Bourru, ont aussi leur part d'éloges :

A vous tous, Messieurs, salut, et salut de tout cœur ! Encore une fois, soyez les bienvenus parmi nous. Soyez assurés que notre Société est très fière de l'empressement que vous avez mis à répondre en si grand nombre à notre appel ; — soyez assurés qu'elle mettra tout en œuvre pour vous donner les moyens d'occuper utilement, en les variant par d'agréables excursions, les quelques jours que vous voulez bien nous donner.

C'est ainsi que nous avons décidé une excursion à La Rochelle, cette ville célèbre, qui a son histoire particulière dans l'histoire de France, remarquable par ses monuments anciens, par son magnifique port de La Pallice, récemment inauguré. Nous nous rendrons à La Rochelle par la Charente, que nous tenons à vous faire connaître, la Charente, cette rivière incomparable, quoi qu'on ait dit et quoi qu'on puisse dire, — en tout égale, sinon supérieure, à la Medway, sur les bords de laquelle, dans une situation analogue à celle de Rochefort sur la Charente, fut créé Chatham, le premier arsenal militaire de l'Angleterre, un arsenal complet, modèle, inattaquable, comme devrait être, au point de vue de la défense nationale, comme pourrait être sans grandes dépenses et facilement, notre Arsenal de Rochefort,... si on le voulait !

Puis, nos travaux terminés, nous vous conduirons — par Soubise, Moëze, Brouage, la ville de Richelieu, la patrie de Champlain, le fondateur de Québec ; par Marennes, la Tremblade, la forêt d'Arvert, — à Royan, la grande station de bains de mer de l'Océan. Ce sera le bouquet ! Partout, comme ici, vous trouverez un accueil gracieux, les autorités vous feront fête, les populations se presseront sur votre passage.

Mais je m'arrête, car, à voyager ainsi par la pensée, je finirais par arriver, comme Caillé et Trivier, mes compatriotes, de l'autre côté de l'Afrique ou à Tombouctou ! Ce serait long et ce serait assurément vous faire perdre trop de temps. Que voulez-vous ? je ne suis pas seulement président de Société de géographie, je suis aussi Saintongeois, Rochefortin, un bon Rochefortin, je vous en réponds ! et quand je parle de mon pays et de notre Arsenal surtout, qui devrait être, je le répète, le premier arsenal militaire de la France, il est naturel que je me laisse entraîner... Revenons donc à notre Congrès.

Pour présider ce Congrès, il faut un homme dont la notoriété s'impose, et l'amiral propose M. Milne-Edwards, dont le nom est acclamé par toute la salle, M. Milne-Edwards, fils de savant, grand savant lui-même, ancien président de la Société de géographie de Paris, modèle de toutes les autres. Et l'amiral Juin termine ainsi :

Maintenant, Messieurs, à vous savants, spécialistes, explorateurs, à vous d'agir, de parler, de discuter, d'éclairer les questions géographiques posées. — La géographie est le tableau de la nature, de l'humanité en général. Travailler à la diffusion des connaissances géographiques, c'est travailler au développement du commerce en général, et, en particulier, à la prospérité de la France. Ce sera aussi faire connaître, admirer les merveilles de la Création, l'intelligence de l'homme, proclamer la puissance et la grandeur de Celui qui a créé et gouverne notre magnifique univers. Cette noble tâche, vous saurez la remplir !

L'auditoire a souligné d'applaudissements répétés cette chaleureuse allocution.

Sur l'initiative de M. l'amiral Juin, M. Milne-Edwards prend place au fauteuil de la présidence ; il y est accueilli par les applaudissements unanimes des membres du Congrès et du public.

La parole est donnée à M. le vice-amiral RIBELL, préfet maritime, qui prononce l'allocution suivante :

Messieurs,

J'ai désiré dire quelques mots seulement pour m'associer de tout cœur aux paroles de bienvenue et de remerciement que viennent de prononcer M. le Maire et M. le Président de la Société de géographie de Rochefort.

Je ne puis cependant pas accepter sans réserve les éloges trop flatteurs que m'a adressés M. l'amiral Juin, et que son amitié pour moi lui a suggérés. En offrant le concours de la marine, dans cette solennelle occasion, aux membres du XIIe Congrès national de géographie, qui honorent aujourd'hui de leur présence la ville de Rochefort, je n'ai fait que remplir un agréable devoir. La marine s'intéresse vivement aux progrès de la science géographique, dont elle est la plus ancienne collaboratrice.

Je n'éprouve qu'un regret, Messieurs, c'est qu'une obligation impérieuse me prive du grand plaisir d'assister à toutes vos séances et de vous faire moi-même les honneurs de la partie de vos travaux qui concerne la marine ; mais je tiens à vous donner, avec l'expression de ce regret, l'assurance de toute ma sympathie et de mon entier dévouement à l'œuvre si utile à laquelle vous vous consacrez avec tant de compétence et d'autorité. (Applaudissements.)

M. MILNE-EDWARDS, président, prononce le discours suivant :

Messieurs,

Mes premières paroles doivent être des paroles de remerciement : il me faut d'abord exprimer toute ma gratitude pour l'accueil si sympathique, si cordial, que je reçois ici, et pour le langage élogieux que vient de tenir à mon égard M. l'amiral Juin, président de la Société de géographie de Rochefort. Ces éloges, je ne les mérite pas ; ils reviennent de droit à la Société de géographie de Paris, que j'ai l'honneur de représenter ici, et aussi au corps de la marine, qui m'a tant aidé autrefois dans les explorations qu'il m'a été donné de faire.

Messieurs, la science, par ses progrès, transforme les relations des hommes avec une rapidité s'accélérant chaque jour, et nul ne peut se soustraire à l'incessante activité qui nous emporte dans son mouvement. Le repos, le calme, la douceur de se laisser vivre ne sont plus de notre temps ; mais à ces choses perdues que de compensations ! et ne doit-on pas mettre en première ligne la facilité qui nous est donnée de nous réunir dans ces Congrès, si féconds en heureux résultats ? Ils sont nés du besoin d'échanger nos idées, de coordonner nos travaux, de jalonner le chemin parcouru et de déterminer la direction à donner aux études communes ; car il ne suffit plus à nos Sociétés d'entretenir des correspondances régulières, il leur faut le contact plus intime des esprits, amené par ces réunions où ceux qui ont le même objectif apprennent à se connaître, à s'estimer, et nouent souvent des amitiés durables.

Vous arrivez de tous les points de la France pour nous apporter le résumé des travaux accomplis par les Sociétés dont vous êtes les représentants. Aussi votre assemblée constitue-t-elle en quelque sorte les *États généraux* de la Géographie, où seront examinés les *Cahiers* rédigés par vous, c'est-à-dire le fruit de vos réflexions et de vos recherches.

Dans ce labeur qui nous rapproche, nous mettons en commun notre expérience et nos observations, et la science que nous aimons, en recevra une nouvelle impulsion.

Messieurs, si nous jetons un regard en arrière, nous avons lieu d'être fiers des progrès réalisés depuis vingt ans. La géographie a conquis, au milieu des sciences qui grandissaient si vite, une place des plus honorables ; elle s'est modifiée à son grand avantage. Au lieu de se présenter sous l'aspect un peu revêche qui la rendait redoutable, elle en a pris un plus jeune, plus affable, plus vivant, et elle attire tous les esprits curieux. Elle a compris que, trop longtemps, elle était restée cristallisée dans une forme immuable et qu'il lui fallait élargir son cadre, qu'elle ne pouvait pas se borner à une aride nomenclature de contrées et de villes, à une sèche énumération des fleuves et de leurs affluents, des chaînes de montagne et de leurs altitudes. Elle est devenue une science philosophique qui a pris contact avec tous les grands problèmes de la vie matérielle et morale de l'homme et ne peut plus s'en désintéresser.

Aujourd'hui, les sciences se pénètrent pour ainsi dire mutuellement ; ce qui agite l'une retentit sur les autres, et elles ne progressent qu'en s'entr'aidant pour la poursuite de la vérité.

Nous voyons la chimie faire appel à la physique, la médecine emprunter les procédés de la physiologie, l'histoire naturelle renouveler les méthodes de la philosophie ; de même, pour bien connaître une terre, il faut l'étudier non-seulement dans son relief et dans ses accidents, mais encore dans ses productions. Elle doit ses aspects caractéristiques à son climat, à ses habitants, à sa faune, à sa flore, à la nature du sol, et aucun de ces éléments d'information ne peut être négligé. Aussi la géographie est-elle allée puiser autour d'elle toutes les forces susceptibles de favoriser son développement, et elle s'en est bien trouvée.

La connaissance du globe fait des progrès rapides, les lacunes de nos cartes se comblent, et les terres qualifiées d'*inconnues* ne figureront bientôt plus que dans les anciens atlas. Il nous semble bien loin de nous, le temps où l'abbé Raynal pouvait dire, en parlant de l'Afrique : « L'intérieur en est peu connu, et ce qu'on en sait ne peut intéresser ni l'activité du négociant, ni la curiosité du voyageur, ni l'humanité du philosophe. »

C'est, au contraire, ce grand continent qui fixe aujourd'hui l'attention du monde civilisé, et, de tous les côtés, les explorateurs assiègent cette citadelle que l'on croyait inexpugnable et dont les remparts s'écroulent les uns après les autres.

Bientôt, nos géographes, comme nos marins, seront allés partout, et il ne restera plus un coin de la terre qui n'ait été parcouru.

Ce grand mouvement géographique est une surprise pour quelques-uns. Pour nous, c'est une fierté, mais c'est surtout une espérance, parce que nous savons qu'il ne s'arrêtera pas et que nous en prévoyons les conséquences. Cette noble ambition de savoir, ce sont nos Sociétés qui aident à la satisfaire. Réparties sur tous les points de notre territoire, elles y deviennent des centres d'information et des foyers de lumière. Elles font naître les vocations et développent les aptitudes ; elles guident ceux qui veulent suivre le grand courant intellectuel entraînant les nations. C'est à elles que revient la mission d'étudier les questions coloniales, de les présenter sous leur véritable jour, de dissiper les préventions, de rassurer les timidités, de soutenir les défaillances ; c'est à elles d'éclairer et de diriger l'opinion publique dans l'examen de ces problèmes dont l'importance frappe l'esprit de tous ceux qui réfléchissent et savent regarder au-delà du présent.

Je veux parler surtout de l'expansion de l'influence française à l'étranger, car tous nos efforts doivent se diriger de ce côté.

La lutte est la loi du monde ; souvent, hélas ! la lutte directe et sanglante, mais aussi la lutte pour le bien, la lutte pour le mieux. Entre les nations, comme entre les individus, on retrouve toujours cette concurrence qui est le mobile principal de leurs actions et le grand ressort du progrès. Rivalité féconde, sans laquelle il n'y aurait qu'indifférence et stagnation. Ce sont les besoins des peuples qui dirigent leur politique et qui dominent leur histoire ; et tout, dans le passé, est l'éclatante confirmation de ce principe.

A notre époque, la vapeur et l'électricité ont multiplié le temps et diminué l'espace. Aussi la vieille Europe se sent-elle mal à l'aise sur le sol qui lui suffisait autrefois ; son développement y est gêné comme dans un vêtement trop étroit ; elle est obligée maintenant d'aller chercher au loin les débouchés nécessaires à son activité et à sa puissance de production. Toutes les nations qui sentent que la source de leur vitalité n'est pas près de tarir cherchent à élargir le champ où leur énergie pourra se déployer. Les unes en Asie, les autres en Afrique, se taillent de nouveaux territoires ; leur commerce s'y étendra librement, et leurs enfants y trouveront l'emploi de leurs forces et de leur vaillance. La Russie, l'Italie, l'Allemagne, l'Angleterre travaillent à l'envi pour assurer leur existence, et elles se partagent les contrées jeunes où dorment les réserves de l'avenir.

Et c'est à ce moment que la France semble hésiter et qu'elle se demande si elle prendra part à l'action générale ! Gardons-nous d'adopter les théories néfastes du renoncement, qui s'affirment d'autant plus qu'elles sont moins combattues ; n'écoutons pas ceux qui nous prêchent une politique d'abdication et d'effacement, car les résolutions qui seront prises aujourd'hui auront d'incalculables conséquences.

« La France vous suffit, disent-ils ; l'air y est pur, le ciel bleu, le sol fertile, la vie y est bonne. Que voulez-vous faire au dehors ? Jouissez de vos avantages sans aller chercher dépenses, fatigues et dangers ! Les possessions lointaines ne sont pas votre fait, les Français ne savent pas coloniser : qu'ils restent donc chez eux ! »

Cette doctrine, si peu conforme au génie de notre race et à notre histoire, serait fatale si elle était admise ; nous répondrons à ceux qui la défendent que dans cette marche des peuples, celui qui s'arrêtera sera distancé à jamais et que le terrain perdu ne saurait être regagné ! Réservons donc notre place dans l'avenir qui se prépare ; c'est une politique à courte vue que celle qui veut nous tenir en dehors du mouvement colonial, et ne prenons pas modèle sur la Chine qui, derrière ses frontières, prétend se suffire à elle-même. (Vive approbation.)

Nous rappellerons à ceux qui nous accusent de ne savoir pas coloniser, ce que la France a fait autrefois au-delà des mers ; nous leur montrerons cette terre du Canada, sortie de nos mains depuis plus d'un siècle, et qui nous garde toujours un fidèle souvenir, où les descendants des ancien colons, s'unissant de cœur avec nous, souffrent de nos douleurs et se réjouissent de nos joies, comme si nous étions encore pour eux la Patrie.

Nous leur répèterons les paroles touchantes que prononçait, il y a quelques mois à peine, le premier ministre de la province de Québec : « Nous sommes restés Français, et Français comme vos ancêtres l'étaient au dix-huitième siècle. Nous apprenons à nos enfants à conserver cet amour de la vieille France comme un dépôt sacré, comme un héritage précieux, qu'ils devront transmettre plus tard à ceux qui les remplaceront. » Ce témoignage de piété filiale est à recueillir, et on ne peut l'entendre sans ressentir une profonde émotion. (Applaudissements.)

Nous mettrons sous les yeux des incrédules les résultats obtenus au Soudan français, dont l'importance augmente chaque année, où cinq cents de nos soldats suffisent à tenir en respect un pays plus grand que le nôtre. Nous leur montrerons aussi nos belles colonies du nord de l'Afrique, et nous leur demanderons de faire crédit de quelques années à nos jeunes possessions de l'Indo-Chine et du Congo, qui, plus menacées que les autres, ont à lutter contre des difficultés que nous saurons surmonter.

Nous aurons à répondre devant nos neveux de l'œuvre de nos ancêtres, et nous ne devons pas leur laisser un patrimoine diminué, abréger leur fief, comme on disait jadis.

Les Sociétés de géographie marcheront en éclaireurs dans cette voie, souvent très rude, il est vrai, car la mise en culture des pays neufs est chose laborieuse et la récolte parfois se fait longtemps attendre.

Ayons la conscience de cette noble tâche et les énergies nécessaires pour en assurer le succès ; prenons notre part dans cette glorieuse campagne de la conquête scientifique et commerciale du globe. Partout où ira la France, elle saura se faire aimer et respecter, parce qu'entre toutes les nations elle est généreuse, parce qu'elle a le culte de la justice et qu'elle a toujours tendu la main à ceux qui étaient faibles ou délaissés. (Applaudissements prolongés.)

Je déclare ouverte la XIIe session du Congrès national des Sociétés de géographie.

M. le Président rappelle aux membres du Congrès qu'ils ont à se réunir le lendemain, au Lycée, à neuf heures du matin, pour l'exposition et la discussion des questions inscrites au programme de leurs travaux.

La séance est levée à cinq heures un quart.

Séance du mardi 4 août (matin).

Présidence de M. MILNE-EDWARDS.

Assesseurs :
MM. GAUTHIOT, délégué du Ministre de l'instruction publique ;
Le colonel MALLAT, vice-président de la Société de géographie de Rochefort.

Sommaire. — Comptes-rendus des délégués des diverses Sociétés représentées au Congrès. — Présentation d'ouvrages.

La séance est ouverte à neuf heures.

M. l'amiral Juin, président de la Société de géographie de Rochefort, et M. le docteur H. Bourru, secrétaire général de la même Société, prennent place au bureau.

M. le Président. — Messieurs, l'ordre du jour appelle les rapports des délégués des Sociétés de géographie. Je demande la permission de ne pas prendre la parole au nom de la Société de géographie de Paris, qui était inscrite la première, et de la donner à M. Marcel Monnier, délégué de la Société de géographie commerciale de Paris, pour vous présenter un rapport au nom de cette Société.

M. Marcel Monnier rappelle les travaux de sa Société, les conférences qu'elle a organisées et dont tous les journaux ont rendu compte ; il insiste sur l'importance que prend chaque jour la bibliothèque de la Société. De nombreux lecteurs viennent y chercher des volumes, y consulter des cartes constatant les dernières découvertes géographiques.
(Les paroles du délégué de la Société de Paris sont saluées de longs applaudissements.)

M. Gauthiot demande à ajouter quelques mots à ce que

vient de si bien dire le délégué de la Société de géographie commerciale de Paris : M. Marcel Monnier, dans son rapport, a oublié de parler de lui-même ; il a cependant été un de ceux qui ont donné leur concours le plus actif et le plus fidèle à cette Société ; et dans une des dernières séances, il a fait sur le Jura français une communication ayant pour objet de mieux faire connaître cette partie du territoire français et de montrer qu'elle peut offrir aux touristes des agréments et des avantages égaux à ceux que l'on va souvent chercher à l'étranger. (Vive approbation).

M. LE PRÉSIDENT donne ensuite la parole à chacun des délégués des autres Sociétés de géographie françaises représentées au Congrès.

On entend la lecture des rapports suivants :

SOCIÉTÉ LANGUEDOCIENNE DE GÉOGRAPHIE

M. MALAVIALLE, secrétaire général.

Messieurs,

La Société languedocienne de géographie de Montpellier, que j'ai l'honneur et le plaisir de représenter auprès de vous, est entrée dans la quatorzième année de son existence et a entamé la publication du quatorzième volume de son *Bulletin*. — Comme vous le voyez, c'est déjà une grande personne, qui a heureusement traversé les crises de l'enfance et qui entre dans le développement normal de l'âge mûr, celui où, renonçant aux illusions trop ambitieuses et quelquefois dangereuses de la jeunesse, on en réalise les légitimes espérances.

Fondée en 1878, sous la double impulsion et sous le double patronage de notre vieille, mais toujours vigoureuse Université, et de la Société littéraire et artistique de Montpellier, dans une ville lettrée, savante et riche, foyer intellectuel, capitale administrative et militaire, centre économique tout à la fois ; appuyée par le bienveillant concours de l'État, des administrations départementales et municipales de la région, qui ne lui ont ménagé ni leurs encouragements, ni leurs subventions ; dirigée par des hommes de savoir, de talent et d'étude, dont quelques-uns sont même de vrais savants, comme MM. Germain, de Rouville, Ch. Martins, Révillout, Ménard, Soubeiran, Cazalis de Fondouce, Vigié, Planchon, Castets, Gide, Duponchel ; avec des collaborateurs aussi dévoués que compétents, comme MM. Armand Sabatier, Duval-Jouve, le colonel Fulcrand, le docteur Frédéric Cazalis, Nolen, Cons, Gachon, Monin, Félix Sahut, Convert, Valéry-Mayet, Pélissier, Pouchet, Tissié-Sarrus, etc., elle s'est développée rapidement et sûrement, et elle a étendu son influence sur toute la région du Bas-Languedoc et du Midi méditerranéen, depuis les Cévennes jusqu'à la mer, et du Rhône aux Pyrénées.

Réunions et communications hebdomadaires, bi-mensuelles ou mensuelles, selon les époques ; grandes conférences d'explorateurs ; institution de concours entre les lycées et les écoles normales de la région ; expositions, excursions, elle n'a négligé aucun moyen de propagande pour vulgariser les connaissances géographiques. Ses bulletins trimestriels forment un volume annuel de 600 pages environ, véritable mine de renseignements utiles sur toutes les parties de la science et tous les pays du monde. Dès 1878, à peine formée, la Société se faisait représenter au premier Congrès national, à Paris. En 1879, à peine âgée d'un an, elle organisait le second, accompagné d'une exposition régionale de géographie. En 1890, elle offrait l'hospitalité au XIe, donnant ainsi tout au moins une preuve réitérée de son dévouement à la science géographique française.

Depuis cette dernière réunion, la Société n'a eu qu'à continuer son œuvre et à suivre son développement normal. Le nombre de ses membres s'est un peu accru. Au patronage déjà si précieux de M. le général de Boisdenemetz, chef du 16e corps d'armée, elle a été heureuse et fière d'ajouter ceux de MM. Christian, préfet de l'Hérault, et Gérard, recteur de l'Académie, qui ont bien voulu devenir ses présidents d'honneur. Elle associe ainsi, dans son œuvre à la fois scientifique et patriotique, le concours de l'armée, de l'administration et de l'Université.

Dans ses réunions mensuelles elle a offert à ses membres des communications originales de M. Jadin, chargé de cours à la Faculté des sciences, originaire de la Réunion, sur les îles Mascareignes, qu'il venait de visiter et d'étudier à fond, surtout au point de vue botanique, et de M. Léon Roumieux sur la République Argentine et une causerie de son secrétaire général sur la question du Dahomey. Au public montpelliérain, venu en foule dans une salle malheureusement trop petite, elle a donné le plaisir d'entendre et d'applaudir une conférence de M. C. Maistre, notre compatriote, membre de notre Société, sur ses voyages à Madagascar avec M. Catat, et elle a récompensé le vaillant explorateur, dans la mesure de ses faibles ressources, par le modeste don d'une médaille d'argent. Elle a publié quatre fascicules de son *Bulletin*, qui contiennent, outre les conférences précitées et les cartes de Madagascar et du Dahomey qui les accompagnent, un article de M. le capitaine du génie Barthès sur les inscriptions des pierres fondamentales de la citadelle de Montpellier, avec croquis ; le récit d'une excursion au Pougnelous (Pic de Noulos), dans les Albères (Pyrénées-Orientales), par M. Danjan ; le compte-rendu d'une excursion dans la Montagne Noire, par M. Malavialle ; le compte-rendu du XIe Congrès national, que nous avons tenu à terminer avant la réunion de celui-ci, et qui forme un petit volume de 200 pages in-8° : sans parler des analyses, variétés, dépouillement de périodiques, chroniques bibliographiques et géographiques, qui entrent dans le cadre ordinaire de notre publication, et qui sont dus à la collaboration, aussi compétente qu'infatigable, de MM. Soubeiran, Pélissier et Pouchet.

Mais la manifestation principale de l'activité de notre Société, cette année, c'est la publication du premier fascicule de la *Géographie générale du département de l'Hérault*, qu'on m'a donné mission de vous présenter, et dont j'ai l'honneur de déposer un exemplaire sur le bureau du Congrès. Il y a là, je crois, une tentative particulièrement intéressante pour toutes les Sociétés, sur laquelle je voudrais attirer votre attention, si vous voulez bien me le permettre, et en quelques mots, sans la soumettre à une trop rude épreuve et sans trop excéder les limites fixées aux communications de ce genre. Je ne vous demande qu'un crédit de quelques minutes. Sinon, j'en ferai l'objet d'une communication spéciale. — *(Parlez ! parlez !)*

Le Congrès de l'année dernière a voté, dans une de ses séances, un vœu ainsi conçu : *Que les Sociétés de géographie, sans se désintéresser du mouvement général de la science, doivent surtout s'occuper des questions locales et de travaux scientifiques.* Si notre

Société a proposé ce vœu et l'a soutenu avec énergie, d'accord du reste avec les représentants des différents ministères, c'est qu'elle se proposait de donner sous peu, à l'appui du conseil, l'exemple.

Dès le début, la géographie locale et régionale l'avait particulièrement attirée. Un des objets qu'elle s'était proposée, dès sa première séance, avait été la constitution d'un atlas à la fois géographique et historique du Languedoc. Ce travail avait même été ébauché par la préparation de quelques plans et questionnaires, et la publication d'une carte préhistorique de l'Hérault, par M. Cazalis de Fondouce. Mais c'était une œuvre de longue haleine, et, le premier moment d'enthousiasme passé, on l'abandonna. La Société ne s'est pourtant jamais désintéressée de cet ordre de questions. Des hommes dont le nom fait autorité dans la science, MM. Viguier, Ch. Martins, Doumet-Adanson, de Rouville, Planchon, Soubeiran, ont publié à plusieurs reprises dans notre *Bulletin*, et notamment en 1879, à la suite d'une excursion à l'Aigoual, d'intéressants articles sur la géologie, la météorologie, la flore, la faune, l'archéologie du Languedoc. Ce sont même ces travaux qui ont donné l'idée de l'établissement d'un observatoire sur l'Aigoual. Si l'honneur de l'exécution de ce monument scientifique revient à M. le général Perrier et à M. Fabre, celui de la conception doit être reporté à la Société languedocienne de géographie, et particulièrement à M. Viguier, alors professeur à la Faculté des sciences de Montpellier, qui, le premier, a signalé et démontré l'importance de cette station, située au carrefour des vents et des nuées, entre le versant océanique et le versant méditerranéen.

Dans le même ordre de questions, notre *Bulletin* contient aussi de nombreux articles sur le Saint-Loup, les Cévennes, les Causses, les Albères, le littoral méditerranéen avec ses cordons et ses étangs, dont la formation est si intéressante à étudier au point de vue scientifique, le régime de l'Aude, ses alluvions et le port de Narbonne (thèse de M. Cons), le canal du Languedoc et le canal des Étangs, les villes et les ports de la Méditerranée, l'administration ancienne, si curieuse au point de vue financier, et en ce qui concerne les travaux publics, des États du Languedoc (Thèses et articles de MM. Gachon et Monin, etc.).

Les matériaux du travail étaient donc en partie assemblés : le travail restait à faire. On l'a repris en 1889, mais dans de moins vastes proportions, en se souvenant du proverbe : « Qui trop embrasse mal étreint. » On a décidé de commencer par le département de l'Hérault, sauf à continuer plus tard par les autres départements de la région, si cette première tentative réussissait.

On avait publié, en 1882, une *Statistique départementale de l'Hérault*, sous la direction de M. Creuzé de Lesser, frère du préfet d'alors, et sous le patronage de l'administration préfectorale. Ce travail, utile et intéressant en son temps, n'était plus au courant et n'avait plus qu'une valeur historique. M. le docteur Frédéric Cazalis, président de la Société d'Agriculture de l'Hérault et membre de la Société languedocienne de géographie, proposa de le refondre, de le compléter, de le mettre en harmonie avec les données nouvelles de la science et de la statistique. Cette idée fut favorablement accueillie par le bureau. Notre éminent président, M. Duponchel, rédigea aussitôt un *plan général de l'ouvrage* (février 1889). On s'assura des collaborateurs ; on se mit aussitôt à l'œuvre, et voici le premier résultat :

L'ouvrage, qui sera, en réalité, non pas une simple refonte du travail de Creuzé de Lesser, mais un travail absolument nouveau et original, doit se composer, outre un avant-propos et une introduction bibliographique, de quatre parties, en quatre volumes :

I. Géographie physique ;
II. Géographie historique ;
III. Géographie administrative ;
IV. Géographie économique.

Chaque partie ou chaque volume se subdivise en deux fascicules, et la publication aura lieu soit par volumes complets, soit par fascicules d'un demi-volume. Le texte sera accompagné et illustré d'un grand nombre de cartes spéciales, plans, figures, gravures, vues de sites et de monuments, dessins, photographies, et d'une carte générale du département à 1/200,000.

Le prix de vente en librairie est fixé à 6 fr. par volume, ou 3 fr. par fascicule, plus 3 fr. pour la carte générale, soit, en tout, 27 fr.; pour les souscripteurs, à 20 fr. seulement. Il est distribué gratis aux membres de la Société.

Ce travail est une œuvre collective à laquelle sont invitées à collaborer toutes les personnes, même étrangères à la Société, qui, par leur compétence scientifique ou professionnelle, sont plus particulièrement aptes à fournir un utile concours. Les principaux collaborateurs sont déjà trouvés, grâce à l'activité de M. le colonel

Fulcrand et au dévouement du bureau et des membres de la Société, dont plusieurs sont professeurs de l'Université de Montpellier, et naturellement désignés pour une œuvre de ce genre.

M. Duponchel, notre président, s'est chargé de la géographie physique, qu'il connaît bien, joignant à sa compétence scientifique générale l'étude approfondie qu'il a pu faire du département, dont il a été longtemps ingénieur en chef. C'est le premier fascicule, dont la publication, annoncée et attendue depuis l'année dernière, mais retardée au dernier moment par des difficultés imprévues et des retouches nécessaires dans l'impression de la carte géologique, vient d'avoir lieu, que j'ai l'honneur de vous présenter. Il comprend l'orographie, la géologie, l'hydrologie et la minéralogie, en 303 pages. Il contient quatre cartes hors texte et en couleurs, à l'échelle de 1/500,000, savoir :

1° Carte administrative et hydrologique ;
2° Carte hypsométrique ;
3° Carte géologique et routière ;
4° Coupes et cartes stratigraphiques.

Ces cartes sont une adaptation de celles du ministère de la guerre, au 1/500,000, dressées par le colonel Prudent, et gracieusement mises à la disposition de la Société par l'auteur et le général Derrécagaix, directeur du service géographique de l'armée, membre correspondant de la Société. — Les deux premières ont été gravées à Montpellier même ; mais, l'exécution laissant à désirer, particulièrement en ce qui concerne la superposition des couleurs, nous nous sommes adressés à Erhard, dont le nom seul est pour les suivantes une garantie de meilleure et parfaite exécution.

Il y a, en outre, des plans et des vues photographiques de villes et de paysages, dans le texte ou hors texte, de nombreuses figures, huit illustrations, etc. C'est, en somme, une belle publication, pour un prix très modique.

Le second fascicule (météorologie, faune, flore) est en préparation et sera rédigé par M. Duponchel et les professeurs compétents de la Faculté des sciences de Montpellier.

Le deuxième volume (géographie historique), sera composé par MM. Cazalis de Fondouce et les membres de la Société archéologique pour l'archéologie et la géographie préhistorique ; par les professeurs de la Faculté des lettres ou du Lycée pour la partie historique proprement dite.

Les deux autres seront établis par le bureau de la Société, avec le concours des personnes et des sociétés compétentes, Société d'agriculture, Chambres de commerce, bureaux de la Préfecture, chefs de service des diverses Administrations. Chaque chose viendra à son heure. La publication est maintenant engagée, et la Société languedocienne la mènera à bonne fin, avec le temps, la patience et la bonne volonté.

Si j'ai quelque peu insisté sur cette partie de notre œuvre, c'est qu'il me semble, Messieurs, qu'il y a là une tentative intéressante et utile. De pareils ouvrages comptent et restent, à cause de leur intérêt à la fois scientifique et pratique. Ils sont de nature à convaincre même les plus prévenus de l'utilité de nos Sociétés et à attirer sur elles la bienveillance, le concours moral et matériel de l'Etat, des administrations et de tous les citoyens.

L'orateur, après s'être excusé d'avoir peut-être retenu trop longtemps l'attention du Congrès, fait observer que les œuvres comme celle qu'il vient d'analyser, présentent un intérêt tout spécial : ce sont là des travaux qui restent, qui démontrent l'utilité des Sociétés géographiques et auxquels ne peuvent manquer, par conséquent, la bienveillance des municipalités, des Conseils généraux et de l'État, bienveillance qui se traduit par un concours réel donné sous forme de subventions. (Applaudissements.)

M. l'amiral JUIN. — Cette dernière observation est d'une justesse parfaite.

M. MALAVIALLE dépose sur le bureau du Congrès plusieurs exemplaires de la *Géographie générale du département de l'Hérault*, publiée sous les auspices de la Société languedocienne de géographie.

En l'absence de M. Bouty, M. le docteur BOURRU donne lecture du rapport suivant, qu'il a envoyé, et en dépose plusieurs exemplaires imprimés sur le bureau :

SOCIÉTÉ DE GÉOGRAPHIE ET D'ARCHÉOLOGIE D'ORAN

M. BOUTY, secrétaire général.

Messieurs,

Pour rester fidèle aux prescriptions de l'article 14 de nos statuts, je viens vous présenter, au nom du Comité administratif, le résultat sommaire des travaux accomplis par notre Société pendant l'année 1890-1891, c'est-à-dire depuis le 25 du mois de mai 1890, date de notre dernière assemblée générale.

Voici, tout d'abord, quel a été le mouvement de notre effectif pendant cette période de temps :

Membres actifs et honoraires	392
Membres correspondants	79
TOTAL	471
Lors de notre dernière assemblée, ce chiffre était de	466
Différence en plus	5
Admissions nouvelles	16
Radiations pour cause de départ, de décès, etc.	11
Différence en plus	5

Quoique faible, ce chiffre indique néanmoins une augmentation. Il dépend de chacun de nous de le rendre plus considérable ; un peu de propagande suffirait pour cela.

En ce qui concerne les membres correspondants, il y aura lieu, d'ici à la prochaine assemblée, d'en diminuer le nombre.

Fondée en 1878, au moment où ce magnifique mouvement géographique, né de récents et malheureux événements, enveloppait la France entière, notre Société voulut, elle aussi, fournir son modeste contingent à l'œuvre commune. Elle se traça un programme, dont l'objectif était non-seulement de faire connaître l'Algérie, particulièrement la province d'Oran, mais aussi de mettre en relief les richesses qu'une terre encore vierge pouvait livrer à l'agriculture et à l'industrie. Il convenait également de décrire son histoire pour en retirer les enseignements nécessaires et les mettre à profit. Enfin, en ce qui concerne l'avenir, nous devions favoriser, dans la mesure de nos moyens d'action, le développement et la prospérité de notre belle colonie transméditerranéenne, le plus beau joyau de la couronne coloniale de la France.

Ce programme est vaste ; il est empreint, en même temps, d'un véritable esprit patriotique. A-t-il été rempli ? Les travaux accomplis jusqu'ici ont répondu, vous en conviendrez, aux légitimes espérances des fondateurs de la Société.

Dans l'histoire des Sociétés comme la nôtre, une période de treize années est relativement considérable. Mais notre succès doit être attribué surtout au zèle et à la science des collaborateurs de notre *Bulletin*. Leur concours si justement apprécié, et qui ne se dément point, nous assure encore une longue carrière.

J'ai dit, tout à l'heure, que notre programme plaçait, en première ligne, l'étude et la divulgation des richesses que renferme le sol.

En pénétrant, par voie d'échange, dans les pays où il existe des Sociétés de géographie, c'est-à-dire dans le monde entier, nos *Bulletins* dépeignent notre colonie, son généreux climat, sa population, les divers produits qu'elle peut fournir au commerce et à l'industrie. La quantité de navires, de pavillons divers, qui anime ses ports, prouve que nous commençons à être connus et appréciés.

Vous savez, d'ailleurs, que dans les tableaux du mouvement commercial de l'Algérie, notre département est classé en première ligne, et que notre port occupe une place très flatteuse dans la liste des ports métropolitains.

Ces résultats sont de nature à nous rendre fiers ; ils font ressortir davantage l'énergie et le courage indomptables de nos laborieux colons trop méconnus, aujourd'hui surtout qu'ils sont l'objet de critiques malveillantes, capables de provoquer leur découragement et d'arrêter l'essor du progrès. On dirait, en voyant cette sorte d'engouement dont les indigènes sont l'objet, que nous assistons à une nouvelle incubation de l'idée néfaste du royaume arabe. La naturalisation en masse des indigènes que l'on propose n'aurait pas d'autre conséquence : ce serait alors la ruine de la colonie à bref délai.

Le fameux député Desjobert, qui, en 1847 encore, finissait ses discours à la Chambre en demandant l'abandon de l'Algérie, a trouvé des émules. Ne voit-on pas, en effet, certaines personnalités marquantes faire parade de sentiments ultra-philanthropiques en faveur des indigènes aux dépens des malheureux colons, leurs compatriotes cependant, qui ont arrosé cette terre de leur sueur et de leur sang? Faudra-t-il qu'ils abandonnent cette nouvelle France?

Mais ce serait pénétrer trop avant dans un domaine qui n'est pas le nôtre, si je prenais à tâche de réfuter toutes les erreurs qui ont été publiées à cet égard, par des esprits trop superficiels, de bonne foi sans doute, mais ayant une trop bonne opinion de leur intelligence et de leur perspicacité, et à qui il a suffi d'un séjour d'une semaine en Algérie pour résoudre radicalement le problème arabe, tandis que nous, vieux Algériens, en contact perpétuel avec ces peuplades, nous étudions encore une solution faisant une part équitable à chacun ; car le sentiment de la justice est aussi développé chez les Algériens que chez les habitants de la métropole.

Je me contenterai donc, sans sortir de mon rôle, de mettre en lumière les faits suivants, que je livre aux méditations de nos hommes politiques ; le moment ne saurait être plus opportun.

C'est une simple page d'histoire.

Ainsi, en 1830, au moment de la conquête, le commerce de la France avec la régence d'Alger était de 3 à 4 millions. Il représente actuellement plus de 500 millions, dont la plus grande part profite à la métropole. Nous fournissons donc un appoint précieux au commerce et à l'industrie de la France ; c'est presque le huitième du mouvement commercial tout entier.

A cette époque déjà ancienne, le sol n'était cultivé que pour les besoins d'une population paresseuse et misérable, indignement exploitée par des chefs rapaces et violents ; ce sol était couvert de broussailles impénétrables, servant de repaire aux fauves et que l'incendie dévorait périodiquement, selon l'usage pratiqué par les peuplades pastorales et nomades, depuis les temps bibliques.

Aujourd'hui, ce même sol fournit à l'exportation, en céréales, vins, produits miniers et forestiers, fruits, primeurs et bestiaux, une valeur qui dépasse 250 millions et alimente le fret de plus de 4,500 navires.

Les cultures européennes, agricoles et industrielles occupent une étendue de 2,800,0000 hectares environ, pour une population de 200,000 colons ; soit une moyenne de 14 hectares par personne. Les indigènes, au nombre de 3,500,000 individus, mettent en culture, selon les procédés arabes, 9 millions d'hectares ; soit environ

2 hectares et demi, en moyenne. Un Européen cultive donc six fois plus d'étendue qu'un indigène; le produit est dans le même rapport.

Autrefois, les moyens de circulation n'existaient pas. Quelques sentiers, à peine praticables aux cavaliers, constituaient l'unique système des voies de communication.

Actuellement, l'Algérie présente un magnifique réseau de voies ferrées développant près de 3,000 kilomètres, dans lequel la province d'Oran en compte 1,200 ; nous avons, en outre, 2,315 kilomètres de routes nationales, parfaitement viables, dont plus d'un tiers sillonnent notre département, et environ 20,000 kilomètres de chemins départementaux, de grande communication ou vicinaux.

Au point de vue de l'activité du roulage, je dois à l'obligeance de M. Genty, ingénieur en chef des ponts-et-chaussées, cette indication qu'il résulte d'un comptage général et comparatif du nombre de colliers qui ont circulé sur les routes nationales en France et en Algérie, en 1890, que le département d'Oran vient en cinquième ligne dans le tableau des départements de la métropole.

Notre excellent collègue, M. Jeannet, directeur des postes et télégraphes du département, a bien voulu communiquer ce renseignement que l'Algérie compte un réseau de 16,500 kilomètres de fils télégraphiques, portant instantanément dans toutes les localités la pensée des correspondants. Dans peu de temps, un câble sous-marin nous reliera à la France.

Sur ces côtes, jadis inhospitalières, refuge de pirates, terreur de la Méditerranée, que ni Charles-Quint, en 1541, ni lord Exmouth, en 1825, ne purent réduire, on a creusé quatorze ports ou abris, fréquentés par vingt nations maritimes. Une sécurité absolue règne aujourd'hui sur cette mer, qui peut prendre à juste titre le nom de lac français, puisque c'est la France qui l'a affranchie de la piraterie.

Là où des marais pestilentiels rendaient le pays inhabitable, on trouve maintenant de magnifiques villes et des villages en pleine prospérité. De grands barrages ont été placés en travers de rivières torrentueuses dont les crues subites occasionnaient des désastres épouvantables ; et les eaux ainsi retenues servent, aujourd'hui, à l'irrigation d'immenses plaines qu'elles fertilisent et enrichissent.

Jadis, l'Algérie était tributaire de la France pour les vins ; elle expédie aujourd'hui, dans la métropole, plus d'un million et demi d'hectolitres de produits recherchés. Et les plantations de vignes augmentent tous les ans.

Cette Algérie, dont la production était à peu près nulle à notre arrivée, envoie en France et à l'étranger annuellement 600,000 tonnes de minerais divers, dont une grande partie sort de notre département, plus 4,000,000 de quintaux métriques de céréales, 750,000 quintaux d'alfa, dont près de 600,000 sortent des ports du département, 50,000 quintaux de liège, et une multitude d'autres produits qu'il serait trop long d'énumérer.

En 1830, il n'y avait d'autre population d'origine européenne que les esclaves et les prisonniers, que les forbans venaient enlever sur la côte septentrionale de la Méditerranée. Actuellement, l'effectif de la population européenne dépasse 500,000 âmes.

Enfin, pour terminer cette énumération comparative, je dirai qu'on a construit trois cent trente villes et villages et d'innombrables fermes en des points autrefois déserts.

Ces merveilleuses transformations, qui font l'admiration des étrangers, ont été réalisées en moins d'un demi-siècle, malgré les vols et les assassinats dont les colons sont victimes, malgré les révoltes fréquentes des Arabes, malgré des insurrections terribles qui ont mis parfois l'Algérie à deux doigts de sa perte, et qui nous obligent encore aujourd'hui à une surveillance constante pour assurer notre sécurité.

A la place de la barbarie, nous avons implanté la civilisation et le progrès.

Là où était la guerre en permanence, nous avons proclamé la paix et organisé le travail.

Voilà l'Algérie que nos *Bulletins* tendent à faire connaître. Voilà, réduits à leur formule la plus simple et la plus expressive, les brillants résultats obtenus par les efforts et les sacrifices des colons si décriés ; voilà des vérités absolument ignorées de la métropole et que nous, Société de géographie, avons pour devoir de répandre partout, afin d'être mieux appréciés. Voilà enfin notre œuvre à nous tous, colons et soldats, œuvre que l'on cherche à saper par la base.

Après cette récapitulation sommaire de ce qui a été accompli en Algérie, permettez-moi maintenant de vous signaler les travaux publiés dans notre *Bulletin* pendant l'année 1890-1891. Je vous demande, Messieurs, cinq minutes de crédit, c'est dire que je serai aussi bref que possible.

En ce qui concerne l'archéologie et la numismatique romaine et musulmane, M. Demaeght continue ses beaux et intéressants travaux, dont notre *Bulletin* a toujours la primeur. Les découvertes qu'il a faites, incontestablement inédites, excitent l'attention des savants ; d'autre part, elles sont un attrait de plus pour notre Musée, dont il est l'habile créateur. Je me garderai bien de reproduire ici les éloges flatteurs que j'ai entendus à ce sujet, notre excellent collègue en serait contrarié.

M. de Cardaillac a projeté une vive lumière sur les lampes antiques, dont il a fait l'histoire. Il a réuni et classé méthodiquement une riche collection de ces modestes appareils d'éclairage, dont personne n'avait eu souci jusqu'à présent. Je profite de cette circonstance pour émettre le désir, ou mieux l'espérance, que sa nouvelle situation ne nous privera pas de ses intéressants travaux.

M. Pallu de Lessert a décrit les Assemblées provinciales et le culte provincial dans l'Algérie romaine ; ce travail, d'une grande valeur historique, témoigne d'une érudition patiente autant que profonde.

M. Basset a publié des documents musulmans sur le siège d'Alger par Charles-Quint, en 1541. Ils ont trait à un point d'histoire au sujet duquel on n'avait guère consulté, jusqu'à présent, que des relations chrétiennes. Sa notice est le fruit de recherches patientes et laborieuses dans les bibliothèques d'Alger.

Dans le même ordre d'idées, M. Brunel nous fait assister à la guerre et à la conquête de Tlemcen, en 1543, sous le commandement du comte d'Alcaudète, capitaine général à Oran. Cette relation est traduite de l'espagnol ; elle est attrayante.

Les traces de l'occupation espagnole sont nombreuses dans notre province. On sait ce qu'elle a duré, on connaît les circonstances qui l'ont fait cesser. Ceux qui croient encore possible l'assimilation de la race arabe, pourront trouver dans l'histoire de cette occupation intermittente, mais qui embrasse une période de deux cent cinquante années environ, la démonstration de ce fait que toute tentative entreprise dans ce but sera vaine et sans résultats ; et, cependant, il devrait exister une certaine affinité de race entre les Maures du midi de l'Espagne devenus chrétiens, et les Arabes.

C'est que les sectateurs du Coran seront toujours réfractaires à tout esprit de civilisation et de progrès. C'est grâce à ce Code civil et religieux que les Orientaux, dont le génie brilla jadis d'un certain éclat dans l'Europe méridionale et dans le nord de l'Afrique, que les Orientaux, dis-je, occupent aujourd'hui le dernier rang parmi les nations civilisées de l'Europe.

Nous faisons une exception, cependant, en faveur des Kabyles et des Berbères, dont les mœurs démocratiques, l'état social et l'indifférence religieuse rendront l'assimilation moins difficile.

La monographie de l'arrondissement de Tlemcen se continue avec le même succès. Il est bien regrettable que M. Canal n'ait point d'imitateurs. L'entreprise serait pourtant attrayante et aisée : nos archives départementales et divisionnaires renferment des documents inédits très précieux, qui seraient mis libéralement à la disposition des travailleurs ; elles seraient ainsi soustraites à l'oubli et à la poussière dévorante des archives ; notre *Bulletin* leur réserverait un très bon accueil.

Un autre de nos collègues, M. Pennet, commandant du dépôt de remonte, à Oran, a inséré une notice sur Obock et Tadjoura. Quoique éloignée de l'Algérie, notre colonie de la mer Rouge nous intéresse à divers points de vue. La carte qui accompagne la notice nous montre, en effet, le chemin que suivent les caravanes qui vont dans la région du Tchad. Or, ce lac mystérieux, entrevu par Barth et Owerveg, est l'objectif des divers tracés du chemin de fer transsaharien partant du nord de l'Algérie.

M. Pennet avait bien voulu d'abord faire une conférence devant le Comité sur Obock et Tadjoura.

Je pourrai citer encore les travaux de MM. Brouard, Blondel, de M. le commandant Rose, etc. ; mais je ne dois pas oublier que je suis crédité de cinq minutes seulement et que l'échéance de votre courtoise permission touche à son terme. Je demanderai, toutefois, que de vifs remerciements soient votés à l'adresse des collaborateurs qui nous accordent un si généreux concours.

Comme œuvre d'avenir, permettez-moi maintenant de dire quelques mots sur l'état de la question du Chemin de fer transsaharien, au succès duquel notre Société s'intéresse vivement.

Je ne dirai rien sur la lutte engagée entre les deux tracés en présence : celui de l'Est et celui de l'Ouest. Il s'agit de l'Algérie, bien entendu. Quant au tracé central, son auteur, M. l'ingénieur en chef Duponchel, l'a abandonné avec beaucoup de raison. Aucun ingénieur technique ne pourra jamais le prendre au sérieux.

Je me contenterai seulement d'annoncer, sans jeu de mots, que notre chemin de fer est en bonne voie.

Notre œuvre a pour elle l'avantage des conditions techniques et économiques les plus favorables ; elle a l'approbation des gens sérieux et désintéressés. Voici, du reste, l'appréciation de M. Maurice Ordinaire, émise dans un travail remarquable qu'il a publié sur le Soudan : « La ligne d'Aïn-Sefra est le tracé le plus sensé ; il tra- « versera, le long de l'Oued-Messaoura, les puissantes et populeuses « oasis du Touat, sans crainte d'aucune difficulté diplomatique. » L'auteur estime que le Transsaharien ne paraît pas, en somme, plus gigantesque ni plus hérissé de difficultés que les Transaméricains, le Transcaspien et le Transsibérien.

Du reste, nos députés et notre vénérable sénateur, qui ont bien voulu assister à une des séances du Comité, nous ont promis tout leur appui. Et le Conseil général d'Oran, animé d'un esprit de patriotisme que nous ne saurions trop louer, a voté un crédit de 20,000 francs pour favoriser l'étude impartiale des deux tracés en présence.

Circonstance singulière : pendant que cette question du Transsaharien passionne vivement les économistes et les hommes politiques ; alors que les habitants de la province de Constantine signent des pétitions en faveur du tracé oriental ; alors, enfin, que des influences puissantes se meuvent autour des pouvoirs publics, à Oran, la Chambre de commerce et le Conseil municipal témoignent d'une indifférence inexplicable. Cependant, l'avenir et la prospérité de notre cité sont en jeu.

La question du Musée vient d'être résolue. L'installation provisoire des baraques de l'Hôpital civil a été abandonnée. On a mis à la disposition de M. Demaegth les locaux de l'ancienne École de la rue Montebello, aménagés selon leur nouvelle destination. Une pièce spéciale sera réservée pour la bibliothèque de la Société, qui sera ainsi mise commodément à la disposition du public ; notons qu'elle devient de plus en plus importante.

Comme d'habitude, nous avons distribué des prix aux élèves des Collèges et des Écoles des communes faisant partie de notre Société.

A l'imitation des Sociétés de géographie de la métropole, nous avons fait appel à diverses Sociétés financières et commerciales, intéressées à la prospérité de l'Algérie. Hélas ! aucun écho favorable n'a répondu à notre attente !

L'autorisation demandée pour la déclaration de notre Société d'utilité publique n'est pas encore accordée.

Enfin, je vous annoncerai que des dispositions ont été prises pour faire figurer notre Société au Congrès de géographie de Rochefort.

M. le Ministre de l'instruction publique, sur l'intervention de M.

Etienne, notre député, et le Conseil général d'Oran, ont accordé chacun une subvention de 500 francs au profit de notre Société. Des remerciements ont été adressés, en conséquence, aux généreux donateurs.

Tel est, Messieurs, le résultat des travaux de la Société pendant l'année 1890-1891.

SOCIÉTÉ DE GÉOGRAPHIE DE L'EST
M. BARBIER, délégué.

Messieurs,

Je passerai volontiers sur ce que j'appellerai la monnaie courante des travaux de notre Société, travaux qui ne sont que l'équivalent de ceux des Sociétés sœurs ; j'entends les conférences, le *Bulletin* que vous connaissez tous, je pense, — qui, en tous cas, est dans toutes vos bibliothèques, — sans compter les prix que nous décernons annuellement au Lycée et à l'École primaire supérieure de Nancy, aux Écoles de Bar-le-Duc, au Collège ou à l'École industrielle d'Épinal.

L'acte principal de notre Société, cette année, n'est que la continuation de l'œuvre entreprise, il y a trois ans. Vous vous rappelerez, en effet, ou plutôt ceux qui ont visité avec attention les vitrines du Ministère de l'instruction publique à l'Exposition universelle, ont pu voir, uniques en leur genre, trente-quatre cartons correspondant à autant de cantons et contenant la monographie des communes du département de Meurthe-et-Moselle, faites par les instituteurs de chacune d'elles sur un plan étudié simultanément par la Société d'archéologie et la Société de géographie de Nancy. Ce plan comportait, entre autres choses, non-seulement la mise à jour de l'ancienne statistique du département de la Meurthe, due à l'archiviste distingué, M. Lepage, mais encore, soit dans la carte annexée à la monographie, soit dans le texte de celle-ci, soit dans l'une comme dans l'autre, tout à la fois les noms des lieux-dits. Vous savez, Messieurs, l'importance de ces noms par rapport à la géographie physique et historique, et, dans cet ordre d'idées, les instituteurs ont été appelés à chercher dans les archives ou dans tout autre document, ou encore dans les souvenirs des anciens de la commune, la signification de ceux d'entre eux dont ils pourraient ainsi indiquer l'origine. De sorte que, sans préjuger de l'utilisation de ces documents absolument neufs en vue de la création d'une géographie du département, — c'est notre projet de derrière la tête — ils constituent actuellement le dossier le plus complet, le véritable monument géographique le plus important de notre département.

Tous ces travaux ne pouvaient, quelle que fût l'unité du programme, présenter la même valeur, la compétence et la somme de bonne volonté n'étant, ne pouvant être égale chez tous les auteurs. Une sorte de concours, ou plutôt un classement après coup, eut lieu, et, pour le sanctionner, un crédit de 800 fr. fut demandé au Conseil général, qui l'accorda. Non-seulement des médailles et des diplômes furent décernés dans une séance solennelle, que présida M. Mézières, de l'Académie française, mais les huit meilleures monographies sont ou seront publiées avec leurs cartes dans notre *Bulletin*, et des tirages à part seront donnés, partie à l'auteur, partie à l'Inspection académique, qui les distribuera au mieux de la propagande géographique et des encouragements à donner aux instituteurs. Déjà, vous avez pu voir, dans le premier fascicule de notre *Bulletin* de 1891, le résumé de la monographie et la carte réduite du cadastre de la commune de Jouaville. Les autres paraîtront après, et, à leur suite, des extraits de celles des autres monographies qui, sans avoir le même mérite, offrent des parties réellement originales.

Voilà où nous en sommes, Messieurs, vous jugerez peut-être que c'est quelque chose à l'actif de notre Société. (Applaudissements.)

SOCIÉTÉ DE GÉOGRAPHIE DE ROCHEFORT

M. le Dr BOURRU, secrétaire général.

Messieurs,

La Société de géographie de Rochefort a suivi ses errements des années précédentes ; ils sont consignés dans ses *Bulletins*, qui sont assurément ses actes les plus importants, puisqu'elle y publie les récits de ses voyageurs et les travaux de ses membres. Elle a entendu des conférences dans lesquelles M. le docteur Catat lui a parlé de Madagascar, et M. Thouar, du Pilcomayo et du Grand-Chaco ; mais son activité s'est principalement concentrée sur la préparation du présent Congrès, à laquelle elle a consacré du temps et quelque peine qu'elle est loin de regretter, car cette réunion savante ne peut manquer de jeter un nouvel éclat sur ses travaux, et restera comme une date mémorable dans ses annales.

Elle a continué à distribuer des prix ; c'est, ainsi qu'on l'a dit, un usage courant dans les Sociétés de géographie. Elle a, en outre, créé entre tous les instituteurs de la Charente-Inférieure, un concours annuel sur un sujet qui leur était donné à traiter : les prix consistaient en médailles et en diplômes ; mais ce concours n'a pas donné les résultats que nous en attendions, et on cherche en ce moment un moyen plus efficace de stimuler le zèle des instituteurs pour les études géographiques. Nous trouverons peut-être dans les rapports des autres Sociétés françaises de géographie quelques bons exemples à suivre.

SOCIÉTÉ DE GÉOGRAPHIE DE TOULOUSE

M. GUÉNOT, secrétaire général.

Messieurs,

Ainsi que vous avez pu vous en rendre compte par les publications périodiques de la Société, adressées à toutes les Sociétés sœurs, la Société de géographie de Toulouse continue dignement les traditions de son glorieux passé.

Je n'ai guère qu'à rééditer devant vous mon rapport de l'année dernière, en le mettant au point, pour vous redire la sphère d'action dans laquelle elle se meut.

Son importance, sans être encore ce qu'elle devrait être, dans une ville comme Toulouse, où les ressources abondent pour une société poursuivant le but que vous savez, s'accroît incontestablement. Le nombre de ses membres s'augmente sans cesse ; ses séances de quinzaine sont très suivies, et ses séances exceptionnelles ayant lieu environ tous les trimestres, sont si recherchées, qu'il lui est devenu impossible de placer convenablement, dans le vaste amphithéâtre dont elle dispose, tous les auditeurs qui répondent à son invitation.

Parmi les membres actifs, auteurs de mémoires originaux, la Société fait, chaque année, de nouvelles et précieuses recrues. Il n'est pas de quinzaine où nous n'ayons un ou plusieurs mémoires à produire. Parfois même, ces mémoires se présentent à la fois si nombreux qu'ils sont obligés d'attendre plusieurs mois leur tour de lecture.

Il m'a été donné d'entendre, dans des cironstances semblables à celles-ci, préciser le programme des sociétés de géographie, car, en France, nous aimons beaucoup la réglementation. De doctes personnages, qui semblent s'être constitués l'aristocratie d'une science dont ils gardent les portes avec un soin jaloux, ne nous ont ménagé ni les conseils amers, ni les critiques aigre-douces.

Comme il y a souvent profit à tirer des avis d'autrui, nous avons cherché à saisir ce qu'il pouvait y avoir à faire de ces conseils et de ces reproches.

Alors nous avons vu que les uns voulaient circonscrire l'action des sociétés à l'étude de la géographie locale, d'autres à la toponymie, d'autres encore à la géographie historique et rétrospective. Quelques-uns, sacrifiant à une idée contraire, les auraient volontiers changées en Institut, accaparant par devers elles toute la vie scientifique de leur province, dirigeant les Académies et les Musées, ou bien encore en Agence d'émigration, avec bureau de renseignements, primes à l'émigration, etc.

En présence d'appréciations si singulières, il y avait lieu de renoncer à tenir compte des avis charitables qu'on avait bien voulu nous prodiguer. Les griefs nous ont paru peu sérieux ; les indications, contraires au but essentiel de vulgarisation visé par nos statuts, encore si confuses et si divergentes qu'elles autorisent les sociétés à faire leur la morale du héros de la fable du *Meunier, son fils et l'âne*, et à dire avec lui au fâcheux :

Je suis âne, il est vrai, j'en conviens,
Mais que dorénavant on me blâme ou me loue,
Qu'on dise quelque chose ou qu'on ne dise rien,
J'en veux faire à ma tête.

La Société de Toulouse a donc fait comme le meunier, c'est-à-dire continué les errements du passé. Cette société, qui n'a pas la prétention de régenter personne, est simplement une tribune de vulgarisation, très accueillante, très ouverte, recevant de toutes mains, s'interdisant d'imposer à ses membres des études spéciales pour lesquelles ils pourraient ne pas être préparés ou n'éprouver aucun goût, ne leur demandant que d'utiles et agréables causeries sur une science aimable, la géographie. Quand il arrive par surcroît que ces causeries sont scientifiques et de nature à faire avancer la science, c'est double profit.

Aussi géographie locale, régionale et nationale, géographie étrangère et colonisation, géographie physique, mathématique et économique, est-il peu de terrain que la Société n'ait abordé !

Si nos sociétés, prises isolément, ont provoqué des critiques, leur œuvre, dans les congrès, n'a pas été ménagée davantage.

On les a comparées à de petits parlements sans mandat, discutant des questions qui n'étaient pas à leur taille, et émettant des vœux sans autorité et sans sanction.

Alors même que les sociétés de géographie se préoccuperaient de grandes questions économiques ou sociales qui s'imposent à l'attention publique, en ce qui nous concerne, nous n'y verrions que des avantages. Dans un pays où l'opinion gouverne, est-il à craindre que cette opinion soit jamais trop éclairée ? L'expérience de tous les jours démontre le contraire. D'autant mieux que, dans un très grand nombre de ces questions, la vérité est souvent voilée par des intérêts personnels ou locaux de divers ordres étrangers aux sociétés, et que, par suite, on ne saurait trouver des assemblées plus indépendantes et plus désintéressées que les nôtres.

J'en veux citer un exemple, parce qu'il est caractéristique. On sait quelle agitation on a soulevé autour de la question du canal des Deux-Mers. La Société de Toulouse n'a pas hésité à aborder les problèmes si complexes et si ardus qu'elle soulève. Et, se plaçant au-dessus de toutes considérations étrangères au bien public, elle a déclaré, contrairement au sentiment local et sans crainte de l'impopularité, dans un mémoire qui fait encore autorité aujourd'hui, que le canal des Deux-Mers était d'une réalisation impossible, que l'eau lui manquerait d'abord, et, en second lieu, qu'en admettant cette impossibilité vaincue, la construction du canal ne saurait avoir que des inconvénients pour la région du Sud-Ouest.

On pourrait citer un très grand nombre d'autres circonstances intéressant la prospérité du pays ou son avenir, où les sociétés de géographie ont rendu et peuvent rendre encore de réels services.

Je n'ai pas à m'attarder à défendre davantage les sociétés de géographie et leur congrès, notre éminent président, M. Milne-Edwards, ayant bien caractérisé leur rôle et leur action avec une élévation de pensée et un esprit de justice qui justifient suffisamment tout ce que ces sociétés ont accompli d'utile dans le passé et tout ce qu'elles promettent d'heureux dans l'avenir.

Que nos détracteurs se rassurent donc et n'aient nul souci à notre égard ; nous ne doutons pas que leur intérêt ou leur compassion ne partent d'un bon naturel, mais les sociétés de géographie n'ont à prendre conseil que d'elles-mêmes, des ressources si variées et si diverses que leur offre leur région respective et de leur patriotisme.

Je continue donc l'énumération sommaire des œuvres saillantes produites dans notre Société pendant l'année qui vient de s'écouler, après cette digression, qui m'a parue utile pour ne pas laisser sans réponse des critiques exagérées qui n'ont pas leur raison d'être, ou tout au moins qu'on aurait voulu voir se produire sous d'autres formes.

Je signalerai dans la géographie descriptive, un mémoire original de M. le baron Menu de Menil, sur une île japonaise dont le nom nous était à peine connu, l'île de Shi-Kokou ; les communications de M. Fontis sur certaines régions des Pyrénées mal observées et singulièrement défigurées sur les meilleures cartes ; les recherches de géographie rétrospective de M. Frey-Payade, dont un des résultats a été de révéler à Toulouse, qu'elle a été la première ville du monde à connaître son altitude.

M. Adher, un chercheur consciencieux, a mis au jour d'intéressants documents sur l'instruction publique dans la Haute-Garonne, en 1790-91 ; le projet de mer intérieure du commandant Roudaire a été soumis à une nouvelle critique par M. le commandant Bounard ; les mœurs et coutumes de la population si mélangée de la Martinique ont permis à M. le docteur Maurel d'attirer sur cette colonie l'attention de la population toulousaine et de provoquer en sa faveur la charité publique à l'occasion du sinistre de Fort-de-France ; M. Jammes, colon du Cambodge, a exposé le résultat de fouilles considérables effectuées par lui dans les environs du lac Tonlé-Sap. Ces découvertes éclairent d'un jour tout particulier, les glorieuses origines de l'antique peuple Khmer.

Le récit du voyage pittoresque de M. Lalut au Japon, récit accompagné d'une riche exposition d'objets ethnographiques, rapportés par lui d'Extrême-Orient, a infiniment intéressé la Société. L'Extrême-Orient nous a encore valu deux communications fort curieuses, à des titres divers : celle de M. Martin Dupont, sur l'organisation administrative de l'Annam et du Tonkin, organisation savante calquée sur celle des plus anciennes civilisations de l'Orient, et la belle description d'un voyageur, doublé d'un poète, M. Presseq-Rolland, sur les lumineux paysages de la province d'Hatien.

Un Toulousain, commandant de poste au Congo, M. de Pommayrac, a exposé la situation actuelle de notre colonie, les espérances d'avenir et les mœurs et coutumes de ses habitants. M. Vincent, un Africain qui s'est constitué parmi nous le défenseur intelligent et dévoué de la colonisation de la France superéquatoriale, a mis en relief l'importance de notre domaine du Gabon à la Méditerranée. Il n'est pas jusqu'à la géographie artistique et pittoresque qui n'ait trouvé dans la Société, des interprètes distingués ; M. Trutat, auteur d'ouvrages appréciés sur la photographie, a fait une brillante conférence, accompagnée de belles projections, sur Rome et ses monuments.

Si je ne craignais de fatiguer votre attention, je devrais parler encore des travaux de M. Regnault, sur les Pyrénées ; de M. Fouques, professeur à Tokio, sur le Japon ; de M. Camille Coymat, sur le Laurium, qu'il habite ; de M. Julien, interprète à Tamatave, sur Madagascar ; de M. le commandant Littré, sur le bassin de l'Ebre et ses corrélations géographiques ; et, enfin, de M. de Malafosse, sur l'extrême bassin supérieur de la Garonne.

Ce dernier mémoire est le complément d'une étude sur les gorges du Tarn et Montpellier-le-Vieux, étude du même auteur, qui remonte déjà à quelques années, et qui fut une véritable révélation. Nous espérons pour cette nouvelle plaquette, pleine de science, de brio et d'humour, le même succès que celui qui a accueilli sa devancière.

J'en aurai fini avec cette simple énumération, à laquelle je veux me borner, en relatant encore une étude sur les mœurs et les coutumes militaires des habitants du Choa, par M. le lieutenant Revat ; un voyage de M. H. Courtois, en Islande ; une excursion de M. Neuville, de Moscou à Taschent ; une note sur l'*Acrinium peregrinum*, de M. le comte du Paty de Clam, contrôleur civil à Tozeur ; une promenade à l'Exposition des colonies (1889), avec projections de M. Trutat, et une recherche, plutôt historique que géographique, de M. Rousseau, sur les cahiers de doléances (1789) des communes de Thil et de Lévignac.

Telle est, Messieurs, en résumé, l'abondante floraison de notre Société pour 1890-91, depuis la dernière réunion du Congrès.

En dehors de ces travaux, la Société s'occupe, en outre, d'autres œuvres communes à toutes les sociétés. C'est ainsi qu'elle encourage l'étude de la géographie et celle des langues étrangères, qui lui sont connexes, en attribuant des prix aux Écoles, au Lycée et à l'Athénée de langue espagnole.

Cette année encore, elle a innové une œuvre utile en fondant, de concert avec le Conseil général, une médaille de vermeil destinée à récompenser le meilleur travail sur les colonies, publié dans son *Bulletin*. Cette médaille a été attribuée pour 1890, à M. de Pommayrac, commandant de poste sur l'Alima, pour une communication pleine d'aperçus nouveaux sur le Congo.

La Société organise, chaque année, un certain nombre d'excursions, soit dans les Pyrénées, soit dans le plateau central, qui obtiennent toujours un très grand succès.

J'ai plaisir à rappeler qu'un site, qui tend à devenir célèbre, site révélé par les travaux de trois Toulousains, MM. de Malafosse, Trutat, Cartailhac, et vulgarisé par M. Martel, attire, chaque année, un nombre de touristes qui va sans cesse croissant. Les gorges du Tarn et Montpellier-le-Vieux, vulgarisées par la Société, au moyen d'un tirage à part, qui s'est vendu à un très grand nombre d'exemplaires, sont devenues un lieu de rendez-vous pour les touristes du monde entier. On y rencontre, aujourd'hui, des caravanes nombreuses d'Anglais, d'Américains, de Russes, même d'Allemands, au grand profit de ces régions déshéritées, hier encore solitaires et désertes.

La Société a encore tenté de fonder des bourses de voyage, en associant le Conseil général, le Conseil municipal et la Chambre de commerce dans cette entreprise. Cette tentative n'a pas encore abouti. Nous aurions aimé rencontrer ici un représentant de la Société de Douai, qui a pris, elle aussi, cette même initiative, pour y trouver des indications précises en ce qui concerne la mission confiée aux bénéficiaires et les avantages immédiats qui reviennent à la ville, qui leur attribua semblable délégation. Quoi qu'il en soit, nous persévérons dans notre projet, et s'il n'aboutit pas, on peut être sûr que ce ne sera pas l'appui de la Société qui lui aura fait défaut.

Vous connaissez tous, Messieurs, les missions Crampel, Mizon et Dybowski ; la Société a pensé qu'il y avait dans ces tentatives patriotiques une occasion de tenter de grouper l'action extérieure des géographes français, aussi a-t-elle souscrit au Comité de l'Afrique du Nord. Elle n'a qu'un regret, c'est que la modicité de ses ressources l'ait contrainte à se montrer parcimonieuse ; mais, tout au moins, elle ne marchande point à ces entreprises patriotiques et désintéressées son appui moral le plus entier.

Voilà, Messieurs, les pensées et les actes qui animent la Société de Toulouse. Ainsi que vous pouvez vous en rendre compte par ce rapide aperçu, nous marchons en avant, en dehors de tous les préjugés, de toutes les petites églises, sans nous soucier des systèmes scientifiques à la mode, dans la grande voie de la vulgarisation des connaissances géographiques et de leurs applications pratiques. Et s'il est vrai, comme le disait, tout dernièrement encore, M. de Mahy, l'éminent président du Congrès de Bourg, qu'il n'est pas de questions plus importantes pour le pays que les questions coloniales, maritimes et extérieures, et qu'il n'y en pas de moins connues, nous avons la conscience, dans notre modeste sphère, de faire quelque bien.

M. Desfontaines. — Messieurs, je vais vous donner lecture du rapport qui m'a été remis par M. Cholet, secrétaire général de la Société de géographie commerciale de Nantes :

SOCIÉTÉ DE GÉOGRAPHIE COMMERCIALE DE NANTES

M. Cholet, secrétaire général.

Messieurs,

Par délibération du 7 juillet dernier, la Société de géographie commerciale de Nantes a choisi pour la représenter parmi vous un de nos jeunes collègues, M. Desfontaines, dont les travaux justement remarqués figurent à notre *Bulletin*, et qui ne saurait être dès lors un inconnu pour vous.

M. Desfontaines a bien voulu accepter notre mandat, comme il a bien voulu aussi se charger de vous donner lecture du rapport qu'après nos aînés, je dois vous faire sur les travaux et la situation de la Société pendant l'exercice 1890-1891. Le rôle de notre Société n'est pas peut-être aussi important que le pourraient désirer ses fondateurs et les membres qui la composent ; mais, si ses ressources sont un peu trop modestes pour permettre au Comité central d'étendre autant qu'il le voudrait le cercle de son action, sa situation, malgré les dépenses sérieuses mais inévitables d'une installation, malgré les charges un peu lourdes que lui avait laissées l'Exposition de 1886, n'a pas laissé d'être satisfaisante, grâce surtout à la sage administration d'un trésorier que quelques-uns d'entre vous ont pu voir à l'œuvre en 1886, et que la mort nous a prématurément ravi ; je veux parler de Frédéric Caillard, l'un des plus zélés organisateurs de notre installation et de notre Exposition, comme il avait été l'un des premiers et des plus dévoués fondateurs de la Société.

Nos ressources ordinaires, qui se maintiennent toujours à peu près dans les mêmes conditions, accrues des allocations du Conseil général, de la Chambre de commerce et de la ville de Nantes, nous ont permis, comme par le passé, et conformément à notre programme, de publier un bulletin trimestriel, de pousser à l'étude de la géographie par des conférences publiques et la distribution de prix à nos principaux établissements scolaires.

Nos séances mensuelles n'ont pas non plus manqué d'attraction, grâce à notre jeune délégué, M. Desfontaines, que nous avons fortement mis à contribution avant qu'il ne parte pour de nouveaux voyages. Avec lui, nous avons fait une excursion autour du monde, visitant tour à tour le haut Nil, le Soudan, les Seychelles, la Réunion, Madagascar, Maurice, l'Australie, assistant, en passant, aux fêtes du centenaire à Sydney, vivant enfin au milieu des peuplades des îles de la Polynésie. Notre dernier *Bulletin* vous a déjà donné une partie de ces intéressantes communications de notre sympathique collègue ; celui qui vient de paraître vous permettra d'en apprécier la suite. Il ne m'est pas permis, en parlant de nos conférences mensuelles, d'oublier la communication si intéressante et si remarquable faite dans une de ces séances mensuelles, par notre ancien secrétaire général, M. Lester, un de nos brillants professeurs de l'Université, sur la conquête du Sénégal.

Je termine, Messieurs, en souhaitant de loin, puisque je ne le peux faire de près, de féconds résultats au Congrès de Rochefort, et en vous adressant à tous l'assurance de ma cordiale confraternité.

SOCIÉTÉ DE GÉOGRAPHIE COMMERCIALE
DE SAINT-NAZAIRE

M. GALLET, secrétaire-trésorier.

Messieurs,

Délégué par la Société de géographie commerciale de Saint-Nazaire pour la représenter devant vous, j'ai l'honneur de vous remettre un exposé sommaire des actes de cette Société, la plus jeune de France et la plus petite par les ressources dont elle dispose.

Fondée au mois de mars 1886, elle compte à peine cinq ans d'existence ; elle se compose d'une centaine de membres environ, dont la cotisation annuelle est de 10 francs ; elle reçoit de la Ville une subvention de 100 francs par an ; enfin la Chambre de commerce et le Ministère lui ont versé diverses sommes, dont le montant s'élève à 1,300 francs.

C'est avec ces faibles ressources que nous poursuivons un double but : le développement des études géographiques et la création d'un Musée commercial.

Pour accomplir la première partie de notre programme, nous avons publié jusqu'à ce jour sept *Bulletins*, dont nous faisons l'échange avec un grand nombre de sociétés françaises et étrangères, et donné de nombreuses conférences faites par des explorateurs célèbres ou par des géographes éminents. C'est ainsi que nous avons entendu successivement MM. Georges Richard, Petit, Chaffangeon, docteur Labonne, Bonvalot, Ch. Soller, Paroisse, Léon Sikler et de Barnoff, qui nous ont fait visiter tour à tour Madagascar, les îles françaises de l'Océanie, le Venezuela, l'Islande, le plateau de Pamir, le Maroc, la côte d'Ivoire, et enfin la Russie.

Ces conférences, ouvertes à tous, obtiennent le plus grand succès ; elle sont suivies avec empressement par l'élite de la société nazairienne et en particulier par les dames. Mais notre principal objectif, notre but essentiel, est la création d'un Musée commercial. Un certain nombre de musées commerciaux et de bureaux de renseignements ont été ouverts depuis 1886, tant en France qu'à l'étranger.

La ville de Saint-Nazaire, dont la situation est exceptionnelle en face des deux Amériques, ne peut et ne veut pas rester en arrière de ce grand mouvement. Aussi notre Chambre de commerce a-t-elle pris l'initiative de cette création importante en mettant à notre disposition une vaste salle dans les bâtiments qu'elle vient de faire construire pour ses services. Jusqu'ici, les quelques collections que nous possédons sont renfermées dans un magasin des Ponts et chaussées ; mais on procède actuellement à la confection de vitrines et à l'aménagement de notre nouvelle salle : sitôt ces travaux terminés, nous pourrons y installer notre Musée et en ouvrir les portes au public. A ce moment, nous obtiendrons sans aucun doute des subventions tant du Ministère que de la Chambre de commerce ; de plus, nous verrons venir à nous un grand nombre de négociants et d'industriels, qui n'attendent qu'un appel pour envoyer des échantillons de leurs marchandises ou de leurs produits. Nous comptons nous procurer un complément de recettes en insérant des annonces dans un *Bulletin mensuel*, spécialement réservé au commerce, tout en continuant la publication annuelle de notre *Bulletin géographique et littéraire*.

Les conditions auxquelles les commerçants pourront être admis à exposer leurs marchandises dans le Musée et à insérer des annonces dans le *Bulletin,* qui en sera le corollaire, seront déterminées ultérieurement ; mais la première condition sera de faire partie de notre Société, c'est-à-dire de payer la cotisation annuelle de 10 francs ; il restera ensuite à déterminer le prix des emplacements et des annonces, suivant le terrain occupé soit dans le Musée, soit dans le *Bulletin*.

Nous avons, Messieurs, la ferme conviction, malgré l'opinion contraire de quelques pessimistes, que l'année prochaine verra le plein et entier succès d'une institution qui est appelée à rendre au commerce et à l'industrie des services réels.

Je termine, Messieurs, en m'acquittant de la mission dont je suis chargé près de vous, qui consiste à vous prier d'avoir la bonté de désigner Saint-Nazaire comme lieu de réunion du XIV° Congrès national de géographie pour l'année 1893.

Nous craindrions de n'être pas prêts à vous recevoir dignement en 1892, l'ouverture du Musée commercial devant être trop récente à cette époque pour donner des résultats appréciables. Mais, dans deux ans, notre Musée sera complètement installé et nous serions heureux de pouvoir vous en montrer le fonctionnement.

Vous pourriez en même temps, Messieurs, visiter nos bassins, notre rade, nos chantiers de construction, et vous rendre ainsi compte des progrès de la ville de Saint-Nazaire, progrès tellement rapides qu'aucune ville de France n'en offre de semblables.

En effet, Saint-Nazaire n'était, il y a quarante ans, qu'une bourgade de quelques centaines d'habitants et l'on n'y trouvait pas le moindre môle d'accostage. Aujourd'hui, la ville compte plus de 31,000 habitants, et ses bassins, parfaitement outillés, ont reçu en 1890, 948 navires, jaugeant ensemble 640,000 tonneaux. Ses détracteurs l'appellent un *grand village*, et, de fait, il y manque encore plusieurs des éléments constitutifs d'une ville. Il n'y a ni bibliothèque, ni musée, ni théâtre ; mais toutes ces choses existeront dans un avenir prochain, et l'on peut, dès aujourd'hui, prédire que dans dix ans, Saint-Nazaire n'aura rien à envier aux autres villes maritimes de France.

Vous visiterez aussi les plages de Pornichet, La Baule, le Pouliguen, le Croisic, qui ne le cèdent en rien aux plages d'Arcachon, des Sables d'Olonne, de Pornic et autres.

M. LE PRÉSIDENT, au nom du Congrès, remercie la Société de géographie de Saint-Nazaire de l'invitation contenue dans le rapport de M. Gallet. Il en est pris bonne note, et elle sera soumise au vote du Congrès. (Très bien !)

SOCIÉTÉ DE GÉOGRAPHIE DE TOURS

M. le colonel BLANCHOT, délégué.

Messieurs,

La Société que j'ai l'honneur de représenter au Congrès a subi, il y a quelque temps, une crise sérieuse à raison d'une administration imprudente au point de vue financier ; elle a dû réduire la publication de son *Bulletin*, ce qui a pu faire croire, à tort, qu'elle devenait improductive et ne se tenait plus à la hauteur de son programme et de ses désirs. Mais il n'y avait là qu'un temps d'arrêt, qui, à ce point de vue, vient de prendre fin. Aujourd'hui, elle a reconstitué son bureau sur des bases nouvelles, elle a modifié son règlement et est sortie des difficultés qu'elle a traversées, sans cesser, d'ailleurs, un seul jour, de maintenir les institutions qu'elle avait créées en vue de la diffusion de la science géographique, et je puis dire qu'elle s'est maintenue à un niveau honorable.

C'est ainsi qu'elle a continué à donner des prix relativement importants pour des travaux dont elle fixe elle-même les sujets ; ces récompenses sont presque toujours décernées à des instituteurs. Elle a également constitué, dans les Lycées de garçons et de filles et à l'École normale du département, des prix qui sont attribués aux élèves les plus forts en géographie. La Société de Tours a également maintenu ses conférences ; elle y a entendu les récits instructifs de plusieurs de nos explorateurs et d'intéressants entretiens de MM. de Malafosse et Marcel Martin, sur ces grottes du centre de la France récemment découvertes, et qui vont attirer, chaque année, un nombre plus considérable de touristes.

Ces conférences sont fidèlement suivies par l'élite de la population tourangelle, et la place manque au grand théâtre du Cirque pour recevoir les assistants.

La Société de Tours a passé, comme les jeunes gens qui atteignent leur vingtième année, par une crise physique d'où elle est sortie plus jeune et plus forte pour entrer dans une ère nouvelle de prospérité ; en son nom, M. le colonel Blanchot demande au Congrès de décider qu'il se réunira l'an prochain, à Tours, pour sa XIIIe session. (Applaudissements).

M. Merchier réclame la priorité pour la ville de Lille, au nom du patriotisme par lequel elle s'est illustrée tant de fois, notamment lors du siège de 1792.

M. le colonel Blanchot répond qu'en fait de patriotisme, la Touraine ne le cède à aucune autre région, et elle a donné naissance à un grand nombre de personnages illustres dans l'histoire de France.

M. le Président est heureux de constater que plusieurs villes adressent leurs invitations au Congrès ; ces offres feront l'objet du plus sérieux examen.

La parole est à M. le baron DE GUERNE, délégué de l'Union géographique du Nord de la France.

M. le baron DE GUERNE, à défaut d'un rapport complet, dont il attendait l'envoi, ne peut donner au Congrès qu'un petit nombre d'explications verbales.

L'Union géographique a créé une bourse de voyage ; et, comme l'objet de cette création est particulièrement le progrès de l'industrie, le pays étranger auquel la bourse est appliquée devra varier selon les aptitudes et la vocation du bénéficiaire. Le premier candidat qui a obtenu cette bourse est actuellement dans le district minier de Chemnitz, en Saxe.

Quelques-unes des nombreuses sociétés formant l'Union géographique sont dans un état assez précaire ; d'autres, au contraire, sont en pleine prospérité, comme celle de Boulogne, par exemple, qui doit surtout ce succès à son président, M. Farjean ; elle donne à ses associés des conférences fort intéressantes, dont la plupart ont été organisées par les soins de M. le docteur Amigue.

L'Union géographique a établi entre les élèves des Écoles primaires, des concours qui ont donné d'assez bons résultats.

On peut résumer ainsi l'action de cette association : elle se maintient dans ses conditions anciennes, sans progrès notable, mais aussi sans déchéance.

SOCIÉTÉ DE GÉOGRAPHIE COMMERCIALE DU HAVRE

M. DE L'ÉPINE, délégué.

Messieurs,

La Société de géographie commerciale du Havre, qui a compté jusqu'à 800 membres, en a actuellement 790 ; elle semble donc, sous ce rapport, être arrivée à son apogée ; mais son activité n'a cessé d'augmenter.

Elle cherche à répandre, autant que possible, parmi les jeunes gens le goût des études géographiques ; et, à cet effet, outre des conférences fréquentes faites par des géographes et des explorateurs, elle a inauguré, cette année, un nouveau moyen de propagande : elle affiche à la Bourse ses cartes nouvelles les plus intéressantes, dont la vue et l'étude lui attirent de nouveaux adhérents. On espère pouvoir exposer également dans un certain nombre d'écoles, ces cartes, qui sont envoyées à la Société du Havre, soit par le ministère de l'instruction publique, soit par celui de la marine, soit par d'autres sociétés de géographie.

Le *Bulletin de la Société de géographie commerciale du Havre* a pour principaux rédacteurs les capitaines au long-cours, dont la collaboration est précieuse, et qui fournissent d'utiles renseignements, grâce aux observations qu'ils ont faites sur les contrées et les populations qu'ils ont visitées.

Enfin, la Société a pu organiser un cours de topographie, grâce au concours que lui ont prêté MM. les officiers de la garnison du Havre.

SOCIÉTÉ DE GÉOGRAPHIE DE LILLE

M. MERCHIER, secrétaire général.

Messieurs,

Ce n'est pas sans une certaine appréhension que je prends la parole au milieu de ce docte aéropage ; le secrétaire de la Société de géographie de Lille est pour vous un inconnu, la Société elle-même, je le crains, ne jouit pas auprès de vous d'une notoriété suffisante (Protestations) ; elle n'a point d'attaches officielles. Les 1,380 membres qu'elle compte avec ses sections de Roubaix et de Tourcoing, ne sont point des savants, mais des hommes..., et même des dames, remplis du désir de s'instruire. Elle ne compte point dans son sein des illustrations comme les vôtres, mais bien des industriels, des commerçants, et quelques professeurs qui guident leurs collègues dans la recherche de la vérité géographique.

Chez nous, malheureusement, les travaux de longue haleine sont rares : nous nous bornons à faire de la vulgarisation ; mais là, du moins, les chiffres sont éloquents.

Depuis que notre Société existe, c'est-à-dire depuis 1880, nous avons donné 385 conférences géographiques ; chaque année voit s'organiser sous nos auspices des excursions et voyages, dont le total s'élève actuellement à 98 et qui ont conduit 2,748 Lillois en France, Belgique, Suisse, Angleterre, Allemagne, Autriche-Hongrie, Danemark, Suède et Norwège.

Nous encourageons dans les Écoles et dans les Lycées l'étude de la *science* qui nous est chère. Nous avons organisé pour cela un concours annuel, où se sont présentés 2,738 candidats depuis 1881, fournissant 632 lauréats, auxquels il a été distribué pour 12,000 francs de prix et de médailles.

Je vous demande pardon d'exposer ainsi d'une façon rapide l'œuvre générale de notre Société ; je crois bien qu'aux termes du règlement, je dois me renfermer entre les dates du 31 mai 1890 au 1er juillet 1891 ; je me hâte donc de rentrer dans le cadre prescrit après m'être excusé d'avoir ainsi étalé devant vous nos lettres de noblesse ; mais il fallait nous faire connaître, tout en faisant un acte de contrition. (Non ! non !) Nous nous tenons trop en dehors des grandes assises géographiques dans le genre de celles d'aujourd'hui, ou bien nous confions nos intérêts à des amis qui se trouvent empêchés à la dernière heure, ce qui nous vaut parfois de véritables mécomptes..., dans le genre de celui que nous avons eu, l'an dernier.

C'est ainsi que dans le compte-rendu du Congrès de Montpellier, dû à la plume vigoureuse de mon collègue, M. Malavialle, nous avons lu avec stupéfaction la phrase suivante : « En province, la seule publication fréquente est le *Bulletin,* bi-mensuel, *de la Société de géographie de Bordeaux.* »

Eh bien, et le nôtre, mon cher confrère ? Nous paraissons régulièrement *chaque mois,* et nous tirons à 1,700 exemplaires. Pour corriger la mauvaise impression reçue, la Société de Lille m'a chargé de déposer sur le bureau de la société sœur à qui nous devons une si cordiale hospitalité, la collection du *Bulletin* pour l'année 1890 et les six premiers mois de 1891. Vous pourrez ainsi juger par vous-mêmes de l'importance de notre publication. Vous y trouverez le portrait d'un glorieux enfant de Rochefort, le capitaine Trivier : c'est sous son patronage que je me place, car, dans toute la région du Nord, Lille seule a été honorée de sa visite, et c'est au milieu d'acclamations enthousiastes que votre compatriote a été nommé membre d'honneur de la Société de géographie de Lille !

Ce *Bulletin* renferme un compte-rendu *in extenso* ou bien un résumé des principales conférences faites devant nous. Vous y trouverez, en outre, un travail absolument original sur l'océanographie : c'est l'œuvre d'un éminent géologue, M. Gosselet, professeur à la Faculté des sciences de Lille. Vous y trouverez le *Journal d'un soldat d'infanterie de marine,* relatant les péripéties d'une longue campagne au travers du Sénégal et du Soudan. Cela a été écrit exprès pour notre Société par un jeune volontaire, dont je respecterai l'anonyme, parce qu'il est maintenant un des brillants élèves de l'École Saint-Cyr. Je signalerai encore un remarquable travail de M. Guillot, professeur au lycée Charlemagne, sur le partage de l'Afrique occidentale en 1890. Des nouvelles géographiques et aussi économiques complètent heureusement chaque *Bulletin mensuel* et répondent surtout aux besoins de la région qui le lit.

Laissez-moi maintenant vous énumérer les conférences que nous avons entendues depuis le mois de mai dernier. Nous avons entendu successivement le P. Viallet, missionnaire à Emmaüs, qui nous a parlé de la Palestine ; M. Merchier, qui a parlé du département du Nord ; M. Saloue, professeur au lycée d'Orléans, qui a traité la question des Français à Madagascar ; M. Paul Vibert a été entendu sur le canal des Deux-Mers ; M. Guillot, sur le partage de l'Afrique occidentale ; M. Beugny d'Hagerne nous a raconté son voyage à Naples ; M. Lourdelet, vice-président de la Société de géographie commerciale de Paris, nous a exposé la situation économique actuelle des Etats-Unis ; le P. Le Menaut des Chesnais, chef des missions coptes en Egypte, nous a parlé de ce beau pays en poète et en patriote. Nous avons entendu successivement M. le docteur Pestour, sur le voyage de Stanley ; M. Foot, explorateur, sur le Dahomey ; M. Castonnet des Fosses, sur la Perse ; un missionnaire, le P. Bonvoisin, sur le Kurdistan ; M. Lebègue, professeur au lycée, sur les causses et les gorges du Tarn ; M. le docteur Catat a bien voulu nous raconter sa belle exploration de Madagascar. Cela fait, en tout, quatorze conférences, qu'il convient de multiplier par trois, car presque toutes ont été refaites à Roubaix et à Tourcoing, ainsi qu'on peut s'en assurer en lisant dans chaque *Bulletin* l'article intitulé : *Travaux de la Société.*

Passons maintenant aux excursions. Je me borne à une énumération :

Juin 1890....	Mont des Cats et Mont-Noir (Nord) ; Compiègne, Pierrefonds et Coucy ; Forêt de Mormal (Nord).
Juillet.......	Clairmarais (Pas-de-Calais) : Trélon et Chimay (Belgique) ; Bel-Œil et Bon-Secours (Belgique).
Août........	Chantilly ; De Calais à Boulogne, par la côte.
Avril 1891...	Visite à la rivière de l'Espieu et Watreloos (Nord) ; Deuxième excursion à Chantilly ; Hautmont : hauts fourneaux, laminages.
Mai.........	Gand ; Lilliers et Béthune ; Mont Cassel (Nord) ; Mines de Lens : descente sous la terre.
Juin	Rouen et Le Havre ; Doullens. Château de Lucheux.
Juillet.......	Douvres. Visite aux rochers de Shapespeare. Charleville, Laifour, Givet, Dinant, Namur. Visite à Rochefort et aux grottes de Han.

Ce sont là nos excursions ordinaires. Nous en avons à plus longue portée.

L'an dernier, une troupe de touristes allait visiter l'Allemagne et l'Autriche-Hongrie, tandis qu'une autre parcourait la Suisse. Trois de nos amis pensèrent même périr dans une chute dans un précipice, d'où ils n'échappèrent que par miracle.

Nous faisons tout cela avec nos propres ressources, car les 600 francs de subvention que nous devons à la générosité de la Chambre de commerce et du Conseil général sont d'un faible secours pour notre budget de 22,420 francs.

Nous avons notre appareil à projections, nous fabriquons notre gaz nous-mêmes, et, s'il faut en croire le capitaine Trivier et d'autres encore, notre service ne marche pas moins bien qu'à Paris.

Nous avons même nos appareils photographiques, et voici un spécimen des vues prises dans les dernières excursions.

Je crois pouvoir dire avec orgueil que nous avons beaucoup fait. Je conviens aussi qu'il nous reste beaucoup à faire. Avec le caractère pratique propre aux populations du Nord, nous avons débuté par des choses pratiques. L'ambition vient en grandissant. C'est pourquoi nous venons maintenant à votre école, prêts à mettre à votre disposition beaucoup de bonne volonté pour l'étude commune de problèmes plus théoriques.

M. Merchier dépose sur le bureau du Congrès le programme du concours que se propose d'organiser, en 1891, la Société de géographie de Lille.

M. le Président invite M. Percher à vouloir bien donner, au nom du Comité de l'Afrique française, quelques détails sur les travaux de ce Comité.

M. Percher (Harry Alis) répond qu'il se bornera à résumer aujourd'hui en très peu de mots, l'œuvre de ce Comité, puisqu'il est appelé à faire demain une conférence sur le même sujet.

Le Comité de l'Afrique française s'est formé spontanément, à la suite de la constitution de l'expédition Crampel, qui paraissait donner de bons résultats, et en présence de la nécessité évidente où l'on allait être d'organiser d'autres expéditions analogues. On a fait appel aux souscripteurs de l'expédition Crampel, on a recueilli des adhésions dans le monde scientifique, dans l'armée, dans l'administration, et on a pu ainsi contribuer à l'expédition Mizon, organiser complètement l'expédition Dybowski, qui, aux dernières nouvelles, se trouvait à Brazzaville, et aider également d'autres explorateurs qui se rendaient dans l'Afrique occidentale, notamment aux Rivières du Sud. Le Comité a également contribué à une autre expédition qu'il a décidé de tenir secrète, et sur laquelle, par conséquent, l'orateur ne peut donner aucun détail.

L'objet du Comité est d'associer ses efforts à ceux qui sont tentés, dans ce vaste champ de l'Afrique, par le Gouvernement, et il a spécialement porté son action sur la partie nord du Congo, où l'expérience a démontré que les particuliers seuls pouvaient agir et obtenir des résultats, l'État n'étant pas en situation d'intervenir comme il peut le faire dans l'Algérie du Sud, avec le concours de l'armée. L'opinion publique, qui est en France le véritable gouvernement, trouve qu'en matière coloniale on a fait le maximum de ce qui pouvait être fait ; et c'est pour éviter des difficultés d'ordre politique au Gouvernement, que le Comité de l'Afrique française a pris une initiative qu'il jugeait nécessaire pour que la France pût recevoir sa part légitime dans ce grand partage de l'Afrique qui s'accomplit aujourd'hui ; il espère que le succès des expéditions qu'il a patronnées viendra couronner ses efforts. (Applaudissements.)

M. LE PRÉSIDENT demande à M. Isaac, sénateur, s'il n'a point de communication à faire au Congrès, au nom de la Société des Études maritimes et coloniales.

M. ISAAC dit qu'il a sollicité l'honneur de représenter au Congrès de Rochefort, la Société des Études maritimes et coloniales, mais il n'a été chargé par elle d'aucune communication spéciale ; il est d'autant moins en mesure de rendre compte des travaux accomplis, depuis un an, par cette association, que ses devoirs parlementaires l'ont forcé à manquer un certain nombre de séances. En répondant à l'invitation de M. le président de la Société de géographie de Rochefort, il s'est uniquement proposé de venir s'éclairer et s'instruire en écoutant les discussions du Congrès et d'y prendre part, au besoin, en exprimant sur certaines questions, soit son avis personnel, soit l'opinion de la Société dont il est le délégué.

M. MILNE-EDWARDS dit qu'il pensait recevoir à Rochefort un rapport officiel sur les travaux accomplis dans le cours de l'année par la Société de géographie de Paris. Par suite d'un malentendu, ce rapport n'est pas arrivé ; mais les membres du Congrès connaissent, par le *Bulletin* que publie cette Société, ses actes et les communications qui lui ont été faites.

L'augmentation du nombre de ses membres atteste l'intérêt croissant qui s'attache à la science géographique ; d'autre part, la Société a reçu des legs considérables, notamment le legs Fournier, qui est de 50,000 fr.; ces ressources nouvelles lui permettent d'encourager plus efficacement que par le passé les explorateurs.

Ce qui la préoccupe vivement, et à juste titre, c'est la constitution d'un fonds de voyage, destiné à venir en aide aux voyageurs, soit à leur départ, soit quand, en cours de route, ils se trouvent en pays lointain, dépourvus de ressources — tel a été, récemment, le cas de M. Martin, en Chine — soit lors de leur retour. Le fonds de voyage est encore loin d'être suffisant ; en disant très haut à quel point il est nécessaire, on obtiendra peut-être de voir combler cette lacune.

La Société de géographie de Paris a deux sortes de séances: les séances administratives, qui ont lieu tous les quinze jours, et où la Commission centrale prend, sur l'initiative des membres de l'association, les mesures qu'elle juge utiles au progrès des sciences géographiques, et les séances publiques, tenues également chaque quinzaine, où sont faites les communications relatives à la géographie, où sont entendus les voyageurs et les conférenciers. Les séances publiques attirent une assistance très nombreuse, composée d'hommes du monde et de dames ; beaucoup de savants modestes hésitent même à prendre la parole devant ce public d'élite, un peu trop imposant. Pour leur rendre ses séances plus abordables, la Société de géographie de Paris, qui, étant l'aînée de toutes les associations françaises ayant le même objet, doit se préoccuper sans cesse de se rajeunir, — car on peut appliquer aux Sociétés le vers bien connu de Lamartine :

> Vous que le temps épargne et qu'il sait rajeunir,

et le moyen, pour y arriver, consiste à se défier de la routine et à renouveler souvent ses moyens d'action, — la Société, dis-je, a décidé de se partager en plusieurs sections qui, selon l'abondance des matières à traiter, se réuniraient soit tous les huit jours, soit tous les quinze jours. Une de ces sections comprendrait la géographie proprement dite, la géodésie et la topographie ; une autre, la géographie physique, l'anthropologie et l'ethnographie, l'océanographie et la géographie appliquée à l'histoire naturelle ; une troisième section enfin s'occuperait de toutes les études ayant rapport à la géographie historique.

Ce seraient là des réunions de famille, pour ainsi dire, qui se tiendraient en petit comité, et qui ne pourraient pas intimider les personnes qui n'osent point aborder les séances publiques.

La Société de Paris a entendu, cette année, M. Catat, qui, avec M. Maistre, a parcouru la partie méridionale, si peu connue, de l'île de Madagascar ; elle lui a décerné la médaille d'or ; et M. Bonvalot, qui, avec le prince Henri d'Orléans, a parcouru la distance qui sépare la Russie, pays ami, du Tonkin, possession française, n'ayant pour se guider que les traces des caravanes ; il en a rapporté, malgré la perte de presque toutes les bêtes de somme de l'expédition, une collection extrêmement considérable à tous les points de vue : ethnographique, anthropologique, botanique, zoologique et géographique. M. Bonvalot a reçu la grande médaille d'or de la Société. On y a également entendu M. Coudreau, l'explorateur de la Guyane.

Enfin, la Société, se préoccupant d'honorer la mémoire des voyageurs français martyrs de leur dévouement à la science géographique, a fait rechercher les restes de Camille Douls, assassiné dans le Sahara, et leur assurera en France une sépulture honorable ; elle a pris également l'initiative de la souscription qui va permettre de réparer le monument élevé à Dumont d'Urville.

On voit que la Société de géographie de Paris ne ralentit point sa marche et qu'elle s'occupe constamment de suivre et même, autant que possible, de diriger le grand mouvement géographique, qu'il est si nécessaire d'entretenir en France. (Applaudissements.)

M. le docteur Bourru, M. Lucien Rodanet, M. Gustave Regelsperger déposent sur le bureau plusieurs ouvrages de la part de leurs auteurs.

M. le baron J. de Guerne dépose sur le bureau du Congrès, au nom de S. A. le prince de Monaco, pour être offert à la Société de géographie de Rochefort, une carte inédite destinée à prendre place dans la publication qui aura pour sujet les campagnes de l'*Hirondelle* aux Açores.

Ces campagnes ont eu lieu en 1885, 1887 et 1889 ; elles sont figurées sur la carte par des lignes de diverses couleurs, qui sont généralement fort sinueuses, l'*Hirondelle* étant un navire à voiles, dont l'itinéraire doit se plier aux caprices du vent.

En 1888, il a été fait des sondages sur des points pour ainsi dire inexplorés, aux environs des plus occidentales des Açores : Flores et Corvo. Un tableau de ces sondages a été dressé, donnant l'indication des profondeurs atteintes, ainsi que des latitudes et longitudes. Ces indications sont également marquées sur la carte par des signes spéciaux.

Les recherches hydrologiques et zoologiques ont été effectuées au moyen de chaluts, de nasses, de filets de surface, et aussi avec un appareil nouveau, appelé *filet bathypélagique*. On s'est également servi de lignes de fond, disposées de façon à capturer les poissons à de grandes profondeurs ; on a employé des harpons, et enfin la barre à fauberts, qui rend parfois de grands services, surtout pour pêcher dans les rochers.

La carte contient deux cartouches, où sont consignées les indications relatives aux opérations faites sur certains points particuliers, entre Fayal et Pico, comme entre Pico et Saint-Georges. L'expédition de l'*Hirondelle* en 1888, a permis de connaître définitivement le relief de ce dernier chenal. Un autre sondage à 3,000 mètres, entre San Miguel et Terceira, est venu modifier les données de la carte publiée récemment par M. Milne-Edwards, à la suite des voyages du *Travailleur* et du *Talisman*. Cette sonde de 3,000 mètres coupe, pour ainsi dire, en deux un plateau signalé sur cette dernière carte, comme étant à la profondeur de 1,500 mètres seulement.

Sur un autre point, où la profondeur de 1,500 mètres était indiquée, près de Saint-Georges, la sonde a touché à 800 mètres. La carte présentée, aujourd'hui, au Congrès, fournit les premiers éléments des études que S. A. le prince de Monaco se propose de continuer, les années prochaines, avec des moyens d'action plus considérables.

M. le Président remercie M. de Guerne de sa communication. La carte inédite des Açores, dont le Congrès a la bonne fortune de se voir offrir la primeur, sera déposée à la bibliothèque de la Société de géographie de Rochefort.

Sur la proposition de l'un de ses membres et vu l'abondance des questions à traiter, le Congrès décide qu'à partir du lendemain mardi, 4 août, les séances de l'après-midi commenceront à deux heures.

La séance est levée à onze heures.

Séance du mardi 4 août (soir).

Présidence de M. MARCEL MONNIER, délégué de la Société de géographie commerciale de Paris.

Assesseurs : MM. le capitaine GOULLET, délégué de M. le Ministre de la Marine ;
SILVESTRE, secrétaire de la Société de géographie de Rochefort.

SOMMAIRE : M. Audiat : Un géographe saintongeais au XVIe siècle. — M. Musset : La géographie préhistorique de la Charente-Inférieure. — M. Daniel Bellet : L'immigration et le commerce français dans la République Argentine. — Discussion : MM. le capitaine Lapasset, Merchier, Gauthiot.

La séance est ouverte à trois heures un quart.

M. AUDIAT, président de la Société des Archives historiques de la Saintonge et de l'Aunis, donne lecture d'une étude sur *Un géographe saintongeais au XVIe siècle*.

Messieurs,

Invité, comme représentant de la *Société des Archives historiques de la Saintonge et de l'Aunis*, à prendre part au Congrès de géographie, je voudrais reconnaître cette gracieuseté par autre chose qu'un remerciement vulgaire et montrer au moins ma bonne volonté en m'associant pour une part, si petite qu'elle soit, à vos doctes et importants travaux. Mais comment, ignorant et profane, oser prendre la parole dans une assemblée d'hommes si compétents ? J'ai pu, un jour, payer à la Société, qui m'avait admis dans son sein, mon écot en racontant un voyage, une promenade dans les fouilles gallo-romaines de Saintes, et le public avait bien voulu admettre qu'une excursion, fût-elle dans des ruines de monuments, était encore un peu de la géographie. Pour vous, Messieurs, qui ne vous contentez pas d'apparences, qui allez au fond des choses, il vous faut de vrais voyages, de véritables observations qui ajoutent aux connaissances déjà acquises. De là mon embarras : désir de répondre à l'appel de votre bureau, impuissance à traiter un sujet quelconque. Heureusement, un article du programme parle des géographes saintongeais. J'en ai trouvé un dans les obscurités de la bibliographie, dans les limbes où dorment tant d'écrivains, célèbres de leur temps, profondément oubliés du nôtre. A-t-il voyagé ? Je crois que oui, au moins sur une haquenée allant à l'amble dans les paroisses suburbaines de Saintes. Il a certainement décrit des sites qu'il n'a jamais vus ; c'était un usage qu'ont connu plusieurs écrivains, de Laharpe à Alexandre Dumas ou à Méry ; mais il a parlé des villes et des campagnes de la Saintonge. N'est-ce pas assez pour qu'il ait un souvenir ? Moi, je lui sais gré de pouvoir, ici, acquitter ma dette, en restant dans les limites du Congrès, et apprendre à tant et de si grands savants quelque chose qu'ils ne connaissent pas, le nom d'Alain, auteur, au XVIe siècle, d'un livre rarissime, *De Santonum regione et illustrioribus familiis* (1), que j'appellerais volontiers un géographe en chambre... Il y aura, d'ailleurs, peut-être quelques renseignements utiles. L'état du pays s'est modifié du XVIe au XIXe siècle. Que de monuments nous n'avons plus ! que de familles ont disparu ! que de villes ont changé d'aspect !

*
* *

Alain est le premier géographe saintais, je ne dis pas saintongeais ; avant lui, le capitaine « Jean Alfonce, Xaintongeois, » né dans le canton de Segonzac, croit-on, avait écrit son *Voyaige adventureux*. Mais Alain est le premier, avec Élie Vinet, qui se soit occupé de notre contrée, qui ait écrit sur elle quelques pages spécialement. Il s'appelait Nicolas, comme Nicolas Pasquier, de Balanzac, lieutenant-général à Cognac, fils du célèbre Étienne Pasquier ; comme Nicolas Boileau. Les Nicolas ont du bon ; il n'en faut pas médire. Ses parents, je les ignore ; mais, à défaut de son père et de sa mère, je pourrais, si nous étions à Saintes, vous montrer sa maison, ou plutôt l'emplacement de sa maison : c'était l'ancien couvent des Récollets, aujourd'hui imprimerie Orliaguet.

---

(1) *De Santonum regione et illustrioribus familiis ; item de factura salis. Brevis nec minus elegans tractatus Alani Santonis medici, opera Alani in Burdig. curia advocati auctoris filii in lucem editus. Santonibus, apud Franciscum Audebertum typographum*, 1598. — *La Saintonge et ses familles illustres*, par Nicolas Alain. Réimpression de l'édition de 1598, avec traduction, notice et notes, par M. Louis Audiat, Bordeaux, 1889.

Il était médecin, et son fils fut avocat ; il appartenait à cette bourgeoisie libérale et lettrée du xvi⁰ et du xvii⁰ siècle, où nous trouvons tant de noms illustres pour notre province : Élie Vinet, déjà nommé, écolier à Poitiers, maître d'école à Barbezieux, étudiant à Paris, principal du collège de Guienne, qui, fils d'un vigneron du hameau des Planches, faisait, tous les jours, cinq kilomètres pour aller à l'école de Barbezieux, et dont l'édition d'*Ausone* est une œuvre si remarquable, et qui a écrit l'*Antiquité de Saintes, de Bordeaux, de Barbezieux, d'Angoulême, de Bourg-sur-mer* ; puis ce Mage de Fiefmelin, poète singulier, qui, ayant dans sa jeunesse composé beaucoup d'élégies amoureuses, et s'étant converti à la Réforme, publia ses vers en leur donnant un sens mystique ; Samuel Veyrel, apothicaire, qui sauva de la destruction, pour un moment, les pierres épigraphiques qu'on tirait, dès cette époque, des remparts de Saintes, fit, le premier en Saintonge, une collection de médailles, de bibelots, et décrivit les objets de son cabinet ; puis Arquesson, de Saint-Just-en-Marennes, avocat à Saintes, dont on ne peut retrouver le volume de poésies ; Jean Ogier de Gombaud, aussi de Saint-Just, qui ouvre la série des Saintongeais académiciens, chaîne qui se terminait, il y a quelques années, à Jules Dufaure, de Saujon, que vient de brillamment renouer le charmant conteur dont Rochefort est si fier, Pierre Loti ; et, par dessus tout, le maître, le héros, Bernard Palissy, dont les statues se multiplient à Paris et en province depuis que Saintes lui en a élevé une, en 1868.

Alain, comme ses contemporains, voulut écrire, lui aussi, son petit volume. Ouvrage de médecine ! non ; les médecins qui sont auteurs, font plus volontiers des ouvrages d'histoire ou des volumes de vers. Il y a même un ouvrage, le *Parnasse médical*, qui biographie tous les médecins versificateurs. Mais il écrivit un traité sur les villes et les familles de la Saintonge, les productions et les curiosités de la contrée. Et quand il l'eut achevé, il mourut. Pourquoi ne l'imprima-t-il pas ? Peut-être n'en eut-il pas le temps : son art de médecin ne put sauver le labeur de l'écrivain, ni même retarder son trépas de quelques mois. Peut-être n'y avait-il pas encore d'imprimeur à Saintes, quoiqu'il y en eût un, Thomas Portau, à Pons, qui typographiait en Saintonge, mettait en « émolé » les *Quatrains spirituels de l'honneste amour* du poète-pasteur de Pons, Yves Rouspeau.

Singulière destinée de ce livre ! L'auteur meurt, le manuscrit fut dérobé. Vous connaissez cette histoire, Messieurs ; on emprunte, on est bien aise de lire et d'admirer, puis on oublie de rendre.

Or, il n'arrive pas qu'aux braves gens de mourir ; les coquins ont aussi ce sort-là. Le voleur décède à son tour, et voilà le manuscrit qui revient à l'héritier ! Cette fois, il ne périra plus : un livre imprimé à un certain nombre d'exemplaires est sûr de vivre ; quand il n'y en a presque plus, il est rarissime, et alors on le réimprime. C'est ce qui est arrivé à Alain.

Son fils donc va trouver François Audebert, qui venait d'établir ses presses à Saintes ; l'on traite, et l'ouvrage du médecin saintais paraît. Ce fut un événement.

Quelle joie parmi les amateurs ! quelle allégresse parmi les doctes ! et quels éloges de la part des beaux esprits ! Toute la pléiade saintongeaise commence un concert de louanges en l'honneur du père, du fils et de leur livre. Toute la lyre. Hélas ! toute la guitare serait plus exacte. Vous allez en juger.

C'est le maire de la ville, « *præfectus urbis*, » qui mena le chœur des eucomiastes, des louangeurs, des thuriféraires, Dominique du Bourg, de la famille d'Anne du Bourg ; il était médecin du roi, quoique habitant Saintes. Le roi avait environ soixante médecins et quelque vingt chirurgiens, honorifiques, bien entendu ; qu'auriez-vous voulu qu'il fît contre tant ? Ainsi, il y avait des fournisseurs de Sa Majesté, qui ne lui fournissaient absolument rien (1).

Dominique du Bourg chante ainsi en vers latins, un sixain, qui a été traduit ainsi par un de ses descendants :

> Alain père décrit la Saintonge et ses mers,
> Son peuple, ses produits, son climat et ses villes ;
> Mais, quoique ses écrits brillent dans l'univers,
> Ses œuvres sans son fils passeraient inutiles.
> Le père, de son fils reçoit aussi le jour :
> Car rosée et vapeur s'engendrent tour à tour (2).

---

(1) C'est Dominique du Bourg qui donna une partie de son jardin pour établir le Collège de Saintes. Le jardin était vaste ; et sa maison, qui lui était attenante, s'élevait au coin de la rue de la Vieille-Prison et de la montée de l'Hôpital ; construite en 1572, l'année de la Saint-Barthélemy, elle appartient encore à ses descendants, les Bremond.

(2) *Santona quæ tellus, urbes, quæ sydera, Pontus,*
   Quæ gens, quæ fruges scribis, Alane pater.
Scripta licet patris sint orbe miranda toto,
   Hac sine sunt propriæ lubrica prolis ope :
Nate, tua genitor tuus ergo morte revixit :
   Sic vapidum rorem filius humor alit.

L'idée était ingénieuse ; elle devait faire fortune ; et les autres chantèrent sur le même ton.

Après le maire, le conseiller municipal ; celui-ci, Jean Grelaud, célébrait ce fils qui rendait la vie à son père pour le remercier de lui avoir donné le jour : « O père, digne de ton fils ! ô fils, digne de ton père, vous vous devez réciproquement la vie. »

Voici les avocats ; il y en avait alors soixante-trois à Saintes. Tous ne faisaient pas des vers latins ; mais quelques-uns alignaient même la strophe saphique. Beaucoup de leurs successeurs de la génération d'aujourd'hui pourraient-ils scander un hexamètre ?

Pierre Merlat, du barreau de Saintes, rappelle les deux fils de Léda, Castor et Pollux, qui, tour à tour, se rachetaient de la mort (1). Goy, un confrère, célèbre le phénix qui naît de ses cendres : « Mais toi, Alain, tu donnes la vie à la cendre de ton père et tu surpasses la nature (2). » Turmet, aussi avocat, lui chante : « On peut t'appeler le père de ton père et de ta patrie, puisque tu rends la vie à ton père et à ton pays (3). » De même, Lecomte, aussi avocat : « Tu dois beaucoup à ta patrie ; mais elle te doit encore davantage ; car ce qu'elle fait pour toi, la mort l'a détruit, tandis que ton livre donne à ta patrie une vie éternelle (4). »

Jacques Regnaud trouvait que le médecin Alain avait beaucoup fait en arrachant, par l'art d'Esculape, tant d'âmes à la cruauté de la mort ; il a fait plus en chantant les mérites de sa province dans un ouvrage immortel, qui portera jusqu'aux cieux le nom de Saintonge (5). »

Vanité des espérances et des promesses, illusions d'amis, rêves de poètes. Quel est celui de vous qui connaît cet « ouvrage immortel » ?

Un autre ne craint pas d'assimiler le *De Santonum regione* aux

---

(1) *Castora, Pollucem, Lædeos musa gemellos*
Vatum docta refert alterna morte redemptos...

(2) *At cineri vitam concedis, Alane, paterno ;*
Sic tu Naturæ nobile vincis opus.

(3) *Sic pater patris patriæque dictus,*
Cum patri vitam patriæque reddis...

(4) *Quod liber donat patriæ, perenne*
Durat in œvum.

(5) *Quod patrias laudes referens dotesque decusque*
Santonuum nomen semper in astra feret.

chefs-d'œuvre de l'antiquité : « La Grèce a Homère, l'Italie Virgile, mais la Saintonge a Alain, Alain père et fils (1). »

*
* *

Que dit donc un livre si magnifiquement vanté? Il décrit les différentes villes de la Saintonge, de Barbezieux à La Rochelle, et la Charente, de Chéronac à l'île d'Aix, et la Seudre, avec ses marais-salants, et la Touvre, couverte de cygnes, pavée de truites, bardée d'anguilles. Il célèbre les monuments, les familles, les villes, les productions, la sanguenite, *artemisia maritima*, que Pline nomme *absinthium santonicum* (santonique, santenique, santenite, sanguenite), le sel surtout, le sel sur lequel l'auteur a écrit un traité : *De facturà salis*, la manière de faire le sel, qui a été copié par Palissy et mis en un poème par André Mage de Fiefmelin. Je ne vous dirais pas les vertus du sel :

> C'est le conservatif des feus rois embaumés,
> La momie d'Egypte aux nitres renommés ;
> C'est ce qui pour jamais tout estre perpétue ;
> Ainsi de Loth la femme en retient la statue
> Et notre loy salique a du sel ses effects.

Saliens, salique et *salaire*, tout cela vient de salaison. Hélas ! Alain ne savait pas, ce que vous savez, Messieurs, que les prêtres saliens à Rome étaient ainsi nommés de leurs danses à travers les rues, *salire* ; que les Francs-Saliens tirent leur nom du fleuve Sala, et que seul *salaire* vient du sel, indemnité que recevait le soldat en échange du sel, sa solde primitive. Ce n'est pas tout. Le sel

> Resjouit les humains, et blanchissant la chair
> La beauté leur accroit, rend l'un à l'autre cher.

Et puis, tout plein de son sujet, l'auteur sème ici le sel à pleines mains ; sel attique ? non : c'est du sel de Marennes, qui était bien un peu du sel gaulois. Puis

> ... l'airain sans luy ne sonne,
> Maintient en amitié la femelle et le masle...
> Aux créatures voix comme aux métaux il donne.

---

(1) *Virgilio Latium, quod Græcia debet Homero*
    Et patrio vati Burdigala Ausonio
    Idem jure suis Santonia debet Alanis...

Quelle recette pour les virtuoses du gosier !

Alain est enthousiaste ; il voit grand ; tout est prodigieux en Saintonge : nulle part les saumons ne sont aussi abondants, les sardines aussi délicieuses qu'à l'embouchure de la Gironde ; le vulgaire souterrain-refuge de Meursac est une des sept merveilles du monde ; il ne sait « si l'Aquitaine, ou même la France, peut offrir quelque chose de semblable. » La Rochelle, « ville la plus commerçante de France, » est aussi la ville la plus belle et la plus élégante de l'Aquitaine. Les îles d'Oleron et de Ré « sont si fertiles en vin, blé, sel, tout ce qui est nécessaire à la vie, qu'elles ne peuvent rien envier aux îles Fortunées. » Et les truffes de Barbezieux, et les huîtres de La Tremblade ! Alain a l'admiration facile. Mais ne vaut-il pas mieux admirer que dénigrer, louer que blâmer, aimer que haïr ? Il aime sa province et sa ville, le bon Alain, et il vante toutes les personnes qu'il a connues, tous les monuments qu'il a vus, toutes les merveilles qu'il n'a pas vues.

Dans ses courses en esprit à travers la contrée, ce voyageur sédentaire décrit tout ce qu'il rencontre : les dunes d'Arvert, les plaines de Châteauneuf, le port commode et sûr de Saint-Seurin d'Uzet, les moulins de Meschers, les pins dont les flancs entaillés pleurent de la résine; Cordouan, « le vrai phare de l'Aquitaine, dont la lampe indique aux navires la bonne direction, dont le soin est confié à deux ermites, et l'entretien se fait à l'aide d'un impôt perçu sur chaque navire entrant en Gironde » ; Blaye, avec sa citadelle, « qu'on ne peut prendre que par famine » ; Cosnac, place jadis très forte, dont il ne reste que le château ; Talmont, dont le château-fort commande la mer ; Didonne, dont le *castrum*, en ruines, aurait été bâti par Didon fugitive ; Cognac, avec son magnifique château, son parc de chênes et son étang si poissonneux ; Saint-Savinien et son port si fréquenté ; Taillebourg, son château, son chapitre de chanoines ; Tonnay, Soubise, villes fortes.

Touriste, Nicolas Alain n'oublie pas qu'il est médecin : il note que la criste-marine, qui se mange cuite ou se conserve dans le vinaigre pour exciter l'appétit, est employée comme médicament dans différents cas ; la sanguenite est très efficace contre les vers pour les enfants. Contre la colique, il a un spécifique souverain : une petite pierre extraite de la tête des maigres et qu'on porte au cou (1).

---

(1) *Pisces isti, magnitudine insigni, duos habent in capite lapillos, quos appensos collo amuleti vice, colico dolori quidam auxiliari existimant.*

Il aime aussi à montrer son savoir ; mais son archéologie ne va pas bien loin ; il est tout près de croire que les restes du château de Didonne datent du temps où la reine de Carthage vint fonder Didonne. Saint-Pierre, à Saintes, a été bâti par Pépin, vers l'an 760.

Ses étymologies ne satisferaient pas davantage nos linguistes modernes : la Champagne, *Campania*, c'est *campus plenus*, champ plein, c'est-à-dire plan, uni ; Arvert vient de *ardens viride*, qui brûle encore vert ; Chatelars, *castellum arsum*, château brûlé ; le Portugal, du nom d'une ville, Porto-cale, est appelé ainsi, dit-il, *Portus Galliæ*, des nombreuses visites qu'y faisaient les Gaulois et les Saintongeais. La Rochelle, *Rochella*, est le féminin d'un participe hébraïque qui veut dire *marchande*. Meursac n'est autre que *meur, mur, sac*[ré]. L'île de Ré tire son nom de *reus*, accusé, coupable, criminel, parce que c'était le refuge de tous les scélérats du continent ; en 1792, Lequinio, représentant en mission, remplaça par île de la Liberté le nom de l'île d'Oleron, parce que, disait-il, île d'Oleron signifiait île des Larrons (1). Le poisson nommé maigre est ainsi appelé parce qu'il n'est pas gras (2).

Saintes est décrit assez minutieusement ; il note ses édifices, églises, monastères, ses arènes et son arc de triomphe. De La Rochelle, qui pour lui est le port célèbre des Santons, *portus Santonum*, il montre les fortifications et quelques traits de son histoire : « Cette ville, fameuse déjà par ses remparts et son port, a encore, grâce à son commerce, étendu au loin sa renommée... »

Voici Saint-Jean d'Angély, et Jarnac, et Angoulême. Voici Brouage, « où viennent aborder les vaisseaux d'Allemagne, de Flandre, d'Angleterre et d'autres pays... Presque tous les habitants parlent communément les langues étrangères ; elles leur sont nécessaires pour le commerce avec les étrangers qui y affluent de toutes parts. On y

---

(1) Voir l'arrêté de Lequinio et Laignelot, dans le *Bulletin de la Société des Archives historiques de la Saintonge et de l'Aunis*, VII, 73, et XII, 247.

(2) On croirait entendre nos écrivains saintongeais, pour qui Talmont, c'est *talus mundi*, le talon du monde, l'endroit où se termine la terre ; Aytré, jadis Estré, *Strata*, vient de *Ay*, eau, et *tré*, arbre ; Charay, du celte *char*, et *ay*, eau ; La Jarne, « du celte *jar*, mâle de l'oie » ; La Jarrie, de *gerria*, terrain sec ; La Gord, abréviation de *goret*, cochon ; L'Houmeau, diminutif de *houx* ; Marcilly, « du celte *mar*, mer, eau » ; pourquoi pas du latin *mare*, mer ? Charron, du celte *kar* ou *charr*, chemin de charrette, et *on*, eau ; Cram-Chaban, « *cram*, mot celte qui signifie racine de cassave » ; Anais d'*an*, pour *circum*, et *aix*, eaux. Je ne cite que Lesson et seulement pour partie de l'arrondissement de La Rochelle. *Fastes historiques de la Charente-Inférieure*, t. Ier.

trouve beaucoup de gens qui vont si facilement et si souvent dans ce qu'on appelle le Nouveau-Monde, le Brésil, le Canada, qu'ils apprivoisent peu à peu les habitants des forêts, les sauvages et les anthropophages. »

Et Rochefort, Messieurs, me demanderez-vous peut-être? Rochefort n'existait pas, et Brouage n'existe plus. Rochefort vit, cette heureuse création de Louis XIV et de Colbert ; Brouage, qui dut une seconde création à Richelieu, a péri. Ceci a tué cela. Il y a des villes qui meurent en pleine civilisation. Ainsi vont les choses du monde. Et c'est le sort de Brouage, qui avertit Rochefort. Mais Brouage n'était défendu que par ses hautes et fortes murailles : Rochefort a la marine, Rochefort a ses habitants, Rochefort peut justement dire : « *Fortitudo mea civium fides* ; la fidélité vaut des murailles de pierre. » Rochefort ne veut pas périr et ne veut pas qu'on le fasse périr ; donc il ne périra pas.

Je m'arrête, ne voulant pas abuser de votre attention et de votre temps pour un aussi mince sujet qu'Alain. Puissiez-vous retenir le nom d'un de vos devanciers, le plus obscur peut-être de tous ceux qui ont écrit sur la géographie ; démesurément vanté de son temps, il est trop oublié aujourd'hui. Il vous devra d'avoir vécu quelques instants parmi vous, et ce sera sa gloire. Un de ses enthousiastes, saluant en vers l'apparition de son livre, s'écriait : « Jusqu'ici, le Saintongeais errait au milieu de sa patrie, comme un étranger, comme un voyageur. C'était une honte. Le malheureux ne savait pas ce qu'il possédait. Mais maintenant, grâce à Alain, il n'est pas de pays, pas de territoire plus connu que celui de la Saintonge. » Changeons un mot, et les deux distiques latins s'appliquent ici : Oui, grâce à vous, Messieurs, grâce à ce Congrès, grâce à la Société de géographie de Rochefort, on peut, et à bien plus juste titre, répéter : Il n'y aura pas de pays, pas de territoire plus connu que celui de la Saintonge !

> ..... *Jam non est notius ullum*
> *Santonico per te cœlum, Alane, solumque.*

M. Marcel MONNIER demande au Congrès l'autorisation de céder le fauteuil de la présidence à M. Turquan, premier délégué de la Société de géographie commerciale de Paris.

M. TURQUAN prend place au bureau.

Présidence de M. TURQUAN.

M. LE PRÉSIDENT, au nom du Congrès, remercie M. Audiat de son intéressante communication et donne la parole à M. Musset sur la seconde question portée à l'ordre du jour : *La géographie préhistorique de la Charente-Inférieure.*

M. MUSSET. — Messieurs, il ne s'agit pas précisément de géographie préhistorique dans les observations que je vais avoir l'honneur de vous présenter : ce n'est pas tout à fait mon sujet. Je dois m'occuper plutôt des résultats acquis aux sciences préhistoriques et des découvertes relatives à ces sciences faites dans le département de la Charente-Inférieure à l'heure où nous sommes.

La détermination, depuis un certain nombre d'années, de stations et de cavernes, de différents points où les découvertes ont été faites, permet de fixer dans une certaine mesure les éléments géographiques des époques préhistoriques, et nous apporte même des données pour les études géologiques.

Il est bon de jeter, de temps en temps, un regard en arrière sur les découvertes faites dans les années précédentes ; c'est ce travail que la Société de géographie de Rochefort m'a fait l'honneur de me demander, et que je vais vous soumettre :

Messieurs,

Il y a six ans, en 1885, j'étais appelé à présenter devant les nombreux savants qu'avait réunis le cinquantenaire de la Société des Antiquaires de l'Ouest, un aperçu de l'état des découvertes préhistoriques dans le département de la Charente-Inférieure. Je m'efforçai, à ce moment, de réunir les données éparses de cette science dans cette région de la France, à en déduire les conséquences, à en signaler les *desiderata* et à appeler à la tâche tous les hommes de science et de bonne volonté. Je publiai, à cette époque, une brochure qui contenait mes observations et un état, à peu de chose près complet, des découvertes éparses qui avaient été faites jusqu'à ce jour, dans la contrée étudiée. J'accompagnai mon travail d'une carte en couleur qui permettait de voir d'un coup d'œil la distribution, dans la Charente-Inférieure, des monuments mégalithiques et des stations ou découvertes préhistoriques.

Soit que mes aperçus fussent exacts, soit qu'ils fussent passés inaperçus auprès des hommes compétents, je n'eus pas, en cette occasion, à éprouver de contradictions ni à supporter de démentis.

Dans ces conditions, il y a lieu, ce me semble, de reprendre mes conclusions, de signaler à nouveau mes doutes et mes hésitations pour savoir si les découvertes opérées depuis 1885 ont amené des modifications, ou quel nouvel appoint elles ont pu apporter aux théories de la science préhistorique. Je laisserai de côté, bien entendu, tout ce qui a trait au lien unissant les faits préhistoriques avec l'existence des légendes et des traditions qui formaient alors un second chapitre de mon mémoire. La géographie n'est pas intéressée directement à ces questions de *folk-lore*.

TERTIAIRE

En 1885, nous avions posé une question qui n'a pas été résolue. Alors que l'existence de l'homme tertiaire avait soulevé ailleurs de graves discussions, il y avait lieu de se demander si la vallée de la Charente ne fournirait pas à son tour un appoint aux idées émises par l'abbé Bourgeois et ses émules. Voici ce que nous écrivions alors :

« Notre excellent confrère, M. Luguet, de la Faculté de Clermont, dont les recherches préhistoriques sont bien connues des corps savants, notamment de la Commission de topographie des Gaules, nous signalait, il y a quelques jours, le fait suivant. A l'époque où, de concert avec notre regretté camarade, Emmanuel Marc-Arnaud, il suivait les travaux de la ligne des Charentes, il vit extraire du sous-sol de la gare de Saintes des instruments taillés et offrant beaucoup d'analogie avec les instruments chelléens. Nous avons vu, autrefois, la collection Marc-Arnaud, après la mort de celui qui l'avait formée, et nous ne nous souvenons pas d'avoir, à ce moment-là, saisi une différence très sensible entre les divers instruments, que nous croyions quaternaires. M. Luguet, avec sa modestie habituelle, ne crut pas devoir prendre date pour cette trouvaille, mais il nous disait qu'il avait conservé de ces silex et qu'il se faisait fort de désigner dans la collection Marc-Arnaud, passée à la ville de Saintes, ceux des instruments qui provenaient de la gare de cette ville. La question vaut la peine d'être étudiée. Mais, de prime-abord, nous nous permettrons de faire quelques observations. Il nous paraît anormal que ces outils tertiaires eussent tant de ressemblance avec nos instruments quaternaires de la vallée de la Charente. Nous ne pouvons voir dans les outils tertiaires que les essais presque informes d'êtres inférieurs et tels que ceux que l'on a rencontrés à Thénay, tandis que les silex amygdaloïdes et quaternaires représentent incontestablement un perfectionnement, partant une civilisation. Or, si les instruments signalés par M. Luguet ont tant de rapport avec nos quaternaires qu'un examen superficiel puisse les confondre, ne serait-ce pas qu'ils appartiendraient également au quaternaire ? L'examen des couches du versant de la Charente, où les trouvailles ont été faites, devra donc porter, selon nous, sur deux points : le premier consistera à s'assurer de la légitimité de l'attribution de ces terrains à l'époque tertiaire ; le second, de la question de savoir si ces terrains n'auraient pas été remaniés, ou bien encore si le dépôt n'aurait pas été créé par les alluvions tertiaires désagrégées pendant la période quaternaire, et formé, à ce moment-là, d'éléments étrangers. Nous pourrions citer des faits analogues ; en voici un caractéristique : dans la puissante formation kiméridgienne qui constitue la partie visible du coteau de Châtelaillon, M. Beltrémieux a constaté l'interposition d'une zone contenant les fossiles et ayant les caractères du corallien ; là, le doute et l'hésitation sont impossibles. Il y a eu, à l'époque kiméridgienne, désagrégation d'un banc voisin corallien, et reconstitution immédiate d'un dépôt avec les matériaux de ce premier banc. »

Sur ce point, je n'ai à vous signaler rien de nouveau ; les silex de Marc-Arnaud ont perdu leurs étiquettes d'origine ; ceux qui ne se sont pas perdus, sont écrasés, dans le Musée de Saintes, sous l'importance plus artistique des sculptures ou des inscriptions gallo-romaines. Il n'y a donc rien à espérer de ce chef. Restait le terrain lui-même, qui pouvait réserver des surprises. Les années 1889 et 1890 offrirent des conditions bien favorables pour ces recherches. Les nouveaux aménagements de la gare de Saintes nécessitèrent le nivellement d'une grande partie des alluvions dont j'entretenais mes auditeurs de 1885. Mes collègues de Saintes voulurent bien, sur ma demande, se tenir en éveil pour retrouver des silex analogues à ceux qu'avait rencontrés Marc-Arnaud. Mon espoir a été trompé. On ne m'a signalé aucune trouvaille. La question, pour le moment, demeure donc insoluble.

QUATERNAIRE

CHELLÉEN ET MOUSTÉRIEN

Il n'est pas douteux qu'à l'époque quaternaire, et dès son origine, la Saintonge, sinon l'Aunis, ait été habitée.

M'appuyant sur les données de la science et l'opinion des géologues les plus autorisés, j'avais émis l'idée que c'était à la fin de l'époque tertiaire qu'aurait eu lieu le dernier bouleversement qui avait fait surgir de nouveau à la lumière tous nos terrains crétacés, sur lesquels se serait étendue la grande mer tertiaire dont les hauteurs du Poitou et les Pyrénées constituaient les limites. Ces terrains ont, en effet, conservé pour la plupart, sur leur relief, des lambeaux de terrains tertiaires ; aucun d'eux ne présente aux recherches, dans les mêmes milieux, sur le sommet des plateaux, sur les hauteurs, de dépôts quaternaires, à moins que l'on ne fasse rentrer dans cette catégorie ces couches, généralement peu profondes, provenant de la décomposition ou de l'effritement de la couche superficielle, mais que, dans la plupart des cas, il serait impossible d'attribuer à une alluvion.

Les dépôts d'alluvions quaternaires ne se constatent que dans les vallées, où ils forment quelques puissants dépôts, produits en majeure partie par les grandes secousses atmosphériques qui donnèrent naissance au *diluvium* ; ils se rencontrent, de plus, en Aunis et dans la basse Saintonge, sur les coteaux mêmes, parce que cette partie du pays était encore submergée.

Nous invoquions comme argument topique, à l'appui de cette opinion, la présence d'instruments chelléens sur des points où les alluvions n'ont certainement pu les apporter et qui témoignent, par l'acuité de leurs arêtes, qu'ils n'ont jamais été charriés. A plus forte raison, en pouvons-nous dire autant du moustérien, dont les gisements sont encore plus nombreux que ceux de l'époque chelléenne et qu'on rencontre même dans des cavernes.

La Charente-Inférieure était donc, en grande partie, habitable à l'époque quaternaire, mais bien plus restreinte qu'elle ne l'est aujourd'hui. Nos marais du littoral étaient, évidemment, sous l'eau jusqu'à une assez grande distance dans les terres. M. Manès a établi que la Charente devait être une sorte de bras de mer jusqu'aux environs de Cognac, puisque les alluvions marines se retrouvent dans la vallée du Né. Mais la Seugne et la Boutonne étaient de grands cours d'eau qui recueillaient les eaux des coteaux voisins. Nous avons établi, d'autre part, que le sud de la Seudre et de partie de l'île d'Oleron devait être occupé par un lac d'eau douce. Le terrain ne manquait donc pas pour l'établissement d'une population nombreuse ; et, en fait, si nous en jugeons par ce qui nous est connu d'instruments chelléens, nous pouvons affirmer que la population était assez dense.

Dans notre mémoire de 1885, nous indiquions les deux natures de gisements dans lesquels on retrouve les instruments chelléens : les coteaux, soit à la surface, soit dans la terre végétale, et à un niveau variable ; les couches d'alluvions anciennes qui bordent certaines vallées.

Nous avons établi que si, sur les premiers points, les silex occupaient vraisemblablement le lieu de l'habitat des populations primitives, tout au moins l'endroit où l'instrument était tombé pour la dernière fois des mains de l'homme qui s'en servait, il n'en était pas de même pour les silex retrouvés dans les couches d'alluvions.

Et, en effet, les silex des alluvions sont répandus dans la masse des sables gris ou gris-rougeâtre constituant le *diluvium*. La conclusion à tirer de ce fait est que ces instruments ont été entraînés des coteaux avec les matériaux qui les entouraient et sur lesquels ils gisaient. Nous ajoutions qu'ils ne devaient pas, toutefois, venir de loin, mais seulement des coteaux voisins, ce qui expliquerait le peu d'usure des parties saillantes.

Aucune observation n'est venue infirmer notre manière de voir, mais il reste encore à déterminer les points exacts qui ont fourni les matériaux d'où vient le *diluvium* de nos vallées ; à quel coteau, particulièrement, telle couche de sable quaternaire a emprunté ses éléments. Le dernier mot n'est donc pas dit dans cette question.

Nous nous étions également préoccupé de savoir si les théories émises pour le peuplement de notre contrée étaient exactes.

M. Maufras, après M. Combes, avait conclu ainsi dans cette intéressante question :

« Comment s'est effectuée cette immigration? Les immigrants sont-ils venus en Saintonge par les vallées ? ou bien se sont-ils étendus de proche en proche par la ligne des plateaux, s'enfonçant dans les vallées pour y séjourner quelque temps ou y fixer définitivement leurs pénates, lorsque le site leur paraissait convenable ? Nul ne pourrait le dire. Mais si on jette un coup d'œil sur la carte préhistorique de la Charente-Inférieure, et surtout sur la vallée de la Seugne qui a été explorée plus attentivement que toutes les autres, on remarquera que la rive gauche est moins riche en stations quaternaires que la rive opposée ; par suite, si des recherches ultérieures nous autorisaient jamais à généraliser ce fait, nous serions alors en droit de conjecturer que le travail de propagation a dû s'accomplir par les vallées durant l'époque quaternaire. »

Ces appréciations ne sont, à peu de choses près, que la reproduction des conclusions de M. Combes, dans le mémoire imprimé au tome X des *Annales de la Société des sciences naturelles de La Rochelle*. Seulement, la suppression d'une phrase en a changé singulièrement la portée ; car M. Combes parlait d'une façon spéciale là où M. Maufras généralise.

Bien que nous n'adoptions pas absolument l'opinion de M. le sénateur Combes, elle nous semble plus justifiable. D'après M. Combes, la civilisation quaternaire nous serait venue spécialement par la rive gauche, et aurait laissé une colonie à Salignac ; puis, rencontrant le confluent de la Seugne, aurait rebroussé chemin sur la rive droite de la Seugne, laissant des groupes à Bougnaud, Pons, Mosnac, envoyant quelques rares individus à Coudennes et sur quelques points isolés de la rive gauche. — M. Combes ne nous parle des plateaux à cette occasion que pour établir un rapprochement entre nos instruments et ceux du Périgord, d'où nous semble venir cette civilisation.

Cette appréciation de M. Combes ne nous déplaît pas ; nous ne voyons pas de difficulté à admettre que les hommes quaternaires aient descendu la Charente. Mais où nous ne sommes plus d'accord avec le savant docteur, c'est quand il semble raisonner sur cette occupation, comme si elle avait été l'effet d'un jour, quand il nous semble indiscutable que la civilisation quaternaire a dû se prolonger des siècles. Or, comment admettre que pendant cette longue suite de temps, les populations des points principaux qu'il indique, n'aient pas eu le temps de connaître à fond les plus petits replis du terrain, en somme peu étendu, qui est limité par la Charente, la mer, la Gironde, la Dordogne, quand, ainsi que nous en avons fait la remarque, il y avait tant de cours d'eau pour faciliter les communications et rompre l'impénétrabilité des grands bois.

Le seul point du département qui eût semblé mériter le nom de plateau, mais dans le sens de pays plat, eût été la bande de terrain tertiaire qui s'étend de Saint-Bonnet à Saint-Aigulin, composé en grande partie de terrain à landes et de bois maigres. Mais alors cette contrée eût été bien facile à franchir et n'eût pas apporté d'obstacle pour la circulation d'une vallée à l'autre.

Nous sommes, d'ailleurs, forcé d'admettre que si les immigrants avaient été contraints de suivre dans leur voyage d'arrivée le cours des deux rivières, ils savaient à l'occasion les franchir ; ne trouvons-nous pas, en effet, des stations quaternaires à Soute, à Coudennes, à la Guiarderie, à la Thibauderie, à Thenac et à Préguillac, sur la rive gauche de la Seugne ? Or, ce que quelques-uns ont su faire, c'est-à-dire traverser une rivière qui a été, jusqu'à ces derniers temps, peu accessible, une collectivité pouvait encore mieux l'entreprendre. Et puis, d'ailleurs, cette civilisation quaternaire, si l'on en juge par le nombre considérable des instruments qu'elle a taillés, a dû vivre assez longtemps pour remonter successivement ou franchir sur bien des points les cours d'eau qui ruissellent de tous les coteaux dans la verdoyante Saintonge, et sans que pour cela forcément les premiers points occupés fussent devenus, par cela même, les plus importants.

Ajoutons enfin que les faits justifient pleinement notre manière de voir. Les découvertes de silex quaternaires sont devenues, en effet, innombrables, et, comme nous le prévoyions, on les trouve aussi bien entre la Charente et la Boutonne qu'entre la Charente et la Seugne.

Nous pouvons dire, aujourd'hui, que la profusion avec laquelle les coups de points chelléens sont répandus sur les coteaux de la Saintonge, au Nord aussi bien qu'au Sud, dans la vallée de la Boutonne aussi bien que dans la vallée de la Seugne, rend difficile l'attribution de la priorité à l'un ou l'autre point dans la prise de possession de notre pays par les races primitives. La rive droite de la Charente n'en est pas plus dépourvue que la rive gauche. Des sablières ont été signalées au Treuil de Chérac, qui semblent contenir des instruments semblables à ceux de la vallée de la Seugne ou aux dépôts quaternaires du Port-du-Lys, ou des lieux circonvoisins. (1)

Les éléments de certitude échappent pour dire quel point aborda le premier homme qui vint s'établir dans nos contrées, d'autant plus que le premier point habité a pu ne pas demeurer le plus populeux. Tout ce qu'on semble pouvoir conjecturer jusqu'à présent, c'est que les populations chelléennes s'approchèrent peu du voisinage de la grande mer et qu'elles ne pénétrèrent pas dans les îles de notre archipel.

Il n'en fut pas de même du moustérien, qui semble répandu d'une façon presque uniforme sur toute la surface du département et qui se rencontre jusqu'aux environs de Saint-Georges et de Chéray, à l'île d'Oleron.

SOLUTRÉEN, MAGDALÉNIEN.

Que se passa-t-il, dans nos contrées, au cours de l'époque moustérienne ? Il semble se produire une diminution dans la population. On ne trouve pas ici, pour le nombre et l'importance des stations, une progression analogue à celle que l'on rencontre dans certaines contrées même voisines. Toujours est-il que si le chelléen et le moustérien sont largement représentés dans les trouvailles, il n'en est de même ni du solutréen ni du magdalénien.

Faut-il voir dans ce fait, la conséquence d'un refroidissement général du nord de l'Europe, qui aurait amené soit une diminution de la population, soit une émigration vers des contrées ou des climats plus hospitaliers ? Plus simplement, faut-il peut-être penser que les populations moustériennes du territoire qui a fait la Saintonge ont conservé les instruments et les habitudes qu'elles avaient ; qu'elles n'ont adopté que lentement les formes d'outils en usage aux époques solutréenne et magdalénienne ?

La terre n'a cependant pas dit son dernier mot. Nous ne pouvons pas affirmer que la rareté des stations moustériennes ou solutréennes ne fera pas place, un jour, à l'abondance. Un fait certain, c'est qu'on vient de découvrir, récemment, une grotte magdalénienne remplie de près de huit mètres cubes de matériaux et de débris de

---

(1) Notamment trouvailles de M. Laventure, instituteur.

toutes sortes. Le perspicace inventeur de cette station remarquable est M. Clouet, instituteur au Douhet. La grotte du Gros-Roc a fourni des séries nombreuses de la majeure partie des instruments en usage à l'époque de la Magdeleine ; on y a trouvé également des débris de tous les animaux signalés déjà pour cette époque, de plus, une mâchoire humaine. Là se rencontrent les os ou les dents du cheval, du renne, de l'aurochs, de l'urus, du lion, de l'hyène des cavernes, du mammouth, et nous ajouterons, sous réserve des explications que nous allons donner, du rhinocéros tychorinus. Le lion aurait même donné une nouvelle variété déterminée par M. le docteur H. Filhol, à laquelle le savant professeur a donné le nom de *Felis spelunca,* variété *Cloueti* (1).

L'étude de cette grotte du Douhet soulève deux questions intéressantes. Le dépôt de la caverne n'était pas homogène. A la base, dans une partie creuse de quelques pieds carrés, reposaient des restes moustériens absolument purs ; au-dessus, une masse puissante offrant côte à côte, dans un mélange inextricable, des produits de l'industrie moustérienne et de l'industrie magdalénienne. Et, enfin, dans certaines parties de la surface, des aires où les produits magdaléniens se trouvaient seuls, sans mélange. De solutréen, pas de trace.

S'autorisant de cette absence de solutréen, M. Bordage, boursier de doctorat au Muséum de Paris, a cru devoir formuler une critique contre les théories de M. de Mortillet. Il rappela que, dans la chaîne des temps, M. de Mortillet place la civilisation solutréenne entre la période du Moustiers et celle de la Magdeleine, et il voit dans la succession brusque du magdalénien au moustérien au Douhet, la preuve que le savant anthropologue s'était trompé, et que le magdalénien s'était substitué sans intermédiaire au moustérien. Cette conclusion, selon nous, est trop radicale. Qu'apprenons-nous dans l'étude de la grotte du Gros-Roc, au point de vue de la succession des industries ? Qu'au-dessus du moustérien on trouve le magdalénien. Cela implique-t-il que dans la contrée, il n'y avait pas eu d'individus pratiquant la taille de Solutré ? Nullement. Cela peut être, mais la conclusion ainsi formulée manque de base. La seule conclusion que nous puissions induire de l'étude de la grotte, c'est que dans cette grotte, il y avait eu des hommes de la civilisation du Moustiers, et qu'il y eut ensuite des hommes de la civilisation

---

(1) Rapport à la Société philomathique de Paris,

de la Magdeleine. Comment cela se produisit-il ? Nous l'ignorons. Le pays cessa-t-il d'être habité par suite d'un cataclysme, de l'intempérie des saisons, de telle cause qui nous échappe ? Nous ne le savons pas encore. Plus simplement encore, la grotte cessa-t-elle d'être habitée pour telle cause que nous ignorons, alors que d'autres points l'étaient encore ? Cela peut être. On ne pourra conclure, au regard de ce fait, que par des découvertes successives qui sont encore à faire. Qu'on nous permette à cet égard une comparaison. Il y a sur les hauteurs de Saintes, toute une région qui conserve des restes importants de la civilisation gallo-romaine. Ce sont les terres qui s'étendent entre la route de Rochefort (Bordeaux à Saint-Malo) et la route de Saint-Georges-des-Coteaux. Dans ces terres ont été placés le cimetière protestant et quelques constructions modernes. De ce que, immédiatement au-dessus des restes gallo-romains, on trouve des établissements modernes, viendra-t-on conclure que du IVe au XVIIe siècle de notre ère, il n'y a eu place à Saintes pour aucune civilisation ? Bien certainement non. On peut en dire autant de la grotte du Gros-Roc. Les hommes du Moustiers ont occupé la grotte, puis ont cessé de le faire. Leurs successeurs immédiats se sont portés ailleurs. Après un long temps, les hommes de la Magdeleine, trouvant la grotte vide, s'y sont installés. Il n'y a vraisemblablement rien de plus.

Il est une autre question, soulevée par les trouvailles de la caverne, qui offre un intérêt considérable. On discute, depuis quelque temps, la question de savoir si le *rhinocéros tychorinus* vivait encore, dans nos contrées, à l'époque de la Magdeleine. Malgré les découvertes faites, en 1865, par l'abbé Bourgeois, à la Chaise (Charente) ; en 1886, par MM. Gaudry et Paignon, à Montgaudier (Charente), la question semble quelque peu douteuse, bien que pour Montgaudier, les restes du rhinocéros se fussent trouvés dans une couche qui semble bien magdalénienne et sans remaniements sensibles. Au Douhet, les dents du même animal ont été recueillies en contact immédiat avec des restes de l'industrie magdalénienne. M. Bordage en conclut que le *rhinocéros tychorinus* vivait au Gros-Roc à l'époque de la Magdeleine. Nous croyons encore que, sur ce point, M. Bordage a conclu trop vite. Et, en effet, les dents du rhinocéros n'ont été trouvées que dans la couche où les restes magdaléniens sont mélangés avec des silex moustériens. Si les hommes de la Magdeleine ont remué le sol de la grotte au point de mélanger les silex moustériens avec les produits de leur propre industrie, rien ne dit que ces restes du rhinocéros ne fussent pas contemporains des silex moustériens. Cela n'implique pas que des rhinocéros eussent été apportés là par les hommes de la Magdeleine. Il était un autre moyen de s'en assurer. Les hommes de la Magdeleine se tatouaient au moyen d'une couleur rouge, dont les traces sont très apparentes au Gros-Roc, tant sur les os ou les silex magdaléniens que sur les sables ambiants. Dans ces conditions, il était vraisemblable que les dents du rhinocéros rencontrées dans ces couches eussent été fortement imprégnées de cette même teinture. Or, il n'en est rien. La couleur rouge ne semble pas avoir pénétré les dents du rhinocéros. En présence de ces éléments de doute, il est donc prudent de ne pas invoquer la présence au Gros-Roc des restes du rhinocéros en contact avec l'industrie magdalénienne, pour en conclure que l'animal en question était contemporain de cette industrie.

ÉPOQUE NÉOLITHIQUE

Aux industries quaternaires auraient succédé, d'après toutes les observations faites et les conclusions des auteurs, l'industrie dite de la pierre polie, constituant la période néolithique. De l'avis de quelques-uns, il y aurait entre ces deux termes une telle différence de perfection ou de moyens, que cela constituerait un hiatus. Est-il bien vrai qu'il y a un hiatus, et les découvertes opérées dans le département de la Charente-Inférieure apporteraient-elles quelque lumière sur ce point? Peut-être en est-il ainsi.

On trouve, en effet, sur nos coteaux, de nombreuses stations dites néolithiques, dans lesquelles les instruments ont un air de famille sans être absolument identiques. L'industrie de ces stations est représentée surtout par des pointes, analogues à celle de la Magdelaine, mais de dimensions plus petites, par des grattoirs à formes arrondies ou légèrement rhomboïdales, par des tranchets, et aussi par des haches non polies, mais ayant la physionomie des haches polies. Qui nous dit que ces instruments ne représentent pas la transition entre les instruments quaternaires et les instruments franchement polis de l'époque dite néolithique? Ce qui semblerait établir ce fait, c'est la présence dans certaines grottes de couches occupant exactement cet horizon, et servant de transition entre les quaternaires et les couches dites de la pierre polie.

Il faut, d'ailleurs, jusqu'à nouvel ordre, être bien prudent sur ce point, car nos stations charentaises à ciel ouvert contiennent souvent des débris de toutes les époques, ce qui établirait qu'elles ont dû servir de lieu d'habitation à des époques bien diverses.

Contentons-nous donc d'enregistrer les faits avec une scrupuleuse fidélité, sans parti-pris ; les conclusions découleront naturellement, un jour, des observations.

Les stations de la période néolithique sont innombrables dans notre pays, et la découverte s'en fera tous les jours plus nombreuse si l'on veut bien chercher. Comme nous l'avions observé dans notre précédent mémoire, ces stations se rencontrent principalement à mi-côte des coteaux, sur les points que les eaux, plus abondantes alors qu'aujourd'hui, ne pouvaient pas atteindre, mais assez près néanmoins de ces eaux pour qu'on puisse les utiliser sans fatigue. Sur le sommet des coteaux se rencontrent principalement des pièces isolées, perdues sur le territoire de chasse, par les primitifs nemrods. Quand, au contraire, on découvre sur des points très élevés des amas considérables de silex travaillés, c'est qu'on est en présence soit d'un refuge, d'un camp retranché ou d'un atelier.

Nous ne pouvons nous attarder à détailler toutes les découvertes opérées depuis notre dernier mémoire ; nous nous contenterons de signaler les plus caractéristiques.

Les Stations. — M. Gaudin, secrétaire de mairie, à Thenac, a fait dans les environs des découvertes importantes. La commune de Thenac se divise en deux parties : d'un côté, un terrain calcaire, crayeux, donnant des terres maigres ; là, point de stations, mais l'unique camp du Peu Richard, découvert par M. le baron Eschasseriaux. L'autre partie de la commune comprend une zone argileuse, siliceuse et aux terres profondes. Ici s'étendent quatre stations à ciel ouvert : le Cormier, les Graves, le Boisberneau et La Grange. Toutes les périodes y sont représentées, sauf celle de la Magdeleine. Le silex employé est celui de la région même ; la patine en est blanchâtre au Cormier, grisâtre aux Graves. Les instruments du Boisberneau n'ont pas de patine.

A la limite des communes de Tesson et de Rioux, s'étend la station du Chaillot ; on y trouve, avec du néolithique, du chelléen et du moustérien, remarquables de forme ; de grattoirs, peu ou point. D'autres stations se rencontrent au Château, dans la commune de

Rioux ; aux Carrières, dans la commune de Tesson. Dans cette dernière station, on trouve beaucoup d'éclats non retouchés, ce qui semblerait établir qu'il y avait en ce point un atelier.

A La Jard, les silex sont accompagnés de poteries vésiculaires. Dans la commune de Chaniers, aux Bertines, près du village nommé Peu-Nouveau, une station contient du néolithique, du moustérien, sans trace de chelléen ni de magdalénien.

M. Quiniaud a recueilli dans la commune de Chepniers, des pièces nombreuses éparses dans les landes et dans les champs, à peu de distance du cours d'eau, et, notamment, autour de l'étang de Robinson.

Dans la commune de Saint-Martin-de-Villeneuve, M. Nouhet, instituteur, a recueilli quatre cents pièces que nous n'avons pas vues, mais qui, d'après lui, appartiendraient au moustérien. Une seule hache polie se trouve dans cette collection. M. Nouhet ne s'est pas préoccupé de noter le point exact des trouvailles. C'est là un tort. Une commune ne présente pas, en effet, dans son ensemble, une même physionomie. Il y a un intérêt considérable, j'allais presque dire que c'est le seul, à observer la nature et la situation du lieu dit où la trouvaille a été faite, seul moyen de déterminer les conditions d'habitat des populations primitives.

Le même reproche pourrait être fait à M. Labbé, instituteur à Corignac, qui aurait découvert sur le territoire de cette commune, des silex travaillés non déterminés.

A Berneuil, on rencontre des pièces isolées, en dehors des stations, sur toute la lisière des bois.

Les Camps. — Depuis la découverte du Peu Richard, on n'a pas découvert d'une façon certaine, d'autres camps ou refuges des populations de la pierre polie. Néanmoins, les fouilles opérées au Challiot de La Jard, par M. l'instituteur Deschamps, sous les auspices de la Commission des arts et monuments de la Charente-Inférieure, laisseraient croire que la population qui vivait en cet endroit avait pris soin de s'abriter derrière des talus et des fossés. Les recherches ne sont pas assez avancées pour que je puisse me prononcer à cet égard.

Les Dolmens. — Quelques-uns ont été découverts depuis la publication que j'ai faite à ce sujet. Quelques-uns ont été fouillés, d'autres mieux étudiés. Je ne puis m'arrêter ici à donner la liste, de ceux qui existent encore, en réalité ou par le souvenir. Je dirai seulement que toutes les observations faites tendent à confirmer le fait que les dolmens sont des tombeaux élevés à l'époque néolithique. Les fouilles du dolmen de La Jarne, exécutées par nous sous les auspices de la Société des sciences naturelles de La Rochelle, n'ont donné que des sépultures de cette époque. Nous avons, d'autre part, recueilli, et M. Duplais-Destouches après nous, de nombreux silex de l'époque néolithique au pied même des deux Pierres-Closes de Charras.

Tumulus. — Ce que nous disons des dolmens, nous pourrions le dire des tumulus ; mais aucun, que je sache, n'a été fouillé dans ces dernières années. Nous attendons, notamment, avec une certaine impatience les découvertes que M. le docteur Pineau se promet de faire dans la Motte de Virson. Cette impatience est justifiée par le doute où nous sommes, jusqu'à nouvel ordre, que ce monticule soit bien un tumulus. Ce qu'il y a de certain, c'est que la Motte de Virson a été postérieurement une motte féodale, que là était le donjon de la terre et que, jusqu'aux siècles derniers, c'est le lieu féodal auquel se rendaient les hommages de la seigneurie. Le sol y est, d'ailleurs, jonché de débris de tuiles en partie calcinées, qui sembleraient prouver que le donjon a été détruit par un incendie. (1)

Palafittes. — Ce n'est que pour mémoire que nous signalons des palafittes. Nous sommes certain qu'il en existe. Les deux points où il s'en trouve des traces sont, d'une part, les bas-fonds qui s'étendent entre Taillebourg et Juicq, et de l'autre, les tourbières de Saint-Germain-de-Marencennes. Nous devons à M. Clouet la connaissance du premier point. Dans la vallée, entre Taillebourg et Juicq, l'honorable membre de la Commission des arts et monuments a trouvé des os et des cornes d'aurochs, qui sont en la possession de M. Garnier, de Taillebourg.

Dans le même lieu, on aurait rencontré des madriers de chêne posés horizontalement, mais qui tombent en morceaux ; ailleurs, des pièces de bois de cinq à six mètres de long. Tel autre propriétaire prétend trouver sous sa motte des traces de planchers.

---

(1) Les fouilles opérées à la Motte de Virson en l'année 1892, ont pleinement confirmé notre manière de voir. M. Pineau n'a rien trouvé qui pût faire croire à un tumulus.

A Saint-Germain-de-Marencennes, nous avons observé l'existence d'une chaussée en bois qui semble considérable, et alentour de laquelle les exploiteurs de tourbes ont recueilli des bois de cerf, des défenses de sanglier, de fort jolis outils de silex et des haches polies que nous avons recueillis dans le Musée préhistorique que nous dirigeons à La Rochelle, de concert avec M. Beltrémieux, le savant directeur de l'Académie. Nous espérons bien, un jour, pouvoir mettre cette station lacustre à découvert.

Comme on le voit, la récolte des restes préhistoriques devient, tous les jours, plus considérable. Malheureusement, les fouilles et les découvertes sont souvent opérées sans méthode, dans le seul but de la collection, et non aux points de vue géographique et ethnographique qui devraient seuls guider le chercheur.

M. le sénateur Combes, en présence de ce désarroi, avait pensé à intéresser les instituteurs à la reconstitution de l'histoire de ces âges primitifs. Il avait pensé, avec juste raison, que ces honorables fonctionnaires sont plus à même que personne pour recueillir autour d'eux les objets archéologiques ou les souvenirs qui les conservent. Dans ce but, il avait fait voter par le Conseil général une somme de 500 francs destinée à récompenser les découvertes préhistoriques les plus importantes faites dans cet ordre d'idées.

De notre côté, nous avions, depuis longtemps, à la Société de géographie de La Rochelle, émis l'idée que les instituteurs et leurs élèves étaient mieux placés que personne pour retrouver les anciens lieux d'habitation et de séjour des hommes primitifs, et nous avions exprimé le désir de voir imprimer un tableau faisant connaître aux élèves des écoles les formes les plus habituelles des instruments de l'âge de la pierre.

La Commission des arts et monuments de la Charente-Inférieure avait, de son côté, toujours encouragé les recherches préhistoriques et avait aidé M. Clouet de ses conseils et de son argent, pour l'exécution des fouilles de la grotte du Gros-Roc du Douhet.

La question était mûre pour une action commune. Et M. le sénateur Combes a bien voulu nous abandonner une part de direction. Ainsi que je le disais plus haut, l'important est de déterminer les horizons géologiques, la situation géographique et les caractères ethnographiques ou zoologiques des stations découvertes. Il faut donc, pour cela, une méthode précise et unique, une science qui ne s'acquiert pas en un jour et qui demande une étude spéciale. Les instituteurs ne pouvaient donc pas, pour la plupart, être des spécialistes en préhistoire, et ils n'ont pas sous la main les ouvrages qui leur permettraient d'être au courant de la science et de ses *desiderata*; mais ce sont, par contre, des auxiliaires particulièrement précieux, et, bien dirigés, ils peuvent donc rendre d'éminents services sur ce point. Ce sont ces considérations qui ont engagé le Conseil général, sur la demande de MM. Combes, Lemercier et Eschasseriaux, à confier, pour la majeure part, la direction des fouilles et la distribution des récompenses à la Commission des arts et monuments de la Charente-Inférieure.

Dans ces conditions, il y a lieu de croire que pas un coin de notre département, si reculé fût-il, ne cachera ses trésors archéologiques, et qu'avant peu d'années, on pourra connaître d'une façon précise l'évolution des races primitives dans le département de la Charente-Inférieure.

M. LE PRÉSIDENT. — Je suis certain d'être l'interprète fidèle du Congrès, en remerciant et en félicitant M. Musset de son important et très intéressant travail.

L'ordre du jour appelle la communication de M. D. Bellet, membre de la Société de géographie de Paris et rédacteur à *l'Économiste français*, sur *l'Immigration et le commerce français dans la République Argentine*.

M. LE SECRÉTAIRE GÉNÉRAL dit qu'il a reçu ce travail de l'auteur, qui n'a pu venir à la séance; il est prêt à en donner lecture.

M. TURQUAN, président, et M. BARBIER annoncent qu'ils auront à soumettre au Congrès des observations qu'ils ont préparées sur cette même question de l'émigration des Français à l'étranger.

Le Congrès décide qu'il sera donné lecture du travail de M. Bellet, et que la question, devant donner lieu à un débat, sera reprise dans une séance ultérieure du matin.

M. le docteur H. BOURRU, secrétaire général, donne lecture

de la note rédigée par M. D. Bellet, qui est conçue en ces termes :

Messieurs,

Dans le rapport qu'on avait bien voulu nous charger de présenter à ce Congrès, nous émettions rapidement l'idée, mais sans prendre le temps d'en donner des preuves, que l'émigration a cette vertu de créer des relations commerciales entre le pays d'où partent les émigrants et celui où ils arrivent ; et nous avons dit que l'émigrant est le meilleur des commis-voyageurs pour les produits de sa patrie. Nous voudrions apporter par nous-même une preuve de cette affirmation, sans préjudice de celles que voudront bien fournir nos honorables collègues ; et nous voulons citer comme exemple le développement et l'importance considérables qu'a pris le commerce de la France dans la République Argentine, par suite du courant immigratoire d'origine française qui s'est porté, depuis quelques années, vers La Plata.

Notre étude, qui ne pourra être que bien courte, en raison des nombreux sujets de discussion, tous si intéressants, qui se présentent dans ce Congrès, sera surtout appuyée sur des chiffres fournis par M. Frixon, de l'Union géographique du Nord de la France, et par notre ami, M. Albert Muie, consul de la République Argentine à Dunkerque, qui a, pour sa part, si puissamment aidé au progrès du mouvement commercial entre nos producteurs et industriels et les Argentins.

Nous savons et nous avons personnellement montré que le Français émigre assez peu : cependant, il a montré dès longtemps une prédilection toute particulière pour l'Argentine, où l'entraîne, il faut bien le dire, la similitude de tempérament, de mœurs, de caractère d'une race sœur, d'une race néo-latine. C'était peu, au point de vue absolu, que ce chiffre de 7,000 individus à peine qu'atteignait l'immigration française en 1870, quand déjà La Plata voyait arriver plus de 20,000 Italiens et plus de 10,000 Espagnols ; mais il faut songer qu'au point de vue relatif, c'était beaucoup, puisque, à ce moment, le chiffre total de l'émigration française (nous l'avons dit) ne dépassait pas de beaucoup ce chiffre de 7,000 personnes. Cette proportionnalité a fait plus que se maintenir, puisque, depuis quelques années, le mouvement émigratoire a pris un essor considérable en

France, mais spécialement au bénéfice de l'Argentine : tout à coup, nos populations du Sud-Ouest, du golfe de Gascogne notamment, se sont mises à s'expatrier, comme au temps des Cavelier de La Salle, mais dans le but de gagner Buenos-Ayres. Dès l'année 1888, le chiffre des émigrants pour cette ville atteignait 16,716 personnes ; en 1889, ce chiffre devenait 24,410. Actuellement, il est vrai, et par suite de la crise si malheureuse qui sévit dans cette portion de l'Amérique du Sud, le nombre des émigrants français a diminué considérablement ; mais c'est là un phénomène qui est commun à toutes les nations européennes. Notre colonie n'en garde pas moins l'importance qu'elle a su prendre ; et je puis faire appel à presque tous nos collègues dans cette assemblée : j'ai la persuasion que la plupart d'entre eux connaissent quelqu'un de leurs compatriotes qui a été s'établir sur les rives de La Plata. Notre colonie y joue un rôle tout à fait à part ; la France y est aimée et connue, et, pour avoir une idée de l'influence qu'elle a su y prendre, il vous suffirait d'entrer dans une boutique d'une des *calles* de Buenos-Ayres, *calle del Parana, calle San Martin* ou autre pour voir en bonne place tous les produits de notre industrie, que l'on aime à se procurer chaque fois qu'on le peut. Ceux qui, comme moi, ont la bonne fortune de posséder des amis du côté de la *pampa*, savent quelle sympathie lie la France et l'Argentine ; pendant l'Exposition universelle, nous avons pu nous créer des amis parmi les hommes les plus éminents, M. le docteur Morel, rédacteur principal à la *Nacion*, le grand journal platéen, M. Lix-Klett, secrétaire de la Chambre de commerce du Onze-Septembre, M. Carasco, le distingué statisticien, et nous avons pu les entendre parler de la France, dans un français d'ailleurs des plus purs ; nous avons aussi causé avec quelques-uns de nos compatriotes établis, depuis de longues années, dans le pays, notamment avec M. Alexis Peyret, une intelligence d'élite, Basque français d'origine, inspecteur des colonies pour le compte du gouvernement. Et nous sommes édifiés : nous avons vu ces Argentins suivre aussi bien que n'importe quel Français, le mouvement littéraire et scientifique de France ; ils aiment la France, lisent les nouveautés, les romans français, en même temps que nous, se fournissent autant qu'ils peuvent chez nos fabricants.

Et qui a fait tout cela ? qui leur a fait connaître, aimer les produits tant de notre littérature que de nos usines et de notre industrie ? Le vaillant groupe d'émigrants français de bonne souche qui a pris solidement racine à La Plata. Comme le dit M. Frixon, « ces Français, quel que soit leur rang social, conservent un véritable culte pour tout ce qui vient de leur ancienne patrie. Nos mœurs, notre langue, — dont la connaissance est devenue à La Plata, le complément d'une bonne éducation, — les œuvres de nos écrivains, nos idées et nos doctrines, qui nous rendent si sympathiques aux peuples, sont conservées par ceux-là mêmes que nous oublions ; avec eux se répandent les produits des manufactures françaises, et *des marchés nouveaux sont ouverts à notre commerce national.* »

Voilà ce que nous disions en commençant : le résultat de l'émigration pour une nation donnée, c'est l'ouverture de marchés nouveaux pour son commerce ; et c'est ce qu'ont fait les 100,000 Français qui, depuis trente années, ont émigré dans l'Argentine.

Pour appuyer cette affirmation de chiffres exacts et précis, nous allons donner quelques renseignements sur le commerce de la France avec l'Argentine. Pour le commerce d'importation dans la République sud-américaine, il faut bien avouer que le premier rang appartient à la Grande-Bretagne : en 1887, elle importait pour 34,779,000 piastres, et pour 44,044,000 en 1888 ; mais ce qui est bon à noter, c'est que l'Angleterre n'a cette place que grâce à ses articles privilégiés : nous entendons par là les produits de ses usines métallurgiques, de ses tissages, qui profitent largement du combustible à bon marché qu'ils ont en abondance. En effet, tout d'abord, voici les fils et tissus, qui représentent plus de la moitié de ses importations totales, cotonnades, cretonnes, toiles imprimées, mouchoirs, qu'elle peut livrer à un extrême bon marché, ne vendant, d'ailleurs, que des produits qui ont seulement l'apparence (ce que nos fabricants ne consentent point à faire, se figurant qu'on appréciera davantage les qualités de durée que présentent leurs marchandises). Les métaux ont été introduits en quantité considérable par les Anglais : fil de fer pour la clôture des immenses pâturages où l'on enferme aujourd'hui les troupeaux platéens, articles de ménage, armes, coutellerie, machines agricoles, machines à coudre ; et il faut encore ajouter de l'étain, du plomb, du zinc, du fer blanc, du matériel de chemins de fer (au point de vue de cet article spécial, nous verrons que la situation de la France s'est grandement améliorée). Enfin, la Grande-Bretagne trouve un débit des plus faciles pour ses papiers, et toujours pour la raison que nous citions plus haut : parce qu'ils ont plus d'apparence, tout en étant certainement d'une qualité inférieure. Ce qui, d'ailleurs, rend si aisée la vente des produits anglais, c'est qu'il se fait pour eux une réclame incessante : l'Angleterre est toujours présente aux yeux de tous ; son pavillon flotte dans tous les ports, et ses enfants, disséminés, commerçants dans tous les points du globe, font connaître ses produits aux dépens de ceux des autres nations.

La France, de son côté, malgré cette redoutable concurrence, et bien qu'elle ne se fasse point connaître par son pavillon, si pauvrement représenté sur les mers, s'est vu gagner une place de premier ordre par les nombreux Français qui ont immigré dans l'Argentine ; elle n'a pas beaucoup à envier à la Grande-Bretagne, en ce sens du moins que, avec une importation totale de 22 ou 23 millions de piastres, elle occupe le premier rang pour tout ce qui est des produits que peut fournir son sol ou que peuvent fabriquer ses industriels : substances alimentaires, boissons, dentelles et soieries, lingerie et confections, parfumerie, bijouterie, librairie, en provenance de France, tiennent les premières places dans le tableau des importations sur le territoire argentin. Pour les soieries, notamment, le commerce de la France avec l'Argentine est trois fois plus considérable que celui de l'Angleterre ; pour les dentelles, ce dernier pays en introduit un plus grand poids, mais l'importation française a une valeur presque double ; pour les dames, c'est la mode française, la mode de Paris, qui triomphe à Buenos-Ayres, comme dans le reste du monde ; et c'est ce qui fait l'importance prise par notre parfumerie et notre bijouterie. Et pour les livres, au risque de répéter ce que nous avons dit plus haut, n'avons-nous pas le droit de nous enorgueillir quand nous voyons les Argentins au courant de tout ce qui s'écrit chez nous ; quand nous savons que les livres français se vendent mieux que les livres espagnols même, qui sembleraient devoir s'imposer aux Platéens par la communauté de langue ; l'enseignement est donné dans les écoles suivant les méthodes françaises et avec des livres, français au moins d'origine, qui ne sont que des traductions ou des accommodations de nos classiques ; les recueils périodiques français de toute nature, les revues scientifiques de Paris, et notamment l'une d'entre elles où nous nous faisons personnellement un honneur d'écrire, comptent de nombreux lecteurs ou abonnés à Buenos-Ayres et même dans les provinces.

Un nouveau progrès s'est produit : il y a maintenant plus d'une année, certaines sociétés françaises ont obtenu la concession de nombreuses lignes de chemins de fer, et l'importance de ce fait est considérable en ce sens que tout le matériel de ces nouvelles voies est fabriqué en France, qu'il s'agisse du matériel fixe ou du matériel roulant ; en général, les machines françaises à destination de La Plata, et qui sortent, par exemple, des usines Cail ou des ateliers de Fives-Lille, ne viennent point toutes des ports français, comme lieu d'embarquement ; beaucoup s'embarquent à Anvers, ce qui diminue d'autant, mais seulement en apparence, le mouvement d'exportation des produits français.

Pour compléter l'idée que nous voudrions donner à nos auditeurs du développement de nos relations commerciales avec l'Argentine, nous allons encore citer quelques chiffres présentant l'essor du commerce franco-argentin par le port de Dunkerque, depuis dix années. En 1881, le total de ce mouvement était à peine de 2 millions de kilogrammes ; dès 1882, il dépassait 35 millions et demi, dont presque tout pour l'importation ; en 1884, nous relevons au total 39,830,000 kilog., dont 335,000 seulement pour l'exportation. En 1886, l'importation dépasse 82,200,000 ; mais l'exportation est encore assez faible : dès 1888, elle atteint 8,500,000, et 17,800,000 en 1889, tandis que l'importation atteint 92 millions. Enfin, pour l'année 1890, en dépit de la crise terrible qui sévit, le total du mouvement a passé de 110,300,000 à 146,900,000, dont 135,300,000 pour l'importation et 11,600,000 pour l'exportation.

Avons-nous besoin de dire que ces relations sont une source de richesse pour la France, et par les produits qu'elle vend dans l'Argentine, et par les matières premières qu'elle va chercher dans ce pays, qu'elle transforme sur son sol, au grand bénéfice de ses usines, et qu'elle exporte ensuite manufacturées en se faisant largement payer de ses peines et soins. Ces relations sont l'œuvre de ce groupe d'émigrants qu'on traite parfois d'aventuriers, et qui, au contraire, ont établi et resserrent tous les jours les liens qui nous unissent à la vaillante République sud-américaine ; ce sont eux qui contribuent puissamment à faire la France aimée, respectée à l'étranger, riche, puissante à l'intérieur. Il se peut qu'en ce moment il se produise quelques mécomptes pour ceux qui ont leurs intérêts engagés sur les rives de La Plata ; mais qu'ils prennent confiance. Nous avons la persuasion qu'il ne s'agit là que d'une crise passagère, causée même, pour ainsi dire, par l'excès de prospérité dont jouissait la jeune République. Les Anglais se trouvent plus atteints que nous par cette crise, mais ils ne se décourageront point pour cela. Ils vont, au contraire, se mettre à l'œuvre pour rattraper, et au delà, tout ce qu'ils ont pu perdre, et, dans ce but, ils vont faire tous leurs efforts pour se réserver à eux seuls tout le marché argentin. Prenons garde d'être supplantés dans la place qui a été si laborieusement conquise, et ne laissons point dépérir l'œuvre magnifique créée par nos émigrants, qui n'ont pas craint de passer les mers et de s'exposer aux plus rudes épreuves pour aller porter au loin le drapeau de la France.

M. le capitaine LAPASSET dit qu'il est inutile et même dangereux d'encourager l'émigration des Français dans la République Argentine. La France possède assez de colonies à exploiter pour ne pas envoyer ses enfants à l'étranger. Si le commerce anglais l'emporte à La Plata, c'est au commerce français à se mettre en état de lui faire concurrence, c'est à l'industrie française à produire à meilleur marché. (Assentiment.)

M. MERCHIER demande la parole pour citer quelques faits précis.

L'exportation argentine en France se fait surtout pour Roubaix et Tourcoing, qui fabriquent principalement leurs tissus avec les laines de La Plata, un peu avec celles de l'Australie, plus du tout avec celles du Cap. Plusieurs grandes maisons de ces villes — dont l'orateur cite les noms — ont acheté dans la République Argentine d'immenses étendues de terrains, où elles élèvent des moutons dont elles importent les toisons par Calais, pour l'usage de leur industrie ; elles ont agi ainsi en vue de supprimer les intermédiaires. C'est une des causes apparentes de la prospérité du commerce d'exportation argentin ; mais ce n'est point là, à proprement parler, de l'émigration.

De très grands services sont rendus au commerce français par une maison de banque qu'a fondée à Buenos-Ayres un de ces industriels français, M. Mazurel, qui évite ainsi des pertes sur le change, et se met en état de résister à la concurrence déloyale des maisons allemandes. Celles-ci, en effet, quand elles apprennent qu'une commande a été faite à Roubaix ou à Tourcoing, se hâtent d'envoyer à l'acheteur un échantillon conforme à cette commande, en lui offrant de l'exécuter à vil prix. Telles sont les entreprises utiles qui peuvent être tentées dans la République Argentine, et qui y ont réussi ; mais y envoyer des émigrants, surtout des émigrants pauvres, c'est les exposer à être indignement trompés et exploités. Il faut donc bien se garder de pousser à l'émigration.

M. Gauthiot pense que les chiffres cités dans le travail de M. Bellet ont été puisés dans des statistiques remontant à deux ou trois ans et antérieures, par conséquent, à la période de difficultés que traverse aujourd'hui la République Argentine. Il croit obtenir l'assentiment unanime de ses collègues en disant que des constatations insérées dans ce travail, il n'y a qu'une seule conclusion à tirer — et il est nécessaire, selon lui, que le Congrès national de géographie formule cette conclusion, — c'est que la situation de la République Argentine touche les intérêts français d'extrêmement près. En effet, le nombre des Français qui, ne trouvant plus de travail pour vivre, ont demandé récemment leur rapatriement, s'élève à 7,000. L'orateur tient ce chiffre de M. le chargé d'affaires de France au Chili. Ce sont, on le sait, principalement des Basques, qui n'ont porté outre-mer que leurs bras, et, pour cette catégorie d'émigrants, la question n'est pas douteuse : il faut absolument les détourner — comme s'efforcent de le faire, depuis dix-huit mois, toutes les Sociétés de Paris — de l'émigration pour ce pays, où ils ne pourraient que mourir de faim. (Approbation.)

Mais la situation est autre pour les émigrants qui possèdent quelques ressources ou qui vont établir à La Plata des industries grâce auxquelles, ainsi que le montrait M. Merchier, c'est encore la France qui commerce avec la France. Dans la République Argentine, en ce moment, personne n'a d'argent, excepté ceux qu'on y appelle les *gringos*, c'est-à-dire les étrangers, comme les Français, qui, ayant acheté des terres et les ayant cultivées, plantées en vignes — notamment dans la province de Mendoza — ont réalisé des économies. La plupart de ces étrangers ont prévu la crise et l'ont annoncée.

Or, quiconque est actif et travailleur, s'il possède seulement 5,000 fr. d'argent comptant, peut aller acquérir, pour ces 5,000 fr. d'or, qui en vaudront 25,000, une propriété de 75,000 fr., dont la culture le conduira promptement à l'aisance.

Ces étrangers, possesseurs de capitaux et des revenus de la culture, ont formé entre eux ce qu'on a appelé du nom barbare de *consortium*, c'est-à-dire une réunion, une association, dont le président, homme des plus intelligents, est un Français, à qui le gouvernement argentin — jugeant utile de compter avec cette force réelle qu'il trouvait en face de lui — a proposé de le faire nommer sénateur de sa province.

Le gouvernement argentin semble avoir pour principal objectif de retenir dans ses maisons les clefs de la caisse fédérale, et, voulant enrôler dans ses rangs le Français dont il s'agit, lui proposer de lui en confier une.

Jusqu'à ce que la crise actuelle cesse, les Français établis dans la République Argentine, qui, unis avec les Suisses, les Belges et les Canadiens, forment une masse compacte offrant une assez grande puissance de résistance pour que le gouvernement cherche à se l'attirer, doivent rester dans la situation qu'ils se sont faite et en profiter. Cette situation est bonne, puisqu'ils détiennent l'argent et ce qui donne l'argent, c'est-à-dire la production du sol.

Il ne faut donc pas détourner d'aller à la République Argentine ceux qui désirent posséder de la terre; ils y feront une avantageuse spéculation, dans le bon sens du mot; mais c'est, au contraire, un devoir de déconseiller l'émigration aux commerçants, aux ouvriers de l'industrie et de la terre; ils y consumeraient leurs efforts sans profit pour personne et seraient obligés de demander leur rapatriement. (Nouvelles marques d'assentiment.)

La séance est levée à cinq heures.

partout où les Grecs ont passé. La Saintonge était donc un pays très imprégné de la civilisation grecque dès avant l'arrivée des Romains ; et la preuve en est que César y trouva des alliés et des galères pour combattre les Gaulois de Bretagne. Les Phéniciens y avaient eux-mêmes précédé les Grecs ; c'est ce qui résulte, pour l'orateur, de l'étude des emplacements de plusieurs ports sur la côte.

Peut-être une partie des ports anciens ont-ils disparu par l'effet d'un soulèvement lent de la côte. Quoi qu'il en soit, le lit de la Charente, seul, ne semble pas avoir changé ; et la raison en est que le bassin de ce cours d'eau aura toujours besoin d'un exutoire pour la masse d'eau qui va se jeter dans la mer entre Fouras et le Port-des-Barques, et qui, tant qu'elle existera, devra se frayer un passage à travers les terres meubles de cette région.

Avant l'installation de la marine à vapeur, et depuis l'origine du port de Rochefort, tel qu'il a été créé par Colbert, on devait utiliser la totalité de la pleine mer pour y faire entrer les navires, et le *piétage* même des bâtiments qui s'y présentaient était donné par la hauteur même de la marée augmentée de 50 centimètres. Lorsqu'un navire à voiles un peu considérable, c'est-à-dire calant 5 ou 6 mètres, devait descendre ou monter, il fallait organiser à l'avance des équipages d'hommes destinés à hâler les bâtiments aux coudes du fleuve et pour l'aider à franchir les seuils rocheux qui se trouvent entre Tonnay-Charente et la mer, et qui ont été longtemps le principal obstacle à la navigation dans la Charente ; celui qu'on rencontre presque à l'entrée du port, le seuil de Martrou, plus bas celui de Soubise et celui du *Fougueux*.

Après avoir fourni de minutieuses explications sur la carte du cours de la Charente exposée dans la salle du Congrès, l'orateur expose que si, devant Rochefort, sur certains points, les accumulations de pilotis et les apports de terre ont formé des fonds assez solides, il n'en est pas de même en aval, où l'on trouve des creux assez considérables. Dans le chenal de la Cloche, la vase a 35 mètres d'épaisseur, et la partie inférieure en est presque fluide. Cependant, depuis deux ou trois ans que le chenal a été tracé par le dérasement des seuils rocheux, on a eu la preuve qu'il ne s'effectuait pas de dépôts formés de cette terre de brie à travers laquelle la Charente se fraye un passage ; il ne se dépose un peu de vase que sur les bords, parce que la section du fleuve a été un peu augmentée ; mais, sur le thalweg même, il ne s'est produit aucun changement.

Des navires à voiles, au-dessus de 5 mètres de tirant d'eau, avaient, autrefois, grand'peine à franchir les seuils de Soubise et de Martrou ; la vapeur, ainsi que la suppression de ces seuils, ont facilité beaucoup la navigation. On s'était demandé, cependant, si cette suppression et l'ouverture d'une section d'environ 40 mètres à leur place, sur 2 mètres de hauteur à peu près, n'allaient pas changer beaucoup le régime de la rivière. L'épreuve est faite aujourd'hui : depuis trois ans, rien n'a changé. Il est clair que l'ouverture d'une section plus grande permet un mouvement plus considérable d'entrée et de sortie des eaux ; ce que la voix populaire traduisait ainsi : « Vous voulez donc vider la rivière ? » Mais un calcul très simple démontre que le plus grand abaissement d'eau se produirait au moment de la marée basse, sur une hauteur de 20 à 25 centimètres, c'est-à-dire dans des conditions absolument insignifiantes. D'autre part, à la marée haute, où il entre dans la rivière une quantité d'eau plus considérable, la hauteur de l'eau s'élèvera dans les mêmes proportions à peu près. Il y a donc toutes chances pour que rien ne soit changé dans le régime de la Charente, et, en effet, depuis trois ans, aucune variation ne s'est produite ; le fond ne s'est pas élevé, puisque chaque jour nous voyons entrer dans le fleuve des navires de grandeur croissante, utilisant toute la quantité d'eau qui s'y trouve. Pour faire entrer un navire en Charente, on est obligé, comme autrefois, de calculer la profondeur qu'on rencontrera sur chaque point, et, aujourd'hui, le plan général de la rivière, marqué dans ses détails sur la carte que le Congrès a sous les yeux, est accusé avec précision, on le connaît exactement, et il n'y a plus qu'à se régler sur la hauteur des seuils rocheux. Les autres sont, au contraire, de nature friable et peu résistante; et les navires les franchissent aisément, en s'enfonçant dans la vase molle. Il y a, de ce fait, un exemple fameux : en 1809, après un combat malheureux, un grand vaisseau de guerre a franchi ainsi un de ces bancs pour se réfugier à Rochefort.

Si l'on voulait agrandir le chenal, il faudrait ouvrir sur ces points où la barre est solide et résistante un nouveau canal semblable à celui qui a déjà été fait, c'est-à-dire ayant quarante mètres de largeur au plafond. On peut être certain que, grâce à la fermeté du sol, ce canal subsisterait sans changement et ne demanderait presque aucun entretien. Si l'on avait entrepris ce travail quand les dragues de M. Hersent étaient à Rochefort, on aurait pu l'achever très rapidement. Tous les moyens d'action étaient réunis sur place, et on avait l'expérience toute récente de ces sortes d'opérations de dragage de vase molle. Les opérations sur les seuils rocheux, au contraire, avaient donné lieu à des tâtonnements et à des difficultés.

Il faut remarquer que l'élargissement du chenal ne peut avoir aucun inconvénient sur les bancs de vase, parce qu'à mesure qu'on descend la rivière, on voit cette vase s'endurcir à la partie inférieure des bancs, tandis que leur partie supérieure redevient molle quand la marée est haute. En faisant les travaux de manière à resserrer le courant dans le chenal, on obtiendrait que l'ameublissement de la barre gagnât en profondeur. En rétablissant, par exemple, le plateau des Fontenelles, appuyé à l'île Madame, on aurait un courant plus fort dans le milieu du lit ; les dépôts seraient alors moins durs.

Ces dépôts se formeraient-ils sur tout l'ensemble des travaux et en quantité assez considérable pour mettre en danger l'œuvre accomplie ? L'orateur est persuadé du contraire.

Toutes les cartes dressées depuis Colbert jusqu'à l'époque la plus récente montrent que, malgré les travaux faits, l'embouchure de la Charente n'a pas varié d'une façon appréciable.

Rien ne serait plus aisé que d'ameublir considérablement les seuils vaseux par l'emploi de la drague, et le travail ne serait nullement coûteux.

M. Courcelle-Seneuil, répondant à une thèse soutenue par M. Bouquet de la Grye, dit que les sables et les alluvions provenant de l'embouchure de la Gironde, qui seraient jetées sur les côtes de la Saintonge par le pertuis de Maumusson, atterrissent bien plutôt à la région de la Seudre qu'à celle de la Charente, où les dépôts sont presque exclusivement produits par la désagrégation des roches locales. En tout cas, ces dépôts sont meubles, et il serait facile, à très peu de frais, de maintenir l'entrée de la Charente accessible en tous temps aux plus grands navires. Dans les plus basses marées de l'année, un navire calant de 5 à 6 mètres peut franchir les deux seuils les plus élevés ; il suffirait, par conséquent, d'abaisser ces seuils à la cote — 3 pour donner accès aux navires calant 8 mètres à toutes marées, et accidentellement aux navires calant 10 mètres. Il y a donc bien peu de profondeur à ajouter à cet endroit, où l'on a déjà $1^m,35$ d'eau.

Par conséquent, on peut affirmer, dès aujourd'hui, que la quantité des apports extérieurs est insignifiante, que la masse alluvionnaire reste fixe ; que s'il y a des dépôts, ils seront infiniment petits, quand on aura creusé la cuvette argileuse sur les points, en aval, où elle s'endurcit ; enfin, que les parties enlevées ne se reconstitueront que très lentement, et qu'un travail d'entretien minime suffira à maintenir dans cette partie du lit une profondeur de 3 mètres, donnant accès aux bâtiments calant 8 mètres à toutes marées, et aux bâtiments calant 10 mètres accidentellement. Il n'est pas probable que l'on construise désormais des navires dépassant cette dernière dimension ; cela ne se fera pas, dans tous les cas, avant plusieurs siècles. Pour le moment, il suffit de donner quelques coups de drague de plus pour assurer au chenal des dimensions suffisantes.

Ici se présente une difficulté. On a proposé, pour l'amélioration de l'entrée du port, deux procédés distincts : les travaux d'art et les dragages.

L'emploi des travaux d'art est très séduisant, quand on peut les accomplir dans des conditions complètes, quand on dispose de fonds considérables, et que l'on peut construire assez de quais pour être entièrement maître des eaux ; mais cela coûte extrêmement cher et demande beaucoup de précision et de soin, car à la moindre erreur, à la moindre lacune, des affouillements se produisent et les maçonneries s'écroulent ; on en pourrait citer beaucoup d'exemples. Or, les mêmes avantages peuvent être obtenus au moyen des dragages qui coûtent moins cher, et qui, étant exécutés plus facilement, conduisent à des améliorations successives, à des modifications heureuses conseillées par les résultats obtenus au fur et à mesure de l'exécution.

L'orateur n'hésite donc pas à se prononcer pour ces opérations de dragage, qui ont eu tant de succès en Angleterre, pour l'amélioration et l'extension des ports de Liverpool, de Glascow, de Sunderland et de tant d'autres. La nécessité d'opérations de cette nature s'impose pour les travaux urgents à faire dans la Charente.

Quant aux avantages de la situation de Rochefort au point de vue maritime, tous les membres du Congrès la connaissent ; son éloignement relatif de la mer en fait un abri sûr pour les navires de tout ordre, qui pourront y trouver, jour et nuit, surtout quand les travaux demandés auront été faits, de grandes facilités d'atterrissage pendant la nuit et pendant les brumes.

Chacun sait combien la côte sud-ouest de la France est peu hospitalière, surtout au fond du golfe de Gascogne ; les navires à destination de Bordeaux ou de tout autre port de cette région peuvent trouver aisément à Rochefort, un abri contre le mauvais temps ; en temps de guerre, les escadres et les vaisseaux y trouveraient également un abri très sûr, d'où ils pourraient entrer et sortir à tout instant ; mais il faudrait absolument pour cela que la rivière fût creusée.

M. Courcelle-Seneuil croit avoir démontré qu'il est facile de creuser la Charente et de procurer ainsi aux navires, en temps de guerre, un point d'appui, une base d'opérations, et, en même temps, un port de ravitaillement et de réparations.

L'orateur croit avoir épuisé à peu près complètement les diverses questions qui se rattachent à celle de l'approfondissement de la Charente, travail dont la nécessité est, dès à présent, indiscutable, et dont il croit avoir établi la possibilité. (Applaudissements.)

M. LE PRÉSIDENT demande au Congrès l'autorisation d'intervertir l'ordre du jour, pour donner lecture du *Rapport sur les travaux de la Société de géographie de Marseille* (1890-91), qu'il vient de recevoir, à l'instant, de M. Armand, secrétaire général de la Société de géographie de Marseille. (Adhésion.)

Messieurs,

La Société de géographie de Marseille a continué, cette année, l'œuvre de vulgarisation scientifique qu'elle poursuit depuis sa fondation.

Elle a cherché à faire de son *Bulletin* trimestriel un tableau des plus complets, du mouvement géographique, et, dans chacun de ses fascicules, elle s'est fait une loi de dresser le bilan de toutes les explorations en voie d'exécution.

Grâce à la collaboration de capitaines marins attachés au port de Marseille, elle a pu, cette année, publier plusieurs mémoires originaux, notamment les notes de voyage du capitaine E. Maigre, de la Compagnie Fraissinet, à la côte occidentale d'Afrique, et du capitaine Scheult, de la Compagnie Paquet, sur les côtes du Riff et aux Présidios.

Avec M. S. Marchand, vice-recteur de la Corse, elle a étudié les relations de Marseille avec le Levant à l'époque des Croisades.

L'un de ses membres, M. Joseph Mathieu, est allé au-delà des Alpes, observer l'organisation administrative et commerciale de la ville de Turin, et il en a rapporté des documents qui méritent d'être consultés par ceux qui sont à la tête des municipalités de nos grandes cités.

Mais ce n'est pas seulement par son *Bulletin* que la Société de géographie de Marseille affirme son existence ; c'est aussi par ses conférences, qui, à cause de circonstances locales, ne sont pas aussi nombreuses qu'elle le désirerait ; c'est par son Cours populaire qui, depuis quinze ans, réunit, toutes les semaines, dans une salle de la Préfecture, un public nombreux, avide de suivre les leçons de ses professeurs. Cette année, M. A. Catta a continué son étude de la région du Sud-Est de la France. Il a montré combien les tendances protectionnistes qui semblent triompher au Parlement seraient nuisibles à la prospérité de notre grand port méditerranéen.

Comme les années précédentes, la Société a multiplié ses récompenses aux établissements d'instruction supérieure, secondaire et primaire, tant de la ville que du département.

Sa bibliothèque, ouverte à tous les travailleurs, n'a pas cessé d'être fréquentée par nos industriels, nos commerçants et nos marins.

Enfin, trois de nos membres ont été chargés de missions spéciales par le Ministère de l'instruction publique. M. le lieutenant de vaisseau Servonnet a étudié les ports de la Tunisie au point de vue commercial ; M. Emile Deschamps a visité l'intérieur de Ceylan et en a rapporté de curieux renseignements sur les Veddas et les Rhodias, populations primitives de cette grande île ; M. le docteur Regnault, poursuivant ses études d'économie sociale, a parcouru l'Inde dans tous les sens, enrichissant la science ethnographique de nombreuses observations.

La Société de géographie de Marseille, s'associant aux démarches tentées par les corps électifs de la région, a pris aussi une part active à la campagne organisée pour l'exécution d'une œuvre capitale pour l'avenir de notre port : le canal de jonction du Rhône à Marseille.

Tels sont nos travaux depuis le Congrès de Montpellier. Puissiez-vous reconnaître que nous ne sommes pas restés inactifs et que nous avons porté notre pierre à l'œuvre entreprise par nos sœurs de province. (Applaudissements.)

M. le Président. — La parole est à M. l'amiral Juin, président de la Société de géographie de Rochefort.

M. l'amiral Juin dit que pour donner au Congrès une connaissance aussi complète que possible du port de Rochefort, et lui montrer à quel point il serait utile et facile d'en faire un des ports les meilleurs et les plus forts de la France, on lui a conseillé de donner lecture d'un travail dont il est l'auteur, sur cette question. *(Lisez ! lisez !)*

Messieurs,

La suppression du port de Rochefort a été demandée plusieurs fois, à la tribune de la Chambre des députés, par M. de Douville-Maillefeu ; elle a été demandée, également, dans une brochure sur laquelle le nom et la haute situation de l'auteur ont appelé une attention toute particulière.

Les arguments que l'on a fait valoir pour motiver cette grave détermination étaient puisés dans la nécessité impérieuse de restreindre les dépenses et les sacrifices imposés au pays ; ils s'appuyaient également sur ces considérations, qu'on arriverait, par suite de la diminution des frais généraux, à une utilisation meilleure et plus profitable des fonds alloués au budget de la marine.

De plus, on affirmait que toutes les exigences de l'avenir et du présent étaient assurées, aussi bien en temps de paix qu'en temps de guerre, en conservant seulement : Cherbourg, sur la Manche, Brest, sur l'Océan, et Toulon sur la Méditerranée. On citait également, comme devant être suivi, l'exemple de l'Angleterre et de l'Italie, n'ayant pas hésité à fermer, la première : les arsenaux de Deptford, de Woolwich et de Sheerness ; la seconde : ceux de Gênes et de Naples.

Enfin, on n'a pas craint d'avancer cette singulière assertion : « Autrefois, on avait reconnu comme très utile d'avoir, dans l'intérieur d'un fleuve, un arsenal où l'on pût construire à l'abri de l'ennemi ; aujourd'hui, on pouvait dire que cette raison ne subsistait plus. » (Discours de M. de Douville-Maillefeu.)

Ce n'est pas la première fois que des arguments ou des considérations de même valeur ont été développés. Toutes les fois que notre pays a traversé une crise, à l'époque de la Restauration, en 1848, la question de la suppression du port de Rochefort a été agitée. Il était donc facile de prévoir que cette question se présenterait de nouveau après la malheureuse guerre de 1870, alors que, frappés par l'adversité, obligés de payer une rançon presque incroyable, il était nécessaire de demander des sacrifices à tous nos grands services et de les imposer à la douleur des ministres qui étaient forcés de les subir.

Mais si, en 1819, alors que la question d'être ou de ne pas être était posée pour la marine militaire en France ; mais si, après l'enquête parlementaire de 1850, la nécessité de maintenir Rochefort a été reconnue, on doit croire que cette nécessité s'impose d'elle-même et qu'il se trouvera encore de bons esprits pour l'affirmer de nouveau et la faire prévaloir devant les Chambres.

Aussi bien, il faut le dire immédiatement, le moment serait singulièrement choisi pour porter ce premier coup à notre établissement naval et penser volontairement à réduire nos moyens de protection, alors que tous les États européens font, simultanément, les efforts les plus énergiques pour augmenter leurs marines ; alors que l'Angleterre, avec ses arsenaux, ses usines immenses, travaille jour et nuit, pour ainsi dire, à construire des bâtiments, forger des cuirasses de plus en plus épaisses, des canons de plus en plus puissants ; alors que l'Italie, malgré la faiblesse relative de ses budgets, met en chantier le *Dandolo* et le *Duilio*, les plus puissants navires de notre époque, jette des centaines de millions dans la construction de l'arsenal de la Spezzia sur la Méditerranée, vote de grosses sommes pour l'amélioration de Venise sur l'Adriatique, malgré les difficultés qu'offrent ses passes, et considère encore comme indispensable la création d'un troisième grand port, à Tarente, dans le sud de l'Italie ;

Alors que la Russie crée de nouveaux types ; que l'Allemagne, voulant être à la fois grande puissance militaire et grande puissance maritime, fait de Kiel et de Wilhelmshafen, au fond de la Jahde, des arsenaux de premier ordre, pense sérieusement à creuser un canal de jonction entre la Baltique et la mer du Nord, et travaille, lentement, mais sûrement, à s'élever, si nous n'y prenons garde, au rang de seconde puissance maritime qui, jusqu'ici, était dévolu à la France ;

Alors enfin que la Turquie elle-même a créé, à Constantinople, un arsenal qui, avec trois ou quatre cents ouvriers européens pour diriger et entraîner les indigènes, marcherait de pair avec les premiers établissements de l'Europe.

Ces considérations sur l'impulsion que toutes les nations de l'Europe impriment à l'accroissement de leur établissement naval, et cela non-seulement au point de vue de leur matériel combattant, mais aussi à celui du développement des arsenaux, ces considérations doivent être longuement méditées.

Elles doivent avoir une grande valeur auprès de tout esprit sérieux, animé vraiment du désir de rendre à notre pays sa supériorité ; elles doivent surtout nous mettre en garde contre tout entraînement irréfléchi qui, sous prétexte de sauver le reste, veut faire la part du feu, et n'hésite pas, pour ce qui regarde particulièrement Rochefort, à détruire d'un seul coup de plume ce qui a demandé tant de temps et de millions, sans se préoccuper des conséquences que cette destruction amènerait. Ne doit-on pas craindre, d'ailleurs, que quelques pierres détachées de l'édifice finissent par le faire crouler complètement ?

Toutefois, à l'appui des considérations précédentes, il est bon de reprendre les arguments présentés dans la brochure précitée ou développés devant le Parlement pour motiver la suppression des ports secondaires, et notamment celui de Rochefort, dont on veut seulement s'occuper ici.

Tout d'abord, on invoque la concentration du travail producteur, acquérant ainsi une rapidité qui serait un accroissement de force, en même temps que cette concentration le débarrasserait de charges administratives écrasantes. A l'appui de cet avantage, on cite l'exemple du manufacturier qui, certes, n'aurait pas agi autrement. Il est évident que la réduction des frais généraux, la simplification des formes administratives sont des avantages précieux ; mais ce que peut faire un manufacturier, l'État peut-il le tenter ? l'un et l'autre sont-ils placés dans les mêmes conditions ? Enfin, l'État ne doit-il s'occuper, comme le manufacturier, que de la fabrication et de l'écoulement de ses produits ? A toutes ces questions, on doit répondre négativement ; et ce qui est vrai pour le manufacturier, devient très contestable pour l'État. Ce dernier, dans la question des arsenaux, doit non-seulement se préoccuper des fabrications multiples qui se gêneraient, si elles étaient placées les unes à côté des autres, mais il doit aussi se préoccuper d'armements et de désarmements, d'organiser et d'instruire un nombreux personnel, de l'administrer, de le faire soigner, de le loger dans des établissements vastes, aérés et convenablement disposés....; il doit aussi protéger les intérêts du commerce sur toutes les mers du monde ; enfin, concourir à la défense et à l'indépendance du pays, soit en repoussant les tentatives de l'ennemi sur notre frontière maritime, soit en allant chercher l'ennemi chez lui et en l'attaquant sur ses propres côtes.

Certes, c'est là une tâche autrement compliquée que celle du manufacturier, et il y a lieu de douter qu'elle puisse être accomplie par les mêmes procédés ; il y a lieu également de craindre qu'en réduisant les centres d'action, on ne nuise au succès des opérations multiples que cette tâche comporte.

Mais envisageons seulement, pour le moment, la question de production.

Oserait-on affirmer que les grands ports pourraient produire à la fois tout ce qui est nécessaire, qu'ils pourraient suffire à la fois aux travaux de construction et à ceux d'armement ? Et, si l'on prononçait la suppression des ports secondaires et des établissements hors des ports, n'aurait-on pas à craindre d'être obligé de créer dans les grands ports, si les localités s'y prêtaient, de nouveaux ateliers qui occasionneraient des dépenses qui ne couvriraient pas les prétendues économies provenant de la suppression prononcée ?

Ainsi, Toulon, dont l'étendue a plus que triplé depuis une trentaine d'années; Toulon, où des sommes colossales ont été dépensées en outillage, en constructions neuves, en bassins, en travaux de défense, *sans cependant qu'on soit parvenu à assurer sa sécurité* ; Toulon, notre premier grand port, est plutôt un port d'armement, de désarmement, de réparation, de ravitaillement, de préparations d'expédition, qu'un port de construction ; Toulon, tel qu'il est, est obligé de demander ses canons à Ruelle, ses chaudières et ses machines à Indret, ses plaques à l'industrie.

Il en est de même de Brest, qui, resserré entre les collines qui l'entourent, n'est guère susceptible, à moins d'immenses dépenses, de se développer davantage.

Reste Cherbourg, où les millions ont été jetés à pleines mains. Cherbourg ! Mais, il faut oser le dire, car c'est la vérité, Cherbourg, qui était une grande idée et avait sa raison d'être à l'époque de la marine à voiles, Cherbourg ne présente plus aujourd'hui les conditions que nécessite la sécurité d'un arsenal et serait forcé d'abdiquer devant les longues portées de l'artillerie nouvelle. Dans le cas d'une guerre maritime sérieuse, il faudrait donc, ainsi qu'il fut fait en 1870, s'empresser, à la première alarme, de l'évacuer sur un autre port. Si, de plus, à ces considérations on ajoute qu'en cas de guerre avec l'Angleterre, une croisière qui s'établirait entre Portland et Aurigny comme points extrêmes, aurait le double effet de barrer la Manche et d'isoler Cherbourg des autres ports, on arrive à se demander s'il n'y a pas lieu de regretter les immenses dépenses qui ont été faites à Cherbourg ?

De cette discussion sur nos trois grands ports, il résulte qu'à côté de Cherbourg, gravement compromis et peut-être anéanti ; de Toulon, dont la sécurité serait très incomplète ; de Brest, qui ne peut pas être augmenté, il faut d'autres établissements pouvant leur venir en aide, et où, à l'abri du feu de l'ennemi, en dehors du trouble causé par les armements répétés, on puisse construire et produire en tout temps, en toute circonstance, pendant la paix et surtout pendant la guerre.

Or, nul port, plus que Rochefort, dont l'attaque par mer et par terre serait très difficile, sinon impossible, nul port ne satisfait mieux à ces conditions. Aussi, quand, à propos des doutes qui s'élevaient sur la nécessité de conserver à Rochefort toute son importance, l'amiral Laplace répondait au président de la Commission d'enquête de 1850, qu'il considérerait comme un *grand malheur* que l'importance de Rochefort fût diminuée, l'amiral était dans la vérité.

Ce qui était vrai à cette époque, est également vrai aujourd'hui. Aujourd'hui, comme autrefois, peut-être même plus qu'autrefois, la suppression du port de Rochefort serait un grand malheur, et ce serait se tromper étrangement que de supposer que cette suppression pût servir les intérêts présents ou futurs du pays.

Mais les Anglais, dit l'auteur de l'article de la *Revue des Deux-Mondes*, ont, dans un but d'économie, procédé de cette façon lorsqu'ils ont, il y a quelques années, supprimé Deptford, Woolwich, Pembroke. Dans son discours à la Chambre, M. de Douville-Maillefeu répète les mêmes assertions et ajoute de plus que l'Italie, mettant l'intérêt général au-dessus des intérêts particuliers, n'a pas hésité à suivre cet exemple, en fermant les arsenaux de Gênes et de Naples.

A cela nous répondrons, d'abord pour l'Italie, que l'arsenal de

Gênes n'a jamais été un arsenal maritime, dans le vrai sens du mot ; que, s'il suffisait au royaume de Sardaigne lorsque celui-ci ne possédait que quelques bâtiments de faible dimension, il devait forcément disparaître lorsque ce royaume est devenu le royaume d'Italie et lorsque, sous l'impulsion d'un grand homme d'État, il a voulu prendre rang parmi les puissances maritimes. Gênes, avant tout, grande place de commerce, au lieu d'être lésée par cette suppression, n'a eu qu'à s'en féliciter, par suite de l'expansion qu'a pu prendre son port de commerce. Nous dirons aussi que l'arsenal de Naples existe toujours et qu'il constitue le second établissement de l'Italie, avec le chantier de Castellamare, succursale de cet arsenal où ont été lancés le *Principe Amedeo*, plusieurs frégates cuirassées, et où fut mis en chantier le *Dandolo*, représentant le type le plus complet du fort cuirassé porté sur un flotteur.

Si l'on veut parler d'économies profitables, réalisées par des réductions, ce n'est certes pas l'Italie qu'il faut citer.

Quant aux prétendues réductions de l'Angleterre, nous ferons remarquer que Deptford n'était qu'un chantier de construction et que les bâtiments qui descendaient de ce chantier étaient armés à Sheerness ; que les mêmes circonstances existaient pour Woolwich, dont le port d'armement était à Green-Hite, à 18 kilomètres en aval ; que, d'ailleurs, à côté de Woolwich, port de construction, existait un arsenal militaire, où l'on s'occupait surtout de ce qui regarde l'artillerie, et que, par l'importance et le développement qu'il a pris depuis l'augmentation incessante du poids des pièces de canon, cet arsenal devait nécessairement absorber le chantier de construction.

Quant à Pembroke, non-seulement il n'a pas été supprimé, mais jamais il n'a été plus actif qu'aujourd'hui comme chantier de construction.

Comparer au prétendu arsenal de Gênes, à Deptford, à Woolwich, l'arsenal de Rochefort, afin de conclure de la suppression des premiers à la suppression du second, ce serait donc faire une grave erreur et une étrange confusion.

Aussi bien, est-il juste de comparer toujours ce qui se fait en France avec ce qui se fait en Angleterre ? Nous ne le croyons pas. Il ne faut pas oublier, en effet, qu'en Angleterre l'industrie est outillée pour tout produire, et que l'Amirauté dispose de ressources inépuisables quand elle s'adresse à cette industrie. En France, il est loin d'en être ainsi, car nous n'avons guère que l'établissement des

Forges et chantiers de la Méditerranée qui soit outillé de façon à accepter des commandes importantes du Gouvernement. Et encore, cet établissement n'a-t-il pas par lui-même d'existence assurée : sans l'État, qui le soutient et le fait vivre par ses commandes, il serait probablement dans une situation fort précaire. Aussi, en s'adressant à cet établissement et à quelques autres qui lui sont fort inférieurs, doit-on le faire avec prudence et dans une certaine mesure ; et ce serait se préparer de graves mécomptes que de réduire les moyens de production que possède l'État, en se réservant de s'adresser à ces établissements pour les remplacer.

Comme conséquence de la suppression du port de Rochefort, on fait ressortir l'économie résultant de la diminution des charges écrasantes que comporte tout arsenal. A ce sujet, nous admettons très volontiers qu'on puisse simplifier les formes administratives, réduire peut-être la « note » de ce que l'armée appelle les non-combattants ; mais de la possibilité de ces réductions arriver à la suppression d'un arsenal, il y a une distance immense, qu'il serait très dangereux de franchir.

Un arsenal, en effet, n'est pas seulement le creuset où s'élaborent, se préparent, se mettent en œuvre tous les éléments divers qui constituent une force maritime quelconque ; c'est aussi le centre, le chef-lieu d'un arrondissement maritime, duquel s'expédient et vers lequel convergent, par le moyen du préfet maritime, tout ce qui concerne l'administration du nombreux personnel réparti sur nos côtes, le commandement de ce personnel, la gestion et la défense de ses intérêts, la discussion et la réglementation de toutes les choses de la mer : inscription maritime, pêche, domaine de l'État, développement de l'industrie huîtrière. Comme commandant en chef, le préfet maritime est aussi le chef de la défense de la frontière maritime.

La répartition de la population maritime, les considérations tirées de la configuration géographique du sol ont amené la division de la France maritime en cinq arrondissements. Si vous supprimez un de ces arrondissements, l'équilibre sera rompu : la confusion, le trouble, le désordre s'établiront où règnent l'ordre, la hiérarchie, la discipline.

Il faudra cependant continuer à administrer le personnel de cet arrondissement, mettre quelque chose à la place de la préfecture maritime et du corps administratif et militaire qui gravite autour d'elle. Il faudra en venir aux expédients ou modifier complètement tout le système.

Ce sera très grave, et devant cette gravité, il est grandement désirable qu'il ne se trouve quelque réformateur assez audacieux, ou assez peu au courant des choses de la marine, pour tenter cette suprême expérience.

La suppression de tout arsenal serait donc, au point de vue administratif, une chose extrêmement fâcheuse, puisqu'elle entraînerait avec elle la suppression de l'arrondissement maritime ; celle du 4e arrondissement, conséquence de la suppression de Rochefort, a surtout ce caractère par suite de son étendue, par suite aussi de la distance très grande qui sépare son chef-lieu des chefs-lieux voisins et des grands centres de commerce maritime qu'il renferme.

Ainsi donc, au point de vue de la réduction des frais généraux, par suite de la concentration des travaux dans les grands ports de Brest, Toulon, Cherbourg, et de la diminution des charges administratives aussi bien qu'à celui qui nous est donné par l'exemple des autres nations, on peut affirmer que la suppression du port de Rochefort serait loin de conduire au but qu'on se propose.

Quant à l'assertion de M. de Douville-Maillefeu prétendant que « si autrefois on a reconnu comme très utile d'avoir dans l'intérieur d'un fleuve, un arsenal où l'on puisse construire, à l'abri du feu de l'ennemi, aujourd'hui on peut dire que cette raison n'existe plus, » elle est au moins singulière dans la bouche d'un ancien officier de marine, et il ne faut pas avoir notion de l'artillerie nouvelle et de ses formidables effets pour la soutenir ; aussi, ne doit-on la retenir que comme un argument en faveur de Rochefort.

En parlant de nos grands ports, nous avons dit à quels dangers seraient exposés Toulon et Cherbourg, surtout Cherbourg ; on aurait pu ajouter qu'à Brest, on eut un moment d'alarme très sérieuse, lorsqu'en 1870, au moment de la déclaration de guerre, on apprit que l'escadre allemande avait inopinément quitté, pour une destination inconnue, la rade anglaise sur laquelle elle était mouillée. Ces faits, qu'on ne peut mettre en doute, démontrent que la défense des ports ne saurait être laissée uniquement à l'artillerie et à des forts, et qu'il faut, pour les mettre complètement à l'abri d'un coup de main de l'ennemi, des obstacles matériels qui l'empêchent de s'avancer à portée de canon de l'arsenal. Mais, si les conditions de la défense ont changé complètement depuis trente-cinq ans ; si les meilleures défenses sont celles de la nature, n'est-il pas juste de reconnaître, en outre, que les raisons qui rendent les autres arsenaux plus facilement attaquables donnent à l'inexpugnabilité du port de Rochefort une importance plus grande.

A ce propos, il est bon de faire remarquer, puisqu'on cite souvent l'exemple de nos voisins, que l'Angleterre tend à faire son principal arsenal de Chatham, dont la position présente beaucoup d'analogie avec celle de Rochefort, et le met à l'abri d'un bombardement ;

Que l'Italie, pour procurer à l'arsenal de la Spezzia l'avantage dont M. de Douville-Maillefeu fait si peu de cas, n'a pas hésité à barrer le golfe de la Spezzia, par une digue sous-marine qui n'aura pas moins de 3,000 mètres d'étendue et qui, avec le concours de formidables forts, armés de canons des plus gros calibres, tiendra les bâtiments ennemis hors de portée de l'arsenal ;

Que l'Allemagne a fondé, au fond de la Jahde, Wilhemshafen, dans une position que les difficultés du chenal rendent inabordable ;

Qu'enfin la Russie néglige Sébastopol et porte sur Nikolaïef ses principaux efforts.

Après avoir montré l'inappréciable avantage que possède si complètement l'arsenal de Rochefort sur tous les autres arsenaux, par suite de son éloignement du littoral, il est utile de dire que ce port offre tous les éléments nécessaires à la construction et aux réparations de nombreux navires ; qu'il possède trois bassins de radoub, dont un peut recevoir les plus grands bâtiments ; que ses ateliers, tels que : la fonderie, l'ajustage, la chaudronnerie, les grandes forges, la garniture, la voilerie, sont en mesure de faire face aux plus larges exigences de la guerre ; que les magasins des vivres sont aussi vastes que possible et qu'on y fabrique, en grand, le biscuit, les conserves de toute sorte nécessaires à l'approvisionnement des autres ports ; que ses casernes d'infanterie de marine et des équipages de la flotte, récemment construites, sont admirablement appropriées à leur destination ; que son hôpital peut être considéré comme un des plus beaux de l'Europe ; qu'on a installé, dans l'arsenal, il y a quelques années, une grue monumentale pouvant hisser 50 tonneaux et dont le voisinage de Ruelle rend l'usage indispensable.

Il faut faire remarquer aussi, qu'à côté du port de Rochefort, on trouve la fonderie de Ruelle dans le haut de la Charente ; que pour l'expédition dans les autres ports et les mouvements des gros canons de Ruelle, la nécessité d'un arsenal au bas de la Charente s'impose sérieusement. Disons, aussi, que Rochefort, malgré le nombre trop restreint de ses ouvriers et les faibles ressources qui lui sont allouées, construit tout aussi bien, tout aussi promptement et à meilleur marché que dans les autres ports ; qu'il suffit, comme ces derniers, à toutes les obligations qui lui sont imposées : que jamais un type nouveau n'a été créé sans qu'on l'ait vu, immédiatement, paraître sur ses chantiers ; qu'il a souvent devancé les autres ports, de plusieurs années, dans la réalisation des progrès de l'époque (atelier d'ajustage, construction des premiers bateaux à vapeur dignes de ce nom : *Sphinx*, *Véloce*, etc.; construction du bateau plongeur).

Et c'est un arsenal ainsi outillé qui, pour ne citer que les meilleurs, a fourni à la marine à voiles les plus beaux bâtiments : la *Ville-de-Paris*, le *Louis XIV*, l'*Inflexible*, le *Duguesclin*, la *Gloire*; à la marine à vapeur : le *Berthollet*, le *Gomer*, le *Descartes*, le *Vauban*, l'*Asmodée*, le *Mogador* ; plusieurs vaisseaux du type *Napoléon* ; les plus grands transports : *Creuse*, *Corrèze* ; à la marine cuirassée, la frégate la *Guyenne*, citée dans les escadres pour la perfection de son armement, les corvettes *Montcalm*, *Armide*, *Tigre*, plusieurs batteries flottantes ; à la flotte des croiseurs rapides : la *Flore*, la *Sémiramis*, le *Fabert*, le *Duquesne*, et une grande quantité d'avisos rapides ;

Et c'est un pareil arsenal, qui a longtemps concouru aux expéditions entreprises par la France en 1849 ; qui, dans la malheureuse guerre dernière, après avoir armé plusieurs bâtiments pour les stations lointaines, expédié aux armées des bataillons d'élite de fusiliers et de canonniers marins, sa brave infanterie de marine, rendu possible et prolongé la défense de Paris par l'envoi de ses gros canons, a encore contribué à la défense du pays par la fabrication d'un matériel de guerre considérable ;

Et c'est un pareil arsenal, qui représente une valeur en immeubles, ateliers, etc., de plus de 40 millions ; c'est un pareil arsenal dont on propose sérieusement la suppression ; et cette proposition, dit-on, trouverait dans les hautes commissions du budget, dans les hautes sphères gouvernementales, peut-être même chez plusieurs officiers supérieurs et généraux de notre marine des oreilles complaisantes ! C'est vraiment à ne pas y croire, et à se demander si, quand toutes les autres nations, et même celles nées d'hier, veulent grandir, la France, notre pauvre France, à laquelle on arrache peu à peu, par un travail incessant, mais continu, les éléments de sa puissance, n'est pas définitivement sur le point d'abdiquer ? (1)

Mais continuons l'exposé des motifs qui doivent réagir contre le mauvais vouloir à l'égard de l'arsenal de Rochefort, contre le parti-pris, non-seulement de ne rien faire pour le soutenir, mais peut-être d'arriver à le laisser mourir de mort lente, en accentuant chaque année sa décadence.

Après avoir cherché à déduire les arguments, plus spécieux que réels, élevés contre cet arsenal dans les discours de tribune, allons au-devant de ce qui pourrait être dit au sujet des inconvénients qu'il présente ; cherchons si ces inconvénients ne pourraient pas être atténués, supprimés ; et montrons les avantages qui résultent de ces inconvénients.

Commençons par la rade, ou plutôt par les rades qui sont le complément nécessaire de tout arsenal maritime.

Tout le monde sait que l'arsenal de Rochefort est situé sur la rive droite de la Charente, qui, après un parcours plus ou moins sinueux de 22 kilomètres, débouche dans la rade de l'île d'Aix. Cette rade est formée par l'île du même nom, le banc sur lequel est construit le fort Boyard, les dangers qui prolongent l'île Madame dans le N. et le N.-E., et le banc de vase de l'embouchure de la Charente. Suivant le mouillage qu'on prend, on trouve des fonds de 15 à 8 mètres. Tous ces mouillages ont à peu près les mêmes propriétés ; on y a partout une tenue excellente et on est à l'abri de tous les vents, excepté de ceux du N.-O. Les bancs n'ont jamais été déplacés par les tempêtes. Il n'y a pas d'exemple, même par les coups de vent de N.-O., qu'un navire ait chassé sur ses ancres ; les fonds bordant le littoral sont d'une telle nature qu'un bâtiment pourrait le plus souvent y faire côte impunément.

En avant de cette rade, se trouve la rade des Basques, circonscrite par les îles de Ré, d'Oleron, d'Aix et diverses parties de la côte, et dans laquelle on pénètre par le pertuis Breton et celui d'Antioche.

Parallèlement à la rade de l'île d'Aix, entre le banc de Boyard et la côte de l'île d'Oleron, se trouve la rade des Trousses ; sur cette rade on est plus abrité des vents de la partie de l'Ouest que sur la

---

(1) Si Rochefort avait reçu une part, même modérée, des millions si généreusement dépensés à Brest, Cherbourg, Toulon, il serait, aujourd'hui, le plus avantageux de nos arsenaux.

rade de l'île d'Aix ; les navires de grand tirant d'eau éprouvent un peu plus de difficultés à y arriver, par suite des bancs du S.-E., et de la traverse qu'on ne peut guère franchir à marée haute. Sur la rade des Basques et des Trousses, le mouillage est aussi sûr que sur celle de l'île d'Aix.

A la sortie de la Charente, on trouve donc des rades magnifiques, extrêmement sûres, et qui, par leurs dimensions et la facilité qu'on a d'y pénétrer, seraient un excellent lieu de manœuvre et d'exercice pour les évolutions des escadres. Enfin, le service de mouches à vapeur et de remorqueurs rend, aujourd'hui, faciles les communications entre le port et ces rades.

En temps de paix, tout est donc pour le mieux.

— Mais en temps de guerre ? s'écrient les détracteurs, hélas ! trop nombreux du port de Rochefort, détracteurs, soit dit en passant, qui l'abîment d'autant plus que beaucoup d'entre eux ne l'ont jamais vu, ni jamais étudié ; mais, en temps de guerre, toutes ces facilités, tous ces avantages deviennent des inconvénients très graves !

Nous ne croyons pas que ces inconvénients aient une pareille gravité.

Et d'abord, toutes ces rades, par la multiplicité de leurs issues, permettent d'échapper facilement à la surveillance de l'ennemi. D'un autre côté, la défense mobile de mer, appelée à jouer un grand rôle dans la défense des côtes, peut s'abriter dans les nombreux ports de la côte Est de l'île de Ré, de La Rochelle, derrière Enet, entre cette île et l'île d'Aix, sur la rade des Trousses, dans les coureaux, et, de là, se jeter brusquement sur les envahisseurs en profitant des avantages que donne la surprise, jointe au moindre tirant d'eau et à une parfaite connaissance du pilotage.

En ce qui regarde particulièrement la rade de l'île d'Aix, depuis 1809, qui vit s'accomplir le désastre maritime connu sous le nom d'affaire des Brûlots, la construction du fort Boyard, qui, s'il eût existé alors, eût probablement empêché cette affaire ; celle des batteries des Saumonards, de Boyardville, de l'île d'Aix, de Coudepont, du fort Liédot et de l'île Madame ont singulièrement modifié l'état des choses au point de vue de l'avantage de la défense.

Sans doute, par suite des progrès de l'artillerie et de l'adoption du cuirassement, ces ouvrages ont besoin d'être remaniés, d'être pourvus de canons de gros calibre ; mais toutes nos défenses du littoral en sont là, et ces modifications d'armement, ces remaniements d'ouvrages s'imposent aussi bien pour la défense des rades des autres ports que pour celle des rades de Rochefort.

Comme complément de défense entre l'île d'Aix et le fort Boyard, on peut très bien, au moyen des torpilles électro-automatiques, établir une défense sous-marine très efficace pour protéger les navires au mouillage de l'île d'Aix.

Il faut observer aussi que ce qui était possible en 1809, contre des bâtiments à voiles, que le vent debout et la marée retenaient au mouillage et livraient aux tentatives audacieuses d'ennemis favorisés par ce même vent et cette même marée, ne pourrait guère être tenté contre des bâtiments que leur machine mettrait à même d'appareiller, comme ils voudraient ; qu'avec des garde-côtes, des canots-torpilles, des pièces à très longue portée, on ne laisserait pas les navires mouillés tranquillement sur la rade des Basques, préparer leurs moyens d'attaque.

L'ennemi voudrait-il essayer du choc, outre l'obstacle de la ligne de torpilles dont nous avons parlé plus haut, il aurait à craindre le peu de développement en arrière du mouillage des bâtiments, développement qu'on pourrait encore diminuer en rapprochant les navires aussi près que possible des bancs de vase de l'embouchure du fleuve, et pour prix de son audace, l'assaillant pourrait très bien rencontrer un échouage sur ces bancs.

D'ailleurs, si la rade de l'île d'Aix (1) n'offre pas contre les tentatives de l'ennemi une sécurité complète, rien n'empêche d'aller la chercher sur la rade des Trousses, où elle sera aussi absolue que possible. Les feux des Saumonards, de Boyard, la situation en dedans de la pointe des Saumonards, les dangers qui s'étendent tout le long et assez au large de la côte de l'île d'Oleron, défendent cette rade des feux du large. Une ligne de torpilles s'appuyant sur la batterie des Saumonards et le fort Boyard ; les difficultés de la tourner par le Sud ; l'étroitesse même de la passe du Nord, qui exige, pour être suivie, la vue d'amers très éloignés ; quelques bateaux-torpilles cachés par la côte des Saumonards, la préserveraient de toute tentative de la part d'un ennemi voulant la forcer.

Afin de compléter la défense de la rade de l'île d'Aix et assurer l'inviolabilité de la Charente, on a parlé d'utiliser les rochers du

---

(1) Au point de vue de la sécurité contre les attaques de l'ennemi, la rade de l'île d'Aix est dans les mêmes conditions que les rades de tous nos arsenaux.

Charenton et surtout celui des Fontenelles, en y établissant des forts cuirassés à tourelles. Ce serait à étudier ; mais nous ne pensons pas que ce soit absolument nécessaire. Quant à la défense de la Charente, les obstacles naturels ou artificiels suffisent : il est donc inutile d'en parler.

La possibilité de défendre les rades de Rochefort avec succès étant démontrée, arrivons à la navigation de la Charente.

Que n'a-t-on pas dit sur, ou plutôt, contre cette navigabilité ? On est obligé cependant de reconnaître qu'un seul accident sérieux, celui du *Fougueux*, s'est produit depuis que le port existe. Et pourtant, depuis cette époque mémorable, où, dans l'espace de douze ans, de 1666 à 1678, Rochefort mettait à l'eau 24 vaisseaux, jusqu'à nos jours, que de bâtiments de toute espèce appartenant au port ou venant des autres ports : navires à voiles, à vapeur, à roues, à hélices, cuirassés, béliers, ont descendu ou monté cette Charente si décriée ! On peut donc avancer, sans crainte d'être contredit, et avec pièces en mains, que la sécurité de la navigation de la Charente est aussi complète que possible. Sans doute, il y a eu des fausses manœuvres, des échouages ; mais, grâce à l'action des marées, grâce à la nature particulièrement protectrice des vases, ces échouages, ces fausses manœuvres, d'ailleurs assez rares, n'ont jamais eu de suites fâcheuses. Il faut dire aussi que pendant longtemps, par suite de l'ignorance dans laquelle on était des lois de la propagation des marées, on était obligé de s'en rapporter aux indications des pilotes qui, souvent effrayés de la responsabilité qui pesait sur eux, se réservaient une marge considérable, exagéraient peut-être en paroles les difficultés, pour se donner plus de mérite.

De là, en partie, les bruits sur la mauvaise réputation de la Charente, qu'accueillaient facilement, trop facilement souvent, les officiers qui, certes, sur rade de l'île d'Aix ne trouvaient pas toutes les commodités de la rade de Toulon, par exemple.

De là, chose plus grave, l'utilisation incomplète des hauteurs des pleines mers : ce qui a souvent grevé les armements de frais de travaux sur rade qui auraient pu être évités.

Cette opinion était celle de l'amiral Laplace, devant la commission d'enquête de 1850. C'est également celle de beaucoup d'officiers, de directeurs des mouvements du port, qui, lors de la descente des plus grands navires construits à Rochefort : *Ville-de-Paris*, des premiers vaisseaux à hélice, du cuirassé la *Guyenne*, ont constaté, *de visu*, que le problème était toujours résolu dans de bien meilleures conditions que celles annoncées ou supposées d'avance.

Aujourd'hui que la rivière est bien connue, que des règles fixes ont été établies par la direction des mouvements du port, à la suite des études du commandant Bona-Christave et des travaux hydrographiques de M. l'ingénieur Delbalat, beaucoup de ces inconvénients ont disparu, et les mouvements des plus grands navires dans la Charente n'effraient plus personne, à Rochefort du moins.

Il y a cependant des précautions à prendre : mettre les navires sans différence de tirant d'eau, suivant le coefficient de marée, ne pas dépasser un certain tirant d'eau qui peut varier en malines de $6^m,40$ à $7^m,40$, en se conservant une marge très suffisante, marge calculée et que la réalité rend toujours plus considérable.

Cette profondeur était suffisante, même pour les vaisseaux à trois ponts (*Ville-de-Paris, Louis XIV*), en profitant de certaines malines et à condition de compléter l'armement en rade. C'était là un inconvénient, dont on ne saurait nier la gravité. Toutefois, cet inconvénient est bien atténué aujourd'hui, par l'organisation du service des canonnières et des remorqueurs dont nous avons parlé plus haut ; il faut considérer aussi que l'approvisionnement de combustible constitue un lest volant très avantageux pour modifier considérablement et à volonté, le tirant d'eau et l'assiette du bâtiment. On peut donc faire partir les plus grands bâtiments avec leur armement complet et une très petite provision de charbon, se réservant d'attendre l'arrivée sur rade pour embarquer le reste. On rentre ainsi dans les conditions générales de tous les bâtiments qui, une fois armés, font leur charbon sur rade. Avec des moyens préparés d'avance, avec les commodités d'embarquement et d'arrimage que présentent les briquettes dont l'usage est devenu général, l'opération d'embarquement du combustible n'est, d'ailleurs, jamais bien longue.

C'est ainsi que pendant l'été de l'année 1876, lors de la venue de la division de la Manche sur la rade de l'île d'Aix, quatre à cinq cents tonneaux de charbon ont été embarqués en moins de vingt-quatre heures.

C'est ainsi qu'on a opéré pour les grands navires qui ont descendu la Charente pendant ces dernières années: *Guyenne, Armide, Montcalm, Flore, Victoire, Tigre*, qui auraient pu prendre la mer et dont quelques-uns l'ont prise, après un très court séjour en rade. Deux de ces navires, *Flore* et *Tigre*, ont été conduits du port en rade dans les mois de juin et de juillet, par des malines dont les coefficients étaient relativement faibles, et dans les conditions de descente indiquées précédemment. Cette opération s'est effectuée sans difficulté pour tous les bâtiments cités, et, dans les endroits difficiles, la *Guyenne*, qui peut être considérée comme un bâtiment de première grandeur, avait une quantité d'eau notable sous la quille.

Malgré les assertions produites à cet égard, il est donc certain que dans les grandes marées, la Charente présente une profondeur suffisante pour que la plupart des grands bâtiments de l'époque puissent descendre de Rochefort à l'île d'Aix sans courir aucun risque et presque entièrement disposés à prendre la mer et à combattre.

Mais si, pour les grands cuirassés ou les bâtiments analogues, on est tenu d'attendre certaines marées, on n'est pas obligé d'agir ainsi pour tous ceux dont les tirants d'eau ne dépassent pas $5^m,40$. Pour les derniers, en effet, en manœuvrant convenablement l'approvisionnement du combustible, et à moins de cas exceptionnels qui se produisent peut-être une fois ou deux dans l'année, on est assuré de pouvoir, à toutes les marées, les faire descendre de Rochefort à l'île d'Aix ou remonter de l'île d'Aix à Rochefort.

Or, à partir du type *Bélier* ou *Tigre*, dont le tirant d'eau maximum est $5^m,50$, que d'autres types ont des tirants d'eau inférieurs : garde-côtes *Tempête*, aux tirants d'eau de $5^m,10$; croiseurs de 2e, 3e et 4e rangs, aux tirants d'eau de $4^m,78$ à $3^m,20$; transports, petites canonnières armées des plus gros calibres, bateaux-torpilles de toutes dimensions !

A côté des grands navires qu'on enverrait à un moment donné dans un autre port, on voit donc qu'on pourrait plus particulièrement réserver à Rochefort, pour y être construits et armés couramment, une grande quantité de bâtiments, et cela sans nuire en rien à l'active production des autres ports.

Quand on a le canon de 100 tonnes, quand on parle déjà, en Prusse, d'un canon de 150 tonnes ; quand le duel entre le canon et la cuirasse paraît prendre fin et que le canon triomphe ; quand s'accentue la tendance à porter les luttes maritimes sur les côtes et dans les bassins les moins profonds, n'est-il pas logique de croire que l'ère des immenses cuirassés aura une fin prochaine ? N'est-il pas logique de croire qu'aux *Dandolo* et aux *Duilio* succèderont des navires plus légers, maniables, atteignant de grandes vitesses, beaucoup plus profitables pour l'attaque et pour la défense que les premiers ?

Eh bien ! du moment que la question de supériorité militaire des navires de moindre tirant d'eau sur ceux de grandes dimensions sera considérée comme résolue, est-ce que tous les prétendus inconvénients de Rochefort, sous le rapport du peu de profondeur de sa rivière, ne disparaîtront pas ?

Dans toutes les considérations précédentes, nous avons parlé de la Charente telle qu'elle est, et nous avons montré qu'en somme, elle était utilisable pour toute espèce de bâtiment.

Mais si, au lieu de montrer, à l'égard de l'arsenal de Rochefort, un mauvais vouloir contre lequel, hélas ! rien n'est venu réagir, contre lequel n'ont pas suffisamment protesté ceux auxquels leur haute position imposait le devoir de le faire ; si, au lieu de laisser chaque jour la décadence de Rochefort augmenter, on eût voulu entrer dans la voie des améliorations, ces améliorations eussent-elles été possibles ? Nous en sommes sûr, et nous pensons aussi que ces améliorations auraient pu être obtenues sans grands frais.

La première et la plus urgente de toutes consisterait à assurer la navigation de la Basse-Charente, la destruction des obstacles qui, s'ils ne s'opposent pas complètement au passage des grands bâtiments, le rendent délicat et praticable seulement dans certaines circonstances de marée.

Cette question a préoccupé, de tout temps, les esprits sages et justes qui ont vraiment compris l'importance du port de Rochefort ; aussi, pour sa solution, plusieurs projets ont-ils été présentés à diverses époques.

Tout d'abord, on pourrait chercher à améliorer le chenal de la rivière par des essais successifs et dont on pourrait suivre les résultats à mesure qu'ils se produiraient. En opérant ainsi, et avec une extrême prudence, on aurait le grand avantage d'atteindre le but sans fortes dépenses et surtout sans compromettre le régime d'une rivière qui est constamment resté le même depuis deux cents ans.

On pourrait arraser les seuils rocheux jusqu'à celui de Lupin, de 1^m,50 à 2 mètres. On arriverait ainsi à opérer un nettoyage progressif du chenal, dont il serait facile de suivre les résultats ; et, si ces résultats étaient favorables, ce qui est très probable, on pourrait pousser les travaux jusqu'à l'embouchure de la rivière.

A partir de Lupin, jusqu'à la rade de l'île d'Aix, les fonds sont d'une nature tellement fluide, qu'on a vu des navires remorqués conserver une vitesse suffisante, tout en ayant leur quille enfoncée de 75 centimètres dans cette vase molle ; il n'y a donc pas à se préoccuper beaucoup de ce parcours. On pourrait, toutefois, suivant les résultats obtenus par le dragage opéré en amont, continuer ce dernier jusqu'au bord de la rade de l'île d'Aix.

Enfin, pour remédier à l'action des courants transversaux et aux pertes du jusant, il y aurait lieu de fermer définitivement la passe aux Bœufs, entre Piédemont et l'île Madame, ainsi que celle qui existe entre Enet et la pointe de l'Aiguille ; mais ces travaux, moins nécessaires que les premiers, pourraient attendre, surtout ceux concernant Enet.

Ces travaux, comme nous l'avons déjà dit, entrepris progressivement, n'exigeraient ni grands moyens, ni fortes dépenses, et conduiraient à des améliorations notables, s'ils étaient menés avec *suite, persévérance et avec une volonté bien arrêtée d'arriver au but.*

Nous sommes d'autant plus autorisé à affirmer les bons résultats que nous prédisons, que nous avons pour nous l'exemple de travaux semblables entrepris dans la rivière de Glasgow et de Chatham, travaux qui ont été couronnés du succès le plus complet.

A côté des améliorations que réclame le chenal de la Charente pour être rendu plus accessible, il faudrait aussi se préoccuper de délivrer le commerce et la marine de la servitude réciproque que leur impose le passage des bâtiments marchands à travers l'Arsenal. A ce sujet, on a proposé de terminer le canal du port au Vergeroux, et on a fait ressortir l'avantage qui résulterait pour la défense de Rochefort, de la position insulaire qui lui serait ainsi faite. Nous croyons que tel qu'il est, Rochefort, avec quelques forts détachés sur les hauteurs qui l'environnent, n'aurait rien à craindre de l'ennemi ; aussi, sans nous opposer au canal, préférerions-nous l'établissement d'un grand bassin à flot dans les terrains achetés à la ville, du côté de l'Avant-Garde; des études préliminaires ont prouvé que ce bassin se creuserait très facilement. Dans ce bassin à flot on remiserait tous les bâtiments dont on n'aurait pas un besoin immédiat, on dégagerait ainsi la rivière de tous les bâtiments et de tous les pontons qui l'encombrent, en même temps que par la démolition de ces derniers, on diminuerait beaucoup le total des dépenses d'entretien inutile.

Afin de mettre à l'abri du feu de l'ennemi l'immense matériel du port de Toulon, on a pensé à utiliser l'étang de Berre. Peut-être y aurait-il lieu d'utiliser aussi le bassin à flot que nous demandons pour Rochefort, pour y constituer une réserve des bâtiments que ne pourraient garder, en temps de guerre, Brest, Lorient, Cherbourg, surtout ces deux derniers, autrement exposés au feu de l'ennemi que Toulon.

Enfin, pour compléter le dégagement de la rivière et rendre commodes les armements, désarmements, déchargements, il y aurait lieu de creuser dans les parages du chenal de la Cloche, un second bassin beaucoup moins grand et réservé à ces dernières opérations. Dans le cours de cette étude, nous avons parlé de la facilité, pour diminuer les tirants d'eau, donnée par l'embarquement du charbon sur rade. Afin de rendre cet embarquement le plus rapide possible, il faut avoir sous la main un assortiment de chalands ou de pontons spéciaux. Il faudrait, également, s'associant dans une certaine mesure au projet de création d'un port d'escale dans la rade de l'île d'Aix (1), se servir de la fosse d'Enet et y créer un dépôt de charbon.... Enfin, pour utiliser le plus possible les hauteurs minima des marées, il serait nécessaire d'avoir à sa disposition des gabares pontées, dans le genre de celles qui naviguent sur la haute Charente. Elles serviraient à décharger en quelques heures, avec un nombre d'hommes suffisant, les bâtiments qu'un besoin pressant obligerait à rentrer le plus tôt possible dans le port.

Tout cela est facile, très facile.

Jusqu'ici, nous n'avons fait valoir, pour le maintien de l'arsenal de Rochefort, que les raisons tirées de son outillage, de sa situation éloignée du littoral, de la sécurité de sa rivière, de son aptitude à bien et promptement construire, de la possibilité d'y armer presque tous les navires. Pour terminer, nous invoquerons d'autres raisons tirées de la situation stratégique de Rochefort, et aussi dignes que les premières de fixer l'attention.

Notons, d'abord :

Qu'en matière de blocus, plus le nombre de ports est considérable, moins les blocus sont faciles à maintenir ; que si l'on ne conserve, par exemple, qu'un port sur l'Océan, ce port serait bien plus facile à bloquer ;

---

(1) *Création d'un port d'escale dans la rade de l'île d'Aix*, par M. Allard, maire de Fouras (1876).

Que de tous les ports de l'Océan, Rochefort, par suite de son éloignement de la côte anglaise, sera le plus difficile à bloquer à cause du besoin de renouvellement de combustible qu'éprouveront les bloqueurs ;

Que le blocus des rades de Rochefort sera difficile à maintenir très serré.

Notons, aussi, la position de Rochefort au fond du golfe de Gascogne, où son arsenal et l'embouchure de la Charente sont les seuls points de la côte, depuis Brest jusqu'à la frontière d'Espagne, offrant des moyens de ravitaillement et un abri à une flotte ou à des croiseurs battus par le mauvais temps ou désemparés par les combats (1).

Supprimez l'arsenal de Rochefort, et toutes les défenses des îles d'Oleron, de Ré, d'Aix, tombent, car on ne sentira plus la nécessité de les entretenir. Les embouchures de la Loire, de la Gironde, ne sont plus couvertes. Quoique l'opinion publique soit aujourd'hui contraire à l'attaque des villes ouvertes pour les rançonner, il ne faut pas s'attendre à voir disparaître le reste des temps barbares, en face des tentations auxquelles poussent une proie facile et peu de risques à courir ; Bordeaux, Nantes, La Rochelle peuvent être aisément incendiés. Au moyen des facilités que donnent la vapeur et l'utilisation des immenses et nombreux paquebots à vapeur transformés en flotte de transport, ce qui a été tenté avec la marine d'autrefois, peut être tenté, aujourd'hui, avec un plein succès ; les îles d'Oleron, de Ré, d'Aix peuvent être prises... Un corps expéditionnaire nombreux aurait alors une excellente base d'opérations, pourrait débarquer sur le continent, remonter les deux grands cours d'eau qui débouchent dans le vaste golfe compris entre le cap Finistère et les côtes de Bretagne, et, combinant ses mouvements avec ceux d'un ennemi franchissant la frontière terrestre, nous préparer des désastres incalculables.

En arrière de cette première ligne de défense créée par les îles éparses sur notre littoral de l'Ouest, il faut donc un point central de résistance, qui puisse servir de base et de pivot aux opérations, permettant de combiner les moyens employés pour la défense de

---

(1) Il faut se rappeler que Rochefort est le centre de la mobilisation des réservistes de l'infanterie et de l'artillerie de marine et des équipages de la flotte, provenant de seize départements, et qu'à ce point de vue, il a sa raison d'être.

ce littoral (1). Il faut des dépôts de charbon pour ravitailler les croiseurs.

Or, pour remplir ce but, existe-t-il une plus belle position maritime que celle créée par l'abri des îles d'Oleron, de Ré, que les rades de Rochefort et les pertuis ?

Nous ne le croyons pas, et cette pensée est partagée par beaucoup d'officiers généraux qui, venus, pour ainsi dire, en exil à Rochefort, comme majors-généraux, et disposés peut-être à mal juger les choses, quittèrent le port, convaincus, autant que nous, de la nécessité non-seulement du maintien, mais du développement de Rochefort.

C'est qu'avant tout, pour juger avec connaissance de cause une question aussi délicate que la suppression d'un arsenal, il ne faut pas débattre cette question dans le silence du cabinet ; il faut voir : c'est seulement en voyant, que le pour et le contre peuvent être appréciés avec exactitude et les jugements mûris.

Que les détracteurs de Rochefort viennent donc à Rochefort, qu'ils le voient, qu'ils entendent ses défenseurs, avec les pièces du procès sous les yeux, et, après, qu'ils prononcent leur jugement. S'ils ont la conviction que la suppression d'un tel port est avantageuse au pays, qu'ils décident cette suppression, sans tenir compte des ruines et des déplacements d'intérêts qui en seront la conséquence !

Pour nous, plus que jamais, après avoir médité sur les ressources de l'arsenal de Rochefort, après l'étude dont cette note a été la conséquence, nous sommes convaincu que la nécessité de cet arsenal est indiscutable ; et nous disons qu'il faut que le Gouvernement, mettant un terme à l'espèce d'abandon où il le laisse depuis beaucoup trop longtemps, s'en occupe sérieusement et s'épargne ainsi de cruels remords pour le moment où une guerre maritime éclaterait.

Nous pensons, enfin, que jamais Assemblée délibérante ne consentira, oublieuse des intérêts de la patrie, à l'amoindrissement de notre établissement naval, et qu'il ne se trouvera ni un ministre pour proposer pareil décret, ni un chef du pouvoir exécutif pour le revêtir de sa signature. (Applaudissements.)

---

(1) Ces considérations expliquent les anciennes constructions des immenses forteresses de l'île de Ré, du Château d'Oleron, de Brouage, de La Rochelle, etc., ainsi que la création de Rochefort.

M. l'amiral JUIN. — La Charente est le seul fleuve dont le régime ne change jamais, parce que tous les mouvements d'eau se font dans le même chenal, constamment balayé par le flot et le jusant ; les dépôts n'ont pas le temps de s'y former. Si la Gironde et la Loire sont devenues très mauvaises pour la navigation, c'est que les mouvements d'eau ne se font pas par les mêmes issues ; les côtes sont attaquées, il se produit des détritus, et les passes finissent par se combler. Cela ne peut pas exister dans la Charente. Quant aux travaux complémentaires à y exécuter, ils coûteraient de trois à quatre millions. On peut dire que ce n'est rien.

« Que n'a-t-on pas dit contre cette navigabilité ! On a été obligé de reconnaître... que la sécurité de la navigation dans la Charente est aussi complète que possible. »

Depuis l'exécution des derniers travaux, la direction des mouvements du port de Rochefort a établi des règles fixes ; on sait qu'avec tel tirant d'eau un bâtiment peut descendre à telle marée et à telle heure ; il y a encore des pilotes, mais ils ne sont plus les mêmes. On n'a plus besoin, comme autrefois, de faire sonder à chaque instant.

La mauvaise réputation faite à la Charente est un peu l'œuvre des jeunes officiers, qui préfèrent de beaucoup la rade de Toulon, où les communications entre le bord et la ville sont aisées et fréquentes, tandis qu'à Rochefort, une fois en rade, on y reste. Cela donne plus de facilité, il est vrai, pour connaître son équipage et l'exercer ; la campagne, en fait, commence plus tôt, ce n'est pas un malheur ; mais on s'ennuie, et l'on se plaît à dire, dans les carrés : « Ce Rochefort, quel *vasou !* » (Rire général.)

Si on termine les dragages commencés, il n'y aura plus aucune difficulté pour entrer dans le port de Rochefort. Cela, d'ailleurs, ne suffira pas ; il faudra de nouveaux bassins pour les navires en armement et pour ceux qui attendent leur armement, au lieu de les laisser dans la Charente subir tous les mouvements de la rivière avec les pontons auxquels ils sont accostés. Les travaux nécessaires pour achever l'approfondissement de la rivière ne coûteront pas cher, ils seront faciles ; une fois qu'ils seront terminés, on pourra donner à l'arsenal de Rochefort autant de navires à construire et à armer que l'on voudra, quelle qu'en soit la dimension. On y a, d'ailleurs, toujours construit de gros navires ; l'*Amiral-Duperré*, par exemple, un navire calant 10 mètres, peut être construit à Rochefort, car un bâtiment de guerre reste à peu près un an à l'eau en armement, et on peut toujours disposer, pour le faire sortir de la Charente, de cinq ou six marées par an.

M. Isaac demande quelles objections ont été faites au projet d'amélioration de la Charente, si, comme cela semble établi, ce projet doit être facile à exécuter et coûter peu d'argent. Il a été question de M. Bouquet de la Grye, dont l'autorité est considérable : a-t-il présenté un projet, ou combattu celui dont il est question ?

M. l'amiral Juin dit que M. Bouquet de la Grye a proposé les moyens qu'il jugeait les meilleurs pour l'approfondissement de la Charente ; mais il n'a pas élevé d'objections contre cet approfondissement même. Jamais il n'a traité la question maritime, ni celle de la conservation de l'arsenal.

M. le capitaine de vaisseau Vollet dit que l'opinion de M. Bouquet de la Grye a varié. Quand il proposait la création du port de La Pallice, il disait qu'un port devait être aussi proche de la mer que possible. Aujourd'hui, qu'il défend un projet de Paris-port-de-mer, il déclare qu'il faut qu'un port soit situé autant que possible dans l'intérieur, pour avoir plus de pénétration et moins de frais généraux. *(On rit.)*

Au point de vue militaire, le port de Rochefort, situé dans l'intérieur, à l'abri de toute attaque, est dans d'excellentes conditions ; il en est de même au point de vue commercial, puisqu'il renferme, en ce moment, deux grands quatre-mâts, venant d'Australie, et chargés, l'un de 3,250, l'autre de 2,800 tonnes de blé. Si le commerce vient à Rochefort, c'est qu'il y trouve une sécurité et une facilité d'accès qu'il ne rencontre ni dans la Gironde, quand il va à Bordeaux, ni dans la Loire, quand il va à Saint-Nazaire. Ce dernier port n'a pas de rade, et, par le mauvais temps, les transatlantiques sont obligés d'aller à Belle-Ile. Au contraire, un bâtiment, même d'un très fort tirant d'eau, peut, de la rade de l'île d'Aix, remonter à Rochefort, sans avoir aucun risque à courir.

A l'appui de ces assertions, M. Vollet cite l'opinion de plusieurs marins étrangers, notamment celle de l'amiral Nikatcheff, qui lui disait, un jour : « Nous avons fait à Nikolaïew des travaux considérables, pour avoir un port qui ne vaut pas celui de Rochefort, tel qu'il est maintenant. »

Si Rochefort n'est pas encore parfaitement aménagé, c'est qu'il existe contre lui de la mauvaise volonté.

L'orateur, qui est, ainsi que M. l'amiral Juin, un Rochefortais d'adoption, s'est joint à lui pour défendre énergiquement ce port devant les députés qui sont venus le visiter ; il leur a déclaré qu'abandonner Rochefort, en tant que position militaire, c'était exposer le pays aux plus grands désastres. En temps de guerre, tous les hommes, en France, étant sous les armes, il faudra s'approvisionner par mer et par navires étrangers, et ces navires doivent trouver sur la côte de l'Atlantique un port d'accès facile, plus facile que Bordeaux ou que Saint-Nazaire, d'autant plus que les feux seront éteints, les signaux supprimés, les balises enlevées. S'ils ne peuvent entrer facilement de nuit comme de jour, ils risqueront d'échouer ou d'être enlevés par les croiseurs ennemis. Mais, en rade de Rochefort, ils seront protégés par l'île d'Aix et par les lignes de torpilles, que l'orateur lui-même a fait établir, en sa qualité de directeur des défenses sous-marines. La sécurité serait donc complète. En admettant que la flotte française ne soit pas maîtresse de la mer, l'ennemi qui aura pu s'emparer des îles de Ré et d'Oleron, n'aura pas si facilement raison de Rochefort, défendu par ses torpilles, ses batteries flottantes et ses garde-côtes. Mais si on lui enlève ses moyens de défense pour n'y laisser que des chantiers et des ateliers de construction, l'ennemi, maître de Rochefort, de La Rochelle et de toute la région, où il n'y a pas une forteresse qui puisse l'arrêter, s'y approvisionnera et y vivra largement, n'ayant rien à craindre que de s'arrêter trop longtemps aux délices de Capoue ; la France sera coupée en deux ; et cela, parce qu'on aura voulu faire l'économie de la petite dépense nécessaire pour approfondir la Charente !

M. Isaac dit qu'il ne pense pas qu'il soit question, désormais, de supprimer le port de Rochefort, mais seulement d'y appliquer l'idée de la spécialisation.

M. l'amiral Juin. — La spécialisation le tuerait.

M. Vollet répond que dans un travail sur la spécialisation, qu'il a pu se procurer difficilement, et qui a été communiqué à M. le député de Lanessan, on a prouvé, de la façon la plus claire, que la spécialisation entraînerait une augmentation de dépense.

Que fera-t-on des ouvriers employés à la construction d'un navire quand ce navire sera achevé, si on ne doit pas faire l'armement ? L'armement et la construction sont intimement liés entre eux, et le personnel qui y est employé l'est également à la réparation. Les Anglais, il est vrai, ont spécialisé des ports ; ils envoient armer à Portsmouth un navire construit à Pembroke. Mais pourrons-nous envoyer armer à Brest un bâtiment construit à Rochefort, c'est-à-dire le mettre à la merci d'un coup de vent ou d'un accident de mer en tout temps, avec le risque, en outre, de rencontrer l'ennemi en temps de guerre ? En pareil cas, le navire, monté par un équipage de hasard, commandé par des officiers qui ne le connaissent pas, n'ayant reçu qu'un commencement d'armement, et portant un mécanicien qui ne connaît pas sa machine, a cinquante chances sur cent de se perdre en route.

Or, un cuirassé coûte 20 millions ; et l'approfondissement de la Charente n'en coûterait que 4.

M. COURCELLE-SENEUIL, pour répondre à une précédente question de M. Isaac, dit que M. Bouquet de la Grye n'a point fait d'objections à l'approfondissement de la Charente ; il s'est borné à donner, de l'origine des dépôts qui se forment à l'entrée du fleuve, une explication scientifique qui n'est exacte que pour la partie gauche seulement de l'embouchure. M. Bouquet de la Grye a constaté ce fait qu'au pertuis de Maumusson, à marée basse, l'eau sort à l'état clair, tandis qu'au contraire le jusant de la Gironde envoie dans ce même pertuis des eaux très chargées. Si ces apports de la Gironde venaient dans la Charente, les travaux projetés pourraient, en effet, n'avoir plus de raison d'être ; mais, heureusement, il est démontré qu'ils s'arrêtent sur la rive gauche de l'embouchure, ou même au fond de la baie d'Aiguillon. Il ne se forme aucun dépôt entre l'île d'Aix et la Charente. Les apports d'alluvions signalés par M. Bouquet de la Grye ne font donc, en aucune façon, obstacle au creusement du fleuve.

La principale objection était tirée de l'impossibilité prétendue d'obtenir un chenal constant à travers les masses vaseuses ; mais elles ont si peu de consistance que le passage des navires suffit presque à déblayer le chenal. L'orateur a déjà cité l'exemple du bâtiment de guerre qui, en 1809, a passé par trois mètres de vase ; il est vrai qu'il était poussé par un grand vent. Il faudrait plusieurs siècles, dans tous les cas, pour qu'un envasement se produisît dans cette partie mobile, et il suffirait, chaque année, d'un petit travail d'entretien pour empêcher les dépôts de s'y reformer.

M. LEFÈVRE, ancien directeur des travaux hydrauliques du port de Rochefort, acceptant l'hypothèse où ces dépôts se reformeraient tous les ans, hypothèse qui est en quelque sorte le corollaire des prémisses posées par M. Bouquet de la Grye, a fait un projet de travaux d'art très séduisant, celui du canal de l'Estréc ; il a oublié seulement que l'embouchure de ce canal se trouverait encore plus proche que celle de la Charente des fameux apports de la Gironde, et aurait, par conséquent, beaucoup plus de chances encore pour être obstruée. En outre, l'exécution de ce projet demanderait 28 millions, tandis que les dragages n'en coûteraient que 3, en parant à toutes les éventualités. On croit donc, à Rochefort, le projet des dragages préférable à celui des œuvres d'art, qui suppose exacte la théorie des apports ; le premier, d'ailleurs, l'emporte incontestablement sur le second, au point de vue technique.

M. Isaac remercie ses collègues pour les explications qu'ils viennent de lui fournir, et qu'il jugeait nécessaires.

M. l'amiral Juin dit que ni M. Bouquet de la Grye, ni aucune autre personne n'a jamais proposé la suppression de l'arsenal de Rochefort, excepté peut-être un amiral qui, ayant envie d'être ministre, et sentant que le vent était aux économies, avait cru devoir proposer celle-là.

M. Guénot demande s'il est bien réel que la Charente échappe à la loi générale des fleuves océaniques, en ce sens qu'il ne se forme pas de dépôts de vase sur son fond.

M. Courcelle-Seneuil affirme de nouveau que la Charente est parfaitement stable. Depuis Tonnay-Charente jusqu'au Port-des-Barques, il n'y a qu'un seul point où se produisent des déplacements de rive sensibles, c'est à la pointe de la Parpagnole, où, tous les dix ans, on est obligé de déplacer les canons qui sont sur les bords du fleuve. On pense que les roches du fort Lupin, qu'on a demandé de faire écrêter, serviront d'obstacle à ces oscillations, qui se portent tantôt à droite, tantôt à gauche.

M. l'amiral Juin annonce l'intention de présenter au Congrès, dans la prochaine séance, une proposition de vœu relative à l'approfondissement de la Charente et au maintien de Rochefort à l'état de port de plein exercice. (Approbation générale.)

M. LE PRÉSIDENT informe le Congrès de la présence de M. Deloncle, délégué du Sous-Secrétaire d'Etat aux colonies, qui regrette vivement de n'avoir pu assister aux premières séances.

Le Congrès décide, sur la proposition de plusieurs de ses membres, que dorénavant ses séances de l'après-midi commenceront à deux heures.

La séance est levée à onze heures un quart.

Séance du mercredi 5 août (soir).

Présidence de M. MALAVIALLE, délégué de la Société de géographie de Montpellier.

Assesseurs :
MM. ANTHOINE, délégué du ministère de l'intérieur ;
le docteur THÈZE, secrétaire de la Société de géographie de Rochefort.

SOMMAIRE : M. Barbier : Lecture d'une partie d'un ouvrage de M. Levasseur sur la population française. — M. le capitaine Lapasset : Présentation d'un ouvrage de M. le général Derrécagaix sur la cartographie européenne ; Communication sur la topographie et la cartographie militaires des divers pays. — M. Desfontaines : Légendes des Polynésiens. — M. le comte de Dienne : Lecture d'une notice de M. de Richemond sur les deux Lesson. — M. Paul Vibert : Les causses et les grottes de l'Ariège.

La séance est ouverte à deux heures un quart.

M. BARBIER donne lecture d'un chapitre du livre IV d'un ouvrage de M. Levasseur sur la population française. M. Levasseur empêché, à son grand regret, d'assister au Congrès, l'a chargé de cette mission.

Ce chapitre est intitulé : *L'émigration en Europe et l'immigration dans les autres parties du monde.*

M. LE PRÉSIDENT adresse les remerciements du Congrès à M. Levasseur et à M. Barbier, pour l'intéressante communication qui vient d'être faite.

La parole est donnée à M. le capitaine Lapasset, délégué du Ministre de la guerre.

M. le capitaine LAPASSET présente au Congrès, au nom de M. le général Derrécagaix, sous-chef de l'état-major général de l'armée et directeur du service géographique, un ouvrage sur la *Cartographie européenne*.

Si les études géographiques sont pénibles, les études topographiques sont aussi très délicates. La cartographie s'appuie sur les sciences physiques et mécaniques, et réclame, en outre, comme la géographie, du travail et du jugement. Le pantographe et la gravure sur cuivre ont fait leur temps, le soleil lui-même s'est mis au service de ces deux sciences, et les cartographes, pour satisfaire aux besoins de l'instruction et aux nécessités de la défense nationale, ont à connaître la manipulation délicate de certains réactifs et à rechercher sans cesse les meilleurs procédés de tirage.

Le livre de M. le général Derrécagaix paraît donc destiné à rendre de sérieux et utiles services. Un seul ouvrage analogue existe en Europe, il a pour auteur un officier autrichien appartenant à l'Institut royal et impérial, et va être publié dans les *Mitheilungen*, de Vienne.

M. le général Derrécagaix donne aussi, dans son ouvrage, l'état topographique de l'Europe entière.

M. LE PRÉSIDENT adresse à M. le général Derrécagaix et à M. le capitaine Lapasset les remerciements du Congrès. Le livre qui vient d'être signalé par l'honorable orateur révèle autant de patriotisme que de talent, montre bien la réalité de ce fait contre lequel, heureusement, on commence à réagir : la France est un pays peu connu.

M. le Président saisit cette occasion de rappeler que les Sociétés de géographie sont unanimes pour souhaiter que les divers services ministériels veuillent bien leur communiquer plus régulièrement et plus fréquemment les publications officielles, telles que : cartes, ouvrages et tableaux de statistique, etc. Elles ne sont même pas toujours informées de la publication de ces travaux, dont la communication rendrait cependant de grands services, surtout à celles de ces Sociétés qui ont établi des cours de géographie et de cartographie. Elles désireraient, par exemple, avoir à leur disposition, non pas sans doute la collection complète des cartes de l'état-major ou du service hydrographique de la marine, mais au moins quelques spécimens de ces cartes, se rapportant à la région où elles existent.

M. le Président exprime l'espoir que MM. les délégués des ministères voudront bien transmettre aux chefs de service compétents les *desiderata* des Sociétés de géographie.

M. le capitaine Lapasset dit que le temps est passé où une carte était considérée comme un secret d'Etat ; le service géographique de l'armée n'est plus une petite chapelle fermée ; on veut en faire, au contraire, une grande église cartographique et géographique ouverte à tous et connue de tous ; mais, pour la faire connaître, ce service ne peut pas faire de réclame, comme un éditeur ordinaire ; comme organe de publicité, il dispose uniquement du *Journal officiel*. La voie la plus facile à suivre, pour les Sociétés de géographie, est donc de s'adresser directement au service géographique du ministère de la guerre pour obtenir ce qui leur est nécessaire ; mais il faut, en retour, qu'elles lui envoient leurs propres publications. Elles peuvent être assurées, dans ces conditions, qu'elles recevront une large part des productions topographiques et cartographiques du service géographique de l'armée, en échange des communications qu'elles voudront bien adresser au général sous-chef de l'état-major général de l'armée, directeur de ce service. Il sera même tenu compte, dans ces envois, des demandes spéciales à telle ou telle publication.

M. le capitaine Lapasset ajoute quelques détails sur les cartes de l'état-major ; elles sont de deux catégories : les unes servent à tous les objets scientifiques et sont livrées à la publicité ; les autres, qui sont les cartes de guerre, doivent rester secrètes. La carte de l'état-major, au $\frac{80}{1000}^e$, entièrement gravée sur cuivre, coûtait 8 francs la feuille ; il en avait été fait des reports sur zinc qui avaient donné de mauvais résultats ; mais, depuis 1879, on emploie un procédé galvanoplastique qui permet de faire immédiatement sur la planche de cuivre toutes les corrections nécessaires. On peut ainsi livrer pour 0 fr. 10 une carte équivalente aux cartes de l'état-major allemand, qui se vendent 1 mark 50 pf., soit 1 fr. 85.

Viennent ensuite la carte au $\frac{320^e}{1000}$, qui vaut 1 franc, la carte au $\frac{200^e}{1000}$, tirée en couleurs, puis la carte au $\frac{500^e}{1000}$, qui donne sur un petit espace une grande étendue de terrain, et qu'on peut obtenir en plusieurs types différents : avec la planimétrie seule, avec le terrain représenté en hachures, avec le terrain figuré par des courbes. Il y a enfin la carte du nivellement général de la France au $\frac{800^e}{1000}$.

Le service géographique de l'armée est pauvre ; son budget n'est que de 872,000 francs, en échange desquels il doit fournir à l'armée, chaque année, des millions de cartes, qu'il faut constamment réviser et tenir au courant ; et ces cartes ne se rapportent pas seulement au territoire français : il y a aussi un service de la cartographie étrangère, dont l'orateur est spécialement chargé.

L'orateur demande à comparer brièvement les services géographiques militaires étrangers avec le service militaire français. Il prendra pour terme de comparaison le coût du kilomètre carré reproduit sur la carte.

En Angleterre, il coûte 22 francs.

En Espagne, il revient extrêmement cher. La carte au $\frac{50^e}{1000}$, commencée en 1874, doit avoir 1,081 feuilles ; il n'y en a encore que 57 de parues.

L'Allemagne a un budget de 1,200,000 marks, — 1,500,000 francs. Elle n'a pas encore terminé le relevé de tout son territoire et elle a des cartes à diverses échelles.

L'Italie a une carte au $\frac{100^e}{1000}$ en 277 feuilles ; le kilomètre carré revient à 4 francs à peu près.

Le service de topographie et de cartographie militaires de la Russie emploie un personnel très nombreux, qui doit coûter extrêmement cher. Les cartes concernant les territoires russes ne dépassent pas le méridien de Moscou ; les travaux du service cartographique ont porté spécialement sur les pays limitrophes de l'empire ; en 1877, par exemple, le service militaire a levé une surface aussi étendue que celle de la France, toute la péninsule des Balkans.

La Belgique a 146,000 francs de budget ; le kilomètre carré y revient à 2 fr. 60.

En Hollande, le budget de la géographie militaire s'élève à 148,000 francs ; le kilomètre carré coûte 2 francs.

En France, le kilomètre carré coûte 0,99 centimes seulement.

La carte de l'état-major, divisée en quatre quarts, se vend 0,40 centimes, soit 0,10 centimes pour un quart de feuille, tandis qu'en Allemagne les cartes représentant des surfaces à peu près équivalentes sont vendues respectivement 1 fr. 75 et 6 francs.

On peut donc affirmer qu'au point de vue tant de l'exécution du travail que de l'économie, la supériorité en matière de cartographie militaire, est acquise à la France. (Applaudissements.)

M. LE PRÉSIDENT se félicite d'avoir donné lieu, par son observation, à une communication aussi intéressante. Il serait heureux d'entendre MM. les délégués des autres ministères donner au Congrès les mêmes assurances que M. le capitaine Lapasset.

M. TURQUAN rappelle que le Comité supérieur de statistique a émis, il y a deux ou trois ans, le vœu que le service géographique de l'armée déterminât sur sa carte au $\frac{80}{1000}$, la superficie des arrondissements et des départements pour la France entière. Ce travail, paraît-il, est terminé, et sera publié bientôt. L'opération a été dirigée par M. le colonel de la Noë ; elle a été faite dans des conditions d'exactitude et de soin qui permettront de connaître enfin d'une manière précise la véritable superficie du territoire français et de ses divisions administratives, et de rectifier les erreurs d'appréciation précédemment commises. C'est un nouveau service rendu à la science par le service géographique de l'armée.

L'orateur dépose sur le bureau du Congrès, de la part de M. Mabyre, secrétaire de la Société de géographie commerciale de Paris, les premières cartes de l'*Album des services postaux français et étrangers*, accompagné de notices commerciales spéciales. Ces cartes sont exécutées sous la direction de M. Levasseur ; les notices ont été rédigées par M. Mabyre et M. Paul Jaccotey, sous-chef de bureau au ministère du commerce et de l'industrie, direction des postes et télégraphes.

M. Mabyre a également chargé l'orateur de présenter au Congrès un petit ouvrage de vulgarisation, fait en collaboration avec M. Rolland, chef de bureau à l'administration centrale des postes et télégraphes. Cet opuscule, intitulé : *Postes, télégraphes et téléphones*, sera excellent à mettre entre les mains des instituteurs et des maires, surtout dans les petites communes. On ignore généralement trop, en France, le fonctionnement du grand service public qui préside à l'échange des correspondances, soit à l'intérieur, soit à l'étranger.

M. Levasseur a fait l'éloge de cette publication, et M. Barbier se joint à lui pour la recommander à l'attention du Congrès, auquel il est chargé de la présenter, car M. Mabyre est, en même temps qu'un géographe et un topographe des plus distingués, un travailleur infatigable, dont ces deux ouvrages attestent le talent et l'activité.

M. LE PRÉSIDENT, après avoir, au nom du Congrès, remercié M. Turquan et les auteurs des publications qui viennent d'être déposées sur le bureau du Congrès, demande à l'assemblée l'autorisation de céder le fauteuil de la présidence à M. de L'Épine, délégué de la Société de géographie du Havre.

Présidence de M. DE L'ÉPINE.

M. LE PRÉSIDENT remercie M. Malavialle de l'acte de courtoisie qu'il vient de faire à l'adresse de la Société de géographie du Havre, qui y sera d'autant plus sensible que le réglement n'appelle pas les délégués des jeunes Sociétés à la présidence des Congrès.

Conformément à l'ordre du jour, la parole est donnée à M. Desfontaines, pour une communication sur les légendes des Polynésiens.

M. Desfontaines prend la parole et, en un langage plein d'un poétique enthousiasme, et avec un talent qui semble s'ignorer lui-même, nous conte ses pérégrinations à travers le globe, et l'on croirait entendre un des meilleurs romans de Jules Verne. — La Tunisie voit ses débuts : il parcourt la côte orientale, touche à Gabès, et de là s'enfonce dans le désert, en compagnie de M. Edouard Blanc, chargé d'une expédition scientifique dans la contrée. Après cette excursion dans le Sahara tunisien, il revient à la Goulette par Tripoli et Malte. Mais sa bourse est vide : à la Goulette, il se fait professeur, et la somme gagnée lui permet de partir pour l'Egypte. Il visite le Caire, remonte le Nil jusqu'à la seconde cataracte, admire les ruines du grand temple de Karnak, gagne la Palestine et arrive à Jaffa, n'ayant plus que 2 francs en poche ! Il prend cependant la route de Jérusalem, où il assiste aux grandioses cérémonies pascales, célébrées à l'église Saint-Sépulcre. Mais un désir subit de revoir son pays natal, la Bretagne, lui brûle le cœur : il y revient en hâte, s'y repose quelques mois et repart, la besace toujours aussi peu garnie, mais le cœur plein d'une insouciante gaîté. — Les Seychelles, Bourbon, Madagascar, Maurice, les grandes villes d'Australie, Adelaïde, Melbourne, Sydney, voient ses étapes successives. A Sydney, comme il loge le diable dans sa bourse, il se fait garçon de ferme et gardeur de moutons... Nous le retrouvons bientôt, à Tahiti, précepteur des enfants de Teti Salmon, frère de la reine Maraü. Il passe quelques mois au milieu des indigènes de l'intérieur, vivant de leur vie propre, goûtant, dans toute leur intensité, les charmes de cette poétique existence, et recueillant parmi ces insulaires, des légendes inédites : il narre, en un style imagé, les deux plus intéressantes, qui ont avec les récits de la *Bible* et du *Nouveau Testament*, une analogie frappante. Au sortir des îles de la Société, il explore l'archipel de Cook, celui de Tonga et la Nouvelle-Zélande, et revient en France par Rio-de-Janeiro. En 40 mois, il avait parcouru environ 18,000 lieues ! En terminant, le sympathique explorateur annonce son départ en octobre prochain, pour un nouveau voyage de plusieurs années : le Saint-Laurent, le Mississipi, la Floride, l'Arizona, San-Francisco, les îles Hawaï, le Japon, Java, Bornéo, la Nouvelle-Guinée, les îles Salomon, seront ses étapes successives.

M. Merchier demande à ajouter à ce qui vient d'être dit quelques détails qui lui ont été donnés récemment par M. E. Blanc. M. Desfontaines, qui met au service de la géographie la foi et l'ardeur d'un apôtre, était parti pour le sud de la Tunisie, ayant pour tout bagage un *Guide Joanne*. C'est dans ces circonstances qu'il a rencontré M. E. Blanc, qui a été heureux de se l'adjoindre et de lui faciliter sa tâche. (Nouveaux applaudissements).

M. le Président dit que bien que M. Desfontaines se soit fait un moment berger, personne assurément ne le qualifiera d'enfant prodigue. Qu'il sache bien que dans le nouveau voyage qu'il va entreprendre, les sympathies de toutes les Sociétés de géographie de France et au besoin leur concours lui seront acquis : à son retour, elles tueront pour lui le veau gras. (Rires et approbation).

M. Desfontaines donne lecture d'un certain nombre de pages d'un ouvrage qu'il se propose de publier sous le titre : *18,000 lieues à travers le monde* :

Parmi les moyens de pêche les plus employés à Tahiti, le harpon est un des plus communs. L'indigène, avec une dextérité surprenante, le lance jusqu'à dix et douze mètres ; il le manie indifféremment le jour ou la nuit. Dans les ténèbres, c'est à la lumière des torches qu'il se livre à son art favori.

La ligne avec une plume d'oiseau pour amorce est également en usage. Une fois cette plume mouillée, elle prend l'aspect d'un petit poisson, et pour peu qu'on la promène fébrilement, par saccades, elle a tout l'air d'un fretin qui nage.

Mais ne nous attardons pas sur ces pêches, qui ont pourtant leur intérêt, contentons-nous d'assister aux plus curieuses, et partons tout d'abord pour une pêche aux thons.

Nous nous dirigeons vers la haute mer, dans une double pirogue, c'est-à-dire dans deux canots maintenus parallèlement et à une certaine distance l'un de l'autre par des planches transversales. Entre ces deux pirogues nage un réservoir, contenant des myriades de certains petits poissons destinés à appâter le thon. Une ligne énorme, d'une dizaine de mètres de longueur, fixée solidement au centre de notre double embarcation et pouvant se dresser comme un mât, forme notre engin de pêche.

A huit, hommes et femmes, ils se mettent à pagayer, et nous voilà bientôt sur ce lac transparent, qui va du rivage à la ceinture des récifs. Nous voguons sur un véritable aquarium, dont les eaux, limpides comme du cristal, nous laissent scruter les merveilles coralliennes. C'est au-dessous de nous, sur des fonds irréguliers, une sorte de monde végétal extravagant, aux formes multiples et bizarres, aux couleurs changeantes, peuplé d'une faune non moins belle et non moins originale. Devant nos yeux défilent une succession de petits paysages aquatiques, dont les reliefs accentués simulent des plaines, des collines, des montagnes, des vallées. Le tout est recouvert d'arbustes où parmi les branchages, se jouent de gros poissons multicolores, et parsemé de plantes aux larges feuilles, de corbeilles élégantes, de bouquets arrondis, au-dessus desquels passent des bandes de poissons minuscules, qui, pour les teintes, peuvent rivaliser avec les plus brillants papillons. Et toutes ces formations de corail, en prenant l'aspect d'une flore aux tons blanc, rose, jaune clair et lilas, constituent des jardins d'une inépuisable beauté. La féerie a pu montrer certains détails de ces spectacles sous-marins ; mais ce qu'elle ne pourra jamais rendre, c'est l'infinie variété de ces délicates merveilles ; c'est l'étincellement de cette nappe liquide qui les recouvre et qui, dans son immobilité, rayonne, suivant la profondeur des eaux, toutes les couleurs du prisme ;

c'est aussi leur cadre admirable entre l'immensité bleue du Pacifique qui, là-bas, se frange d'écume en se brisant sur la barrière invisible des récifs, et ces rivages enchanteurs où s'épanouissent, au pied de superbes montagnes, les éternelles forêts de cocotiers.

Après avoir suivi ainsi les sinuosités de la côte, nous franchissons une passe et gagnons la haute mer. Aussitôt dans l'endroit qu'ils jugent le plus favorable, les indigènes commencent à appeler le thon en frappant avec une massue, à intervalles réguliers, sur les parois de la pirogue. De temps en temps, ils jettent à la mer des poignées de menu fretin qui, libre de toute entrave, s'enfuit vers les couches profondes. Si le thon tarde un peu à venir, les oiseaux de mer s'empressent d'accourir pour la curée : autour de nous ils volent en grand nombre, poussent leurs cris et viennent presque jusque dans nos mains cueillir leur part de butin. Nous sommes obligés de les chasser avec des bâtons et, malgré nos efforts, ils réussissent souvent à nous dérober notre appât. Je ne m'en plains nullement ; je prends plaisir à voir ces oiseaux voraces saisir effrontément sous nos yeux, avec une prodigieuse rapidité, la proie que nous lançons à la mer, durant le court instant qu'elle met à tomber dans les flots.

Les pauvres petites victimes aux écailles scintillantes frétillent au bout du bec de leurs ravisseurs l'espace d'un éclair, et d'un seul coup sont avalées toutes vivantes. Tandis que je regarde à l'œuvre la gent ailée des mers, les Tahitiens, dont l'œil expérimenté fouille les éléments liquides, annoncent bientôt la présence des thons dans nos parages. Ils jettent l'appât en plus grande abondance et la ligne est amorcée. Tout à coup, une grosse secousse vient avertir qu'un de ces poissons a mordu à l'hameçon. Vite on se précipite à la ligne, mais impossible de la soulever complètement : un véritable monstre se débat à l'extrémité et menace à chaque instant dans ses mouvements convulsifs de tout briser. Sans hésitation, deux de nos Tahitiens armés d'une massue s'élancent à la nage et le serrent de près. L'émotion est vive et l'on suit avec angoisse les péripéties de ce drame au sein de l'onde. Le thon, en désespéré, fait des bonds énormes ; en vain nos hommes cherchent à le frapper ; quelques secondes encore et ses chocs violents lui rendront la liberté. Alors, tous dans l'embarcation se cramponnent à la ligne et la tiennent levée le plus haut possible pour maintenir le poisson à la surface liquide. Coups de queue de la bête et coups de massue redoublent :

l'eau vole de tous côtés, la lutte arrive à son paroxysme ; enfin nos Tahitiens réussissent à étourdir l'animal ; désormais il ne peut nous échapper : en effet, on le hisse à bord, on finit de l'assommer et nous avons la satisfaction de le contempler étendu au fond de la pirogue.

Cette pêche nous a mis en appétit ; promptement nous recommençons à appeler les thons et à envoyer à la mer notre menu fretin. Une nouvelle victime, mais de moindre importance, s'ajoute à la première. Décidément la pêche promet d'être belle. Un troisième thon se laisse prendre, malheureusement il brise l'hameçon et disparaît. Nous remettons un autre harpon ; hélas ! il est emporté par un quatrième et dernier poisson. La corde, fortement endommagée par ces secousses réitérées, n'a pu résister assez longtemps, elle s'est rompue brusquement. Nous n'avons plus qu'à partir. Du reste, le vent vient de se lever et la mer est forte.

Au coucher du soleil, le vent fraîchit, la mer grossit de plus en plus : inutile d'essayer de franchir la passe, le courant nous emporterait et nous briserait infailliblement sur les bancs de coraux. Nous sommes condamnés à passer sur les récifs à fleur d'eau, au risque d'y rester. C'est sur la violence des vagues que nous comptons pour enjamber l'écueil. Nos hardis nautonniers longent d'abord le mur bâti par les polypes et choisissent la place la plus favorable à notre entreprise, puis ils font face à l'obstacle et attendent la lame géante qui doit nous transporter par delà la barrière de corail. En voici une énorme, elle accourt derrière nous à toute vitesse. Faisant force de pagaies, les indigènes cherchent à arriver en même temps qu'elle et y réussissent : la vague nous saisit juste à temps sur sa crinière d'écume pour nous jeter, en s'écrasant, au beau milieu du récif. En un clin d'œil ils sautent tous en dehors de l'embarcation, sans craindre pour leurs pieds les aspérités des coraux, et attendent un second flux de la mer, car si nous avons franchi la moitié du chemin, reste maintenant l'autre moitié, et ce n'est pas la besogne la plus facile. En effet, le flot expirant perd ici toute sa force, il jaillit en simples torrents d'écume et ne fait que soulever légèrement notre embarcation. Pourtant ils profitent de ce moment pour la pousser vigoureusement en avant, et c'est aux cris de : « I Papara, I Papara, » que la pirogue, en grinçant sur le fond de corail, gagne du terrain. Encore un nouvel effort, encore de nouveaux cris, encore de nouveaux grincements, mais nous sommes sauvés :

l'obstacle est enfin franchi. Et rien n'est plus doux maintenant que de glisser mollement sur la belle nappe liquide éclairée par la lune. Le mugissement des flots, qui, derrière nous, continuent de se briser sur les barrières invisibles, semble plus harmonieux à mes oreilles. Le vent tombe, la nuit devient silencieuse et, sous ce brillant ciel tropical, dans cet air tiède, enivrant, tout chargé de parfums, le long de ces plages où les grands cocotiers balancent leurs palmes aux reflets argentés, c'est, après les émotions vibrantes de cette journée, un repos d'une suavité sans pareil. Laissons-nous bercer et par la voix lointaine de la mer et par le bruit cadencé des rameurs. Qu'ils sont beaux ainsi, ces Tahitiens et Tahitiennes, lorsqu'avec un gracieux mouvement de bras ils fendent de leurs pagaies la surface de l'onde et que leur buste immobile se dresse droit et élégant, encore plus superbe aux rayons de la lune !

Enfin nous voici de retour à Papara. M. Tati Salmon, qui vient d'arriver de Papeete, est là pour nous recevoir. Il a fait préparer un copieux repas, supposant avec juste raison qu'une promenade en mer m'ouvrirait largement l'appétit. Et nous nous mettons à table. Alors je lui raconte les aventures de cette mémorable journée. Au moment où je lui exprime mon regret d'avoir vu deux thons nous échapper par suite de l'insuffisance de nos engins :

« Ah ! me dit-il, si vous aviez eu les cordes d'un indigène du « nom de Maui, cet accident ne vous serait pas arrivé ; elles auraient « pu résister aux tractions de tous les thons de la mer ; elles étaient « si fameuses qu'avec elles il a pêché une terre et arrêté le soleil. »

Voici la légende :

C'était à l'époque où les hommes étaient des géants.

A Faana habitaient un vieux bonhomme et sa femme. Ils avaient quatre enfants : trois garçons et une fille. Le premier s'appelait Maui, le second Maui Piti, la troisième, une fille, Maui Tamahine, et le quatrième, le plus jeune, Maui Tuituiatara. Ce dernier, pendant son enfance et son adolescence, avait été nourri et élevé dans un trou par un lézard. Devenu jeune homme, il quitta son père nourricier et alla voir sa famille. Ses frères et sa sœur le reçoivent avec joie et tuent en son honneur le cochon de la fraternité. Puis, comme ce sont des pêcheurs infatigables, ils préparent une excursion en haute mer et montent dans leur pirogue.

« Vous avez toujours pêché du poisson, leur dit le jeune Maui, aujourd'hui il faut prendre autre chose. »

Ses frères naturellement le regardent d'une singulière façon. Enfin ils gagnent la haute mer et tendent leur ligne. Le soleil vient de disparaître et ils n'ont pris encore aucun poisson. Les deux aînés parlent déjà de s'en retourner au logis ; Maui Tuituiatara les invite à patienter. Vers le milieu de la nuit seulement, le jeune Maui sent quelque chose au bout de sa ligne :

« Que j'attrape en ce moment quoi que ce soit, dit-il à ses frères et à sa sœur, peu vous importe, ramez le plus vite possible vers Tahiti, et surtout ne vous avisez pas de regarder derrière vous. »

Ils se déclarent prêts à obéir.

A peine sont-ils arrivés dans la passe qu'ils entendent derrière eux, du côté de la haute mer, des bruits singuliers : des hommes parlent, des femmes chantent et des coqs également, des enfants crient, des cochons grognent. La jeune Maui Tamahine, curieuse comme toutes les femmes, ne peut résister plus longtemps au désir de se retourner, elle jette les yeux en arrière : à ce moment, la ligne casse et la nouvelle terre que le jeune Maui venait de pêcher s'effondre dans la mer. Car c'était une terre avec sa faune, sa flore et tous ses habitants.

Elle ne fut pourtant pas entièrement perdue, il en resta un petit coin, qui encore aujourd'hui contient une source d'eau pure. Cette légende est probablement une altération de la légende maori que je raconterai plus loin, à propos de la Nouvelle-Zélande.

Une autre fois, Maui Tuituiatara se désole de voir le soleil se livrer à des écarts insolites et activer sa course d'une façon désobligeante pour les mortels. A peine l'astre est-il levé, qu'il s'empresse de disparaître avec un sans-gêne surprenant. Maui l'admoneste inutilement ; au lieu de ralentir sa marche, il l'accélère encore davantage. Le jeune homme se décide alors à l'arrêter dans son cours. Il fabrique des cordes avec des fibres de coco et du *roa*, puis il va dans la montagne les y fixer solidement. Au moment où le soleil se lève, promptement Maui lui passe les cordes au cou ; mais le roi du ciel les brise les unes après les autres et s'échappe en courant. Le Tahitien redescend furieux, et, ne sachant plus que faire, il se dirige vers le lézard, son père nourricier, pour le consulter. Celui-ci commence par lui adresser des reproches : « Tu es allé beaucoup trop vite, tu aurais dû me demander conseil, lui dit-il ; enfin le mal n'est pas irrémédiable. Va couper les cheveux de ta sœur ; tu en feras une tresse d'une solidité à toute épreuve et telle qu'elle sera capable d'arrêter le soleil. » Prestement il obéit et, pour plus de sûreté, il fabrique en outre de nouvelles cordes avec du *roa* et des fibres de coco. La nuit, il retourne à la montagne, et sur le chemin que suit habituellement le soleil, il tend ses cordes en les accrochant aux étoiles, tout là-haut dans le firmament, et sur terre à des quartiers de rochers. Le soleil les coupe les unes après les autres, mais non sans être essoufflé. Maui profite de ce moment pour lui passer au cou la tresse de cheveux qu'il a amarrée solidement autour d'un roc énorme. La force de traction est tellement puissante, que la corde entre dans le rocher comme du fil de fer dans du beurre, et peu s'en faut qu'elle ne le tranche en deux. On voit encore dans la montagne ce rocher colossal à moitié pourfendu. Enfin le soleil épuisé demeure immobile dans l'espace, il est vaincu et devient le prisonnier de Maui. Ce dernier ne consent à lui rendre la liberté qu'à une condition : il ira désormais lentement et ne précipitera plus sa course. Telle est la raison de la régularité du soleil dans sa marche, disent les Tahitiens.

Il termine sa communication par le récit d'une des plus vieilles légendes des îles de la Société, qui est antérieure à la venue des missionnaires :

A Tahiti vivait une femme du nom de Marei avec son mari Tanetepunoiavahi et ses deux filles, Tepiu et Onona. Le mari était un grand pêcheur qui s'absentait souvent pour courir la mer en pirogue. Pendant une de ses excursions, la femme Marei, qui était d'une remarquable beauté, vint un jour se baigner dans un petit ruisseau. Du haut des cieux, le dieu Taaroa fut frappé de la beauté de cette femme et prestement descendit sur la terre pour l'inviter à folâtrer :

« — Viens avec moi dans ce ruisselet, lui dit-il, et nous nous livrerons aux doux plaisirs d'amour.

« — Sommes-nous donc des poissons ? lui répondit la femme.

« — Alors, allons dans la brousse sous les ombrages touffus.

« — Sommes-nous donc des pourceaux, reprit-elle, et ne vaut-il pas mieux que tu entres dans ma maison ? »

Le dieu ne se le fit pas dire deux fois. Ils s'oignent d'huile parfumée, se couronnent l'un et l'autre de fleurs et, ainsi préparés, ils s'enferment dans la case......

Au moment de partir, Taaroa dit à sa bien-aimée :

« — Quand ton mari reviendra de la pêche, prends un poisson pour toi et mange-le entièrement. »

Et il remonta dans son séjour.

La femme Marei fit tout comme le dieu le lui avait commandé, et en mangeant son poisson, elle comprit qu'un enfant allait lui naître.

En effet, elle accoucha d'un fils, qu'elle appela Tinorua ou Turi. Rien dans sa jeunesse ne faisait présager ses grandes destinées. Et sa mère elle-même en était attristée, car elle n'ignorait pas qu'il était le fils d'un dieu. Un jour, elle le lui annonça, il n'en fut nullement surpris, mais il regarda sa demeure et ne la trouva pas en harmonie avec son titre divin : il résolut d'avoir mieux. Cette pensée fut connue du dieu son père, qui l'avait peut-être un peu trop oublié au milieu des délices de son paradis, et la nuit suivante il envoya des messagers qui descendirent sur la terre et construisirent une grande et belle case. Turi en prit possession avec sa famille, et ils y vécurent ensemble pendant quelque temps.

Mais si les Tahitiens ont l'amour de la patrie profondément enraciné dans le cœur, ils aiment pourtant à voyager. Il songea donc à parcourir l'archipel. Des monstres à ce moment désolaient les îles de la Société ; il s'apprêta à leur faire la guerre. Il combattit d'abord une chenille du diable qui se plaisait à enlever les femmes pour s'en repaître, puis des poissons colossaux, la terreur de tous les habitants, et enfin d'autres animaux fantastiques. Après avoir vaincu successivement ces monstres redoutables, véritables fléaux pour l'humanité, et tous les mauvais esprits de la terre et des ondes, il revient dans sa famille, et sa mère lui souhaita la bienvenue en ces termes :

« Salut à toi, rejeton divin de mes entrailles, toi, le plus grand
« des hommes, toi dont la renommée chante partout les exploits.
« C'est pour toi désormais que l'arc-en-ciel se montre, que le soleil
« se voile, ne pouvant soutenir lui-même l'éclat de ta prunelle, que
« les torrents jaillissent, que la mer se fait douce sous ta pirogue... »

Et elle ne tarissait pas, célébrant ainsi la puissance de son fils. Et quand elle eut fini, elle le serra tendrement dans ses bras.

Turi ne resta pas longtemps à Tahiti. Il reprit le chemin des mers et, suivi d'une foule nombreuse qui s'attachait à ses pas, il partit pour de nouveaux voyages. C'est aux îles Hawaï qu'il débarqua, et tout l'archipel, à cette époque désert et sans habitants, vit fleurir sous le doux climat de ses îles la belle race tahitienne. Tahiti fut donc la souche d'où sortirent les Sandwichiens.

Ce peuple, comme on le voit par cette légende, s'est conduit ainsi que les autres peuples. Trouvant Dieu trop haut pour pouvoir s'élever jusqu'à lui, tous ont préféré le faire descendre jusqu'à eux : ils l'ont incarné sur la terre.

M. Desfontaines ajoute que la Société de Nantes a bien voulu faire imprimer cinq conférences qu'il a faites devant elle. La première était intitulée : *Quarante jours dans le désert* ; la seconde et la troisième : *Les Iles de l'océan Indien* ; la quatrième et la cinquième : *Les Iles enchantées de la Polynésie. — Légendes inédites*. Les exemplaires des trois premières conférences sont épuisés, mais il lui en reste une cinquantaine de la quatrième et de la cinquième, qu'il sera heureux d'offrir, en souvenir du Congrès de géographie de Rochefort, à ceux de ses confrères qu'elles pourront intéresser. (Applaudissements.)

M. le docteur Bourru, secrétaire général, rappelle aux membres du Congrès présents que demain, jeudi, a lieu l'excursion projetée à La Pallice et à La Rochelle.

Le bureau du Congrès a adressé pour le déjeuner, qui doit avoir lieu à La Rochelle, une invitation à M. Delmas, député, maire de cette ville, et à MM. ses adjoints, qui ont bien voulu l'accepter. Le rendez-vous est à six heures du matin, à l'arsenal de Rochefort, porte du Soleil.

M. le Président donne la parole à M. le comte de Dienne, pour donner lecture d'une notice de M. de Richemond, sur *Les deux Lesson*.

M. le comte de Dienne. — Tous les membres du Congrès connaissent les travaux de M. de Richemond, secrétaire général de la Société de géographie de La Rochelle, archiviste du département de la Charente-Inférieure et correspondant du ministère de l'instruction publique. Ce savant, dont l'érudition n'a d'égale que sa modestie, a adressé au Congrès, auquel des raisons de santé ne lui ont pas permis de se rendre, une communication qu'il m'a fait l'honneur de me charger de lire à sa place :

Messieurs,

Il est d'usage, aujourd'hui, d'esquisser la génération atavique des caractères que l'on veut faire revivre, de placer la famille dans son milieu et son relief pour mettre en pleine lumière le personnage principal. Cependant, la race et le milieu ne dominent pas et ne déterminent pas tout. Il reste dans chaque individu un mystère qu'on n'a jamais expliqué et qu'on n'expliquera jamais complètement et qui est l'individu lui-même. « Toute famille, dans sa durée à travers les âges, tend vers un faîte, placé plus ou moins haut, selon le degré de force de l'impulsion primitive, vers un épanouissement plus ou moins brillant des facultés innées de l'auteur de la race. Enfin, arrivent l'heure propice et l'enfant privilégié ; c'est le grand moment qui résulte de tous les moments antérieurs et de leurs lents progrès ; c'est le grand homme, formé de la moëlle et du travail d'une série d'hommes aussi heureusement et peut-être plus heureusement doués que lui, mais dont les aptitudes ne pouvaient être portées à leur point de maturité et de perfection que par la longue élaboration des temps et l'exercice continu de plusieurs générations. (J.-J. WEISS) »

René et Adolphe Lesson furent les seuls rejetons de René-Clément, commis de marine de 2ᵉ classe, et de Marie-Estelle Nicolo. Son père, Louis, était d'origine irlandaise, et sa mère se nommait de Fontenille.

René naquit à la Cabane-Carrée, dans la banlieue de Rochefort, le 20 mars 1794, premier jour de printemps. L'officier de l'état-civil ouvrit l'almanach du représentant Romme et ajouta au prénom de René celui de Primevère, nom prédestiné pour un botaniste. Il reçut à la maison les plus sévères principes. Au collège communal de Rochefort, il ne put faire qu'une médiocre troisième ; mais un travail assidu lui permit, en 1822, de prendre, à la Faculté de Paris, le grade de bachelier ès-lettres.

Son désir d'apprendre était servi par la mémoire la plus heureuse.

Dès sa jeunesse, René Lesson, qui vécut isolé jusqu'à 16 ans, à la Vieille-Forme, se plaisait à former des herbiers, à recueillir des papillons et à préparer des oiseaux. A 20 ans, il rédigea le travail sur la taxidermie, inséré dans le *Grand Dictionnaire d'histoire naturelle*. A 23, le manuscrit de la *Flore rochefortine*, retouché et publié en 1835. Dès l'âge de 12 ans, il avait formé une collection de tous les bois indigènes. A 14, comme Rauné, il savait par cœur la traduction du roman grec de Théagène et Chariclée. Au collège de Rochefort, il remporta, plusieurs années de suite, le prix de géographie. Il entra, le 29 septembre 1809, comme étudiant à l'Ecole de médecine navale, emporté par sa passion pour la médecine et les sciences naturelles ; mais les circonstances lui firent abandonner la médecine pour le service de la pharmacie.

Chirurgien auxiliaire, il embarqua, le 10 octobre 1811, sur la frégate la *Saal*, de l'escadre de l'amiral Jacob. Le 2 mars 1813, il passa sur le vaisseau le *Régulus*, brûlé le 6 avril 1814, après une lutte inégale contre l'escadre anglaise maîtresse de la rivière de Bordeaux. Le commandant Reynaud demanda la croix pour Lesson. Le 7 avril, il passait sur le vaisseau le *Cassard* ; le 4 mai, une dépêche ministérielle prescrivait le licenciement de tous les chirurgiens auxiliaires. Licencié de 1814 à 1816, il prit le titre d'officier de santé, à la suite d'un examen passé, le 30 avril 1816, devant MM. Berthe, de Montpellier, Gampel et Goujaud-Bonplaud, lorsqu'une dépêche, en mettant au concours quatre places de pharmacien de 3e classe, entraîna Lesson dans la carrière qu'il devait parcourir avec distinction.

Il obtint la première place le 20 mai 1816 et fut attaché, le 31 août, au Jardin des plantes, qu'il dirigeait gratuitement depuis le 22 novembre 1813.

Marié, le 11 mai 1817, à Jeanne-Zoé Massiou, il eut la grande douleur de la perdre, le 23 novembre 1819 ; il lui restait une fille, décédée elle-même le 18 juin 1845. Il se réfugia dans l'étude pour trouver un adoucissement à ce malheur.

Pharmacien de 2e classe le 19 mai 1821, il vit se réaliser la promesse de l'inspecteur général du service de santé, M. Keraudren : « Bientôt, monsieur, j'espère vous faire faire un voyage de découvertes, et si vous continuez à mériter mon estime, de bonne heure vous serez chef de service. »

Lesson fut, en effet, embarqué, en qualité de second chirurgien, sur la corvette la *Coquille*, destinée à faire une campagne d'exploration dans la mer du Sud. En passant par Paris pour y recevoir des instructions spéciales du ministère, il prit ses premières inscriptions pour le doctorat et passa les examens de bachelier ès-lettres. Seul chargé des fonctions de médecin et de naturaliste, il revint en France après une campagne de 872 jours, sans que la *Coquille* ait perdu un seul homme. Cuvier fit à l'Institut le rapport sur les collections rapportées par cette expédition. Le 2 juillet 1825, Lesson était porté à la 1re classe de son grade ; le 3 novembre, il était fait chevalier de la Légion d'honneur, en récompense du zèle et des talents qu'il avait déployés pendant le cours de la campagne de la corvette la *Coquille*. Lesson publia, en 1827, son *Manuel de mammologie* ; de 1825 à 1829, il donna de nombreux mémoires au *Bulletin* de Pérussac ; le 28 août 1828, il devenait correspondant de l'Académie de médecine.

Les premières livraisons de la partie zoologique du voyage de la *Coquille* furent promptement suivies du *Manuel d'ornithologie*, des premiers volumes du *Complément de Buffon*, du *Voyage médical* et de l'*Histoire naturelle des oiseaux-mouches*, enrichie de planches exécutées avec le plus grand soin.

Le 9 mai 1829, il était chargé, à Rochefort, du cours de botanique, et le 19 septembre nommé professeur titulaire, tout en continuant les travaux de la publication du voyage de la *Coquille*, qui s'imprimait à Paris. Les journaux scientifiques parlèrent avec des éloges mérités, de ces publications.

Lesson avait épousé en secondes noces, à Paris, en février 1827, Marie-Clémence Dumont de Sainte-Croix, décédée à Rochefort, le 4 août 1834. Il n'avait eu de ce mariage qu'une fille, Anaïs, qu'il perdit à Rochefort, le 3 novembre 1838. Ces deux deuils brisèrent les dernières espérances de sa vie.

Lesson n'avait à Paris que les modestes appointements de son grade ; il demanda à sa plume des ressources. Ses éditeurs firent faillite à la révolution de Juillet et il perdit entièrement le fruit de ses publications.

Nommé deuxième pharmacien en chef, il dut aller prendre la direction du service à Rochefort, après avoir terminé la partie zoologique de la *Coquille*, et chargé du service de la pharmacie, ainsi que du cours de chimie pharmaceutique.

Le 13 mars 1833, l'Académie des sciences lui conféra le titre de membre correspondant, dans la section d'anatomie et de zoologie, vacant par la mort de Hubert.

Il fut nommé premier pharmacien en chef, à Rochefort, le 27 novembre 1835, et chargé, l'année suivante, de rédiger la partie zoologique du voyage de l'amiral Bougainville sur la *Thétis*.

Adjoint au maire, en avril 1844, il reçut le prince de Joinville à Rochefort, et le prince lui prouva, par des paroles très bienveillantes, qu'il connaissait parfaitement ses travaux.

Dans ses notes autobiographiques, Lesson attribue aux inimitiés que lui valut son étude sur les farines de la marine à Rochefort, de n'avoir pas été maintenu sur la liste dressée le 1er mai, pour les croix d'officier de la Légion d'honneur. Il avait cependant été porté par le préfet maritime et l'inspecteur général, ses chefs directs.

Le nom de René Lesson et de son frère Adolphe a été donné par Duperrey et d'Urville, à des îles de la Papouasie et à un promontoire de la Nouvelle-Irlande. Le géographe Balbi a appelé de ce même nom, les langues tidor et alfourous. Les zoologistes ont donné ce nom à trente-neuf animaux de diverses classes et les botanistes à vingt-quatre plantes et à deux genres.

Lesson n'a pas publié moins de quarante-quatre volumes d'ouvrages distincts et un grand nombre de mémoires ; mais il ne considérait que comme un délassement ses diverses études sur les antiquités de la Saintonge.

Pierre-Adolphe Lesson, chirurgien en chef des établissements français de l'Océanie, aussi recommandable par l'indépendance de son caractère que par ses brillantes qualités, a beaucoup voyagé, a suivi l'amiral d'Urville dans son deuxième voyage de découvertes, n'a publié que dans les dernières années de sa vie une faible partie de ses quinze volumes entièrement rédigés et restés manuscrits. Mais cet effacement volontaire derrière l'illustration de son frère ne doit pas empêcher de lui rendre justice. Ses travaux anthropologiques sont dignes de la plus haute estime et ont été vivement appréciés par les juges les plus compétents, et sa santé, fortement ébranlée par ses campagnes, qui l'avait condamné à la plus sévère réclusion, ne l'empêcha pas de donner la dernière main à ses travaux. La reconnaissance de la cité pour ses dons généreux de la bibliothèque et de la collection de son frère et des siennes a fait unir les deux noms dans un même témoignage perpétué par la rue *Lesson,* et le développement des études anthropologiques à notre époque fera grandir ce nom, qui rappellera, désormais, l'explorateur aussi bien que le pionnier d'une science nouvelle et l'homme de cœur inséparable de l'homme de science dont les annales de la médecine et de la pharmacie de la marine nous fournissent des types aussi nombreux que variés. (Applaudissements).

M. LE PRÉSIDENT remercie, au nom du Congrès, M. le comte de Dienne et M. de Richemond.

La parole est à M. Vibert, pour une communication sur les *Causses ou grottes de l'Ardèche*.

M. PAUL VIBERT dit qu'ayant été passer, au mois d'avril dernier, quelque temps dans le département de l'Ardèche, il a été surpris de voir cette région centrale de la France aussi peu et aussi mal connue de la majorité des Français. MM. Martel, Delafosse et Vincent ont fait connaître à Paris, par de nombreuses publications, les *causses* de la Lozère ; mais celles de l'Ardèche exigeraient des explorations coûteuses et non sans quelque péril, avant qu'on pût leur assurer la même notoriété ; les quelques recherches faites par l'orateur et ses amis lui permettent cependant d'affirmer qu'elles sont tout aussi intéressantes que celles de la Lozère. Pour s'y rendre, on prend le chemin de fer au Teil, sur la ligne de Lyon à Nîmes. On descend à la gare de Ruoms, sur la ligne du Teil à Alais ; de là, en voiture ou à pied, on se rend en haut de la rivière, au pont naturel d'Arc, d'où on redescend l'Ardèche jusqu'au Rhône, sur un parcours de 90 à 100 kilomètres. Ce cours d'eau, étroit, torrentueux, coule entre des rochers perpendiculaires de 200 ou 300 mètres de haut. Pas de route ni de sentier sur la rive ; il faut prendre un bateau et la descente n'est pas tout à fait sans péril. Les nombreux détours de l'Ardèche font qu'on se trouve constamment dans des cirques entièrement fermés à la vue, couronnés par des rochers dont les sommets figurent des ruines de vieux châteaux extrêmement pittoresques. Cette bordure de rochers ne s'arrête qu'à Saint-Martin-Saint-Marcel, à environ 6 kilomètres au-dessus du confluent de l'Ardèche et du Rhône. C'est à ce point même que, sur cette paroi perpendiculaire, le long de laquelle il faut se faire descendre au moyen de cordes, et presque au niveau de l'Ardèche, on trouve des trous ronds de 0^m,50 à 1 mètre de circonférence, — rarement davantage : — ce sont les entrées des grottes. On trouve aux abords de ces trous quelques restes de maçonneries, et aux époques préhistoriques elles ont été certainement des retraites de troglodytes : on y a trouvé des ossements et des haches de silex.

Les légendes du pays relatives à ces grottes n'ont absolument aucune valeur.

Il en est une, à Saint-Martin-Saint-Marcel, dans l'intérieur de laquelle on ne peut faire plus de quelques pas : on serait asphyxié par l'acide carbonique qui s'y dégage. Mais, à quelques kilomètres en amont, on arrive à une autre grotte qui a été découverte lors des grandes inondations de 1829. On a cherché à en tirer parti, ce qu'on a fait dans une mesure bien modeste, puisqu'elle est louée 100 fr. par an. Or, le propriétaire du terrain où se trouve la grotte de Han, en Belgique, en obtient un revenu net de 80 ou 90,000 fr. par an, constitué par le droit d'entrée imposé aux visiteurs.

Cette grotte, qui atteint une longueur totale de 7 kilomètres et demi, se compose d'une série de salles, comme la grotte de Han et toutes celles qui longent la vallée de la Meuse, qui, certainement, ne sont pas plus intéressantes, mais sur lesquelles on a, par une publicité intelligente, appelé la curiosité de tous les touristes européens.

Les grottes, dans tous les pays, ont des caractères communs : on s'y trouve en présence de l'histoire tangible, pour ainsi dire, du système hydrographique du monde depuis qu'il a commencé d'exister. On y rencontre des rivières souterraines, des stalactites et des stalagmites, des salles d'une hauteur colossale, comme celle du Dôme, dans la grotte de Han, qui atteint 120 mètres. Mais les causses de la Lozère et de l'Ardèche ont une particularité qui leur est commune et qui ne se trouve pas dans les grottes de la Meuse ; ce sont des séries de bassins superposés, remplis d'une eau limpide, qui s'y distribue graduellement depuis le plateau supérieur jusqu'au niveau de la rivière que ce plateau domine. Les deux seules causses de l'Ardèche qui aient été explorées jusqu'à présent possèdent aussi des salles immenses et d'une régularité merveilleuse. Certaines galeries ont 100 et 150 mètres de large et 400 et 500 mètres de long. Les stalactites sont particulièrement remarquables : au lieu d'être blanches, elles sont légèrement teintées de jaune, et au lieu de tomber directement du plafond, qui forme un cintre presque régulier, elles sont en quelque sorte agglomérées en masses ondées, qui tapissent et enveloppent la salle entière.

Les bassins superposés, qui occupent parfois toute la largeur des salles, forment des cuves en encorbellements très réguliers ; la hauteur en peut varier de $0^m,05$ à $0^m,50$ centimètres. Les encorbellements, résultant des agglomérations qui se sont formées au fur et à mesure qu'ils se sont légèrement inclinés dans le sens de l'intérieur des bassins, sont dentelés et translucides. Ces bassins, qu'on voit s'étendre sur des longueurs de 300 et 400 mètres, se déversent les uns dans les autres ; l'eau y est limpide au point qu'on peut les croire vides et desséchés. Il faut, pour passer de salle en salle, marcher sur l'arête étroite des bassins, le long des parois où il est impossible de trouver d'autre point d'appui que des stalactites très courtes ; l'exploration n'est donc pas des plus commodes.

M. Vibert regrette que les démarches qu'il a faites auprès du député de l'arrondissement où se trouvent ces causses et auprès du Conseil général de l'Ardèche n'aient pas abouti. Il proposait de se charger de continuer ces explorations encore bien incomplètes et d'en exposer les résultats dans un livre, dont la publication aurait apporté au département une véritable fortune, en y appelant les touristes, ne fût-ce que les touristes français, qui dépensent chaque année des sommes considérables pour aller visiter les grottes de Belgique.

L'orateur y a passé quinze jours à peine ; c'est trois mois peut-être qu'il faudrait y consacrer.

A l'entrée de la première causse de Saint-Martin-Saint-Marcel, se trouve un gisement de plusieurs centaines de mètres cubes de cendres, qui révèlent l'occupation de ce lieu par les anciens troglodytes. Dans l'intérieur, existent des gisements considérables de tripoli, ayant un ou deux mètres de profondeur sur la moitié à peu près de l'étendue des salles, qui est de 7 kilomètres et demi. Cette matière pourrait donner lieu à une exploitation commerciale fructueuse pour la commune de Saint-Martin-Saint-Marcel.

Il n'y a ni flore ni faune, excepté, dans la salle centrale, un petit insecte, aveugle naturellement, qui ressemble au petit coléoptère appelé vulgairement *bête à bon Dieu*.

M. Vibert donne lecture d'une description des grottes et de la nomenclature jointe à cette description.

M. LE PRÉSIDENT remercie M. P. Vibert du récit qu'il vient de faire au Congrès et qu'il a accompagné de réflexions parfaitement justes. La France est très riche en grottes, et, sans parler du profit que la science peut tirer de leur étude, elles peuvent donner lieu à des excursions fort intéressantes. Les touristes, pour visiter ces sortes de curiosités naturelles, se rendent en Belgique ou en Suisse ; la France est cependant, elle aussi, un pays admirable ; mais peut-être n'a-t-on pas su la faire valoir : c'est à quoi il y a lieu de s'attacher sérieusement.

La séance est levée à cinq heures moins un quart.

Séance du vendredi 7 août (matin).

Présidence de M. MANÈS, secrétaire général de la Société de géographie de Bordeaux, délégué de la Société de géographie de Lyon.

Assesseurs :
- MM. DELONCLE, délégué du Sous-secrétaire d'État des colonies ;
- BOISSELLIER, de la Société de géographie de Rochefort.

SOMMAIRE : M. le colonel Blanchot : De la colonisation de la France intérieure. Discussion : MM. Turquan, Isaac, Guénot, Merchier. — M. Léon Moinet : Statistique de la population de l'arrondissement de Rochefort. — Suite de la discussion sur la communication de M. le colonel Blanchot : MM. de L'Epine, de Dienne, Vibert, Gauthiot, Isaac, Turquan. — Présentation d'un vœu relatif à la Charente maritime : MM. le contre-amiral Juin, de L'Epine, le colonel Blanchot.

La séance est ouverte à neuf heures.

M. LE PRÉSIDENT donne la parole à M. Barbier pour une motion d'ordre.

M. BARBIER propose de décider que les délégués des Sociétés de géographie se réuniront en comité privé, à une heure et demie de l'après-midi, pour délibérer sur le choix de la ville où se tiendra, l'an prochain, le XIII⁰ Congrès national.
Cette proposition, mise aux voix, est adoptée.

M. REGELSPERGER, de la Société de géographie de Rochefort, dépose sur le bureau du Congrès, au nom de M. Drapeyron, un article publié dans la *Revue de géographie*, et ayant pour titre : *Répartition des cours de géographie dans l'enseignement classique*.

M. LE PRÉSIDENT annonce qu'il va être procédé à la discussion sur la quatrième question du programme : *De la colonisation de la France intérieure*.

La parole est donnée à M. le colonel Blanchot.

M. le colonel Blanchot rappelle que cette question figure depuis plusieurs années aux programmes des Congrès. Celui de Nantes en a recommandé l'étude aux Sociétés de géographie ; celui du Havre a déterminé seulement les bases de la discussion ; enfin, au Congrès de Bourg, M. Guénot, de la Société de géographie de Toulouse, et l'orateur, délégué de celle de Tours, ont présenté chacun un mémoire ; mais M. le colonel Blanchot ayant été empêché au dernier moment de se rendre au Congrès, ses conclusions, qui avaient été adoptées par la Société de géographie de Tours, n'ont pas été exactement comprises, et le Congrès de Bourg a voté une résolution.

Un membre du Congrès émet l'avis qu'on devrait entraver l'émigration en obligeant chaque émigrant à produire, avant son départ, la quittance de ses frais de voyage.

M. Isaac rappelle qu'il a eu l'honneur de présider, pendant l'Exposition universelle de 1889, un Congrès dont M. Turquan était membre, et qui s'était réuni pour étudier cette question de l'émigration. On y est arrivé à cette conclusion qu'il ne fallait ni entraver, ni encourager l'émigration, mais que le rôle de l'État consistait surtout à vérifier l'accomplissement des engagements pris envers les émigrants, à protéger ceux-ci contre les fraudes et les tromperies dont ils sont trop souvent victimes de la part des agences spéciales. Ce Congrès a également admis que si des mesures de protection particulières étaient prises en faveur des émigrants, elles devaient être réservées à ceux qui se rendraient dans les colonies françaises.

A la suite du Congrès de 1889, un Comité a été constitué à Paris, avec la mission de préparer les termes de conventions internationales au sujet de l'émigration, à soumettre au Gouvernement. Ce Comité, dont le président est M. Levasseur, membre de l'Institut, et où l'orateur siège comme vice-président, s'est mis à l'œuvre, avec la collaboration de plusieurs personnes considérables, et, notamment, de professeurs de la Faculté de droit de Paris ; il n'est pas encore arrivé au résultat désiré, car sa tâche était difficile et complexe ; il y a lieu d'espérer, toutefois, qu'il l'aura prochainement accomplie.

Le Comité souhaiterait, comme M. le colonel Blanchot et M. Turquan, que les agents chargés de recruter les émigrants — surtout pour certains pays, qui peuvent faire concevoir quelques doutes — fussent astreints à fournir des garanties plus sérieuses et plus complètes, et que les gouvernements pour le compte desquels ils agissent fussent responsables de l'exécution des promesses faites aux émigrants, et même de l'exactitude des renseignements qui leur sont donnés. Ces gouvernements devraient donc intervenir dans les contrats d'émigration, soit par leurs agents diplomatiques, soit de toute autre façon.

Telles sont les décisions prises jusqu'ici par le Comité ; M. Isaac les croit bien conçues et les signale à l'attention du Congrès national de géographie.

M. Guénot dit qu'à la suite de la présentation du projet de M. le colonel Blanchot aux précédents Congrès, plusieurs Sociétés de géographie sont entrées dans la voie qu'il leur avait montrée en cherchant les moyens de retenir les travailleurs sur le sol dans les régions où elles existent, et surtout de mettre en culture les terrains improductifs. Des travaux remarquables ont même été faits, par exemple sur l'utilisation des landes. Mais on est malheureusement arrivé à cette conclusion que la plupart des terrains improductifs, les landes et les marais, par exemple, ne pouvaient pas être mis en valeur par l'initiative individuelle, mais seulement par des associations de capitaux, ce qui était directement contraire à l'objet qu'on avait en vue, à savoir la création de champs de travail pour le cultivateur isolé.

Il est fort difficile d'arriver à des conclusions précises sur un problème aussi vaste et aussi complexe que celui qu'a posé M. le colonel Blanchot ; on voit bien, d'une manière générale, que trop d'agriculteurs quittent la terre ; mais c'est un fait qui dépend absolument du législateur. En réalité, si le paysan va plutôt dans les villes qu'à l'étranger, c'est que, probablement, il existe entre les villes et les campagnes une répartition inégale des charges et des avantages, et que la balance est en faveur des villes. La constatation et la correction de cette inégalité appartiennent exclusivement au domaine de la législation ; un Congrès de géographie n'a pas à s'en occuper.

La France est malheureusement placée, en ce qui concerne la colonisation — qui n'est pas toujours une mauvaise chose, loin de là — dans une situation difficile ; on y manque d'enfants. Là est la vraie question. La race française est menacée d'être étouffée, avant un siècle, entre les races anglo-saxonne et allemande, qui envahissent le monde. Là encore, le problème échappe à la science : le fait dépend des mœurs.

Il y a deux sortes d'émigrations : celle du travail et celle du capital. La première n'est pas désirable ; la seconde, qui est aussi l'émigration de l'intelligence ou de l'instruction développées au moyen du capital, doit, au contraire, être encouragée : 20,000 francs portés à l'étranger en rapportent 100,000 ; un ingénieur, un médecin qui émigrent à l'étranger, y trouvent une large rémunération de leur talent.

Cultiver des rochers ou des marais en France serait extrêmement coûteux ; l'argent employé à de telles entreprises ne rapporterait rien ; porté de l'autre côté de la mer, en Algérie, par exemple, il rendra deux cent pour cent. Il ne faut donc pas arrêter tout courant d'émigration, ce serait funeste ; mais il faut faire des distinctions nécessaires entre les catégories de personnes qui doivent émigrer et entre les pays où l'on peut aller s'établir.

M. le colonel BLANCHOT répond que cette conclusion même de M. Guénot a servi de base et de prémisses à son propre raisonnement. Distinguant deux forces, la force intellectuelle et financière et la force dynamique, — les bras, — il a émis l'avis que l'émigration devait être réservée à la première, mais qu'il fallait en détourner la seconde, parce qu'elle ne produit pas au dehors, mais au dedans.

M. Isaac. — Connaissez-vous un moyen d'empêcher les travailleurs sans capital, d'émigrer ?

M. le colonel Blanchot. — Je ne propose aucun moyen ; j'invite seulement l'opinion publique à s'occuper davantage de cette question, et surtout à condamner l'émigration forcée, celle qui s'obtient par des renseignements faux et des promesses mensongères.

Un membre du Congrès dit que les agences d'émigration pour certains États de l'Amérique, notamment pour la République Argentine, astreints pourtant à déposer un cautionnement de 40,000 francs, ne donnent aux émigrants, qu'elles attirent par tous les moyens, que des renseignements inexacts.

M. Turquan dit que ces agences sont extrêmement surveillées et qu'à la moindre infraction aux règlements, elles sont supprimées. Mais on ne pourra jamais empêcher un agent de détourner un cultivateur de son champ, de lui faire vendre sa terre, et de l'expédier à Buenos-Ayres ou ailleurs avec 150 francs dans sa poche.

Depuis quelques années, l'émigration a augmenté en France, dans des proportions très sensibles. Il y a sept ou huit ans, les émigrants étaient au nombre de dix mille par an ; le chiffre s'en élève maintenant à quarante mille. C'est là un phénomène économique intéressant à étudier, parce qu'il pourrait amener en France certains changements. Il y a si peu de naissances, qu'on peut se demander si, dès cette année, la population française ne va pas diminuer par le fait de l'émigration. Le nombre des naissances et des mariages diminue, celui des décès reste stationnaire ; il est vrai que l'immigration étrangère apporte des hommes tout faits, que la France n'a pas eu la charge d'élever, et de la main-d'œuvre à bon marché ; cela compense un peu les pertes subies d'autre part.

L'orateur présente au Congrès une carte de France au $\frac{700}{1000}$ qui montre, pour chaque département, l'intensité relative de l'émigration par rapport à la population ambiante, et la proportion d'étrangers officiellement constatée. Ces chiffres résultent d'une moyenne décennale, et offrent, par conséquent, un caractère de réelle stabilité.

La teinte rouge la plus foncée marque les départements dans lesquels la moyenne des émigrants dépasse huit pour mille ; le centre de la France, la partie centrale du bassin de la Loire, Paris et le bassin de la Seine, la Normandie, pays riches, n'émigrent pas ; mais, dans les régions voisines de la Suisse, le Jura et la Haute-Bourgogne, les Hautes-Alpes et la Savoie, la moyenne est très forte. C'est le contraire dans les Basses-Alpes, contrairement à une opinion assez répandue, et dans les Alpes-Maritimes. L'émigration est forte dans l'Aveyron et dans la Corrèze, très forte dans la région pyrénéenne et surtout dans les Basses-Pyrénées, où elle constitue presque le tiers de l'émigration totale de la France pendant cette période de dix ans.

La contre-partie de cette carte se trouve dans la mappemonde que l'orateur a mise, en 1889, à l'Exposition univerrelle, et qui montre quelle est la répartition générale des Français à l'étranger. D'autres cartes les y font voir divisés d'après leurs départements d'origine. Ce relevé donne des résultats assez curieux ; ainsi, par exemple, à Haïti, à Porto-Rico, dans les Antilles, ce sont les Corses qui dominent (98 %). Ils semblent suivre dans l'Amérique centrale les traces de Christophe Colomb, leur compatriote de Calvi. Les Basques vont à La Plata, les Bretons en Asie, les Provençaux dans le Levant.

Ces constatations montrent à quel point la statistique peut être utile, sinon pour la solution du problème de l'émigration, du moins dans les discussions auxquelles cette question peut donner lieu.

M. Merchier dit que la vaste enquête proposée par M. le colonel Blanchot semble avoir pour but une œuvre analogue à celle qui fut accomplie, au siècle dernier, en Prusse par Frédéric II, et qui a été le sujet d'une étude magistrale écrite par M. Levasseur. Des agents du roi de Prusse arrêtaient dans les ports les émigrants allemands sur le point de passer en Amérique, leur promettant des terres, des semences, des ressources pour vivre un an ; c'est ainsi que l'on est arrivé à réunir, non-seulement en Silésie, mais dans le Brandebourg, une population considérable. Ce fait peut être cité à l'appui de la thèse de M. le colonel Blanchot, qui tend à la colonisation des terres improductives en France.

M. Léon Moinet demande et obtient la parole pour donner lecture au Congrès d'un *Travail statistique sur la population de l'arrondissement de Rochefort*. Il se borne à communiquer les renseignements suivants :

Messieurs,

Si nous remontons à la fondation de Rochefort, qui date de deux siècles à peine, nous ne sommes point étonné que la réputation qui lui a été faite soit arrivée jusqu'à nous.

En effet, les marais qui entourent notre cité étaient, à cette époque, couverts par les eaux pendant une grande partie de l'année, c'est-à-dire jusqu'au moment où, sous l'action de la chaleur, elles étaient absorbées par le sol. Les limons dont les eaux étaient couvertes, entraient en décomposition et les miasmes pestilentiels qui s'en dégageaient avaient, évidemment, sur l'état sanitaire général une influence funeste. Aussi, combien la mortalité était-elle grande à Rochefort. Pouvait-il en être autrement dans cette ville à peine sortie du sol ? Tout était à faire pour sa salubrité ; la voirie était en si misérable état que non seulement les eaux ménagères circulaient difficilement, mais encore au milieu des rues qui, à cette époque, n'étaient point pavées, existaient de véritables cloaques exhalant des odeurs fétides, lesquelles s'ajoutant aux émanations des marais, causaient de terribles ravages parmi la population qui, elle-même, habitait, à part quelques immeubles, dans des maisons en bois, construites en hâte et le plus souvent à cinquante centimètres et même à un mètre en contre-bas de la chaussée.

Si nous nous reportons aux premiers habitants de Rochefort, nous voyons, en dehors de la saine population, un grand nombre de gens sans aveu, dont l'incurie et l'immoralité ne faisaient qu'ajouter à tout ce qui pouvait nuire à l'hygiène générale d'une cité naissante.

Si nous ajoutons à toutes ces affections locales, les épidémies causées par le scorbut et le typhus, principalement en 1756, et importées par les équipages venant de faire campagne, nous aurons complété le sombre tableau de l'état sanitaire général à Rochefort, pendant une grande partie du premier siècle de son existence.

Aussi, que de victimes ! malgré les efforts d'hommes aussi courageux que savants. Quelle reconnaissance ne doit-on pas à ceux qui payèrent de leur personne et donnèrent à leurs concitoyens le noble exemple de l'abnégation la plus absolue !

Mais bientôt, par les soins de doctes savants et d'illustres ingénieurs, le sol marécageux fut fouillé, canalisé et les eaux qui, tout d'abord, étaient stagnantes, purent s'écouler.

Immédiatement, les effets s'en firent sentir, l'état sanitaire général s'améliora et à ces grands travaux de drainage vinrent s'ajouter les soins apportés à la voirie, à l'habitat, à tout enfin ce qui constitue l'hygiène générale des centres populeux.

Nous pourrions dire, nous aussi, en appliquant le vieil adage : *Morte la bête, mort le venin.*

Aujourd'hui, par la moyenne de la vie ou de la mortalité que nous avons présentée et en voyant notre cité si propre et si coquette, il semble que la réputation qu'on lui a faite soit un récit d'un autre âge. (Applaudissements.)

M. LE PRÉSIDENT donne la parole à M. de L'Épine, pour la suite de la discussion sur la communication de M. le colonel Blanchot.

M. DE L'ÉPINE déclare que dans son opinion et dans celle

de beaucoup de personnes, la navigation et le commerce mettant en relation avec les pays d'outre-mer, l'émigration, dans une certaine mesure, et l'établissement à l'étranger ne sont pas une cause de dépopulation.

En réalité, l'émigration enlève au pays très peu de citoyens. Un homme qui quitte les Hautes-Alpes ou la Savoie pour mettre en valeur des terres incultes, soit en France, dans un autre département, soit à l'étranger, ne prive que d'une mince valeur le pays où il ne trouvait pas l'emploi de son activité, et produit, au contraire, une valeur considérable dans la contrée où il va s'établir ; il y obtient un revenu dont, grâce aux relations qu'il conserve avec son département d'origine, ce dernier finit toujours par profiter. Si la population décroît, ce n'est pas à l'émigration qu'il faut s'en prendre, mais à diverses causes morales et économiques, dont la principale est la stérilité du capital, qui entraîne indirectement la stérilité des mariages.

Aristote s'est trompé quand il a dit : *Nummus non parit nummos*. Le capital est véritablement prolifique ; et il ne peut produire que par le travail ; et quant à le porter dans un pays où flotte le pavillon français, où il pourra être fécondé et utilisé par des Français, c'est faire réellement œuvre de patriotisme. Le Français établi à l'étranger aura des enfants qu'il enverra étudier en France, qui s'y établiront peut-être ; en tous cas, ils rendront productifs à l'étranger les capitaux français et ils y créeront des besoins et des goûts qui y appelleront des consommateurs pour les produits français et, par conséquent, donneront du travail aux usines françaises. Si l'Angleterre nourrit sur son sol assez étroit, une population considérable, c'est grâce aux relations commerciales et industrielles que lui ont créées dans le monde entier ses enfants émigrés, si bien qu'elle pourrait, aujourd'hui, perdre toutes ses colonies sans que, pendant longtemps encore, son commerce en souffrît, sans que ses capitaux devinssent stériles.

Il ne faut donc pas oublier que si, comme le disait Sully,

labourage et pâturage sont les deux mamelles nourricières de la France, les Français expatriés remplissent, à son égard, les fonctions de relation. Ce sont les bras et les jambes de la France, ou, pour employer une autre comparaison, ce sont des rameaux détachés du vieux tronc et qui, plantés dans un sol étranger, ont encore besoin, pendant longtemps, de la sève, de l'air, du soleil de la mère patrie. Les Français établis à l'étranger ne peuvent oublier la France, ils ont besoin de ses idées et de ses produits. Mais, quand l'arbre sera grand, c'est lui qui, par une sorte de contre-appel de sève, fournira à la métropole du travail, des hommes et des capitaux. Ainsi donc, les forces dynamiques, les bras, aussi bien que les capitaux financiers ou intellectuels, peuvent émigrer avec profit, soit d'un point de la France à l'autre, soit à l'extérieur.

M. le colonel Blanchot peut être certain que sa pensée a été bien comprise du Congrès ; il a assurément rendu un grand service au pays en proposant une enquête destinée à faire connaître les portions du territoire encore incultes et sur lesquelles on pourrait pratiquer avec avantage l'émigration à l'intérieur.

M. le comte DE DIENNE cite un exemple de colonisation à l'intérieur, analogue à celle qui eut lieu en Prusse par les ordres de Frédéric II : sous Louis XV, une concession importante fut donnée, en Corse, aux sieurs de Soustrière et Murat ; elle portait sur des terrains en friche et des marais. Des colons furent appelés de divers points de la France continentale, et l'orateur a retrouvé aux archives du département de la Corse, les conditions de l'émigration, qui fut, comme de nos jours, organisée au moyen d'agences.

On a fait observer, au cours de la discussion, que les grands travaux de dessèchement et de défrichement ne pouvaient guère être faits que par des associations. Cela était déjà vrai au XVIIe et au XVIIIe siècle, où des compagnies se formèrent pour des travaux de ce genre. Aujourd'hui, il se fait peu de ces entreprises ; cependant, M. de Dienne a visité, il y a huit jours, un ancien marais situé dans la baie de Bonifacio et desséché par M. l'ingénieur Leclerc, qui, dans un mémoire présenté à la Société des Agriculteurs de France, constate qu'on a amené sur ces travaux de quelques centaines d'hectares, 227 familles de colons, représentant 1,010 âmes.

M. Vibert dit que si la proposition de M. le colonel Blanchot, discutée déjà dans plusieurs Congrès de géographie, a donné lieu à tant d'opinions contraires, c'est que le problème a été mal posé. Mêler la question des souffrances de l'agriculture, si grave et d'un intérêt si universel, à celle de l'émigration, c'est s'exposer à combattre toute sa vie contre des moulins à vent.

En admettant le chiffre très élevé de 40,000 Français émigrant chaque année, cela ferait à peine un habitant par commune. On pourrait donc laisser entièrement de côté l'émigration, en renonçant à l'entraver, et admettre qu'elle n'est pour rien dans la détresse agricole actuelle ; et alors, se plaçant en face de cette détresse, on chercherait à y remédier en arrêtant le morcellement de la propriété, en propageant les fumures, la culture intensive, en recommandant les syndicats agricoles, pour permettre à la terre de donner tout ce qu'elle peut produire.

M. le colonel Blanchot fait observer qu'on déplace la question. Il ne s'agissait pas, dans sa proposition, de l'émigration aux colonies ou à l'étranger, mais de la colonisation à l'intérieur. Le projet laisse à chacun le droit d'aller où il veut. L'orateur s'est élevé seulement contre les agences qui poussent à émigrer des gens qui n'y pensaient pas.

M. Vibert. — Nous sommes tous d'accord sur ce point.

M. le colonel Blanchot. — Je n'ai pas la prétention de guérir tous les maux dont souffre notre agriculture ; mais je voudrais en guérir un : je demande que les terres incultes soient recherchées au moyen d'enquêtes locales dirigées par les Sociétés de géographie, agissant chacune dans son rayon d'influence. Ces petites commissions étudieraient également les moyens de mettre ces terrains en valeur, soit en y faisant venir des cultivateurs isolés, soit en organisant des associations. Je ne prétends pas donner le remède, je demande seulement qu'on le cherche.

L'orateur, pour donner un exemple de l'émigration à l'intérieur qu'il a en vue, rappelle que dans l'Aude et l'Hérault les vendanges sont faites par des Espagnols, qui emportent chaque année, au-delà des Pyrénées, une bonne somme d'argent français. Ne vaudrait-il pas mieux que cet argent fût gagné par des Français, qui se transporteraient dans ces régions à l'époque de la vendange ?

M. le colonel Blanchot ajoute qu'au Congrès de Bourg sa pensée a été bien interprétée dans la résolution suivante, votée sur la motion de M. Gauthiot :

« Les Sociétés de géographie demeurent donc chargées de présider à cette enquête dans la région où rayonne leur action, de manière à fournir un travail qui donnera la statistique des terrains improductifs de la France et par cela même les pays qui ont besoin d'être colonisés. »

Le Gouvernement et le Parlement trouveront dans ces commissions d'enquête locales, un concours utile, parce qu'il émanera des populations mêmes pour modifier certaines dispositions légales. Il ne s'agit pas d'accomplir immédiatement une réforme, mais d'amasser des matériaux pour un travail à longue échéance.

M. Gauthiot dit que la question discutée en ce moment ne comporte pas, en effet, de solution immédiate, mais qu'elle mérite au plus haut point l'attention du Congrès. Le remède aux maux que tout le monde constate ne peut être découvert que par un travail continu et progressif.

En entendant lire, au Congrès de Bourg, la proposition de M. le colonel Blanchot, l'orateur a été frappé de ce qu'elle présentait d'utile et de praticable. Si le Congrès de Rochefort, à son tour, approuve cette idée de confier aux Sociétés de géographie le soin de rechercher dans leur cercle d'action, de concert avec des commissions locales, les terres improductives et d'en dresser l'état, resterait la question de savoir si elles ne pourraient point, en résumant les renseignements qu'elles auraient recueillis, rechercher également les moyens de mettre ces terres en valeur et en exploitation.

Il en est un que l'orateur, sans le proposer formellement, croit du moins pouvoir suggérer, en faisant appel à l'examen et aux réflexions des hommes compétents : ce moyen, c'est peut-être la formation de Compagnies d'achat pour l'exploitation des territoires qui relèvent de la France. Les grandes Compagnies coloniales ne sont pas encore créées en France ; mais ne serait-il pas possible d'appliquer le principe qui préside à leur constitution, — soit la concession d'un territoire et de quelques privilèges spéciaux, — à la mise en valeur des terres incultes ? Ce qui, dans certains pays, a été trouvé bon pour l'exploitation des territoires coloniaux, ne pourrait-il pas être appliqué avec avantage — sur une échelle réduite, bien entendu, — aux terrains laissés sans culture dans la métropole ?

M. Isaac ne voit pas bien comment l'idée émise par M. Gauthiot pourrait se traduire dans la pratique. On entend, en général, par Compagnies de colonisation, des associations qui reçoivent de l'État le droit d'exploiter et, en même temps, d'administrer des territoires coloniaux habités par des populations sans lois et sans gouvernement régulier, administration et exploitation dont la responsabilité, parfois, vient tomber sur l'État lui-même. Comment cette conception serait-elle applicable aux terres incultes de France ?

M. Gauthiot dit qu'il s'agirait simplement de concéder à des Sociétés les terres non exploitées et pouvant produire.

M. Isaac. — Mais qui fera la concession ?

M. Gauthiot. — L'État, le département ou la commune pourront concéder les terres de leurs domaines respectifs.

M. Isaac fait observer que, dès lors, les terrains appartenant à des particuliers ne peuvent être l'objet de concessions de ce genre, qu'autant que cela conviendra à leurs propriétaires. Pour l'État, il pourra sans doute concéder une partie de son domaine à des associations, s'il s'en présente, en les exemptant même de certains impôts, ou en leur accordant certains avantages dans l'avenir. Quant aux dessèchements des marais, ce sont des opérations que le législateur a déjà prévues et réglementées, et qui sont du domaine de l'initiative individuelle. Ce sont là des conventions très simples et d'ordre courant, dont on ne saisit pas bien le rapport avec la constitution des grandes Compagnies d'achat et d'exploitation dont on a parlé. On peut admettre et déclarer, *à priori*, que tout ce qui se fera à l'aide de l'association sera utile et bon à encourager ; mais il ne semble y avoir là place pour aucune obligation légale.

M. Gauthiot répond qu'il n'a pas entendu proposer l'application du système des Compagnies d'achat et de colonisation ; il a simplement énoncé l'idée qu'il serait utile de demander aux départements, aux communes et même à l'État, la concession à des Sociétés possédant des capitaux suffisants, de certains terrains que la pauvreté du pays n'a pas permis jusqu'à présent de mettre en exploitation. Il persiste à croire que ce serait un moyen d'arriver à l'objet de la proposition de M. le colonel Blanchot, à savoir que les terres incultes fussent concédées, directement ou indirectement, à des colons français, qui y apporteraient et leur force dynamique, c'est-à-dire leurs bras, et leur intelligence. Il va sans dire qu'il n'a jamais pensé à demander pour des Compagnies le droit d'administrer des citoyens français ; ce ne serait connaître ni la France, ni le Code civil ; mais il songeait à des concessions analogues à celles qui se font aux colonies de colonisation.

M. le colonel BLANCHOT, sur l'invitation de M. le Président, formule, dans les termes suivants, la proposition qu'il soumet à l'approbation du Congrès :

« Je demande l'établissement d'une vaste enquête départementale, purement administrative et scientifique, qui comporterait la création de comités de canton et d'arrondissement, et qui aurait pour objet la recherche des moyens de parer à l'insuffisance actuelle des moyens de production agricole. Les Sociétés de géographie seraient invitées à créer des comités qui se mettraient à la tête de ce mouvement et rechercheraient, dans leur rayon respectif d'action, les surfaces du territoire national laissées en souffrance et les moyens de remédier à cet état de choses. »

M. ISAAC. — Mais ce serait un travail énorme que cette enquête !

M. le colonel BLANCHOT. — On ne la fera peut-être pas tout entière, mais ce qu'on en fera sera toujours utile.

M. TURQUAN fait observer que le ministère de l'agriculture a demandé l'inscription au budget d'un crédit destiné à faire une grande enquête agricole décennale. Celle que réclame M. le colonel Blanchot, et qui consisterait à relever la quantité de terres incultes existant en France, fera double emploi avec le travail statistique dont sera chargée la commission ministérielle.

M. le colonel BLANCHOT répond qu'il n'est pas possible d'avoir confiance dans les statistiques officielles, généralement très inexactes.

M. TURQUAN dit que les renseignements dont il s'agit seront

fournis par le ministère des finances, d'après les états de l'administration des contributions directes, et seront, par conséquent, parfaitement précis.

M. le colonel Blanchot réplique que l'impôt foncier est perçu d'après les évaluations du cadastre, qui est déjà fort ancien : de sorte que des terres qui rapportaient peu autrefois rapportent beaucoup aujourd'hui, sans être pour cela taxées davantage ; tandis que d'autres continuent à supporter un impôt élevé, bien que leur revenu ait diminué.

M. le Président invite M. le colonel Blanchot à rédiger sa proposition.

M. le colonel Blanchot demande que le vote soit remis à une prochaine séance. (Adhésion).

M. le Président. — La délibération est renvoyée à une prochaine séance.

L'ordre du jour appelle la suite de la discussion sur la troisième question du programme : *La Charente maritime*, et le vote sur une proposition de vœu présentée par M. l'amiral Juin.

M. l'amiral Juin pense que tout a été dit sur les avantages exceptionnels que présente le port de Rochefort et sur la nécessité de le conserver et de l'améliorer en faisant dans la Charente quelques travaux d'approfondissement. Il se tient néanmoins à la disposition du Congrès pour fournir les explications complémentaires qu'on pourrait lui demander.

M. de l'Épine est parfaitement convaincu de l'utilité du port de Rochefort pour la défense nationale, et de la nécessité de faire dans la Charente les travaux dont il s'agit. Il désire seulement demander quelques éclaircissements au sujet de ce qu'on a appelé la spécialisation de ce port. M. de Douville-Maillefeu a proposé de laisser à Rochefort la construction en lui retirant l'armement ; cette thèse a été complètement réfutée devant le Congrès, et il ne peut plus en être question ; mais l'orateur souhaiterait être complètement renseigné sur la spécialisation en sens inverse, celle dont il a été question, il y a quelques années, à la Chambre des députés, et qui consisterait à conserver Rochefort comme arsenal et comme port d'approvisionnement, en supprimant les chantiers de construction.

A l'appui de cette proposition, il a été dit que les arsenaux construisent lentement, beaucoup plus lentement qu'en Angleterre, par exemple ; que, d'autre part, les progrès de la science à notre époque sont tellement rapides, qu'un navire se trouve appartenir à un type démodé avant même d'avoir été mis à la mer, et que la construction ne peut pas en être pressée, parce que le Parlement refuse les suppléments de crédits nécessaires pour l'achever ; qu'on a, par conséquent, intérêt à construire vite, d'autant que les bâtiments mis à la fois sur les chantiers seraient alors moins nombreux et qu'on aurait ainsi toutes chances d'avoir des types meilleurs.

On s'est demandé, dès lors, s'il ne vaudrait pas mieux avoir un ou deux chantiers de construction seulement, au lieu de cinq, et y concentrer toutes les ressources et tous les efforts, pour produire plus vite et mieux.

M. de l'Épine répète qu'il ne prend nullement la responsabilité de cette théorie ; il se borne à s'en faire l'écho et à demander quelle part de vérité elle peut contenir.

M. l'amiral Juin répond que cette théorie est complètement fausse. Il est difficile qu'un arsenal ne soit pas en même temps un chantier. Si l'on trouve que le nombre des chantiers est trop grand, il faut supprimer en même temps les arsenaux ; mais alors ces suppressions doivent porter sur les ports où l'on ne peut pas construire avec sécurité ; et il n'y en a que deux où l'on soit en pleine sécurité pour construire, ce sont Rochefort et Brest ; et encore ce dernier peut-il être aisément bloqué, ce qui n'est pas le cas pour Rochefort.

Autrefois, les escadres étaient composées de quarante bâtiments ; depuis que l'on fait des cuirassés qui coûtent 20 et 25 millions, elles n'en comptent plus que dix ou douze ; il y a donc moins de navires à construire ; mais, comme ils sont beaucoup plus précieux, ils doivent être construits dans un port qui soit complètement à l'abri des coups de l'ennemi. Et qui répond mieux à cette nécessité que le port de Rochefort ?

On dit qu'en France la construction est trop lente ; mais l'Angleterre même, qu'on cite comme exemple, envoie faire campagne des vaisseaux de vieux modèle. La France, quand il le faudra, saura faire aussi bien et aussi vite que toute autre nation, et Rochefort, en particulier, peut répondre à toutes les exigences de la marine et de la défense nationale. On y a mis en chantier à la fois plusieurs croiseurs-torpilleurs ; en même temps, on en commandait trois autres à Bordeaux. Ces derniers ont été amenés à Rochefort pour être achevés ; il y en a qui y sont depuis un an, un an et demi, et qui ne sont pas encore sortis, le *Cosmao* par exemple, tandis que le *Forbin*, construit à Rochefort, est sorti dans les délais ordinaires d'armement.

On a calculé que le temps employé pour construire un bâtiment cuirassé dans l'arsenal de Rochefort ne dépassait pas de beaucoup celui qu'on met à achever un navire dans un port de commerce.

Il est vrai que le progrès marche très vite, et que, pendant l'année ou les dix-huit mois que dure la construction d'un bâtiment, on reste quelquefois en arrière des nouvelles découvertes ; mais c'est inévitable, et, en somme, les navires français ne sont pas plus mal construits que les autres : témoin la *Guyenne*, vaisseau construit à Rochefort, et pour lequel on a mis à profit les plus récents perfectionnements connus dans la science des constructions navales.

M. le Président donne lecture au Congrès des deux propositions de vœu qui ont été remises au bureau.

La première, signée de M. l'amiral Juin, est ainsi conçue :

« Le Congrès national de géographie de Rochefort, consi-
« dérant la situation exceptionnelle de l'arsenal de Rochefort
« qui le met complètement à l'abri des coups de l'ennemi,
   « Émet le vœu :
   « 1° Que cet arsenal soit maintenu, sinon développé, comme
« port de plein exercice ;
   « 2° Que les travaux d'approfondissement qui restent à
« accomplir à l'entrée de la Charente soient exécutés le plus
« promptement possible. »

La seconde proposition, présentée par M. le colonel Blanchot, est rédigée en ces termes :

« Le XIIe Congrès national de géographie, considérant que
« le port de Rochefort est, à de nombreux points de vue,
« indispensable aux grands intérêts de la France par sa
« situation générale au centre du littoral méridional de
« l'Océan et par sa situation particulière intérieure qui le
« met à l'abri de tout ennemi,
   « Émet le vœu que ce grand arsenal reçoive l'extension
« qui lui est nécessaire et que la Charente soit creusée, afin
« qu'en toute circonstance de mer les plus grands bâtiments
« puissent y naviguer. »

M. l'amiral Juin dit que le texte qu'il a présenté a l'avantage de laisser entendre que des travaux ont déjà été faits dans la Charente et que ce qui reste à faire est très peu de chose. Il ne faut pas qu'on croie que c'est toute la Charente qu'il faudra draguer ; il ne s'agit, en réalité, de la creuser que sur une petite étendue.

Un membre du Congrès dit que l'idée principale qu'il faut exprimer est celle de la nécessité d'approfondir la Charente ; le reste suit de lui-même.

M. l'amiral Juin répond qu'en présentant les deux parties

de son vœu dans l'ordre où il les a placées, son intention a été de prévenir toute interprétation favorable à la spécialisation de Rochefort ; c'est pour cela qu'il demande expressément que ce port soit maintenu comme port de plein exercice.

Le Congrès, consulté sur la question de priorité, décide qu'il sera voté en premier lieu sur la proposition de vœu de M. le colonel Blanchot.

Cette proposition de vœu, mise aux voix, est adoptée à l'unanimité.

La séance est levée à onze heures un quart.

Séance du vendredi 7 août (soir).

Présidence de M. BARBIER, délégué de la Société de géographie de Nancy.

Assesseurs : { MM. DESFONTAINES, délégué de la Société de géographie de Nantes ;
le docteur PAILLÉ, de la Société de géographie de Rochefort.

SOMMAIRE : Présentation d'ouvrages. — M. Paul Vibert : Rapport sur les travaux de l'Association nationale de topographie. — Communication d'un mémoire de M. Charles Delavaud relatif à l'influence de l'émigration sur la dépopulation de la France ; d'un mémoire de M. Théophile Janvrais sur le Gulf-Stream et ses effets sur les côtes de Bretagne. — M. le colonel Blanchot : Présentation d'un vœu sur la colonisation de la France intérieure. Discussion : MM. Polidore, Paul Vibert. — M. Léné : De la direction de l'émigration vers les colonies françaises. — M. Edouard Blanc : La France en Afrique. Discussion : MM. Isaac, Gauthiot.

La séance est ouverte à trois heures moins un quart.

M. LE PRÉSIDENT annonce au Congrès que M. Levasseur a envoyé, pour être déposés sur le bureau, un certain nombre d'ouvrages récemment publiés, accompagnés d'une lettre d'envoi. (1)

M. le président, au nom du Congrès, remercie M. Levas-

---

(1) E. LEVASSEUR. — *Précis de la géographie physique, politique et économique de la terre* (moins l'Europe), avec tableaux de statistique en appendice. Paris, Ch. Delagrave (1891).

Du même. — *Petit atlas de la terre* (moins l'Europe), géographie et statistique. Cartes dressées pour l'intelligence du *Précis de géographie de la terre* ; avec le concours de Ch. Périgot. Paris, Ch. Delagrave (1891).

Du même. — *Lexique géographique*, publié sous la direction de M. E. Levasseur, de l'Institut, professeur au Collège de France, par J.-V. Barbier, secrétaire général de la Société de géographie de l'Est ; avec la collaboration de M. Anthoine, ingénieur, chef du service de la carte de France au ministère de l'intérieur. — Epreuves. — Paris-Nancy, Berger-Levrault (1891).

seur du don de ces publications, qui seront déposées à la bibliothèque de la Société de géographie de Rochefort.

M. le président annonce qu'il vient de recevoir et dépose sur le bureau du Congrès la première épreuve d'une carte qui sera publiée dans le prochain *Bulletin* de la Société de géographie de l'Est. C'est la réduction au 10ᵉ d'un levé topographique du Si-Kiang, fleuve de la Chine méridionale, fait par M. B. d'Anty, consul de France en cette contrée. Ce fleuve se divise en deux branches, dont la première se dirige vers le nord-est ; la seconde, qui se dirige vers le sud-est, conserve le nom de Si-Kiang. La portion extrême ouest de ce levé est due à M. Perrin, lieutenant d'infanterie de marine, qui a donné ses croquis à la Société de géographie de Nancy.

La réduction a été obtenue photographiquement ; elle est suffisamment claire, et on y a ajouté l'indication des principaux lieux signalés par le voyageur, dont le récit a été publié dans le premier semestre du *Bulletin*, M. B. d'Anty, auteur de la carte, qui a parcouru la région comprise entre Canton et Fou-Tchéou.

M. BARBIER présente également au Congrès, au nom de ses collaborateurs et en son propre nom, les bonnes feuilles de la première livraison d'une publication qu'il a entreprise il y a trois ans : le *Lexique géographique*, analogue au *Lexique géographique* allemand de Haudel, mais conçu d'après un plan plus large et plus en rapport avec les progrès de la science. Cette nomenclature comprendra environ 250,000 noms géographiques et formera deux ou trois volumes.

Une publication de ce genre soulève la question de l'orthographe géographique, qui a donné lieu déjà à tant de systèmes et de discussions. La Société de géographie de Paris a établi un système de transcription internationale ; mais il est difficile de discerner le point où doit commencer l'application des règles qu'elle a posées.

Les éditeurs du *Lexique géographique* ont adopté le principe suivant : pour les noms de lieux appartenant aux pays qui se servent de l'alphabet latin, où les lettres ont une valeur à peu près constante, transcrire purement et simplement ces noms tels qu'ils sont fournis par les documents officiels, en conservant les signes diacritiques qui marquent et précisent la prononciation. Ce procédé coupe court à toute discussion et à toute difficulté.

M. Barbier se propose, d'ailleurs, de traiter la question de l'orthographe internationale devant le Congrès de Berne.

Pour les noms grecs et russes, qui s'écrivent avec des alphabets particuliers, le *Lexique* s'en est rapporté à l'autorité absolument compétente de M. Léger, professeur de langue et de littérature russes au Collège de France ; et, à côté de la transcription en écriture française des noms russes, on a placé ces mêmes noms en lettres russes, ce qui permettra de rectifier aisément les erreurs possibles.

Ce même système a été étendu aux noms relevés dans les colonies de chaque Etat ; dès qu'il existait une orthographe consignée dans des documents officiels, fût-elle même incorrecte, les éditeurs ne se sont pas cru le droit d'en adopter une autre. On a procédé de même pour les noms anglais des Etats-Unis et du Canada, pour les noms espagnols des Etats de l'Amérique du Sud. La question de l'orthographe géographique se trouve ainsi tranchée pour les quatre cinquièmes de la superficie du globe. Pour le reste, on a suivi l'orthographe française usitée, quand il en existe une : c'est ainsi qu'on a procédé, par exemple, pour les noms des localités égyptiennes.

Quant au choix des noms à placer dans le *Lexique*, on a pris d'abord pour base le *quantum* de la population, qui a été fixé pour la France à un minimum de 250 habitants ; ce chiffre a été également adopté pour l'Italie et pour les Etats-Unis. Pour les pays d'Europe, en général, le minimum a été élevé à 350 habitants et pour les autres contrées, à 500.

On ajoute à cette première nomenclature la mention de toutes les localités remarquables par un phénomène naturel ou un monument archéologique, ou en possession d'une industrie quelconque, ou connues à raison d'un fait historique.

La partie relative à la géographie physique a été traitée avec la même ampleur ; on a tenu à n'omettre aucune mention de quelque intérêt.

En ce qui concerne spécialement la France, on a précisé la situation des localités qui ont été l'objet d'un levé géodésique ; mais ce levé, que le service d'état-major français a exécuté en le rapportant au *grade*, a été ramené, dans le *Lexique*, au degré ordinaire en usage dans tous les autres pays.

L'étendue de la nomenclature a rendu nécessaires une grande quantité d'abréviations, qui font l'objet d'un *index* spécial, et sont, en outre, reproduites au bas des pages.

Les auteurs du *Lexique géographique* espèrent qu'il pourra défier la concurrence allemande, et obtenir l'approbation du Congrès et des Sociétés françaises de géographie. (Applaudissements.)

M. Merchier dépose sur le bureau du Congrès une *Monographie du département du Nord*, dont il est l'auteur.

M. le Président donne la parole à M. Vibert, pour son *Rapport sur les travaux de l'Association nationale de topographie de Paris*.

M. Vibert expose que depuis 1879, date de sa fondation, l'Association nationale s'est attachée à vulgariser la science topographique, trop négligée en France ; et son président regrette d'avoir à déclarer qu'elle n'a jamais reçu de l'État, du département de la Seine, ni du Conseil municipal de Paris, aucune subvention. Elle a obtenu néanmoins, avec ses faibles ressources, des résultats assez satisfaisants.

Elle compte actuellement, en France et en Algérie, 70 sections qui fonctionnent régulièrement et produisent des travaux remarquables au point de vue pratique. Elles sont en mesure de fournir, chaque année, au corps du génie des centaines de jeunes gens aptes à devenir des sous-officiers ; dans quelques années, elles en fourniront des milliers, et rendront ainsi un véritable service à l'armée et au pays. L'Association compte 5 à 6,000 élèves qui suivent assidûment ses cours.

Enfin, les organisateurs de l'Exposition des arts industriels mettent, chaque année, à la disposition de l'Association nationale topographique, deux vastes salles au Palais des Champs-Elysées, où sont exposés les travaux de ses 70 sections.

Quand l'Association disposera de plus de ressources, elle s'efforcera d'établir une section dans chaque canton, ce qui en ferait 4,000 en France ; mais il lui faudrait, pour cela, obtenir l'appui des départements ; tous les jeunes Français pourraient alors apprendre la topographie.

Les résultats obtenus avec les modiques ressources actuelles, sont les premiers qu'on ait pu constater en France, et ils constituent de véritables services rendus à tous les corps spéciaux et notamment au corps du génie.

Dans une des réunions annuelles qui ont lieu à la Sorbonne, pour la distribution des récompenses, un membre du Gouvernement a qualifié l'Association, d'École polytechnique du peuple ; le mot était heureux. Le but de l'Association, en effet, c'est de faire œuvre de vulgarisation populaire et d'enseigner la topographie élémentaire. Elle n'a pas de prétentions plus hautes que celle-là : être l'École polytechnique des enfants du peuple, c'est-à-dire des sous-officiers.

L'orateur remercie les délégués des Sociétés de géographie de l'attention bienveillante avec laquelle ils l'ont écouté, et les prie, lorsqu'ils seront retournés dans leurs départements, de faire connaître et de recommander à leurs concitoyens l'Association nationale de topographie, qui ne borne pas ses ambitions futures au maintien des 70 sections qu'elle possède aujourd'hui. (Applaudissements.)

M. LE PRÉSIDENT remercie M. Vibert de son intéressante

communication. Les délégués de l'Association nationale de topographie seront les bienvenus aux Congrès de géographie, toutes les fois qu'il leur conviendra d'y apporter le compte-rendu de ses travaux. (Très bien ! très bien !)

M. le docteur BOURRU, secrétaire général, dépose sur le bureau du Congrès, au nom de M. Alcide Couilliaux, un opuscule intitulé : *Projet de fondation d'une société d'instruction mutuelle.*

Il donne connaissance d'un mémoire de M. Charles Delavaud, président honoraire de la Société de géographie de Rochefort, dont voici le texte :

QUELQUES CONSIDÉRATIONS A PROPOS DE L'INFLUENCE DE L'ÉMIGRATION SUR LA DÉPOPULATION DE LA FRANCE

Messieurs,

Les cinq questions qui précèdent celle à laquelle nous répondons dans cette notice sommaire ont trait : aux systèmes de colonisation ; aux pays français ou étrangers où l'on émigre ; aux étrangers dans nos colonies ; à la main-d'œuvre dans nos possessions ; à la colonisation pénale. Toutes sont connexes, comme cela a lieu, d'ailleurs, pour l'économie politique tout entière. La question de la dépopulation de la France est actuellement pour nous la plus importante, puisqu'elle constitue le « péril national, » péril qui grandit. En 1886, l'excédent de la population (de fait ou présente) sur 1881 était de 565,380 habitants ; en 1891, l'excédent sur 1886 n'est que de 208,584 habitants. Nos campagnes continuent de se dégarnir (ce qui ne serait pas le mal réel, si l'industrie augmentait dans les villes en même temps que le nombre des machines agricoles dans les champs), mais il y a diminution totale dans l'ensemble de la population, grave danger, pour la défense du territoire. Tandis qu'à cet égard on constate une augmentation pour 28 départements, 59 présentent une diminution ! Il est donc ici tout naturel, s'occupant d'une question quelconque d'économie politique, de s'enquérir, de s'inquiéter de ses rapports avec celle qui nous obsède avec trop de raison. Et il se trouve que les causes générales du peuplement ou de la multiplication de la nation sont les mêmes que celles de son émigration. Les unes, morales, ayant pour base la famille ou le principe d'autorité ; les autres, économiques, ayant pour objet le commerce, avec la liberté commerciale.

Ces causes peuvent agir concurremment ou, le plus souvent, se contrarier, mais l'une d'elles étant prédominante, ce qui explique les contradictions dans l'explication des faits. Chaque peuple a ses qualités et ses défauts, dont il s'agit de démêler ici les influences. Dira-t-on que si les Chinois pullulent chez eux et ailleurs, c'est à la façon des plantes rustiques, et faut-il en conclure que la sobriété est le principal facteur de la multiplication des races en général ? On leur opposera les Anglais, qui, par d'autres qualités, arrivent au même résultat. S'il y a conflit entre la race jaune (qui a offusqué les Américains) et la race blanche, pour la place à occuper sur le globe, le triomphe définitif de cette dernière est le plus probable. Les Russes envahissent déjà les Asiatiques avec rapidité. Il n'est pas nécessaire de les empoisonner avec l'opium, dans une concurrence déloyale.

Il est admis généralement, aujourd'hui, que la cause dominante de la dépopulation est toute morale ; les influences physiologiques sont presque nulles ou elles ne sont qu'indirectes ; celles d'ordre économique, politiques et administratives, toutes sérieuses qu'elles soient, ne passent qu'en seconde ligne. Or, c'est aussi une cause morale qu'il vient d'invoquer en premier lieu dans la question de l'émigration. On ne saurait se dissimuler que la famille en France est moins fortement constituée que chez la plupart des autres nations. Dans les familles anglaises patriarcales, la prière se fait en commun et en présence des serviteurs ; en Allemagne, les mariages sont d'inclination ; en Russie, l'état patriarcal est partout, les supérieurs sont des pères ; en Chine, le gouvernement est calqué sur l'organisation de la famille, l'Etat est une grande unité familiale. De la morale à la religion, il n'y a qu'un pas. Le respect pour le chef de la maison passe au chef de l'Etat et à Dieu. Malgré leurs libertés individuelles, les Anglais sont imprégnés d'un esprit de discipline ; chez les Russes, il y a au fond un esprit de vénération et de religion. Que l'on n'invoque pas contre ces assertions les exagérations, émancipation de la femme proposée en Angleterre, mysticisme dénaturé et transformé en nihilisme, pour la Russie. Désunie par l'irrespect, la famille s'écroule, et, par suite, toute espèce d'autorité, qui devient instable, ou qu'on nie si on ne peut l'atteindre. Il en résulte l'anarchie et le manque de suite dans la conduite générale. Il en résulte aussi, phénomène étrange, une soumission puérile à la famille et à l'État, exigence d'enfant gâté, et le défaut d'initiative individuelle. Les liens de famille semblent resserrés davantage, matériellement, alors qu'ils le sont moins, moralement. L'influence des religions sur le développement économique des peuples est d'autant plus grande que la doctrine s'appuie sur des principes de dévouement et de sacrifice. Contrairement à ce qui a lieu en France, ce sont des familles entières qui s'expatrient en Allemagne, en Angleterre et ailleurs. On voit de jeunes ménages anglais faire leurs voyages de noces jusque dans les Indes. L'union, qui fait la force, pour faire celle des nations, doit commencer par la famille. Qu'importe le lieu où l'on vit, si l'on y est bien, c'est-à-dire avec les siens !

Sans doute, l'effet immédiat, visible, susceptible de calcul, de l'émigration est la dépopulation et l'appauvrissement. On s'en est ému en France, où elle est si faible, et en Allemagne, où elle n'empêche pas l'accroissement. C'est que les effets sont à longue portée. En France, il ne faut point incriminer cette cause, elle est, relativement aux autres, insignifiante ; en Allemagne, elle est compensée et au-delà, tôt ou tard. Les vides sont comblés, la richesse augmente avec le commerce extérieur. Si, dès à présent, cette émigration n'est pas un exutoire, un trop plein accusant la plénitude, c'est au moins une habitude qu'un peuple contracte. Alors, il sait qu'il n'a point à se confiner chez lui, obligé de restreindre sa progéniture, par égoïsme familial ou personnel, et d'autant plus qu'il veut bien vivre ; il sent qu'il a devant lui, à sa disposition, un espace indéfini, pour lui et pour sa famille soumise, dont la confiance lui donne l'énergie nécessaire : il procrée, multiplie sans mesure et sans crainte. Lancé dans cette voie de la procréation, ce serait en quelque sorte l'excédent, restant dans la mère-patrie, qui produirait une augmentation de population plus considérable qu'avec un sédentarisme complet. En un mot, l'émigration favorise, loin de l'empêcher, le mouvement progressif de population. Et cette conclusion n'est pas seulement théorique, elle est établie sur les faits, les peuples qui émigrent le plus, tels que l'Anglais et l'Allemand, étant aussi ceux qui s'accroissent davantage.

La question morale se montre jusque dans la distinction à établir parmi les émigrants, volontaires ou non. Les premiers, qu'ils s'absentent sans idée de retour (et ce sont les vrais émigrants) ou pour un temps prolongé plus ou moins, restent attachés à la mère-patrie par leurs relations amicales et commerciales, et lui sont utiles par conséquent, même en pays étranger. Il y a plus, qu'ils passent, au-delà des mers, sous une domination étrangère, ils n'oublient pas leur ancienne patrie (c'est la France que nous avons ici en vue, pour ne pas généraliser et pour nous conformer au programme) ; et nous faisons allusion aux Canadiens français, aux yeux de qui nous-mêmes découragés par nos revers, nous avons constamment conservé notre prestige. Quelle différence avec les émigrations protestantes ! Ces émigrés, véritables exilés, repoussés du sol, ont fait la fortune de la Prusse, de l'Angleterre, du Cap. On a vu leurs descendants, parmi les personnages les plus considérables, et tout en ayant gardé leurs noms français originaires, se montrer les plus acharnés contre nous, lors de la dernière guerre d'Allemagne. Quant à ceux, immigrés de l'Angleterre, en nombre énorme, ils n'ont eu d'autre souci, dès la seconde génération, que de faire oublier, en anglicisant leurs noms, l'origine française. Un écrivain moderne a dit qu'il faut placer avant ses croyances ses devoirs de citoyen. A cette époque, il y avait de la foi et de l'intolérance ; aujourd'hui, la foi a diminué et il est convenu que la tolérance existe. Ce ne sont pas même des émigrés ceux qui, par pure ambition, passent à l'étranger, un ennemi possible. Il ne faut pas se mettre dans le cas de combattre sa première patrie, fût-ce pour un royaume !

Malgré la difficulté de définir une nation, son caractère étant complexe et non unique, c'est bien, au bout d'un certain temps, un tout plus ou moins homogène, grâce à l'unité gouvernementale, qui favorise la fusion des races et des idiomes en même temps que la conformité des intérêts. Il y a véritablement un Anglais, un Allemand, un Russe, un Français ; l'Anglais et le Français se reconnaissent surtout, bien que chacun d'eux dérive de plusieurs races distinctes. Ce sont comme de nouvelles races, résultant d'hybridations variées de toutes sortes. Or, il est utile pour chacune d'elles d'acquérir de la prépondérance par le nombre des individus et par la place occupée. C'est ce qu'ont bien compris les États secondaires de l'Allemagne, trouvant que l'avantage de faire partie d'un grand empire l'emportait sur la perte de leur autonomie. Émigrer, c'est essaimer la race, l'étendre sur le monde, la faire aimer, ou plutôt la faire respecter. Il faut compter avec ceux qui se fixent chez nous et dans nos colonies ; malheureusement, la réciproque n'a pas lieu, nous n'avons pas chez les autres de grands établissements, de puissantes maisons. Du reste, il vaut mieux — mais l'émigration ici encore fait défaut — que nous fournissions des colons à nos propres colonies, celles de peuplement, bien entendu. Il est déplorable d'y voir primer les étrangers, des Allemands notamment. A nous les frais généraux, administratifs, à ces étrangers les bénéfices. On a dit que c'était une politique de coucou. C'est pourquoi il faut favoriser l'émigration française dans nos possessions, et l'on comprend la justesse de ce mot, qu'un Français qui émigre ainsi en vaut deux qui restent dans la métropole.

Il y a plusieurs années déjà, la question de l'émigration béarnaise et basque dans la République Argentine a été agitée. Elle nous intéresse particulièrement ici, parce qu'il s'agit ici de populations de notre Sud-Ouest, et parce que celui qui présida à l'éclosion de l'indépendance de La Plata, et qui voulait donner ces États à la France, fut un de nos compatriotes de la région, le comte Jacques de Liniers, né à Niort, en 1737. Or, cette émigration ayant été présentée comme désastreuse, dans un Congrès assez récent, il en est résulté une discussion de laquelle il ressort qu'il n'y a pas lieu de s'en inquiéter outre mesure, en raison surtout des compensations par les courants commerciaux qui s'établissent. Il y a là une nombreuse colonie française enclavée, qui n'oublie pas la France. Certes, il est désirable que les émigrants se dirigent vers nos possessions, sans aller s'abriter sous un autre drapeau, une telle émigration n'est guère qu'un changement de résidence, mais il n'est pas possible de forcer, sinon d'éclairer, le choix des émigrants. Lorsque Mgr Labelle est venu en France propager l'émigration au Canada, M. de Mahy a combattu patriotiquement ces tendances ; mais, comme il lui fut répondu que l'on n'avait en vue que les Français décidés à s'expatrier dans les pays étrangers, chacun prêchant pour sa paroisse, il n'eut plus rien à objecter. S'il y a des sympathies françaises au Canada, il y en a aussi au Cap de Bonne-Espérance, et nous y pourrions avantageusement émigrer, comme me le disait M. le vicomte de Montmort, commissaire général de cette colonie anglaise à notre Exposition universelle. Le choix ne peut être que libre, et les empêchements causés par les non réussites ne sont que temporaires, puis chacun finit par comprendre son intérêt. En se rendant aux colonies, c'est pour y vivre, y mieux vivre, y faire fortune, non « pour changer d'air, » mais encore faut-il que l'insalubrité n'y soit pas à demeure et que le climat ne soit pas trop disproportionné à celui du pays natal.

Si la liberté n'est pas discutable en ce qui concerne les personnes, le capital humain, comment l'est-elle quand il s'agit du capital richesses ? La question est complexe et bien difficile, puisqu'elle n'est pas résolue par le vœu unanime. Cependant, sans considérer de près les détails, concernant producteur et consommateur, douanes et impôts, n'est-il pas un fait évident qui les prime, tout importants que soient ces détails, un fait plus général ? Nous voulons parler du commerce extérieur, de la concurrence étrangère. Sous peine de banqueroute, tel industriel doit pouvoir vendre son produit aussi bon marché que ses confrères. L'introduction dans nos possessions de tout ce qui sort des manufactures anglaises et allemandes sera-t-elle empêchée par des droits élevés ? N'est-il pas un moyen plus radical ou plus direct, exempter de droits les matières premières de nos fabriques ? Nous sommes évincés sur presque tous les marchés par nos voisins ; la quiétude par notre propre protection, ce serait, cette fois, la politique de l'autruche. Le remède est dans la liberté commerciale, sans entraves. L'exemple est donné par l'Angleterre. A une certaine époque, l'industrie anglaise allait périr de pléthore, il fallait à la nation, qui étouffait, de l'air, de l'espace. C'est alors que Robert Peel, jusque-là protectionniste ardent, vira de bord subitement, dit M. Thierry-Mieg, et chercha le remède dans le libre-échange ; et il l'y trouva si bien qu'il en résulta la prospérité inouïe que l'on sait. A l'extension du commerce extérieur se rattache celle de la race, dans le monde entier.

Pour effectuer les relations commerciales, il faut savoir les langues étrangères. Il ne suffit pas que les étrangers sachent la nôtre. L'expansion de la langue française étend notre influence, nous fait des amis, n'est-ce pas un peu platonique ? Cette connaissance peut servir aussi à nos ennemis contre nous ; ils nous comprennent, et nous ne les comprenons pas, ce n'est que la moitié du chemin à faire pour que soit vraie la proposition : se comprendre, c'est s'entendre. L'étude des langues vivantes, de deux au moins, anglaise et allemande, est indispensable ; elle doit être essentiellement pratique et il faut commencer dès le plus bas âge. En France, on est trop inférieur sous ce rapport à toutes les autres nations.

Nos colonies de peuplement sont presque exclusivement l'Algérie et le pays de protectorat, la Tunisie. Ces contrées sont à nos portes, et comme une France prolongée. Le développement d'une possession coloniale et sa prospérité, qui permettent l'émigration et l'accroissement numérique de la nation, dépendent de moyens ou de procédés variés selon les colonies et selon le temps et le mode d'occupation. Je me bornerai à citer comme une nécessité d'abord, le maintien à main armée et l'exécution des premiers grands travaux par les condamnés, puis l'absence d'entraves administratives, presque un *self-government* partout pour les associations privées, la facilité des échanges, les terres elles-mêmes devenant objets d'échange, comme cela a lieu, par l'*act Torrens*, en Tunisie. Les relations avec les indigènes, notamment avec les Arabes, sont sans doute hérissées de difficultés ; il faut renoncer à les assimiler, mais on peut obtenir leur « pénétration » dans notre civilisation, sans les rendre prépondérants, et ne jamais les traiter avec mépris, ce qui n'exclut pas la fermeté. Pour les immigrants étrangers, si nombreux en Algérie, Espagnols et Italiens, nous devons viser à leur fusion et à leur naturalisation.

Puisqu'en favorisant l'émigration (fût-ce, à la rigueur, en pays étranger), on agit pour l'accroissement définitif de la population, il y a lieu de s'enquérir des moyens les plus efficaces pour atteindre ce but. L'ancien régime encourageait les grandes Compagnies sans bourse délier. Les Anglais aujourd'hui en agissent de même, et ne négligent, pour en profiter, un jour, aucun des efforts ou dévouements privés, commerciaux ou religieux. Mais c'est vers des terres françaises que nous devons détourner le courant d'émigrants qui se porte ailleurs, et pour cela, dit l'auteur d'un article paru dans le *Temps*, du 2 août 1890, commençons par corriger nos mœurs politiques.

M. le docteur Bourru dépose enfin sur le bureau du Congrès un mémoire de M. Théophile Janvrais, ayant pour titre : *Le Gulf-Stream ; ses effets sur la côte de Bretagne.*

L'ordre du jour étant trop chargé pour permettre la lecture et la discussion publique de ces deux derniers travaux, qui, d'ailleurs, ont rapport à des questions sur lesquelles la délibération a été close, le Congrès décide, sur la proposition de M. le Secrétaire général, qu'ils seront insérés *in-extenso* dans le compte-rendu imprimé de ses actes.

LE GULF-STREAM ; SES EFFETS SUR LES COTES DE FRANCE

Messieurs,

Apprenant, à la dernière heure, que le Congrès de géographie réuni en ce moment à Rochefort, avait mis à l'étude et à son ordre du jour cette question : *Théories nouvelles sur l'étendue et les effets du Gulf-Stream*, j'ai l'honneur d'adresser au Congrès les quelques renseignements qui suivent et qui ne traitent la question que dans ses rapports avec les côtes de France.

Dans le numéro du journal le *Vieux Corsaire*, de Saint-Malo, en date du 1er mars dernier, j'avais ouvert cette sorte de *referendum*: *Oui ou non, le climat exceptionnellement tempéré du golfe de Saint-Malo provient-il des courants chauds du Gulf-Stream?*
Et un de nos compatriotes et amis, appartenant à la presse scientifique parisienne, M. Emile Gautier (Raoul Lucet), y répondait ainsi dans ses *Tablettes du progrès*, du journal le XIXe Siècle :

LE GULF-STREAM

Est-ce bien réellement au *Gulf-Stream*, comme on le croit et comme on le dit, que les côtes de Bretagne doivent l'exceptionnelle douceur de leur climat ?
Telle est la question que se pose et que me pose un brave petit journal de Saint-Malo, le *Vieux Corsaire*, et à laquelle il me sera difficile de ne pas fournir une réponse quelconque. La façon gracieuse, mais péremptoire, dont je suis mis en demeure de m'exécuter, ne me permet guère, en effet, de me dérober à ce patriotique devoir...
« Puisque le *Vieux Corsaire* est le bienvenu à la rue Lepic, chez un
« compatriote bien connu dans le monde scientifique sous le pseudonyme
« de Raoul Lucet, je prierai le chroniqueur du *XIXe Siècle* de bien vou-
« loir soumettre ce *referendum* à ses nombreux lecteurs. »
Ainsi s'exprime, tout d'abord, le correspondant parisien du *Vieux Corsaire*, M. Théophile Janvrais. Puis c'est le tour du rédacteur en chef, M. Albert Bourdas, qui, après avoir donné son avis, appuie de plus belle sur la chanterelle et conclut en ces termes, trop flatteurs pour n'être pas impératifs :
« Me voilà confessé et enchanté de passer la plume, moi, homme sau-

« vage, aux vrais savants, parmi lesquels notre confrère Raoul Lucet
« brille d'un éclat toujours plus vif, quoique je sois bien persuadé que,
« dans sa modestie, il ne se classe encore tout simplement que parmi les
« chroniqueurs.

« Et voilà le *referendum* commencé. »

Comment résister à d'aussi aimables sollicitations ?

Et cependant le problème est singulièrement délicat, obscur et compliqué. Ce serait même faire montre d'une outrecuidance qui n'est pas dans mes habitudes, que de prétendre le résoudre d'une façon définitive. Force me sera donc de me limiter à de simples conjectures plus ou moins documentées.

En ce qui concerne les côtes du sud-ouest de la péninsule armoricaine, pas l'ombre d'une difficulté. Pour avoir l'assurance que le Gulf-Stream passe par là, qu'il se brise même contre les grèves et les falaises et qu'il exerce, par conséquent, sa bienveillante influence à la ronde, il n'y a qu'à regarder et à se laisser porter. Au nord, par contre, sur les côtes de la Manche, c'en est une autre paire (de manches), et c'est ici, en vérité, que l'auteur s'embarrasse.

Le fait est que les études qu'on a faites de ce fameux courant sont encore si incomplètes et si précaires, les cartes qu'on a dressées sont si contradictoires, parfois même si fantastiques, que les plus malins y perdent leur géographie.

Assurément, je suis de ceux qui pensent que ce mystérieux Gulf-Stream glisse un bout de langue chaude entre la France et l'Angleterre, par dessus la tombe sous-marine de feu le roi d'Ys. J'ai positivement, pour ainsi penser, quelques bonnes raisons. D'abord, si je ne m'abuse, c'est l'avis de nombre de savants dont la parole fait ordinairement autorité, depuis le commodore Maury, le premier qui ait à peu près débrouillé l'écheveau des courants atmosphériques et marins, jusqu'à Elisée Reclus. En second lieu, j'aurais peine à m'expliquer autrement la coulée tiède qui, prenant, comme un galon de sergent, la Manche en écharpe, permet aux myrtes et aux fuchsias de pousser en pleine terre le long de ce chapelet de paradis qui va de Roscoff à l'île de Wight, en passant par Jersey, le Clos-Poulet et Cherbourg.

Mais voici qu'on m'oppose les observations faites en 1885, 1886 et 1887, lors des campagnes de l'*Hirondelle*, presque sur toute l'étendue de l'océan Atlantique, entre les Açores et Terre-Neuve, par M. Georges Pouchet et le prince de Monaco. Si les vieilles hypothèses relatives à la direction générale et aux ramifications du Gulf-Stream avaient été exactes, les flotteurs jetés à la mer par ces explorateurs au cours de leurs excursions auraient dû se retrouver tous sur les côtes de France, d'Angleterre et de Norwège ; quelques-uns même auraient dû venir s'égarer dans les para ges du cap Fréhel ou de Cézembre, des grottes de Plémont ou du nez de Jobourg.

Or, il n'en a rien été. On en a bien retrouvé cinq ou six par le travers d'Ouessant, à l'entrée de la Manche, ou dans les eaux irlandaises ; mais la plupart semblent s'être, tout au contraire, dirigés vers le sud-est, comme si les courants dominants venaient du nord-ouest, comme si la branche secondaire du Gulf-Stream n'était qu'un mythe.

Eh bien ! pour parler franc, je ne me sens pas convaincu. Ces expériences, auxquelles (soit dit entre parenthèses) on aurait grand tort de prêter une rigueur qu'elles ne sauraient avoir, ces expériences ne prouvent rien, m'est avis, parce qu'elles prouvent trop. A bien prendre, en effet, il en résulterait tout simplement que ce ne serait pas seulement les branches secondaires du Gulf-Stream, mais la branche principale elle-même dont l'existence devrait être considérée comme fabuleuse. On avouera que c'est aller un peu loin.

Ce qui est plus probable, c'est que les courants de second ordre, comme le courant en question, n'ont pas la régularité des grands courants. Il est même arrivé que des navigateurs ont constaté que, sous l'empire de certaines circonstances accidentelles, tels de ces courants pouvaient couler parfois en sens inverse de leur direction logique, et, pour ainsi dire, à rebrousse-poil. Dans ces conditions, il doit se produire des extra-courants, des contre-courants, des déviations, des tourbillons, des remous, des fuites, tout un imbroglio de mouvements divers, au milieu desquels l'odyssée capricieuse des flotteurs perd toute espèce de signification scientifique.

Les bouteilles du prince de Monaco ont dû nécessairement être, d'ailleurs, le jouet des vents et des flots. Or, les vents varient et les flots sont changeants. Le voyage n'aura été qu'une partie de roulette, coupée d'une infinité de vicissitudes et de hasards. Tel, peut-être, d'entre ces flotteurs vagabonds, après avoir été trente ou quarante fois sur le point d'aborder, s'est vu rejeter au large par les courants locaux et ne s'est enfin échoué ici ou là qu'après une foule d'oscillations et de pirouettes insoupçonnées.

L'ami Bourdas a raison : il suffit d'avoir observé l'incompatibilité d'humeur, grosse de cas de divorce, qui sépare, et souvent même met en état de guerre ouverte les courants aériens et les courants marins, pour ne pas tenir pour concluantes les expériences de l'*Hirondelle*.

Ce n'est pas tout. Lors de la seconde expédition de cette goëlette princière, en 1886, cinq cents bouteilles ayant été lancées par 20° de longitude O., entre le cap Finistère (Espagne) et le cap Lizard (Angleterre), la direction suivie fut sensiblement perpendiculaire à la ligne qui unit Lisbonne à Granville. Et si vous voulez prendre la peine de consulter les croquis levés par M. Georges Pouchet, vous verrez que cela suppose l'existence d'un courant (lequel ne saurait être qu'un rameau du Gulf-Stream) débouchant droit sur les îles Chausey... Ce n'est pas moi qui l'ai fait dire au cartographe !

Au surplus, je reviendrai, — plutôt même deux fois qu'une, — sur cette intéressante question. Mes lecteurs n'ont pas oublié, peut-être, que j'avais essayé d'expliquer les rigueurs de cet hiver par l'abondance exceptionnelle des glaces flottantes de l'Atlantique, qui, descendant en bancs serrés et tenaces des parages de l'Islande, avaient dû fortement refroidir le Gulf-Stream. Cette opinion, dont je ne me dissimule pas le caractère hasardeux, m'a valu une véritable avalanche de lettres, toutes plus suggestives les unes que les autres, auxquelles force me sera bien de répondre un jour ou l'autre. L'une d'elles, surtout, signée d'un météorologiste de profession et bourrée d'objections particulièrement spécieuses, mérite bien les honneurs d'une discussion en règle, qui viendra en son temps.

Quoi qu'il en soit des *icebergs*, du Gulf-Stream et des bouteilles du prince Albert, ce qu'il y a de certain, c'est qu'à Saint-Malo la température n'est pas descendue, cette année, au-dessous de — 6°, tandis que partout ailleurs, *sous la même latitude*, on signalait des froids de — 11°, 15° et même — 18°, tandis qu'il neigeait à Alger et que le soleil du Midi n'osait plus, par crainte du gel, mettre à la fenêtre son nez radieux. Ce qu'il y a de certain, c'est que, à la fin de janvier, j'aurais pu mettre à ma boutonnière des camélias poussés à l'embouchure de la Rance, dans certain jardin de Saint-Enogat.

Etonnez-vous donc, après cela, que mes compatriotes se soient mis en tête, — et Dieu sait s'ils l'ont dure, la tête, — de faire de Paramé, de Saint-Malo, de Saint-Servan, de Dinard et de Saint-Lunaire autant de stations *hivernales*. Foi de Breton, les gens de Nice et de Cannes, voire même les sujets du prince de Monaco, n'ont qu'à se bien tenir !

Raoul Lucet complétait ses premiers renseignements dans le même journal parisien, le 17 mars dernier, dans cet autre article :

POLÉMICULAGE

Si nous en finissions une bonne fois avec cette grosse question du Gulf-Stream, qui m'a déjà coûté tant d'encre ? Au demeurant, l'heure est opportune : voici le printemps qui vient ; avant quinze jours peut-être le marronnier du 20 mars aura sorti sa parure d'émeraude ; une tiédeur suave fluc du ciel adouci ; bientôt il sera maladroit et déplacé de parler encore de l'hiver et de ses correctifs. Il n'est que temps de liquider la controverse.

Dans ma réponse au *referendum* du *Vieux Corsaire*, je signalais à ce propos une lettre, bourrée d'objections spécieuses, d'un météorologiste de profession, et je m'engageais à faire à ce document l'honneur d'une discussion en règle. C'est, naturellement, par là que je vais commencer... et même finir.

Voici la chose :

« Vous nous parlez du froid rigoureux et de si longue durée que nous avons subi, et, pour l'expliquer, vous nous dites que des glaces flottantes ont dû être déviées de leur trajectoire ordinaire et passer au large de l'Islande. Dès lors, ces banquises seraient descendues jusqu'au Gulf-Stream qu'elles auraient refroidi. Telle serait, d'après vous, la raison profonde du froid sibérien dont l'Europe occidentale a souffert.

« Je me permettrai de vous faire observer que cette théorie, qui date déjà de loin, si elle a encore quelques partisans, est bien battue en brèche par des observations plus précises. »

Mon Dieu ! je ne dis pas le contraire. Je n'ai guère trouvé l'explication, — je le répète une dernière fois, — qu'à titre d'hypothèse et de curiosité, sans y tenir plus que de raison. Je ne demande pas mieux que de me laisser convaincre, pourvu toutefois qu'on me produise de convaincantes raisons. Mais M. P. Périer, — c'est le nom de mon contradicteur, — me devra pardonner de ne pas attribuer ce caractère à ces protestations de scepticisme à l'endroit des trajectoires, sinon même de l'existence et de l'action réchauffante de « ce diable de Gulf-Stream, auquel les météorologistes dans l'embarras font jouer un si grand rôle dans la météorologie de l'ouest de l'Europe. » Je crois avoir fait justice de cette incrédulité, — que le prince de Monaco avait essayé de mettre en bouteilles, — dans un précédent article. N'y revenons plus.

« Je proteste, dit M. Périer, d'autant plus aisément qu'il existe d'autres raisons, toutes physiques, qui tirent leur existence de la théorie mécanique de la chaleur combinée avec les lois des grands mouvements atmosphériques... »

Soit encore ! On me permettra cependant de rappeler que les doctrines courantes sur l'influence du Gulf-Stream sont si peu en désaccord avec la théorie mécanique de la chaleur, qu'on les trouve exposées tout au long dans un livre dont je ne saurais chanter trop souvent, ni trop haut les louanges, et qui est comme l'évangile de cette merveilleuse théorie de la corrélation des forces. Je veux parler de la *Chaleur, mode de mouvement*, par sir John Tyndall. Voici, en effet, ce que je lis à la page 173 de la deuxième édition française (traduction de l'abbé Moigno) :

« Comme on devrait s'y attendre, l'influence de la masse d'eau chaude du Gulf-Stream devient évidente d'elle-même dans nos hivers ; c'est ainsi, par exemple, qu'elle supprime entièrement la différence de température due à la différence de latitude entre le nord et le sud de la Grande-Bretagne... La proximité de cette eau chaude fait aussi que le climat de l'Europe occidentale diffère totalement du climat des côtes opposées de l'Amérique... Nous savons maintenant que le Gulf-Stream est la cause réelle de la douceur de notre climat européen. »

De là à conclure que s'il tombe par hasard dans le Gulf-Stream assez d'*icebergs* pour qu'il en soit « frappé, » nous perdrons tout le bénéfice de sa tiédeur rayonnante, il n'y a qu'un pas. C'est ce pas que j'avais franchi avec d'autant plus de désinvolture que parmi toutes les autres explications données des rigueurs inusitées du dernier hiver, pas une seule ne m'avait paru tenir debout. Je n'apprendrai pas, en effet, à M. Périer que les spécialistes ont fini, en désespoir de cause, par donner leur langue au chat.

Mais poursuivons ce « polémiculage » :

« Comment explique-t-on l'action bienfaisante du Gulf-Stream ? Ce n'est pas directement par lui-même, c'est par l'air qu'il échauffe, et qui, chassé par les vents, vient apporter sur nos régions sa chaleur et son humidité. Or, s'il en est ainsi, il n'y a pas de raison pour que son action malfaisante ne s'exerce pas de même. Sa température relativement basse ne pouvant plus échauffer l'air, celui-ci nous arrive froid... Mais, pour que ceci ait une apparence de vérité, il faudrait que, par un hiver doux comme par un hiver froid, les vents gardent sur nos régions la même direction, en d'autres termes, qu'ils viennent toujours du Gulf-Stream. Or, c'est précisément ce qui n'a pas lieu. Tandis que pendant les hivers doux et humides, les vents soufflent effectivement de l'ouest et du sud-ouest, pendant les hivers rigoureux, au contraire, ce sont les vents d'entre le nord et l'est qui dominent. Ces deux directions sont bien absolument opposées ! »

Voilà qui est plus sérieux. Et, cependant, je ne me sens encore ébranlé qu'à demi.

On oublie, en effet, ce me semble, que si le Gulf-Stream est encombré de glaces flottantes, au lieu de constituer un condenseur de calorique, il constitue, tout au contraire, un pôle de froid relatif, *faisant appel d'air*, vers lequel vont converger toutes les brises de la rose. D'où cette conséquence que si, de novembre à janvier, nous avons claqué des dents, c'était effectivement en raison de la prédominance des vents du nord et de l'est ; mais, comme, d'autre part, cette prédominance était due au refroidissement du Gulf-Stream, il s'ensuit que c'est encore aux fantaisies de ce capricieux fleuve marin que nous devons finalement nous en prendre.

On oublie encore que le Gulf-Stream n'agit pas seulement sur l'air qui le frôle, mais aussi sur le sol même du lit où il coule, sur le fond de la mer. Mon Dieu ! je n'ignore pas que ce courant d'eau chaude glisse à la surface de la masse océanienne, dont la température est plus basse, à la façon d'une tache d'huile... Mais supposez que le bonhomme hiver s'amuse à y semer des morceaux de glace gros comme des montagnes. A mesure que ces morceaux de glace vont fondre, il va se faire un épanchement d'eau froide, — car l'eau froide est plus dense, — vers les bas, jusqu'au fond de la mer, et pour peu que le sol de ce fond soit doué d'une conductibilité supérieure, le froid va s'irradier à la ronde, refroidissant les terres et les eaux... Ce n'est pas d'autre façon qu'on doit expliquer la formation de ces glaces de fond dont on a tant parlé depuis quelques semaines.

Ainsi tombe également la dernière objection de mon savant contradicteur :

« La température relativement douce des côtes de Norwège ne pourrait ainsi s'expliquer que par un réchauffement du Gulf-Stream postérieur à son refroidissement ! »

Il en serait ainsi, en effet, si les *icebergs*, une fois entrés dans le Gulf-Stream, devaient nécessairement en suivre le fil. Mais ces masses flottantes, dont la partie émergée ne représente même pas le tiers du volume total, s'enfoncent parfois assez profondément dans l'eau pour que les courants inférieurs les entraînent dans une direction opposée à la direction des courants de surface. Rien d'étonnant, dès lors, à ce que la coulée superficielle des eaux chaudes persiste le long du littoral norwégien, défendu d'ailleurs contre la grande débâcle islandaise par la barricade des îles Britanniques, pendant que la chute des eaux froides se localise au large des côtes de France et d'Espagne.

Je veux bien que ce ne soit qu'une conjecture, mais c'est une conjecture vraisemblable et séduisante.

Un autre de mes lecteurs, que mon argumentation avait surpris, me demande s'il n'est pas à craindre qu'un jour ou l'autre, ce damné de Gulf-Stream ne s'avise de changer inopinément sa trajectoire et de virer à l'ouest, provoquant ainsi, au bénéfice de l'Amérique, l'irrémédiable refroidissement de notre pauvre vieille Europe.

Je serais fort embarrassé, je l'avoue, pour faire à cette insidieuse question une réponse pertinente. Tout ce que je puis dire, c'est que le phénomène n'a rien, en soi, d'impossible. On a songé, en tout cas, à provoquer artificiellement le phénomène contraire, et Babinet proposa jadis de détourner, au moyen de travaux en mer, le lit du Gulf-Stream, de façon à rapprocher ce calorifère liquide et mouvant des côtes de France, qui auraient été ainsi dotées d'un printemps éternel.

Et pourquoi pas, en fin de compte ? Comment les fils des gens qui ont percé l'isthme de Suez, éventré le Saint-Gothard et le Mont-Cenis, mis Hell-Gate (prière de ne pas lire *miss Helyett*) en poussière et canalisé le Mississipi, s'effaroucheraient-ils de ce treizième travail d'Hercule ?

En tout cas, la perspective ne saurait déplaire à ceux de mes concitoyens qui demandent un milliardaire de bonne volonté pour les aider à faire de notre rocher de Saint-Malo, — que l'on voit sur l'eau, — l'émule de Saint-Raphaël. Aussi est-ce en leur nom que j'en accepte l'augure !

Le directeur du *Vieux Corsaire*, l'honorable M. Bourdas, entrait en scène lui-même et ajoutait aux savantes dissertations de son collègue les justes remarques que son expérience de marin connaisseur d'une côte qu'il explore depuis son enfance, lui avait suggérées :

Mais ne divaguons pas davantage et, croyant comme parole d'évangile, nous aussi, tout ce que disent les savants, — sans nous occuper de les mettre d'accord, — soyons bien persuadés que c'est sur le sable d'or de nos plages que vient le courant du célèbre Gulf-Stream et que c'est le dernier baiser de l'immense serpent au corps de feu qui rend si tempérés nos verdoyants promontoires.

Tenez, il y a déjà quatre jours, je me promenais à Dinard, dans ce pays merveilleux où villas et hôtels sortent de terre presque en une nuit, comme sous la baguette magique d'une fée ; eh bien, sur un point culminant, éventé de partout, j'entre dans une propriété et qu'y vois-je ? en pleine terre, en pleins champs, des poreaux gros comme le bras d'un homme et d'un vert superbe ; pas un petit bout de feuille de gelé. J'entre dans une serre, serre non chauffée et qui ne l'a été de tout l'hiver. Elle embaumait par d'immenses héliotropes en pleine floraison, et deux pêchers couverts de feuilles avaient déjà, sur plusieurs branches, des fruits noués, gros comme des pois lupins, et ça, tout le monde peut le voir ; mais n'est-ce pas réellement merveilleux, à quelques pas de la falaise battue par les vagues furieuses du dernier ouragan ?

Ah ! oui, il est merveilleux ce pays et de plus en plus apprécié ; et ceux qui contribuent davantage à le faire connaître, sont les écrivains qui, comme mon excellent confrère, veulent bien élever en sa faveur leurs voix autorisées et aimées ; et qui sait, ce sera peut-être à vous, Raoul Lucet, que nous devrons la venue du milliardaire demandé et qui fera de notre pays un coin de terre féerique entre les plus féeriques. Ce jour-là, si votre ami le *Vieux Corsaire* vit encore, il vous y fera donner un nid de verdure incomparable, baignant ses rameaux jusque dans le courant de votre Gulf-Stream.

Enfin, un autre Breton, le capitaine d'un de nos grands transatlantiques, M. le capitaine Aubault, adressait à notre ami la lettre suivante, sur cette question si controversée :

New-York, 7/5 1891.

Cher ami,

Dans le paquet de *Corsaires* que j'ai emporté de la maison, le premier sur lequel je tombe est celui du 28 février au 1er mars, qui parle du *Gulf-Stream*. Veux-tu me permettre de te donner mon avis. D'abord, je commence par te dire que je n'impose ma manière de voir à personne, je n'ai pas cette prétention ; au contraire, je suis prêt à changer de route si on me prouve que je suis dans la douve.

Malgré que je n'aie pas des masses de voyages d'Europe en Amérique, j'en ai juste assez pour avoir le droit de dire un mot de ce courant que j'ai beaucoup étudié.

Je suis de l'avis de Raoul Lucet : que certaines parties du *Gulf-Stream* que racontent les cartes sont de larges blagues, et que les bouteilles du prince de Monaco, quoique ayant leur valeur, ne veulent pas dire précisément : j'ai trouvé, car les vents et les courants de surface qui ont dû emporter les bouteilles de l'*Hirondelle* dans le Sud-Est, ne peuvent empêcher qu'il n'y ait un courant sous-marin qui se jette en éventail sur les côtes de Bretagne, d'Angleterre et d'Irlande. A tous mes voyages, j'observe ce courant jusque par les 40° de longitude et 43° de latitude, il a encore à ce point une vitesse moyenne d'un mille (la navigation que je fais ne m'a pas permis de l'étudier plus nord). Il est évident que ce courant ne s'arrête pas là et qu'il doit bien se diriger quelque part vers le nord, car on ne le retrouve plus au sud des 42° de latitude et à partir de 35° de longitude vers l'est. Evidemment le *Gulf-Stream* doit continuer sur le nord-est en s'étalant et diminuant de force. Labrosse dit ceci : « Dans l'est du méridien de 37° ouest, les eaux du *Gulf-Stream* se disséminent et se perdent sur une surface considérable, puis, se dirigeant vers le nord-est, vont faire sentir leur influence sur les côtes d'Irlande et de Norwège. »

C'est certainement d'une de ses branches que la Manche profite : c'est, du reste, ce qui explique, ce que tu as pu observer bien des fois, la petite différence de vitesse qui existe chez nous entre le courant de flot et le courant de jusant. Et le thermomètre pourquoi est-il fait ? Qui donnerait la différence de température qui existe en hiver, principalement entre l'air et l'eau en Manche si ce n'était un courant chaud ?

Au revoir, mon vieux.

Tout à toi,
AUBAULT.

Ces explications éclairent la question d'un nouveau jour, combattant, battant en brèche les assertions du prince de Monaco et celles de son compagnon d'étude, M. Georges Pouchet, de l'Institut.

Pour nous, il est clair que le *courant du golfe* fait sentir son influence sur le golfe de Saint-Malo ; et voici de quelle façon nous expliquons ce phénomène :

La branche de ce courant, qui passe à Terre-Neuve et qui se retrouve en Islande et aux Féroë, dans cet immense région marine où se retrouvent aussi les bancs de morue, — qui toutes vivent dans des eaux ayant de 7 à 8° de chaleur, — descend alors, en s'éparpillant un peu, à une certaine profondeur (de 100 à 150 mètres) et se dirige vers le sud, va se retrouver presque à la surface de la mer sur les côtes ouest du Maroc, du Sahara et du Soudan ; courant qui sert de transport à la migration des bancs de morues que nous voyons fourmiller entre le cap Blanc et le cap Mirik, au banc d'Arguin.

De même, une partie du Grand courant (Gulf-Stream) atteint l'extrémité ouest des côtes de France, et ses ramifications pénètrent dans la Manche, où elles se trouvent arrêtées par la presqu'île du Cotentin, concentrant leur chaleur dans ce golfe de Saint-Malo, au milieu de cet archipel des îles anglo-normandes (1).

Sans nous étendre davantage sur l'étude particulière de ces courants, nous allons compléter les données précédentes par quelques appréciations de savants et de géographes ; toutes elles viennent appuyer de faits tangibles les observations et assertions de Ponce de Léon, de Varénius, de Vossius, de Franklin, de Blagden, du commodore Maury, de M. Wyville Thomson, de M. Bache, d'Agassiz, de Pétermann, des expériences hydrographiques des navires *Talisman, Challenger, Porcupine, Blake, Gazelle, Lightning,* etc.

« L'Irlande et les côtes occidentales d'Ecosse jouissent d'un climat constamment doux. Si le raisin ne mûrit pas en Irlande, bien que les hivers y soient moins rudes qu'en Hongrie et en Moldavie, c'est que la chaleur de l'été n'est pas suffisante ; mais le myrte peut

---

(1) Etude de M. Hautreux sur les courants (expériences du *Talisman*, du *Porcupine*, de la *Gazelle* et du *Challenger*) et les migrations de la morue au banc d'Arguin. (*Revue de géographie commerciale de Bordeaux*. — Avril 1887).

croître sur cette « émeraude des mers » comme sur les rivages de la Méditerranée, et la température hivernale des côtes de l'ouest est supérieure à celle de Naples et d'Athènes ». (Elisée Reclus.)

« Le physicien hydrographe Carpenter pense que la douceur anormale des côtes nord-ouest et ouest de l'Europe est due à un mouvement des eaux équatoriales vers le nord-est — courant indépendant du Gulf-Stream. Il dit que c'est là le produit d'un cas accidentel de la circulation générale des eaux dans l'Océan, et que c'est à tort que dans le langage usuel on emploie le terme de Gulf-Stream pour désigner le génie bienfaisant de nos côtes. » (Carpenter.)

« M. Marié-Davy, dans sa *Météorologie*, a aussi étudié le courant du golfe, ses brusques et non expliquées déviations, et dit que notre climat est adouci par le Gulf-Stream. »

« M. Grad, dans sa note sur l'*Extension du Gulf-Stream dans le nord* et sur la *Température des mers* (1871), dit que sans ce courant chaud, le nord et l'ouest de l'Europe se refroidiraient au point de congeler le mercure. »

« Les remarquables expériences météorologiques de M. Hervé-Mangon, sur la température et le climat des côtes de la Manche, aboutissent aux mêmes conclusions. Ainsi, par exemple, dans le rigoureux hiver de 1870-71, la moyenne de décembre 1870 a été là de $+ 2°,8'$ au lieu de $5°,01'$, et en janvier 1871, de $+ 2°,13'$ au lieu de $5°,62'$. »

« Le froid dans ces régions favorisées, en Bretagne, dit M. Baudrillart, de l'Institut, dans ses *Populations agricoles*, dépasse rarement 8 degrés et la gelée est presque inconnue dans les parties qui avoisinent la mer. Les sources d'eau chaude, l'influence du Gulf-Stream, s'y font sentir de la manière la plus heureuse sur la végétation.

« Outre la culture maraichère en plein vent, qui en profite au point de faire la fortune de certaines contrées, ces circonstances favorisent l'existence des jardins de rapport et aussi des jardins d'agrément. Sur le littoral, des plantes arborescentes et les fleurs du Midi se développent avec une abondance et une vigueur merveilleuses. Quelle surprise et quel charme quand on est encore sous la puissante impression des scènes agitées et grandioses de l'Océan et de l'aspect des âpres rochers, de voir s'épanouir les figuiers gigantesques, les lauriers, les grenadiers, les myrtes, les camélias qui croissent en pleine terre jusque dans les mois d'hiver réputés les plus rigoureux. »

« C'est aux eaux de l'Océan que la Bretagne doit la configuration de ses rivages sans pareils, son climat, — que les branches du Gulf-Stream adoucissent et tempèrent, — son commerce, son industrie, ses grèves, etc... » (Elisée Reclus.)

« Ce petit coin de la Bretagne (le golfe de Saint-Malo) a donc le privilège de jouir d'une température aussi douce et plus régulière que les stations hivernales les plus favorisées du Midi. Il doit cet état exceptionnel à l'influence qu'exerce sur ses côtes le *Gulf-Stream*, — le courant du golfe, — courant ou plutôt fleuve d'eau chaude qui existe dans le golfe des Florides.

« Dans le golfe du Mexique, la terre tournant de l'Ouest à l'Est, le flux se fait en sens contraire et vient, comme une vague immense, se briser contre la côte d'Amérique qui l'arrête. Les vents alizés d'ailleurs, qui soufflent continuellement de l'est à l'ouest, s'opposent au reflux qui vient du couchant. Les vents et les marées, poussant continuellement les eaux dans cette cavité, les y accumulent au-dessus du niveau général, et par leur action incessante les empêchent de redescendre. Ainsi suspendues et ne pouvant vaincre les forces qui s'opposent à leur retour, ces eaux s'écoulent autour de la côte ouest de Cuba, se dirigent au nord, renforcées par des branches dérivées du courant équatorial. Après avoir passé au nord des Antilles, la direction du courant est d'abord du sud-ouest au nord-ouest, en suivant d'un peu loin les côtes de l'Amérique, dont il est séparé par un courant inverse, froid. A partir du grand banc de Terre-Neuve, comme s'il était arrêté par un obstacle, il s'infléchit vers l'est et arrive presque en ligne droite sur les côtes occidentales de l'Europe, qu'il embrase et réchauffe dans toute son étendue.

« Le golfe de Saint-Malo est le point privilégié de la France, où l'influence du *Gulf-Stream* se fait le mieux sentir. On aura une idée de la douceur de la température lorsque nous aurons dit que l'on voit dans les jardins de Saint-Malo et spécialement à Paramé, les figuiers de Provence et les camélias pousser en pleine terre avec leurs fleurs éclatantes et leurs fruits succulents... » (Jean du Guildo. — *Paramé et les excursions du golfe de Saint-Malo.* — Mounier, éditeur.)

« Dinard doit sa célébrité à sa magnifique situation, à la beauté de ses plages, qui y attirent, de tous les points de la France, un grand nombre de baigneurs, et à la douceur de son climat, qui permet de cultiver en pleine terre le figuier, l'aloès, les myrtes et les camélias... » (*Joanne-Guide de Bretagne.*)

« Les îles anglaises de la Manche, situées en plein golfe, au beau milieu de la branche du *Gulf-Stream*, se ressentent encore plus que la côte de cette bienfaisante chaleur.

« Le climat est généralement d'une douceur exceptionnelle. Plusieurs plantes des pays chauds y poussent en pleine terre ; dans la plupart des jardins de Jersey, on voit de superbes araucarias du Chili ; les fuchsias y deviennent des arbres. A Guernesey, ce phénomène de végétation, dû au courant chaud du *Gulf-Stream*, est encore plus remarquable. Les camélias et les fuchsias y atteignent des proportions extraordinaires ; l'araucaria, l'eucalyptus et le palmier y croissent en plein air, en spécimens d'une magnifique venue. » (Henri Bolaud. — *Les Iles anglaises de la Manche.* — *Guide Joanne.*)

« Une chose particulière à l'archipel, c'est la bénignité de son climat, due en partie au passage des eaux du *Gulf-Stream*, immense et tiède courant qui part des Antilles, traverse l'Océan, baigne la côte nord de la Bretagne, les îles anglo-normandes, et aboutit aux rivages de la Norwège. L'action de ce courant, combinée avec la fertilité d'un sol granitique, sans cesse rafraîchi par les vapeurs marines, donne à l'archipel une fécondité étrange et une flore admirable qui se retrouve jusque sous les vagues, où les varechs, les fucus, toutes les algues, ont des découpures, des mignardises, des tons variés et chauds, inconnus ailleurs...

« ... Dans ses coins les plus gras, la Normandie n'a rien de plus épanoui. Les tempêtes, les sautes de vent, les orages sonores, accompagnés de coups de foudre et d'éclairs merveilleux, sont choses journalières dans toutes les saisons, mais les hivers sont cléments. Presque pas de neige, pas de gelées ou des gelées inoffensives ; de là, des tentatives d'acclimatation d'arbres et de plantes des pays méridionaux, couronnées d'un succès étonnant. Ce n'est pas seulement dans les jardins du seigneur de Serk que les orangers et les citronniers croissent en pleine terre : c'est tout aussi bien dans le courtil du paysan qui veut les cultiver. De tous côtés, à l'entour des habitations, ce ne sont que haies de géraniums, de rhododendrons, de fuchsias. Les eucalyptus, les aloès, dont la hampe fleurie s'épanouit à trente pieds du sol, les figuiers, les mûriers, les myrtes, les chênes verts foisonnent.

« Partout, en rase campagne, le soleil de midi fait étinceler, comme de grandes plaques d'argent, des serres immenses, dont quelques-unes valent plus d'un million. Sous leurs châssis s'abritent des vignes admirablement cultivées. Les grappes énormes des raisins lourds et onctueux de Jersey et de Guernesey sont très recherchés à Londres, où les paquebots les emportent, dès le mois de juillet, jusqu'à la fin de septembre. » (Aristide et Charles Frémine. — *Les Français dans les îles de la Manche*).

« Saint-Enogat, janvier 1880.

« ... La végétation presque méridionale témoigne aussi qu'un hiver rigoureux est pour ce pays un accident fort rare. Le figuier, le grenadier, le camélia et même l'eucalyptus vivent ici toute l'année, en plein vent.

« La douceur de cette baie malouine ne tient pas seulement à ce qu'elle est couverte, à l'Est, par la longue muraille du Cotentin, à l'Ouest, à distance, par le massif granitique des Côtes-du-Nord, et tout près par un bon géant, le cap Fréhel. Pour mieux se garantir encore, elle pénètre elle-même dans les terres et profite aussi, sans aucun doute, de la proximité du *Gulf-Stream*.

« Près de nos côtes de France, ce n'est plus un fleuve serré entre ses deux rives d'eau froide. A cette distance de sa source, il a beaucoup perdu de sa pente et de sa force de projection. En allant s'évanouir au nord, il fait comme nos fleuves terrestres qui, au moment d'entrer dans la mer à leur embouchure, rompent leurs digues naturelles, débordent de tous côtés, s'élargissent à l'infini et se présentent à la mer salée en océan d'eau douce.

« Sous cette forme extravasée, il ne donne pas moins à ce rivage une moyenne de température très fixe. Quand le vent de terre fait mine de trop fraîchir, cet obligeant voisin lui envoie un peu de sa chaude haleine, et l'air se refait tiède. On dirait un doux printemps qui revient...

« ... Lorsqu'on aura bâti des hôtels, des villas, dans tous les replis de la côte : à Port-Blanc, Saint-Lunaire, Saint-Brieuc, Saint-Cast et tant d'autres abris charmants, les Anglais préféreront la Bretagne, qui leur garde quelque chose des brouillards de leur île, à la sèche Provence, en si dure opposition avec leur climat. Il y a, d'ailleurs, comme je vous l'ai déjà dit, un degré de parenté très réel entre ces deux bouts de la France. Si la terre est ici plus froide, *la mer est chaude* ; on le voit bien à certains jours, où fume jusqu'à l'horizon sa grande chaudière. Si la moyenne de température est plus basse, en revanche, elle est plus égale...

« ... Toute la différence, c'est qu'ici les ajoncs, les genêts, les mûres sauvages, les prunelles, la fougère, le houx, remplacent le petit chêne kermès, les cistes, les arbousiers, la lavande, le romarin des maquis provençaux.

« Et ne pensez-vous pas que ces espaces méridionales n'y puissent venir. Je les ai toutes vues, et d'autres encore, vivaces et robustes, dans le beau parc du duc d'Audiffret-Pasquier, qu'on est en train de détruire...

« ... Quand la Bretagne est douce, elle est très douce, a dit mon mari dans sa *Géographie pittoresque*. » (Mme Michelet : *Les Plages bretonnes*. — *Nouvelle Revue*, mai-juin 1882.)

Et le climat du golfe malouin, quel est-il ?

Regardez pour cette année, exceptionnellement rigoureuse, sur les côtes du golfe de Saint-Malo en particulier, la température est demeurée relativement tempérée. A Saint-Malo, le thermomètre n'est pas descendu au-dessous de 8°; à Saint-Lunaire, le point maximum de baisse a été 7°, alors que, les mêmes jours, on notait 11° à Amélie-les-Bains, 12° à Pau, si renommé pour son climat, 10° et 12° à Marseille et à Toulon ; et, en même temps, on comptait des 13, 15, 20 et 24°, presque par toute la France, en Italie et en Espagne !

Autre preuve : la Commission météorologique d'Ille-et-Vilaine nous donne les chiffres suivants, comparés à ceux de Rennes et Nantes, déjà bien plus au Sud que Saint-Malo et pourtant plus froids.

Pour l'année 1888 :

	St-MALO	VITRÉ	RENNES	NANTES
1er trimestre	4°,53	2°,75	3°,79	3°,73
2e —	12°,07	12°,75	13°,10	13°,22
3e —	16°,38	16°,12	16°,27	16°,76
4e —	9°,45	7°,76	8°,28	8°,55

Pour l'année 1889 :

Voici le résumé des observations faites à Saint-Malo pendant toute l'année :

MOIS	TEMPÉRATURE	
	Maximum absolu	Minimum absolu
Janvier	12°,5	— 3°
Février	14°	— 1°
Mars	14°,5	— 3°
Avril	16°	3°,2
Mai	26°	5°,8
Juin	25°	9°,8
Juillet	27°,5	12°
Août	26°,3	10°,6
Septembre	26°	6°,2
Octobre	18°,8	6°,7
Novembre	13°,5	2°,2
Décembre	13°,6	— 3°

Cette température n'est-elle pas exceptionnelle ?

Nous arrêtons là ces citations ; les précédentes en disent assez pour prouver :

1° Que le climat du golfe de Saint-Malo est exceptionnellement tempéré, qu'il est celui des stations hivernales, et aussi avantageux que le climat de Nice et de la côte de Provence ;

2° Que cette douce température, si favorable au climat et à la végétation, n'est due qu'à l'influence d'une petite ramification (dans la Manche qui baigne cette région) du *Gulf-Stream,* fait attesté par les marins, les géographes, les savants et tous ceux qui ont vécu sur nos côtes bretonnes.

Puissent ces déclarations être utiles à la section du Congrès géographique de Rochefort, qui s'occupera de cette question si digne d'intérêt : *Théories nouvelles sur l'étendue et les effets du Gulf-Stream.*

M. LE PRÉSIDENT annonce que l'ordre du jour appelle le vote sur les conclusions du mémoire présenté par M. le colonel Blanchot sur *La Colonisation de la France intérieure.*

M. le colonel BLANCHOT présente à l'approbation du Congrès une proposition de vœu conçue en ces termes :

« Considérant qu'il importe de ne pas émettre vers les
« régions non françaises des émigrants dont les bras peuvent
« faire défaut à la France continentale, le Congrès émet le
« vœu que :
« Les Sociétés de géographie veuillent bien organiser dans
« leurs régions respectives, par le moyen de comités régio-
« naux composés de spécialistes indépendants, une enquête
« ayant pour objet de rechercher les terrains improductifs
« ou qui ne produisent pas tout ce qu'ils pourraient pro-
« duire, faute de bras.
« Les Sociétés devront rechercher les moyens de porter
« remède à cet état de choses en procurant les éléments
« d'action qui font défaut.
« Les Sociétés feront connaître les résultats obtenus au
« prochain Congrès. »

M. POLIDORE fait observer que cette rédaction ne répond nullement à la question inscrite au programme : *De la Colonisation de la France intérieure.*

M. le colonel BLANCHOT répond que cette critique peut être fondée, mais qu'il s'agit de rechercher les moyens de mettre en valeur certaines portions du territoire français, et que l'émigration à l'intérieur, d'un point du territoire à l'autre, pourra être un de ces moyens. Un fait qui se produit en France depuis un nombre d'années considérable, c'est la migration des populations habitant des terrains calcaires vers les terrains granitiques. Des mouvements analogues pourront se produire sur l'initiative des comités dont la création est proposée ; ce sera de l'émigration, et, par conséquent, de la colonisation à l'intérieur.

M. Polidore dit que la vaste enquête projetée lui paraît un moyen un peu platonique d'arrêter l'émigration à l'extérieur. D'ailleurs, on n'est pas libre, en tant qu'État, d'envoyer ou de ne pas envoyer des émigrants au dehors.

M. le Président dit que le Congrès ne fait pas une loi, mais qu'il émet un vœu.

M. Polidore. — Mais il faudrait émettre des vœux qui puissent avoir des résultats pratiques.

M. le Président. — Le résultat de la proposition soumise au Congrès, c'est l'organisation de l'enquête demandée.

M. le colonel Blanchot dit qu'en ce moment il s'agit de rechercher des moyens d'action, qui seront mis, quand ils seront trouvés, à la disposition des pouvoirs publics ; mais cette recherche ne peut réussir que si elle est faite par des personnes indépendantes de toute attache officielle.

M. Vibert dit que l'enquête demandée sera faite en concurrence avec celle que prépare le ministère de l'agriculture, et ne donnera pas de meilleurs résultats.

M. Polidore dit qu'il y a là une question préjudicielle. Est-il correct, de la part d'une réunion de sociétés savantes, de prendre l'initiative d'une enquête similaire à celle que va faire le Gouvernement ? N'est-ce pas lui faire une sorte d'injure (Protestations), ou tout au moins se montrer discourtois envers lui, que de laisser entendre qu'on ne le croit pas capable de faire convenablement une enquête ?

M. le colonel Blanchot dit qu'en présence d'une telle observation, qui le met dans une situation absolument fausse bien contre son gré et ses intentions, il ne peut plus que retirer sa proposition de vœu ; aussi déclare-t-il la retirer formellement.

M. le Président fait observer que la proposition appartient au Congrès, qui en reste saisi, bien que son auteur ne persiste pas à la soutenir.

En conséquence, la proposition de vœu est mise aux voix et adoptée.

M. le Président rappelle que les vœux adoptés par le Congrès en séance publique ne sont votés d'une façon définitive que par le Comité, composé exclusivement des délégués des Sociétés de géographie, qui se réunissent à l'issue du Congrès. Les vœux que ce Comité n'accepte pas ne sont pas annulés ; ils subsistent dans les procès-verbaux, mais il ne prend sous sa responsabilité que ceux qu'il a retenus.

M. Vibert déclare protester contre un vote qui constitue, selon lui, une attaque directe contre le Gouvernement. (Vives dénégations.) Il demande que sa protestation soit inscrite au procès-verbal.

M. le Président dit que, pour le principe, il sera pris acte de la protestation, bien qu'elle ne puisse être admise dans les termes où elle s'est produite. (Approbation.)

La quatrième question du programme : *De la Colonisation française à l'extérieur*, ayant été traitée par M. Turquan, puis par MM. Delavaud et Bellet dans les mémoires qu'ils ont envoyés, il y a lieu d'aborder la cinquième question : *La France en Afrique*.

La parole est donnée à M. Léné.

M. Léné demande à faire part au Congrès d'une idée qui a sans doute besoin d'une étude complémentaire, mais qui, au premier aspect, lui a semblé praticable.

On a dit, au cours des discussions précédentes, qu'un très grand nombre de Français, qui avaient porté leurs bras dans la République Argentine, se trouvaient, en ce moment, au Chili, sollicitant leur rapatriement. Si on le leur accorde, cela entraînera une dépense considérable ; et pourra-t-on, en outre, leur assurer du travail à leur retour en France ?

Or, ne pourrait-on pas, du Chili, conduire ces travailleurs dans des colonies qui sont aussi des terres françaises, et qui manquent de bras, comme Tahiti et la Nouvelle-Calédonie, par exemple ? Cela serait préférable à la transportation annamite ou à l'immigration chinoise ; la dépense ne serait pas considérable, les immigrés seraient certains de trouver du travail, et augmenteraient la population coloniale française. L'orateur espère que le Congrès voudra bien s'intéresser à cette idée et la recommander, sauf les modifications ou additions qui lui paraîtraient nécessaires, à l'étude du Conseil supérieur des colonies.

M. LE PRÉSIDENT dit que le Congrès est d'autant plus disposé à prendre acte de l'ingénieuse proposition qui vient de lui être soumise, qu'elle rentre entièrement dans l'ordre d'idées qu'il a entendu exposer au point de vue de la colonisation, tant intérieure qu'extérieure.

M. POLIDORE dépose sur le bureau du Congrès une proposition de vœu répondant à cette idée que les colonies françaises ne doivent pas rester improductives faute de bras et qu'il y a lieu, par conséquent, d'y porter les travailleurs français actuellement disponibles au Chili et à la République Argentine. C'est une conséquence de la discussion qui a eu lieu devant le Congrès.

M. Léné appuie la proposition de vœu. Il a été dit, ce

matin, qu'il fallait diriger les capitaux français sur les pays étrangers ; l'orateur pense qu'auparavant on devrait les diriger sur les colonies françaises, ainsi que les bras qui y font défaut.

M. le Président dit que cela lui a paru être la conséquence logique du vœu que le Congrès vient d'émettre.

M. Manès demande si M. Polidore a présenté ce vœu au nom de la Société des Études maritimes et coloniales.

M. Polidore répond qu'il l'a présenté en son nom personnel.

M. le Président dit qu'il y aurait peut-être avantage à ajourner la délibération sur ce vœu à la prochaine session du Congrès. La question est posée depuis longtemps déjà, et, les choses devant très probablement demeurer en l'état jusqu'en 1892, elle n'aura rien perdu de son intérêt.

M. Vibert demande si, la Société des Études maritimes et coloniales n'étant admise qu'à titre gracieux dans ce Congrès, ses délégués ont le droit d'obtenir la parole ?

M. le Président répond que les Sociétés ayant un objet connexe à celui dont s'occupe le Congrès, y sont admises sur un pied de complète égalité, et que leurs délégués y ont voix délibérative aussi bien que ceux des Sociétés de géographie.
Il rappelle, toutefois, son observation précédente, à savoir que les vœux adoptés par le Congrès n'engagent la responsabilité des Sociétés de géographie que s'ils sont acceptés de nouveau par le comité composé de leurs délégués.

M. Polidore demande que sa proposition soit mise aux voix.

M. le Président donne une nouvelle lecture de ce vœu, et, sur la demande de plusieurs membres du Congrès, qui font remarquer que la rédaction en est obscure, il prie M. Polidore de vouloir bien la modifier.

M. le docteur BOURRU donne lecture au Congrès d'une lettre de M. le Secrétaire général de la Société de géographie d'Oran, adressant au Congrès une brochure sur les tracés du Chemin de fer transsaharien, et à laquelle sont joints les documents suivants :

Observations sur les tracés du Chemin de fer transsaharien par l'Est et l'Ouest de l'Algérie ;

Le Transsaharien ;

Note complémentaire relative à la conférence sur le Chemin de fer transsaharien faite devant la Société de géographie de Paris ;

Chemin de fer transsaharien. — Avant-projet concernant la section entre Aïn-Sefra et Figuig ;

Une carte du tracé oriental du Chemin de fer transsaharien.

M. LE PRÉSIDENT déclare la discussion ouverte sur la 6ᵉ question du programme : *La France en Afrique.*

La parole est donnée à M. E. Blanc.

M. E. BLANC dit que la pénétration et la colonisation au Soudan présente pour la France un intérêt dont la gravité aux points de vue économique et politique, n'a plus besoin d'être démontrée ; et parmi les moyens de fonder en Afrique un vaste empire colonial, figure au premier rang un chemin de fer transsaharien ; et selon qu'on considère comme plus utile d'atteindre la boucle du Niger ou les régions voisines du lac Tchad, on adopte un tracé différent : soit celui qui, de la partie occidentale de l'Algérie, se dirige au Sud-Ouest, vers ce Tombouctou, que des traditions incertaines représentent comme une grande ville, centre d'une ancienne civilisation, soit celui qui, de la partie orientale, se dirige au Sud-Est, vers la région soudanienne que les découvertes récentes ont démontré être la plus riche et la plus aisément colonisable, celle qui avoisine le lac Tchad.

Le Soudan français est devenu en quelque sorte une dépendance du Sénégal, ce qui nous donne pour aboutir au Haut-Niger, une autre route que celle du Sud algérien. Les conventions anglaises conclues, l'an dernier, nous abandonnent en toute possession le cours supérieur du Niger ; au contraire, il se joue, en ce moment, autour du lac Tchad, une partie extrêmement sérieuse, et le plan qui consiste à réunir en un seul domaine colonial les possessions de la France en Afrique ne peut être réalisé que par la construction d'une voie conduisant non pas à Tombouctou, mais à la région du lac Tchad, que nos rivaux semblent vouloir soustraire à notre sphère d'influence.

Il semble évident que le tracé de ce chemin de fer le plus avantageux sera celui qui aura son point de départ à l'Est de l'Algérie, parce qu'il sera le plus court, et rencontrera le moins de déserts de sable et le plus d'oasis.

Le tracé transsaharien de l'Ouest, préconisé par la Société de géographie d'Oran, n'est pas une brillante opération financière ou économique ; sa valeur, au point de vue de l'extension de la domination française, est au contraire considérable ; aussi eût-il dû être proposé, plutôt par le ministère de la guerre que par des particuliers qui n'en pourront guère tirer de produit rémunérateur. Mais le Gouvernement, depuis l'année dernière, paraît avoir renoncé à ce tracé par l'Ouest, et n'être nullement disposé aujourd'hui à le reprendre.

Le projet pourrait être repris seulement par une grande Compagnie à charte, à laquelle l'Etat abandonnerait une partie de ses droits régaliens, et qui pourrait lutter à armes égales avec les Allemands et les Anglais ; mais la constitution d'une telle Compagnie n'aurait de chances de succès qu'autant qu'elle aurait pour objet l'établissement d'une voie ferrée partant de l'Ouest algérien, c'est-à-dire du sud de la province de Constantine, de Biskra, par exemple, et passant par la vallée de l'Igharghar, c'est-à-dire par Tougourt et Ouargla.

pour aboutir au Soudan central. Ce n'est peut-être pas la meilleure route au point de vue de la géographie physique, mais c'est la seule qui soit libre de tout obstacle politique.

Un vœu a été émis en faveur de la création d'une grande Compagnie à charte, le 3 juillet dernier, par la Société d'économie industrielle et commerciale ; l'adoption de ce vœu par le Congrès national de géographie — qui pourrait, d'ailleurs, en modifier les termes s'il les trouvait trop spéciaux ou trop vagues — lui donnerait une nouvelle et considérable autorité auprès du Gouvernement et du ministère des affaires étrangères, auquel il a été présenté et qui n'a pas encore donné sa réponse.

Le but qu'il faut viser, en ce moment, n'est pas la jonction de l'Algérie au Sénégal, puisque, possédant déjà la boucle du Niger, nous pourrons nous rendre, un jour, maîtres du Touat ; quant aux pays intermédiaires, entre Tombouctou et le Touat, ils n'ont ni population, ni importance, ni ressources, et ne nous seront disputés par personne.

La Compagnie en question ne s'occuperait, par conséquent, que de la partie du Soudan voisine du lac Tchad, comprise entre la Bénoué et le Wadaï.

A ces deux articles il y a lieu d'en ajouter un troisième, qui sera également soumis à l'approbation du Congrès.

La Compagnie anglaise du Bas-Niger a tout récemment, il y a environ quinze jours, émis la prétention de comprendre au nombre des pays qui lui sont concédés, l'Aïr et le Damergou, parce que ces deux pays ont appartenu politiquement au royaume de Sokoto, que les dernières conventions ont placé dans sa sphère d'influence. Si cette prétention était acceptée, la France n'aurait plus qu'à se retirer du Soudan, car si la sphère d'influence anglaise embrassait, outre les riches territoires situés au sud du parallèle qui s'étend du Niger au lac Tchad, ces deux pays à peu près habitables et cultivables situés au nord de ce même parallèle et, par conséquent, réservés à la France, celle-ci n'aurait plus dans la région du lac Tchad aucun intérêt appréciable.

M. LE PRÉSIDENT, après avoir, au nom du Congrès, remercié M. Blanc de sa communication, demande si la revendication de la Compagnie du Bas-Niger a une importance réelle, ou la valeur d'une simple prétention ?

M. E. BLANC répond que cette Compagnie jouit de véritables droits régaliens et que lord Willoughby, qui la dirige et qui a fait au Foreign-Office la déclaration dont il s'agit, est un véritable chef d'État. Sa revendication peut donc, si elle n'est pas l'objet d'une protestation, acquérir la force d'un précédent sérieux. Il y a quelques jours, au sujet d'une expédition française actuellement dirigée vers le lac Tchad, lord Salisbury a déclaré que le Bornou avait été le but d'une expédition anglaise armée envoyée, au commencement de cette année, par la Compagnie du Bas-Niger, et que cette expédition, arrivée à Kouka, avait conclu avec le souverain du pays une convention, qui primerait naturellement celles que la France pourrait elle-même proposer.

Il est donc nécessaire de nous en tenir énergiquement aux conventions qui ont délimité le domaine de la France en Afrique, et de revendiquer les deux pays dont il s'agit. L'Aïr est une sorte de plateau élevé, de promontoire qui s'avance vers le Nord, et que le chemin de fer transsaharien doit traverser pour arriver à Aghadès ; sinon, à l'Est ou à l'Ouest, il devrait passer par des déserts dépourvus d'eau.

Le prétexte sur lequel se fonde la Compagnie anglaise ne saurait être admis ; les droits éphémères plus ou moins réels que les États nègres peuvent acquérir les uns sur les autres n'ont absolument aucune valeur politique. La revendication des Anglais n'a donc pas d'autre raison d'être que leur avidité.

Aussi importe-t-il de ne pas prolonger outre mesure la période d'hésitation entre les divers tracés proposés pour le Transsaharien. L'orateur lui-même, en qualité de représentant du gouvernement tunisien, avait proposé un tracé qui présentait de grands avantages : 530 kilomètres de moins, pas de sables à traverser ; mais il fallait passer par deux points qui, politiquement, n'appartiennent pas à la France : les villes de Rhadamès et de Rhat, qui ont été occupées par les Turcs. Aussi M. Blanc a, par conséquent, renoncé à son projet, pour ne pas retarder une solution urgente.

La situation est à peu près la même au Sud de la province d'Oran : tant que la question du Touat ne sera pas résolue au profit de la domination française, il ne sera pas possible de diriger une ligne ferrée sur Tombouctou.

Si la Société de géographie d'Oran le désire, le Congrès pourrait émettre un vœu réclamant une action énergique du côté du Touat ; cette action, qui a été presque décidée, est ajournée aujourd'hui, et le chemin de fer ne peut pas être entrepris en présence des revendications du Maroc.

M. Isaac dit qu'il n'est pas très convaincu de la possibilité de faire dans des conditions économiques suffisantes le Chemin de fer transsaharien. Il admet cependant que ce serait une œuvre utile. Il comprend donc que le Congrès exprime un vœu pour qu'elle soit accomplie, mais non pas qu'il indique, dès maintenant, un programme de travaux et la direction dans laquelle la ligne doit être tracée. L'orateur se demande si le Congrès de géographie est en mesure de choisir entre les différents projets qui ont été présentés, et il craindrait, pour sa part, de trop s'engager en se prononçant sur ce point. Aussi, demande-t-il à M. Blanc quelques explications complémentaires de nature à rassurer, au moment du vote, la conscience de chacun des membres du Congrès.

M. Blanc répond qu'en ce moment même, une Compagnie est prête à se constituer pour entreprendre le chemin de fer dans la direction du lac Tchad, tandis qu'aucune Compagnie semblable ne peut se former pour l'établir au sud de la province d'Oran, dans la direction de Tombouctou. Il y a lieu, par conséquent, d'encourager l'initiative qui a été prise, au refus du Gouvernement de s'occuper directement de la question, par une association qui offre de faire le chemin de fer avec des capitaux privés.

Un second projet, il est vrai, est présenté par la Société de géographie d'Oran ; mais il n'est accompagné d'aucune offre effective d'exécution. Ce chemin de fer serait purement stratégique ; il aboutirait à Tombouctou, en traversant des pays qui ne produisent aucun élément de trafic, et sont déjà desservis par le Sénégal. Etant donnée la différence des frais de transport sur les voies maritimes et les voies terrestres, il est évident que le bassin du Haut-Niger enverra toujours le peu qu'il produit vers la mer, soit par le Sénégal, soit par le chemin de fer de la Mellacorée, dont M. Brosselard-Faidherbe vient d'étudier le tracé, et qui n'aura que 320 kilomètres d'étendue.

Il est très important, assurément, de réunir, un jour, l'Algérie aux possessions françaises du Sénégal, et, en même temps, d'empêcher les Anglais de la Gambie, les Espagnols du Rio-de-Oro et les Allemands qui cherchent à s'établir au sud du Maroc, de couper, un jour, cette communication en s'emparant de la côte occidentale d'Afrique. Il faudrait donc établir une chaîne de postes militaires pour défendre le chemin de fer, qui n'aurait plus rien de commercial, et qui, d'ailleurs, ne pourrait être créé qu'après le succès d'une expédition armée ayant pour objet d'établir la domination française sur le Touat.

M. Isaac demande si la Compagnie dont M. Blanc annonçait tout à l'heure la constitution, est disposée à entreprendre les travaux du Transsaharien avec ses propres ressources, sans rien demander à l'État ; et, dans ce cas, quelle serait la portée d'un vœu émis par le Congrès de géographie ? A qui ce vœu serait-il adressé ? Serait-ce au Gouvernement ? Et qu'est-ce que le Congrès aurait à solliciter du Gouvernement, si la Compagnie en question, voulant construire seule ce chemin de fer, présentait des garanties suffisantes ?

M. E. Blanc répond que la Compagnie ne peut entreprendre le chemin de fer avec quelque chance de succès, que si elle est une Compagnie à charte, c'est-à-dire si le Gouvernement lui abandonne quelques-uns de ses droits, par exemple celui de traiter avec les souverains indigènes.

Il eût été préférable, au point de vue de l'intérêt national, que le Transsaharien fût construit par l'État français, comme le Transcaspien l'a été par l'État russe ; c'est, guidé par cette conviction, et pour étudier les conditions techniques de construction d'un tel chemin de fer et ses conditions économiques d'exploitation, que l'orateur a fait, l'an passé, un voyage en Asie. Mais le Gouvernement, ne voulant pas entreprendre ce chemin de fer, le meilleur parti est de lui demander maintenant la constitution d'une Compagnie à charte, à laquelle, d'ailleurs, il pourra toujours se substituer quand il le jugera convenable. Cette Compagnie, à laquelle l'État imposerait ses conditions et à laquelle il n'aurait à fournir aucune assistance pécuniaire, aurait pour objet l'exploitation de certains territoires, à charge par elle de les réunir à l'Algérie par la construction d'un Chemin de fer transsaharien.

M. Isaac demande s'il n'y aurait pas d'autre moyen d'arriver à l'établissement du Transsaharien que la création d'une de ces grandes Compagnies exerçant des droits régaliens et contre lesquelles il avoue avoir quelques préventions. Il n'accepte pas volontiers l'idée de voir l'État céder à des particuliers des droits de l'exercice desquels il peut être directement ou indirectement responsable.

Au point de vue des principes généraux, l'orateur préférerait le procédé suivi par divers peuples étrangers, notamment par les Anglais, pour l'établissement de leurs colonies. Il est naturel que des Européens, après s'être établis dans un pays où la civilisation est nulle ou très rudimentaire, mettent leurs établissements sous la protection de leur métropole, qui intervient alors pour consacrer l'état de choses créé par leur initiative ; mais on comprend moins qu'un État cède tout ou partie de ses droits de souveraineté sur un territoire qu'il a déjà acquis par les armes ou par les traités.

M. le Président fait observer que le champ de la discussion s'est beaucoup étendu. La première question, qui concernerait le tracé à choisir pour le Transsaharien, s'est insensiblement déplacée, et l'on discute en ce moment le point de savoir si la construction de ce chemin de fer doit être confiée à une Compagnie à charte et sous quelle condition.

Les Congrès précédents ont-ils accepté le principe de cette construction ? Ce principe est-il admis par le présent Congrès ? C'est là une question préjudicielle qui a son importance.

M. Isaac explique la portée de ses précédentes observations : il est prêt à voter une résolution favorable à la construction d'un Chemin de fer transsaharien ; mais il ne peut se prononcer sur le point de savoir à qui l'exécution en sera confiée.

M. E. Blanc demande la parole pour la position de la question.

Le vœu primitivement soumis au Congrès était divisé en deux articles entièrement distincts et qui peuvent être discutés séparément : le premier relatif à la construction du chemin de fer, le second à la constitution d'une Compagnie à charte ayant pour objet d'effectuer cette construction.

Répondant à M. Isaac, l'orateur fait observer qu'il ne s'agit pas de territoires appartenant déjà à la France, mais d'une région sur laquelle elle a des droits, dont elle n'a pas encore pris possession ; elle en a si peu pris possession que, si elle ne se hâte pas, elle peut y être devancée par les Anglais et les Allemands du côté du Sud, par les Turcs établis déjà à Rhadamès et à Rhat, et par les Marocains à l'Ouest, qui ont déjà affirmé leurs droits sur In-Çalah.

Les procédés de colonisation qui ont les préférences de M. Isaac sont assurément les meilleurs ; mais ils sont impraticables, étant données la nature particulière de la région dont il s'agit et la dépense à faire pour la construction du chemin de fer, qui ne s'élèvera pas à moins de 300 millions. Il faut donc recourir à la constitution d'une Compagnie à charte qui, en considération des droits régaliens et de l'exploitation d'un territoire déterminé qui lui seront concédés, pourra s'engager à faire cette énorme dépense.

M. Isaac fait observer qu'une Compagnie ordinaire acquerrait les droits régaliens par le seul fait de traités passés avec les chefs indigènes, s'il s'agissait de territoires sur lesquels l'État français n'aurait pas de droits politiques définis ; et d'autre part, dans cette dernière hypothèse, comment l'État pourrait-il céder des droits de souveraineté sur un pays qu'il ne possède pas ? Il n'a donc qu'à laisser faire, à assurer aux Compagnies privées toute la liberté d'action possible, sans intervenir directement.

M. le colonel Blanchot dit que les chartes pourraient comporter toutes les restrictions que l'État jugerait nécessaires.

M. Gauthiot fait observer que les chartes dont il s'agit ne peuvent pas être spéciales à telle ou telle entreprise ; elles seront toutes conformes à un type commun, et les détails en seront déterminés selon des règles fixées à l'avance. D'ailleurs, le projet de loi autorisant le Gouvernement à constituer des Compagnies à charte n'a pas encore été discuté par le Parlement. On ne pourra donc pas, d'ici longtemps, créer une Compagnie de cette nature pour la construction du Transsaharien.

M. Isaac souhaiterait que le Congrès se contentât d'émettre un vœu constatant l'utilité de Transsaharien et indiquant même que l'on étudiera la question des Compagnies de colonisation pour arriver à l'établissement de ce chemin de fer ; mais ni le tracé même de ce chemin de fer, ni les conditions de l'organisation des Compagnies ne peuvent donner lieu à l'expression d'un vœu fournissant les éléments d'une solution.

M. E. BLANC répond que le texte du vœu qu'il a présenté répond au désir que vient d'énoncer M. Isaac ; mais il est préférable de maintenir dans le texte le terme de « Compagnies à charte, » car la France a en face d'elle, sur les territoires dont il s'agit, des Compagnies de ce genre, auxquelles il faut opposer des associations jouissant de la même liberté d'action et des mêmes droits. Mais, dans l'état actuel de la question devant le Parlement, aucune formule définitive ne peut être adoptée ; il faut se borner à de simples indications.

M. LE PRÉSIDENT demande si M. Blanc, qui paraît être d'accord avec M. Isaac sur le fond de la question, serait disposé à s'entendre avec lui pour rédiger une proposition de vœu ?

M. ISAAC décline cette invitation. S'il éprouve quelque défiance à l'égard des Compagnies investies de droits régaliens, il adhère entièrement à l'idée de la création d'une Compagnie destinée à mettre en valeur des territoires lointains et à servir ainsi l'intérêt du commerce et de l'influence de la France. Mais il craindrait que son intervention dans la rédaction d'un texte ne fît plus de tort que de bien à l'idée dont M. E. Blanc s'est fait le défenseur.

M. GAUTHIOT s'autorise de la publication, qui vient d'avoir lieu à l'instant même, d'une bien douloureuse et bien triste nouvelle, pour demander au Congrès de ne point proposer de solution à la question du Transsaharien, et de se borner à émettre un vœu pour le maintien de nos droits, établis et reconnus depuis longtemps sur tous les territoires situés au nord d'une ligne s'étendant de Saï à Baroua, droits qui sont menacés et que lord Aberdeen a contestés très nettement dans un récent discours. (Approbation.)

M. E. BLANC répond que le vœu proposé par M. Gauthiot est identique au troisième paragraphe de sa proposition.

En ce qui touche les questions relatives au Transsaharien, l'orateur ne pense pas que la discussion puisse encore en être ajournée à la prochaine session du Congrès, c'est-à-dire à une année. Le malheur auquel M. Gauthiot vient de faire allusion est d'ailleurs un événement sans rapport avec cette question, et ne saurait, par conséquent, rendre un ajournement nécessaire.

M. LE PRÉSIDENT demande de quel événement il est question.

M. LE SECRÉTAIRE GÉNÉRAL répond qu'un journal de la localité, les *Tablettes des Deux Charentes*, qui vient de paraître à l'instant, annonce la mort de M. Crampel (Profonde sensation), qui aurait été assassiné avec ses compagnons au cours de sa mission au Soudan. La dépêche apportant cette affreuse nouvelle aurait été reçue par le sous-secrétariat d'État des colonies.

M. LE PRÉSIDENT croit répondre au sentiment unanime de l'assemblée en proposant de lever la séance en signe de deuil, et de remettre à demain la suite de la délibération. M. E. Blanc appréciera s'il y a lieu d'apporter certaines modifications à sa proposition de vœu. (Adhésion.)

M. E. BLANC dit qu'en effet, la triste nouvelle que le Congrès vient d'apprendre, peut motiver quelques changements dans la rédaction du vœu ; mais elle n'entraîne à aucun degré l'obligation de rayer du programme une question d'un intérêt aussi grand et aussi actuel que celle du Transsaharien.

Après le règlement de l'ordre du jour pour le lendemain, M. le Président déclare la séance levée, à cinq heures moins un quart.

Séance du samedi 8 août (matin).

Présidence de M. MERCHER, délégué de la Société de géographie de Lille.

Assesseurs :
MM. TEXIER, de la Société de géographie de Rochefort ;
MAISTRE, de la Société de géographie de Paris et de la Société de géographie commerciale de Paris.

SOMMAIRE : M. Manès : Rapport sur les travaux de la Société de géographie de Bordeaux. — M. Manès : Présentation de vœux relatifs aux renseignements pour la navigation. — Lecture d'un mémoire de M. Delaporte sur les voies fluviales et terrestres de l'Indo-Chine. — M. Edouard Blanc : Présentation de vœux sur la question de la France en Afrique. — M. Jaime : Les canonnières sur le Niger. — Suite de la discussion des vœux sur la question de la France en Afrique : MM. le colonel Blanchot, Ed. Blanc, Anthoine, Barbier, Deloncle.

La séance est ouverte à neuf heures un quart.

M. MANÈS, secrétaire général et délégué de la Société de géographie de Bordeaux, lit un rapport sur les travaux de cette Société :

Messieurs,

Je dois d'abord m'excuser de n'avoir pu arriver assez tôt au milieu de vous pour prendre part dès le début, aux travaux du Congrès. Ce retard involontaire m'a privé d'assister à des discussions importantes que j'aurais aimé suivre avec vous, et je le regrette profondément, ayant pu apprécier tout l'intérêt qu'elles ont offert, grâce aux comptes-rendus publiés par les journaux, et particulièrement par la *Gironde*, qui a bien voulu détacher à Rochefort, pour toute la durée de la session, l'un de ses rédacteurs les plus estimés.

Je vous dirai maintenant, aussi brièvement que possible, quelques mots sur notre Société et sur les travaux auxquels elle s'est livrée depuis notre dernier Congrès.

La Société de géographie commerciale de Bordeaux compte aujourd'hui, tant dans sa section centrale que dans ses sections extra-muros, environ mille six cents membres. Comme les années précédentes, elle a apporté tous ses soins à la publication de son *Bulletin* de quinzaine, distribué à Bordeaux et dans la région des prix de géographie et organisé des conférences. Sur cette partie de son œuvre, que vous connaissez de longue date, je serai sobre de détails ; elle a été accomplie sans avoir rien à envier au passé, et, pour vous en convaincre, il me suffira de vous signaler que le nombre des cartes publiées par notre *Bulletin* a pu être augmenté ; que ses articles sont souvent reproduits à l'étranger, et que, grâce à la compétence de son rédacteur en chef, M. Gebelin, les questions africaines, si à l'ordre du jour, prennent de plus en plus dans notre publication une place prépondérante. J'ajouterai, en ce qui concerne nos prix de géographie, que nous en avons, cette année, étendu le nombre à tous les lycées des villes où existent des sections de notre Société, et qu'enfin, relativement à nos conférences, nous avons pu faire entendre, tant à Bordeaux que dans quelques-unes de nos sections, de nombreux voyageurs ou explorateurs. Je ne puis manquer de citer ici celui d'entre eux que nous avons fêté de notre mieux au retour de son audacieuse traversée de l'Afrique et à qui notre Société a décerné sa plus haute récompense en même temps que le titre de membre honoraire. J'ai nommé le brave et intrépide capitaine Trivier.

J'arrive maintenant aux travaux de notre Société. Les questions qui l'ont particulièrement occupée sont celles du canal des Landes, du rachat des canaux du Midi et de la jonction : d'une part, de la Garonne et de la Dordogne à la Loire dans la direction du Nord-Est, et d'autre part, de la Garonne à l'Adour. La Société de géographie commerciale de Bordeaux a adressé, pour les faire aboutir, un pressant appel, non-seulement au Conseil général de la Gironde et aux sénateurs et députés de la Gironde, mais encore aux sénateurs et députés des départements intéressés, et elle espère, par les réponses qu'elle a reçues, que son initiative arrivera à porter ses fruits.

Une autre question, celle de l'établissement de communications plus rapides entre Bordeaux, Lyon et la Suisse, a été également traitée dans nos séances. Vous savez, Messieurs, que le trajet de Bordeaux à Lyon *par la ligne directe* se fait actuellement en dix-sept heures, tandis qu'en passant par Paris ou par Cette on arrive à faire le même trajet en quatorze et même treize heures. De plus, les trains directs de Bordeaux à Lyon n'ont pas, dans cette dernière ville, de correspondance immédiate avec les trains allant de Lyon sur Genève, et les trains qui correspondent le mieux ne sont précisément pas ceux qui ont la marche la plus rapide. Cette situation, contre laquelle réclame, depuis longtemps, le commerce de notre ville, a préoccupé à plusieurs reprises notre Chambre de commerce et la Société de géographie commerciale de Bordeaux. Malheureusement, toutes les réclamations faites jusqu'à présent sont restées sans effet. Il nous a semblé, Messieurs, qu'au moment où allait se réunir en Suisse un Congrès international de géographie, il y avait lieu de reprendre cette importante question, et, après une étude dans les détails de laquelle je ne crois pas devoir entrer pour abréger cette communication, notre Société a voté, à l'unanimité, le vœu « que la vitesse et le nombre des trains entre Bordeaux et Lyon soient augmentés de façon à rendre aussi rapide que possible le trajet de Bordeaux à Genève et à Vienne par l'Arlberg. »

Cette fois, Messieurs, nos efforts paraissent avoir obtenu un commencement de résultat. La Chambre de commerce de Bordeaux, le Conseil municipal et plusieurs des autres corps auxquels notre vœu a été envoyé lui ont accordé leur appui. Des sénateurs et députés ont également pris en main nos réclamations, et les réponses que nous avons reçues dernièrement de M. le Ministre de l'instruction publique et de M. le Ministre du commerce nous font espérer que la question va être étudiée de façon à donner sur ce point satisfaction à notre commerce. Mais la solution sera encore plus sûre et plus prompte si les réclamations viennent des deux côtés, et c'est pour cela que nous avons chargé notre délégué au Congrès de Berne de soumettre notre vœu au Congrès international de géographie. Nous déposons, Messieurs, sur le bureau de votre Congrès, quelques exemplaires de ce vœu pour ceux d'entre vous qui ont l'intention de se rendre à Berne la semaine prochaine, et nous leur demandons de vouloir bien seconder dans cette circonstance tous les efforts de notre délégué.

M. LE PRÉSIDENT, après avoir remercié M. Manès et félicité la Société de Bordeaux de se maintenir à la hauteur de sa vieille réputation, annonce qu'il a été déposé sur le bureau du Congrès, au nom de cette Société, un certain nombre d'exemplaires d'un document relatif à la création de trains rapides entre Bordeaux, Lyon et Genève.

M. BARBIER dit que, pour organiser les trains dont il s'agit, les Compagnies d'Orléans et Paris-Lyon-Méditerranée pourraient conclure un accord analogue à celui qui est intervenu entre cette dernière Compagnie et celle de l'Est pour le train dit de la *Malle des Indes*.

Quant aux deux vœux formant la conclusion du rapport de M. Manès, qui précèdent d'autres vœux émis par les précédents Congrès de géographie, ils pourraient être mis immédiatement aux voix.

M. LE PRÉSIDENT donne lecture de ces deux vœux, qui sont ainsi conçus :

« Considérant que les cartes journalières publiées par le
« Bureau central météorologique de France, contiennent les
« renseignements les plus intéressants sur l'état du temps ;
« Que ces renseignements s'arrêtent aux côtes et ne men-
« tionnent pas les faits concernant les mers voisines ;
« Considérant qu'il existe dans d'autres pays des publica-
« tions mensuelles, telles que les *Pilot-Chart* américaines,
« qui donnent les renseignements les plus précieux pour la
« navigation, notamment en ce qui concerne la météorologie,
« les courants et les épaves rencontrées à la mer ;
« Que ces renseignements sont faciles à obtenir des capi-
« taines en exigeant qu'ils remettent leurs livres de loch au
« port d'arrivée ;
« Emet le vœu qu'une publication mensuelle analogue à
« celle des *Pilot-Chart* soit entreprise et répandue dans les
« grands ports de commerce, dans l'intérêt de la navigation. »

« Considérant que les capitaines de navire sont obligés de
« tenir régulièrement un journal de bord, dit livre de loch,
« qui contient les renseignements les plus précieux pour la

« navigation, en relatant toutes les circonstances de vent, de
« courant qui peuvent l'intéresser ;

« Considérant qu'en fait, le plus grand nombre de ces jour-
« naux sont inutilisés, malgré les désirs et les encourage-
« ments des ministères de la marine et de l'instruction
« publique,

« Émet le vœu que, en fin de voyage, tout capitaine soit
« obligé de remettre son livre de loch au commissaire de
« l'inscription maritime du port d'arrivée, en même temps
« que son rôle d'équipage ;

« Que ces journaux soient immédiatement transmis au
« directeur des mouvements du port des arrondissements
« et sous-arrondissements maritimes, lesquels seront chargés
« d'en faire le dépouillement et de l'adresser au Bureau
« central météorologique ;

« Que, pour ce service, un second chef de timonerie soit
« attaché au bureau du directeur des mouvements du port. »

Ces deux propositions de vœux sont successivement mises aux voix et adoptées.

M. LE PRÉSIDENT. — L'ordre du jour appelle la suite de la discussion sur la 6ᵉ question du programme, la *France en Afrique*, et sur les deux vœux qui ont été proposés.

M. POLIDORE. — Je renonce à présenter le mien, Monsieur le Président.

M. LE PRÉSIDENT. — Reste alors la proposition de M. E. Blanc, qui est absent.

La délibération est ajournée et le Congrès aborde l'examen de la 7ᵉ question, l'*Indo-Chine française*. Sont inscrits pour des communications : M. Delaporte et M. Bazangeon.

M. le docteur BOURRU, secrétaire général, dit que M. Delaporte, l'explorateur bien connu du Cambodge, lui a adressé un mémoire destiné au Congrès et intitulé : *Voies fluviales et terrestres favorables au commerce, reconnues par nos explorateurs,* et demande à donner lecture de ce document.

La lecture du mémoire de M. Delaporte est ordonnée.

Messieurs,

De toutes les questions signalées à l'attention des membres du Congrès, il n'en est pas qui soit d'une actualité plus immédiate, d'une importance plus capitale pour l'avenir de notre colonie d'Extrême-Orient, et dont la solution s'impose avec plus d'urgence que celle de l'ouverture d'une grande voie commerciale dans le cœur de l'Indo-Chine pour mettre en valeur ce beau pays, laissé jusqu'à ce jour en dehors de notre influence.

Un simple regard jeté sur la carte suffit pour reconnaître la voie qui prime, qui résume toutes les autres, à laquelle toutes viennent aboutir (à l'exception de celles qui relient le Tonkin à la Chine) : nous avons nommé le Mé-Kong, cette grande artère fluviale, qui, sortie du Thibet, où l'a récemment traversée Bonvalot, s'étend jusqu'à la pointe sud-est de l'Indo-Chine, en couvrant de ses affluents, grands comme de grands fleuves d'Europe, une superficie bien plus vaste que celle de la France.

Il serait banal, aujourd'hui, de décrire cette contrée, qui, depuis Mouhot et Doudart de Lagrée, a été parcourue par nombre d'explorateurs dont le dernier, M. Paul Macey, délégué du Syndicat commercial du Laos (ce titre indique assez l'état actuel de la question), vient de traverser le haut pays et d'atteindre à son tour la ville de Xieng-Hong, à peu de distance de la frontière de Chine.

Un bassin aussi vaste que celui du Mé-Kong comprend forcément des régions diverses. Les parties montagneuses, massifs de grès ou collines calcaires découpées et pittoresques, renferment des mines très riches pressenties par Humboldt, reconnues depuis : ce sont des gisements de fer presque pur, de cuivre, de plomb, d'or, exploités par des procédés rudimentaires.

Les plateaux et les sommets des montagnes sont habités par des tribus, dont plusieurs possèdent quelque industrie, tandis que d'autres, chez lesquelles se recrute l'esclavage à destination du Cambodge, du Siam et du Laos, n'ont guère dépassé les plus bas degrés de l'échelle sociale. Au-dessous, de grands espaces sont couverts de forêts à essences précieuses ou de loin en loin paraît un champ de riz à côté d'un hameau. Mais aussi plusieurs contrées, provinces ou royaumes, sont riches, peuplées, avancées en civilisation et ne rencontrent d'autre obstacle à leur développement que leur régime politique et surtout le manque de débouchés commerciaux. En effet, les voies de terre, impraticables pendant les pluies, y existent à l'état rudimentaire, et la navigation fluviale s'y fait par barques remontant péniblement des courants rapides, et par radeaux qui ne les remontent pas.

Sur les rives des cours d'eau, dans les plaines qu'une épaisse alluvion rend propres aux cultures tropicales, on retrouve partout les traces d'une grande prospérité passée. Les bords du fleuve sont jalonnés par les restes des cités détruites, depuis les édifices Kmers du Cambodge et de Bassac, les grandes ruines de Vien-Chan, de Xieng-Sen, pour n'en citer que quelques-unes, jusqu'aux temples lao-birmans et aux voies et ponts chinois du Laos septentrional. Le passé, pour certains d'entre eux, ne remonte pas plus loin que le premier quart de ce siècle. Aussi, divers édifices ont-ils conservé leur ancien nom, comme ce Tat-Luong revêtu de plomb, et qui, lors du passage de la mission du Mé-Kong, en 1866, venait d'être en partie doré richement, preuve évidente que la vie persiste dans cette région, toujours prête à renaître de ses cendres, pourvu qu'une période de paix la favorise. Or, si nous avons foi dans les avantages immédiats que nous procurera l'entrée de ces beaux pays, n'est-ce pas plus encore en vue de l'avenir que nous devons les coloniser et travailler à y établir des relations de toute nature ? Nous y trouverons une population pacifique, honnête et tolérante, près de laquelle quiconque respectera ses coutumes et ses préjugés recevra le meilleur accueil, pourvu, toutefois, que nous nous soyons assurés à l'avance la bienveillance, ou tout au moins la neutralité de ses chefs.

Un rapide regard jeté sur ce qui a été fait dans l'Indo-Chine centrale pendant ces vingt-cinq dernières années permettra de mesurer le chemin parcouru, les difficultés vaincues et le peu d'efforts qu'il reste à faire aujourd'hui pour atteindre le but et recueillir le fruit des labeurs passés.

Lorsqu'en 1867, la mission du Mé-Kong (1) eut remonté le fleuve

---

(1) La mission d'exploration du Mé-Kong, partie de Saigon en 1866, sous le commandement du capitaine de frégate Doudart de Lagrée, se composait, en outre, de F. Garnier, L. Delaporte, Dr Joubert, Dr Thorel et L. de Carné.

jusqu'à sa sortie de Chine, il fut certain qu'un courant commercial existait, par radeaux ou par barques, sur le parcours tout entier, sauf transbordement aux cataractes de Khone, que quelques grandes barques franchissaient annuellement aux hautes eaux pour commercer entre Bassac et Phnom-Penh.

Des milliers de rochers disséminés dans le lit du fleuve, de violents courants, des rapides, des tourbillons plus dangereux encore, mais intermittents, changeant de place et d'importance et disparaissant avec la montée des eaux, rendaient en mains endroits cette navigation difficile ou périlleuse, mais partout il existait un chenal d'une profondeur de quelques mètres aux basses eaux (1), et ce chenal s'élargissait rapidement avec la crue annuelle, montant, en certains endroits, jusqu'à 15, 16 et 17 mètres.

A cette époque, les bâtiments à vapeur qui sillonnaient les cours d'eau de la Cochinchine et du Cambodge n'atteignaient que de faibles vitesses : on les voyait souvent lutter sans avantage contre les courants du bas Mé-Kong, à marée descendante. On n'utilisait pas non plus les explosifs puissants qui permettent aujourd'hui de nettoyer rapidement une passe des rochers qui l'encombrent. Les difficultés du lit du fleuve n'en parurent que plus fortes ; mais la plupart des obstacles n'existaient qu'au moment de l'étiage. Aussitôt que la crue commençait à se faire sentir, les parties torrentueuses faisaient place à un fleuve vaste et profond que des bâtiments à grande vitesse remonteraient sans trop de peine. En somme, les rapides au courant de foudre de Préa-Patang et le dénivellement de Khone (rachetable par un travail d'art) furent les seuls grands obstacles qui apparurent à l'établissement de la navigation à vapeur sur tout le cours du fleuve.

Ces deux difficultés, d'ailleurs, s'étendaient sur des espaces considérables, obstrués de végétation ; elles ne pouvaient être bien reconnues qu'en les relevant en détail, et autant que possible en y examinant le régime des eaux aux époques extrêmes et moyennes de leur hauteur. La mission du Mé-Kong les avait envisagées dans leur ensemble et signalées à ses successeurs, auxquels en incomberait l'étude définitive. Cette étude s'est fait attendre bien longtemps.

Sur le Laos même, la mission rapporte des renseignements nom-

---

(1) Au-dessus de Pak-Moun, en eau calme, nous n'avons pas atteint le fond à 100 mètres. Plus haut, entre Ban-Naveng et Keng-Kanion, près de Khémarat, dans une des parties les plus encombrées, les plus hérissées de têtes de roches, il y avait plus de 5 mètres.

breux et variés ; mais, là encore, il fallait que de nouveaux explorateurs vinssent sillonner le pays dans tous les sens pour que l'on pût se rendre un compte exact de sa population, de ses ressources, des voies par lesquelles il se reliait aux contrées avoisinantes. C'est cette tâche qu'entreprirent nos successeurs, dont je ne citerai que les principaux. Ce furent d'abord MM. Rheinart et Mourin d'Arfeuille, en 1869. Puis, de 1875 à 1877, le docteur Harmand, qui accomplit la difficile traversée de Bassac à Hué. En 1885, M. Aymonier publia ses notes sur le bas Laos. A la même époque, M. Pavie préludait aux belles explorations qui vont nous faire connaître la région de Luang-Prabang avec les importants affluents qui l'arrosent, le bas Yunnan avec sa frontière (du Tonkin à la Birmanie) et le cours du Mé-Kong à travers le haut Laos où, tout récemment, il vient de visiter le lieu de passage des caravanes qui se rendent de la Birmanie à la Chine, Muong-Kong, de qui le fleuve a tiré son nom. (1)

L'ensemble des données nouvelles ainsi recueillies vient corroborer les renseignements fournis par le commandant de Lagrée, dont les appréciations s'étaient toujours maintenues dans une sage réserve. On a reconnu, de plus, dans certaines parties qui n'avaient pas été visitées, l'existence de populations denses et la possibilité d'un mouvement commercial plus important qu'on ne l'avait supposé tout d'abord.

Pendant une période de dix-sept ans, la question de la navigabilité du grand fleuve n'avait pas fait de progrès. C'est en 1883 seulement que M. Rueff, directeur de la Compagnie de navigation fluviale de Cochinchine, fit partir son vapeur *Aigle* pour étudier le cours du Mé-Kong au-dessus de Phnom-Penh. Dès l'année suivante, la Compagnie établissait une ligne régulière de Phnom-Penh à Somboc, puis à Sombor, et deux ans après, cette ligne était prolongée jusqu'à Stung-Treng, au confluent de l'immense rivière d'Attopeu. Au-dessus, c'étaient les rapides réputés infranchissables de Préa-Patang et la cataracte de Khone.

---

(1) L'*Avenir du Tonkin*, du 10 juin dernier, donne d'intéressants détails sur cette dernière mission, dont le chef a croisé M. Macey, à Xieng-Hong. C'est par le Tonkin, en attendant l'ouverture de la navigation à vapeur sur le Mé-Kong, que ces voyageurs ont pénétré dans le haut Laos, pendant que leurs collaborateurs achevaient, plus au sud, l'étude de la région située entre le grand fleuve et l'Annam. Le retour de M. Pavie en France par Hanoï est annoncé. Peut-être va-t-il pouvoir exposer lui-même, au Congrès, les résultats de ses derniers travaux.

On se rappelle encore l'impression que fit dans le monde maritime et colonial le récit émouvant du premier passage des rapides de Préa-Patang par le commandant Reveillère, en 1877. Cet exploit fut renouvelé bientôt après par le lieutenant de vaisseau de Fésigny, se rendant à Khone à la recherche d'un passage au milieu des nombreux bras de la cataracte. L'année suivante, le lieutenant de vaisseau Heurtel alla reprendre et continuer ces études, dont enfin on comprenait toute l'importance. La baisse des eaux le surprit avant l'achèvement de ses travaux, mais il avait réussi à conduire à 100 mètres au-dessous des chutes, au mouillage de la baie Marguerite, le vapeur le *Cantonnais*, des Messageries fluviales.

Au début de l'année suivante, deux voyageurs, MM. Pelletier et le docteur Mougeot, de passage dans ces régions, parvinrent à vaincre chez leurs guides indigènes la crainte que leur inspiraient, parait-il, des défenses sévères de la cour de Siam, et se firent montrer un passage par lequel, dans de certains moments, les barques descendent sans opérer de déchargement. La découverte longtemps attendue d'une passe praticable devant le Ka-Sedam, est maintenant un fait accompli. Peut-être même cette passe n'est-elle pas la seule et en existe-t-il une seconde ?

Le gouvernement s'émeut, nomme une commission hydrographique, à l'effet d'aller vérifier cette découverte et d'améliorer le passage. L'enseigne de vaisseau Guissez prend le commandement de l'*Argus*, et le gouverneur général Piquet se décide à se rendre à Khone. Le 22 octobre dernier, il s'embarqua à bord du *Cantonnais* que montaient, en outre, MM. Danel, lieutenant-gouverneur ; Pavie, consul de France à Luang-Prabang ; Lourme, directeur des postes et télégraphes ; Blanchet, directeur des Messageries fluviales de Cochinchine, et le docteur Mougeot, l'un des auteurs de la récente découverte. L'expédition, accompagnée de l'*Argus*, servant d'éclaireur, se mit en route avec l'espérance d'aller mouiller devant la ville de Bassac, sur un superbe bassin en eau tranquille, bien au-dessus de la cataracte.

Mais on avait compté sans les circonstances de la saison. La baisse des eaux survint longtemps avant l'époque habituelle, et, cette fois encore, ne permit pas de franchir le passage difficile. Le *Cantonnais* dut rentrer à Saigon, pendant que l'*Argus* mouillait dans le bras de Ka-Sedam, entre les rapides de Tat-Vaï et de Tat-Liou, afin d'y séjourner le temps nécessaire pour achever l'étude commencée et compléter la reconnaissance du fleuve aussi haut que possible. On peut donc espérer que cette campagne d'études, faite dans les meilleures conditions, va donner enfin les résultats attendus, et, qu'après tant d'hésitations, l'année 1891 verra notre pavillon flotter sur le bassin extérieur du Mé-Kong. Ainsi se réaliserait le grand desideratum actuel de notre colonie indo-chinoise : à savoir, la navigation assurée d'abord jusqu'à Bassac, puis prolongée, étape par étape, jusqu'à Luang-Prabang et la frontière de Chine ; et dans un avenir que nous espérons prochain, avec des ramifications sur les grands affluents du fleuve, pour porter la civilisation et la vie jusque dans les coins les plus reculés de cette contrée. N'est-ce pas là un superbe champ ouvert à l'activité de la Compagnie des Messageries fluviales, dont le développement a été si rapide ? Son patriotisme se montrera à la hauteur de cette tâche et la réalisera aussi heureusement qu'elle l'a commencée.

Il est temps, d'ailleurs, et si les événements considérables survenus en France, ainsi qu'en Extrême-Orient, et les préoccupations qui les ont accompagnées, justifient, dans une certaine mesure, la lenteur avec laquelle cette affaire a été conduite, il serait dangereux, au point de vue du résultat final, de tarder davantage. Nous ne sommes pas seuls, en effet, à avoir mesuré l'intérêt qui s'attache à la réussite de l'entreprise.

Du jour même où le gouvernement de Cochinchine a fait connaître son intention de poursuivre l'ouverture de ce champ nouveau à notre influence, le gouvernement siamois s'est ému. Il s'est efforcé de contrebalancer l'action de nos explorateurs en envoyant, de son côté, dans le Laos, des agents recrutés en Angleterre, pour explorer le pays au point de vue de son exploitation par les voies et pour le profit siamois. Dès l'année 1867, la mission du Mé-Kong rencontrait sur le haut fleuve le premier de ces explorateurs, accompagné d'une escorte et de fonctionnaires siamois. Plusieurs autres l'ont suivi depuis. Leurs travaux ont abouti au projet d'installation *d'un service complet desservant le cours du Mé-Kong pour en dériver le commerce dans le cœur du royaume de Siam par la belle rivière de Sé-Moun et l'amener ensuite, par voie ferrée, jusqu'à la capitale et à la mer.* Ce projet est actuellement en pleine période de réalisation. Très prochainement, deux vapeurs vont être installés, l'un sur le cours moyen du fleuve, entre Bassac et Khémarat, avec station à Pak-Moun, au confluent de la rivière ; l'autre, sur le Sé-Moun, entre Pak-

Moun et Khorat, où la rivière cesse d'être navigable ; et ce service sera complété par un chemin de fer reliant Khorat à Bankok. *La mise en adjudication de ce chemin de fer a été annoncée tout récemment, à la grande stupéfaction des intéressés français, par le* Journal officiel, *du 16 mai 1891.* On sait, d'ailleurs, que des lignes télégraphiques ont été établies au Laos comme au Siam, par des constructeurs anglais ; et de Bassac même, un voyageur écrivait récemment qu'on y voit « le fil du télégraphe pendre tristement le long de ses poteaux en attendant d'être relevé par un fil français. »

De part et d'autre, de grands efforts sont donc poursuivis, et dans cette lutte pacifique avec une nation à moitié civilisée, mais qui sait mettre à profit l'activité de nos rivaux, nous risquons, par notre faute, de nous laisser devancer. Or, quiconque a voyagé dans ces contrées, sait combien y est grande l'influence du fait accompli et quelles difficultés on éprouverait à faire prendre au commerce la voie française, là où l'établissement d'une voie siamoise l'aurait précédée. La concurrence deviendrait alors d'autant plus difficile que nous aurions à lutter contre des ordres supérieurs enjoignant aux indigènes de se diriger du côté siamois, ordres que nous ne connaîtrions même pas, puisque ce peuple ne sait qu'obéir et se taire. De plus, les bâtiments battant pavillon siamois appartiendraient sans doute à une Compagnie étrangère ; de là une source de difficultés qu'il faudrait trancher par avance en nous installant les premiers.

Dans cette circonstance, l'industrie et le commerce français, qui, en d'autre temps, se sont si souvent laissés devancer faute de déployer l'activité nécessaire, font, nous sommes heureux de le constater, les plus louables efforts pour s'assurer le succès. Une association s'est constituée sous le nom de « Syndicat du haut Laos » et a envoyé une mission dans le but d'étudier le pays au point de vue commercial, de jeter les bases d'un grand établissement à Luang-Prabang et d'installer des comptoirs secondaires dans les centres. L'un de ces derniers, celui de Nonkay, a dû cesser ses opérations six jours après son ouverture, faute de marchandises, tout son stock ayant été enlevé au débarquement ; et cela, malgré la concurrence que lui faisaient des marchandises de provenance anglaise et allemande, arrivées par des routes plus faciles et moins coûteuses, concurrence qui pourra se reproduire tant que la navigation à vapeur sur le grand fleuve ne sera pas un fait accompli. Ce premier succès n'est-il pas du meilleur augure et ne garantit-il pas l'avenir de nos transactions dans cette contrée ?

De son côté, la Compagnie des Messageries fluviales n'est pas moins confiante. Avant même que les passes de Khone ne soient assainies et la route ouverte, elle a fait construire, à grands frais, un vapeur spécial, le *Bassac*, sur lequel le journal le *Yacht*, du 24 février 1891, nous donne d'intéressants détails. La construction du *Bassac* a été mise au concours ; le bâtiment vient de sortir des chantiers Dubigeon, de Nantes. Long de 52 mètres, large de 7, mais ne calant que 0^m,70 en charge ; spécialement construit pour le passage des rapides et des bas-fonds en même temps que pour résister au choc des arbres entraînés par le courant, ce bâtiment est d'une solidité à toute épreuve. Ses machines, à triple expansion, actionnent deux hélices indépendantes, bien protégées sous des voûtes allongées : il a atteint aux essais la vitesse de 11 nœuds, vitesse qui n'avait pas encore été obtenue par des bâtiments analogues. Il se présente donc dans des conditions exceptionnellement favorables pour triompher des difficultés. Au point de perfection qu'a atteint de nos jours la navigation fluviale, on peut, d'ailleurs, être assuré qu'après quelques essais, et au besoin des modifications amenées par l'expérience, on réussira à franchir tous les obstacles. Le *Bassac* est destiné par M. Rueff, l'habile directeur de la Compagnie, à tenter, immédiatement après le passage de l'*Argus*, le grand assaut qui doit ouvrir à notre commerce cette contrée, riche et vierge encore, du Laos.

De telles manifestations tranchent singulièrement avec le peu d'empressement, l'apathie regrettable qui accueillirent certains de nos missionnaires lorsqu'ils se mirent à la disposition de notre commerce pour lui faciliter l'accès de ces contrées. Elles indiquent que la question est mûre et répondent à un mouvement indiscutable de l'opinion publique. N'en voyons-nous pas encore une preuve dans la constitution récente de ce comité qui, sous le patronage du ministre de la marine et du sous-secrétaire d'État aux colonies, et sous la présidence effective de M. Le Myre de Vilers, l'éminent député de la Cochinchine, se propose, après vingt-cinq ans d'oubli, de rendre honneur à la mémoire de Doudart de Lagrée et de lui élever un monument digne de son beau caractère et de ses rares services.

Que reste-t-il à faire maintenant pour seconder cet élan, pour déconcerter des rivaux qui n'eussent pas songé à sortir de leur indifférence si nous ne leur avions montré le but, et pour rendre notre succès final aussi rapide que complet ?

Avant tout, il appartient au Gouvernement d'assurer d'une façon absolue, la navigation du haut Mé-Kong, en assainissant les passes et en faisant l'hydrographie du fleuve et de ses affluents. En même temps, il faut faciliter, par tous les moyens possibles, l'accès du pays à notre commerce.

L'extension du réseau télégraphique français dans le Laos concourrait puissamment à atteindre ce résultat. Il en serait de même de la création (temporaire au moins) d'agents commerciaux dans les centres. Ces agents seraient placés sous les ordres de notre consul, ou, mieux peut-être, d'un ministre résidant à Bankok (où une nation dont les intérêts sont bien moindres que les nôtres, est déjà représentée par un agent de ce rang). Le représentant de la France aurait alors toute l'autorité nécessaire pour établir une heureuse entente avec le gouvernement siamois, qui, riverain comme nous du fleuve sur un très long parcours, retirera forcément de grands avantages de la création de mouvements commerciaux aussi importants que l'amènera l'arrivée des vapeurs de la Compagnie fluviale de Cochinchine.

Tels sont, aujourd'hui, les desiderata de notre commerce, nettement indiqués, d'ailleurs, dans une lettre d'un de ses représentants les plus autorisés, *le délégué du Syndicat du haut Laos*, qui, de ce pays même, insiste pour obtenir « la création sur le Mé-Kong, de postes purement consulaires tenus par des commerçants ayant des attaches réelles dans le pays, intéressés à son développement et coûtant peu au budget, mais avant tout, et immédiatement, la navigation à vapeur, *car les Siamois auront, à la saison prochaine, deux vapeurs.* »

L'administration des colonies et le gouvernement de Cochinchine, de même que le ministère des affaires étrangères, ont donné déjà des preuves de l'intérêt croissant qu'ils prennent à cette question. Nous devons avoir confiance dans leurs efforts ; mais leur action ne peut que gagner en rapidité et en énergie s'ils la sentent soutenue, devancée même, en France comme en Extrême-Orient, par les vœux de tous, et nul ne peut émettre ces vœux avec plus d'autorité que le Congrès géographique de 1891. La question est d'une utilité si palpable qu'il est impossible qu'elle ne réunisse pas tous les suffrages.

De plus autorisés la traiteront sans doute, ici même, avec tous les développements qu'elle comporte aux points de vue politique, économique et commercial, et leurs considérations, auxquelles nous applaudissons d'avance, feront mieux ressortir les devoirs et les intérêts français. Il ne nous a pas semblé inutile qu'un des compagnons du commandant de Lagrée, retourné plusieurs fois en Indo-Chine, et ne cessant pas de s'intéresser au développement de notre colonie, vînt affirmer à nouveau sa confiance dans le résultat final. Sans doute, si le regretté chef de la mission du Mé-Kong eût survécu et employé son autorité au service de cette cause, il eût réussi à la faire triompher depuis longtemps. La meilleure manière de reconnaître ses services, ainsi que ceux des explorateurs qui ont, après lui, sillonné ces régions, pour l'honneur du pavillon, en y risquant parfois leur vie (1); le meilleur encouragement à donner aux nouveau venus qui sont prêts à se dévouer à leur tour, n'est-ce pas d'utiliser les travaux déjà accomplis dans ces contrées pour y étendre rapidement l'influence de la France? Notre récompense à tous sera de voir le drapeau français flotter glorieux et incontesté sur le bassin entier du Mé-Kong. Qu'on se hâte donc, qu'on ne perde pas un instant, si l'on ne veut pas que nous éprouvions l'humiliation d'y rencontrer à notre arrivée, un drapeau étranger.

Nota. — Le sous-secrétariat des colonies continuant sous l'administration de M. Etienne, les traditions du passé, témoigne de sa constante sollicitude pour les œuvres qui, même indirectement, sont utiles à la colonie. C'est ainsi qu'il a voulu encourager les recherches archéologiques qui ont abouti (grâce à l'initiative de M. Kaempfen, puis de M. Larroumet, directeurs des Beaux-Arts, et au concours bienveillant de la commission des monuments historiques, présidée par M. Antonin Proust) à la création d'un musée des antiquités indo-chinoises au palais du Trocadéro.

Cette œuvre n'a pas rencontré un moins bon accueil de la part de presque tous les gouverneurs qui se sont succédés dans la colonie, et particulièrement de M. Le Myre de Vilers, dont la bienveillance et

---

(1) Le climat de l'Indo-Chine vient de faire une nouvelle victime en la personne de M. S. Raffegeaud, explorateur aussi modeste qu'énergique, qui, après avoir recueilli, dans le cours de trois missions, une remarquable collection de monuments anciens destinés à figurer avec honneur au musée du Trocadéro, a succombé au moment où il allait recevoir la récompense de ses travaux persévérants et dévoués.

la gracieuse hospitalité pour les voyageurs à Saigon sont restées légendaires.

Le Musée des antiquités indo-chinoises intéressant au point de vue de l'histoire générale de l'art, utile par les idées qu'il suggère, les exemples et les modèles nouveaux qu'il offre aux artistes, ainsi qu'aux industriels d'art, fait en même temps naître la sympathie pour notre colonie, la présente aux voyageurs sous un jour attrayant et en fait connaître le passé merveilleux, qui devient un gage de la prospérité à venir. (Applaudissements.)

M. BARBIER rappelle qu'un explorateur dont le nom lui échappe pour le moment, un simple négociant, a accompli l'exploration du Mé-Kong tout entier, depuis la partie du fleuve en amont de Luang-Prabang jusqu'à son embouchure.

L'orateur propose au Congrès de s'associer aux *desiderata* dont M. Delaporte se fait l'interprète, et qui peuvent se résumer ainsi : « Création de consulats commerciaux, et facilités assurées à la navigation sur le fleuve, dans le plus bref délai possible. »

Cette proposition, mise aux voix, est adoptée.

M. RODANET prie le Congrès de lui réserver un tour de parole, à la séance suivante, pour donner lecture d'une communication dont l'a chargé M. le commandant de Villemereuil.

L'orateur rappelle que M. de Villemereuil a été chargé par la commune de Saint-Vincent-de-Mereuze de provoquer la création d'un comité en vue d'ériger une statue à Doudart de Lagrée, le précurseur des explorateurs de l'Indo-Chine. Une souscription a été ouverte par ce comité, et toutes les Sociétés de géographie sont invitées à y participer.

M. LE SECRÉTAIRE GÉNÉRAL annonce qu'il a reçu de M. Bazangeon, ancien magistrat de Cochinchine, un mémoire destiné au Congrès. Il demande l'autorisation d'en donner lecture.

M. LE PRÉSIDENT propose de renvoyer cette communication

à la séance de l'après-midi, l'ordre du jour étant, pour le présent, très chargé de questions devant donner lieu à des discussions. (Adhésion.)

Le Congrès reprend sa délibération sur la question de la France en Afrique.

La parole est à M. E. Blanc.

M. E. BLANC dépose sur le bureau du Congrès une rédaction nouvelle des deux vœux qui ont été discutés hier. Des changements, dans le sens des observations présentées, ont été apportés au texte primitif ; le premier de ces vœux est également conforme à la proposition faite par M. Gauthiot.

M. LE PRÉSIDENT donne lecture de la première de ces propositions de vœu, dont voici les termes :

« En ce qui concerne la question générale de la France en
« Afrique, le Congrès engage le Gouvernement à maintenir
« énergiquement et intégralement les droits de la France sur
« tous les territoires qui lui sont concédés par les traités et
« conventions, et notamment sur tous ceux qui sont situés
« au nord du parallèle allant de Saï au lac Tchad, sans pré-
« judice de ses droits à venir sur les territoires encore inoc-
« cupés qui sont situés au sud-est de cette limite, et dont
« l'occupation pourra permettre plus tard de réunir nos pos-
« sessions du Congo à celles de l'Afrique septentrionale.

« Le Congrès proteste de la façon la plus formelle contre
« les prétentions récemment émises par la Compagnie anglaise
« du Bas-Niger sur l'Aïr et le Dumergou, pays situés au nord
« de la limite qui est reconnue à l'influence française. »

M. le colonel BLANCHOT demande qu'avant de se prononcer sur cette proposition, le Congrès entende une communication de M. le lieutenant de vaisseau Jaime, qui paraît devoir lui apporter un utile supplément d'informations. (Assentiment.)

M. LE PRÉSIDENT donne la parole à M. Jaime.

M. Jaime rappelle que les canonnières en service sur le Niger ont, en 1889, remonté ce fleuve de Koulikoro à Koriamé, le port de Tombouctou ; elles ont mis vingt jours pour y aller, vingt-et-un jours pour redescendre, avec un courant moyen de trois nœuds, et marchant souvent la nuit. Ces canonnières, qui sont bonnes, mais qui, après ce voyage, avaient besoin de sérieuses réparations, n'ont pas été utilisées depuis lors.

Il eût été utile de les mettre en état de faire une nouvelle expédition au moment où l'on préparait non-seulement la mission Crampel, dont on vient d'apprendre le désastreux échec, mais encore les autres missions, celle du capitaine Ménard, celle du capitaine Monteil et celle du lieutenant de vaisseau Mizon. Les canonnières auraient pu les ravitailler ou, tout au moins, les relier entre elles ; la présence dans les eaux de Saï de bâtiments français armés aurait suffi à leur assurer la sécurité, car elle eût été très promptement connue dans tout le Soudan. L'orateur ignore s'il sera possible d'entreprendre de nouvelles expéditions vers Saï, même le voulût-on, avant 1893.

M. le Président dit qu'il serait désirable qu'un membre du Congrès proposât d'ajouter aux vœux déjà proposés, un paragraphe spécial demandant qu'une expédition nautique soit entreprise à bref délai dans la direction de Saï. M. le lieutenant de vaisseau Jaime ne peut pas prendre l'initiative d'un tel vœu ; il paraît cependant nécessaire de le formuler.

M. Jaime dit qu'il y a vingt jours, les canonnières dont il a parlé ont été cédées par la colonie à l'administration de la marine ; par conséquent, ses conclusions ont déjà reçu satisfaction dans une certaine mesure.

M. le colonel Blanchot pense qu'une addition au vœu proposé est nécessaire, parce que ce vœu a pour objet le Trans-saharien, c'est-à-dire la voie terrestre, et qu'il ne faut pas non plus perdre de vue les voies fluviales de communication. Il propose donc de déclarer qu'il y a lieu de mettre en parfait état tous les éléments de navigation du Niger.

M. Rodanet, au sujet du vœu relatif au Transsaharien, rappelle qu'il y est recommandé de faire passer le chemin de fer par la voie de l'Igharghar. Cette mention lui paraît de nature à engager mal à propos la responsabilité du Congrès, qui n'a pas les éléments de l'étude technique absolument indispensable pour fixer la direction d'une ligne de chemin de fer.

M. le Président propose au Congrès de délibérer sur la première proposition de vœu, dont il donne une nouvelle lecture.

M. le colonel Blanchot propose de relier de la manière suivante, les deux membres de phrase dont se compose le premier vœu :
Après ces mots : « ... la conservation des territoires qui « sont situés au nord du parallèle de Saï au lac Tchad... » mettre : « ... et, dans cet ordre d'idées, le Congrès proteste, « etc. »

M. E. Blanc déclare accepter cette modification.

M. le Président met aux voix la première proposition de vœu, ainsi modifiée.

Le premier vœu est adopté à l'unanimité.

M. le Président donne une nouvelle lecture de la seconde proposition de vœu, et annonce qu'il soumettra séparément au vote du Congrès chacune des deux parties dont elle se compose.

Une longue discussion, à laquelle prennent part MM. E.

Blanc, le colonel Blanchot, Anthoine, Barbier, Rodanet, Deloncle, Malavialle, s'engage au sujet de cette proposition, qui, finalement, est rejetée.

M. Barbier dit qu'une proposition ainsi rejetée successivement dans ses diverses parties ne peut pas être présentée de nouveau, à moins d'être complètement modifiée dans sa forme. Il demande, en conséquence, à M. Blanc de vouloir bien préparer une rédaction tout à fait nouvelle, offrant moins de prise aux interprétations critiques, qui pourra être soumise au Congrès, dans la séance de l'après-midi. (Approbation générale.)

M. E. Blanc s'engage à apporter un nouveau texte à la séance de l'après-midi, si ses confrères le désirent.

Le Congrès, consulté, décide que la délibération sera continuée à la prochaine séance.

M. le Président donne lecture d'un vœu déposé sur le bureau par MM. le colonel Blanchot et Barbier, et qui a pour objet de donner une sanction aux considérations présentées au début de la séance, par M. le lieutenant de vaisseau Jaime.

Cette proposition de vœu est ainsi conçue :

« Le Congrès national des Sociétés françaises de géogra-
« phie verrait avec peine la suppression des canonnières en
« service sur le Niger et estime qu'il y aurait lieu de les
« utiliser, dans le plus bref délai, en vue d'une expédition
« ayant Saï pour objectif, de façon à relier entre eux et au
« besoin ravitailler MM. Mizon, Ménard et Monteil. »

La proposition de vœu, mise aux voix, est adoptée à l'unanimité.

M. le Président donne connaissance à l'assemblée, de la

lettre suivante, adressée à M. le docteur Bourru par M. Gallé, délégué et secrétaire général de la Société de géographie de Saint-Nazaire, dont nous extrayons le passage suivant :

> J'ai eu l'honneur de vous adresser, hier, mon vote au sujet de la réunion du Congrès pour 1892. Dans le cas où Lille aurait la préférence, Tours prendrait rang pour 1893, et la candidature de Saint-Nazaire se trouverait posée pour 1894.

M. MALAVIALLE annonce qu'à la prochaine séance, il déposera sur le bureau du Congrès, un vœu qui a été voté, l'an dernier, à Montpellier, et dont voici les termes :

« Que les Congrès de géographie s'occupent surtout de « questions scientifiques et de questions locales. »

M. LE SECRÉTAIRE GÉNÉRAL fait observer que cette proposition devrait être discutée par la réunion des délégués des Sociétés de géographie, qui va avoir lieu cet après-midi même. Il craint que le temps ne manque pour l'examiner.

M. le colonel BLANCHOT dit que c'est là, en effet, une question intérieure, qui ne peut guère être discutée par le Congrès en séance publique, et que, d'autre part, le Congrès touchant à la fin de la session, la réunion des délégués ne pourrait peut-être pas l'étudier avec toute l'attention qu'elle mérite.

M. MALAVIALLE dit qu'il a été amené à faire cette proposition par la tournure qu'a prise aujourd'hui la délibération dans le Congrès, et qui lui paraît en démontrer précisément l'opportunité.

La séance est levée à onze heures et quart.

Séance du samedi 8 août (soir).

Présidence de M. le docteur ARDOUIN, médecin principal de la Marine, de la Société de géographie de Rochefort.

Assesseurs :
MM. BARTET, inspecteur-adjoint de la Marine, de la Société de géographie de Rochefort ;
LÉNÉ, de la Société de géographie commerciale de Paris.

Sommaire : M. Ed. Blanc : Vœu relatif à la question de la France en Afrique (suite). — Lecture d'une lettre de M. Percher (Harry Alis) — Résolutions du Congrès à l'occasion de la mort de Crampel. — M. Bartet : La vulgarisation de la langue française à Madagascar. Discussion : MM. Maistre, Léon Moinet. — Communication de notes de M. de Villemereuil sur la navigation du Mé-Kong. — M. le comte de Dienne : Les dessèchements de marais. — M. Léon Moinet : Démographie de la ville de Rochefort. — M. Paul Vibert : La topographie au point de vue colonial. — M. A. Couilliaux : Projet de fondation d'une Société d'instruction mutuelle. — M. Bazangeon : La politique à suivre à l'égard des pays limitrophes : Siam, Laos et Chine. — M. Martineau : Le commerce européen dans les Amériques et le projet d'union douanière pan-américaine. Discussion : M. P. Vibert.

La séance est ouverte à deux heures et demie.

M. E. BLANC dépose sur le bureau du Congrès la nouvelle rédaction de la deuxième partie du vœu dont la première partie a été adoptée à la séance du matin.

M. LE PRÉSIDENT. — Je donne lecture du premier paragraphe de la nouvelle rédaction :

« Le Congrès se déclare partisan d'une action prompte et
« énergique au sud de la province d'Oran, dans la direction
« du Touat, avec prolongement jusqu'au Touat de la ligne
« d'Oran à Aïn-Sefra. Indépendamment de cette ligne du
« Sud-Ouest, le Congrès estime qu'il est urgent de construire

« dans la direction du Sud-Est, un chemin de fer transsaha-
« rien se dirigeant vers le lac Tchad par la vallée de l'Ighar-
« ghar. »

Ce premier paragraphe est mis aux voix et adopté.

M. LE PRÉSIDENT. — Second paragraphe :

« A défaut de la construction directe par l'État, le Congrès
« estime que, pour l'exécution de ces lignes, il conviendrait
« de constituer le plus tôt possible des Compagnies pourvues
« de privilèges spéciaux, privilèges qui seraient déterminés
« conformément aux indications du Conseil supérieur des
« colonies. »

Ce deuxième paragraphe est également mis aux voix et adopté.

La parole est donnée à M. le docteur Bourru, secrétaire général, pour lire au Congrès une lettre de M. Percher (Harry Alis), ainsi conçue :

Paris, 7 août 1891.

Monsieur le Secrétaire général,

La nouvelle du massacre de la mission Crampel, qui a paru, ce matin, dans les journaux, a été la raison de mon départ précipité de Rochefort. Rappelé par M. le Sous-Secrétaire d'État des colonies pour étudier en commun la conduite à tenir, obligé de prévenir Mme Crampel et de la ramener dans sa famille, il m'était impossible, vous le comprendrez, de prendre la parole en public sur un sujet que, d'ailleurs, les convenances m'interdisaient.

Malgré les graves devoirs que j'avais à remplir et la douleur qui m'accablait, croyez, Monsieur le Secrétaire général, que ce n'est pas sans un vif regret que j'ai dû manquer aux engagements pris vis-à-vis du Congrès où j'avais reçu un si aimable accueil.

Je vous serais très reconnaissant de vouloir bien présenter à MM. les membres du Congrès mes excuses pour mon départ précipité.

Pour tout Français, Crampel doit personnifier le dévouement désintéressé à la patrie ; pour moi, il était, en outre, un ami cher entre tous.

Je suis sûr d'interpréter son dernier vœu, j'exprime en tout cas la pensée de ses proches et des parents des autres jeunes gens morts là-bas pour une cause si noble, en souhaitant que leur œuvre ne soit pas abandonnée et que leur généreux sacrifice n'ait pas été inutile pour le pays.

Ce serait pour nous tous une grande consolation si le Congrès de géographie émettait le même vœu et encourageait par là l'initiative désintéressée du Comité de l'Afrique française.

Veuillez agréer, Monsieur le Secrétaire général, la nouvelle assurance de mon respectueux dévouement.

H. PERCHER (Harry Alis).

M. le Secrétaire général propose au Congrès de s'associer au souhait énoncé par M. Harry Alis en votant immédiatement la résolution suivante :

« Le Congrès national de géographie exprime le vœu que « l'œuvre de Crampel ne soit pas abandonnée, et qu'ainsi le « généreux sacrifice que lui et ses compagnons ont fait de « leur existence ne demeure pas inutile pour le pays. »

Cette proposition de vœu, mise aux voix, est adoptée à l'unanimité.

Sur la proposition de M. Barbier, il est décidé que deux télégrammes seront directement adressés, au nom du Congrès, l'un à M. Harry Alis, pour l'informer du vote qui vient d'être rendu, l'autre à Mme Crampel, pour lui transmettre, ainsi qu'à la famille du défunt, l'expression de la sympathie et de la condoléance de tous les membres du Congrès.

M. le Président. — La parole est à M. Bartet, sur la 6e question du programme : *La France en Afrique*.

M. Bartet désire entretenir le Congrès de l'importance capitale que présente pour la France la vulgarisation de la langue française à Madagascar, qui est l'instrument le plus utile qu'on puisse mettre entre les mains des représentants du Protectorat pour y asseoir définitivement l'influence de la métropole. L'orateur a visité Madagascar et les îles qui l'entourent ; il y a séjourné à plusieurs reprises ; il a discuté cette question avec des colons, des missionnaires, des personnes appartenant à diverses nationalités ; il croit donc la bien connaître, et il l'a résumée dans le travail suivant, qu'il soumet à l'appréciation du Congrès :

Messieurs,

Le traité du 17 décembre 1885, passé entre le Gouvernement de la République française et celui de la reine Ranavalo III, marque dans nos relations séculaires avec la grande Ile, le point de départ d'une ère nouvelle, le Protectorat de la France à Madagascar, reconnu enfin par l'Angleterre et l'Allemagne, depuis le 5 août 1890.

On sait les critiques auxquelles donne lieu aujourd'hui encore l'acte diplomatique qui a mis fin à notre dernière expédition, et surtout le commentaire du traité connu sous le nom de *Lettre Patrominio-Miot*, commentaire désavoué, d'ailleurs, par notre Gouvernement, mais qui n'en reste pas moins pour la cour d'Emirne un document restrictif de la Convention proprement dite, derrière lequel elle se retranche obstinément pour entraver sur bien des points l'exécution du traité de 1885. Jusqu'à ce jour, la patience, la longanimité des chefs de notre Protectorat et du ministère des affaires étrangères pour résister aux exigences du premier ministre Hova, seul chef, on le sait, du gouvernement de Tananarive, ont permis d'éviter déjà bien des conflits, et ont finalement amené le tout puissant Rainilaiarevony à subir, sinon à accepter, plusieurs des points les plus importants du traité. (1)

Les résultats péniblement obtenus depuis l'établissement du Protectorat jusqu'à ce jour, sont peu de chose pour une grande partie de l'opinion publique, impatientée avec juste raison, eu égard

---

(1) Ceux ayant trait principalement à l'article 2.

à nos anciens droits sur Madagascar et aux sacrifices causés par nos diverses expéditions, de voir enfin l'influence de la France prépondérante dans cette contrée, qui, il y a deux cents ans, portait le beau nom de *France orientale*.

Et cependant, pour ceux qui connaissent bien l'histoire de nos relations séculaires avec cette terre africaine, qui a fauché déjà tant de précieuses existences françaises ; pour ceux qui savent la résistance toujours vivace opposée depuis le commencement de ce siècle à tous nos efforts par la politique anglaise, pour nous chasser de Madagascar, ou, tout au moins, *pour y éteindre notre influence morale* ; pour ceux enfin au courant des mille ressources de la diplomatie Hova ; pour tous ceux-là, les résultats acquis sont déjà très appréciables, eu égard au traité du 17 décembre 1885, qui, à tort ou à raison, a définitivement clôturé l'ère du passé.

En résumé, nous nous trouvons donc en présence d'un *fait accompli*, et il convient d'examiner par quels moyens pacifiques peuvent le mieux s'exercer désormais notre influence et notre prépondérance sur Madagascar, en nous en tenant aux termes d'un traité qui ne nous permet pas de nous immiscer dans le gouvernement intérieur de l'Ile. (Art. 12.)

Or, ces moyens existent et il ne tient qu'à nous d'en user. Propageons notre langue, ouvrons des écoles, soutenons pécuniairement et moralement les seuls instituteurs que nous puissions utilement et pratiquement opposer aux agissements des Révérends anglicans et de toutes les Églises protestantes étrangères, surtout à ceux des Indépendants ou méthodistes, voilà la meilleure ligne de conduite à suivre pour rendre notre Protectorat véritablement efficace.

Je viens de parler du protestantisme ; on peut et on doit, à ce sujet, exprimer le regret de ne pas voir les Missions protestantes françaises installées à Madagascar, à côté des Missions catholiques, qui seules ainsi, y enseignent notre langue.

Dans la grande Ile, encore plus que dans les autres pays de missions, l'église ou le temple se dresse à côté de l'école ; il est donc facile de conclure que missionnaires catholiques et protestants français concourraient à la diffusion de la langue, s'ils évangélisaient simultanément Madagascar.

Combien il est regrettable que le haut intérêt national qui s'attache à cette action combinée, n'ait pas encore primé dans l'esprit de bien des protestants de France, l'idée de l'inutilité de leur intervention à Madagascar, où déjà, disent-ils, le culte évangélique est prêché et établi sur une grande échelle.

Il y a là cependant deux questions bien distinctes : celle de la prépondérance française et celle de la religion. Au point de vue de notre prépondérance et en regard des efforts incessants des prédicants anglais pour maintenir l'influence de leur nation, il est évident qu'il n'y a qu'un moyen pour lutter contre la multiplication des écoles étrangères : c'est de descendre de plus en plus nombreux dans l'arène et d'ouvrir parallèlement des établissements protestants français, à côté de ceux des catholiques existants déjà.

Au point de vue de la communion religieuse, qu'importe que le néophyte d'une Église protestante soit baptisé par un missionnaire anglais, norvégien ou français ? Le résultat n'est-il pas le même ?

D'ailleurs, à Madagascar, le champ est vaste, et si, déjà, en dehors des prêcheurs anglais qui rayonnent dans toute l'Ile, les Luthériens-norvégiens ont obtenu des Indépendants, depuis une vingtaine d'années, le monopole exclusif de l'évangélisation de la province d'Ankaratra, située à trois journées au sud de Tananarive, on ne voit pas pourquoi les protestants français se désintéresseraient plus longtemps d'une action directe dans le Protectorat. Ce serait, à tous les points de vue, faire acte de bonne politique.

En premier lieu, en effet, en voyant nos pasteurs à l'œuvre, tour à tour au temple et à l'école, les Malgaches modifieraient un peu leur opinion générale sur la nationalité des Européens, suivant qu'ils sont catholiques ou protestants. Nous n'ignorons plus, en effet, qu'à Madagascar, comme en Océanie, la religion est pour les indigènes, inséparable, pour ainsi dire, de la nationalité. Aussi tout catholique est-il considéré comme Français, et tout protestant comme Anglais. (1)

Les Indépendants et les Anglicans, toujours aux aguets pour nuire à notre influence, n'ont pas manqué précisément d'exploiter cette manière de voir des diverses tribus malgaches, surtout des Hovas, en leur montrant les églises évangéliques françaises se

---

(1) Quoi de plus éloquent que le fait suivant : au moment de l'expulsion de 1883, lorsque l'ordre du départ fut communiqué à la mission de la capitale, trois Pères Jésuites, dont *deux Irlandais et un Belge*, se réclamèrent de leur nationalité pour continuer à Tananarive leur ministère ; mais il leur fut répondu : « Belge ou Irlandais, qu'importe, vous êtes catholiques, cela suffit ; *pour nous, vous êtes Français !!* »

désintéressant de toute action *religieuse*, et par suite *nationale*, dans les affaires de Madagascar. « Voyez, disaient les Révérends, au gouvernement de Tananarive, les catholiques de France sont les seuls qui prétendent avoir des droits sur ce royaume, qui ne doit avoir pour vous d'autre bornes que la mer ; les protestants de France, au contraire, condamnent cette politique et désirent seulement le bien de vos âmes ; ils nous laissent en paix prêcher notre religion, qui est la même que la leur. » Eh bien ! il y a là une confusion évidente, sur laquelle il importe d'insister, en vue de la faire cesser : influence religieuse, influence nationale, sont absolument distinctes, et c'est faire le jeu des prépondérances étrangères que de se tenir ainsi plus longtemps à l'écart.

Cette digression sur l'entrée en scène des pasteurs protestants français à Madagascar, comme propagateurs de notre langue, concurremment avec les missionnaires catholiques, nous amène à exposer le rôle actuel de nos religieux dans le Protectorat, comme instituteurs, leurs moyens d'action, les résultats déjà obtenus avec les faibles ressources dont ils disposent, et enfin les améliorations qui pourraient être apportées de ce côté, à la situation des Pères, pour les mettre en mesure de lutter victorieusement contre leurs très riches et très puissants adversaires. Sur le fond de la question, la vulgarisation de la langue à Madagascar, tout le monde est certainement d'accord ; tous en France conviendront, en effet, qu'il est indispensable d'y propager l'étude de notre langue, car c'est là tout à la fois le signe le plus certain de notre influence dans une région et l'instrument le plus efficace de ses progrès.

Quant aux moyens d'exécution, les opinions varieront ; les uns tiendront *pour* et les autres *contre* nos missionnaires. Si, du moins, il était possible de satisfaire les deux manières de voir en employant à Madagascar des instituteurs laïques et congréganistes ? Mais non, l'un des partis doit faire taire ses préférences ; car il ne faut pas songer à envoyer là-bas, *même en nombre restreint*, dans un pays dont le séjour demande déjà, dans les régions saines, un acclimatement particulier, des instituteurs laïques des deux sexes, pour subvenir à l'enseignement des nombreuses populations de cette grande terre (plus de 5,000,000 habitants) ! En dehors, d'ailleurs, des raisons sanitaires, la question économique s'impose, et il se passera beaucoup de temps encore avant que les représentants de notre Protectorat aient obtenu du gouvernement de la reine, des subventions qu'il accorde cependant déjà, en réalité, comme on le verra plus loin, aux instituteurs de l'Église évangélique malgache. Puisqu'il est démontré, pensons-nous, que les religieux français peuvent seuls (en attendant le concours des missionnaires protestants) être les instruments les plus utiles et les plus actifs de la diffusion de la langue française à Madagascar, nous serons donc tous d'accord non seulement pour les encourager à persévérer dans cette voie, dont ils ne se sont jamais départis du reste, mais encore pour leur donner les moyens d'étendre leur action éducative et de faire pénétrer jusqu'aux confins de Madagascar l'enseignement de notre langue.

Et vraiment, quand on songe à leurs maigres ressources pour subvenir à toutes leurs charges (cultes, écoles, prépondérance nationale), en présence de leurs rivaux, pourvus non seulement d'argent, mais soutenus aussi par la plus grande partie des *fonctionnaires du gouvernement hova, sortis des écoles des Méthodistes ou Indépendants*; quand, dis-je, on songe à tout cela et qu'on voit les résultats obtenus, on ne peut s'empêcher d'éprouver de la fierté pour ces missionnaires patriotes qui, depuis 1861, date véritable de l'introduction sérieuse du catholicisme à Madagascar, n'ont cessé, dès lors, de lutter pour la France contre l'influence anglaise. Aussi les prédicants, devenus tout puissants, surtout après l'assassinat de Radama II, l'ami du P. Jouan et des grands Français Lambert et Laborde, ne se sont-ils pas trompés sur l'ennemi qu'ils devaient combattre. De là, contre le catholicisme, « appelé la religion des Français, » et malgré le traité de 1868, qui proclamait la liberté religieuse, des tracasseries incessantes, pour ne pas dire des persécutions. En 1883, nous assistons à l'expulsion de tous les Français de Madagascar, en réponse aux opérations de l'amiral Pierre ; expulsion ordonnée par le premier ministre, dominé plus que jamais alors, malgré sa perspicacité habituelle, par l'influence méthodiste. C'est surtout enfin une série de mesures et de lois ayant pour but de mettre toute la jeunesse malgache dans la main des Indépendants, par le moyen des écoles.

C'est ici qu'il convient d'exposer, avec quelques détails, la tactique des prédicants anglais pour arriver à leur but ; on verra ainsi leur unité d'action, leur audace, leur obstination, pour éteindre notre influence ; et s'ils n'ont pas réussi, nous le devons surtout à la ténacité, non moins grande, de nos missionnaires, toujours soutenus par nos consuls, *dans cette œuvre capitale des écoles*.

« Fiers de l'appui du gouvernement, les Indépendants avaient
« rêvé une absorption générale de toute la jeunesse par le moyen
« des écoles. Pas une ville, pas un village, pas un hameau qui n'eût
« la sienne, élevée, bien entendu, aux frais et par les bras de la
« population, requise de par la reine pour cette corvée.

« Les parents étaient requis d'y envoyer leurs enfants, et les
« enfants, à leur tour, vivement sollicités de s'y rendre.

« Cependant les chefs du mouvement ne tardèrent pas à s'aper-
« cevoir que si, dans les villes et dans les grands centres, les écoles
« étaient passablement suivies, dans les campagnes, au contraire,
« elles étaient presque généralement désertes, soit que l'instituteur,
« n'y trouvant pas une rétribution suffisante, négligeât son office
« pour s'employer à un travail plus lucratif, soit que les parents
« qui devaient, *outre les fournitures classiques, payer le salaire de*
« *l'instituteur*, refusassent d'envoyer leurs enfants ; soit enfin que
« les enfants eux-mêmes, qui jouissent à Madagascar d'une grande
« liberté, n'eussent pas la force de fixer leur inconstance ordinaire.
« Toujours est-il que les écoles de la secte dans les grands centres
« étaient peu fréquentées et qu'elles se vidaient tous les jours
« davantage, tandis que celles des catholiques, au contraire, pros-
« péraient et se remplissaient de plus en plus. Les parents, en
« effet, tout en fréquentant les temples des protestants, envoyaient
« volontiers leurs enfants à nos écoles, où l'instruction se donnait
« *gratuitement*.

« Afin de parer à ce grave inconvénient, les méthodistes obtinrent
« du gouvernement malgache : une première loi, établissant que
« chaque centre de population fournirait le salaire de l'instituteur ;
« une seconde loi, ordonnant aux parents d'envoyer aux écoles
« de leur choix les enfants dès l'âge de huit ans, sous des peines
« très fortes ; une troisième loi enfin, qui défendait aux enfants *de*
« *passer d'une école à une autre après qu'ils auraient été dûment*
« *et officiellement inscrits*.

« Les Indépendants espéraient obtenir tout le bénéfice de ces lois
« au moyen des mesures de coaction mises à leur disposition par
« le gouvernement, dans le but de faire inscrire sur leurs registres
« le plus grand nombre des enfants, sinon tous. Ils ont même osé,
« avec une audace incroyable, faire donner à cette loi un effet
« rétroactif, de sorte que des élèves qui avaient précédemment
« déserté les écoles des méthodistes, quelques-uns même depuis

« plusieurs années, y ont été ramenés de vive force, malgré les plus
« énergiques protestations des parents et des maîtres qu'ils avaient
« choisis. » (1)

Malgré tout cela cependant, les écoles de nos missionnaires continuèrent à être suivies, et nombre de parents ne craignirent pas d'y faire inscrire leurs enfants. C'est alors que les Indépendants, à bout d'arguments, méditèrent, dans l'ombre, le projet de faire expulser les missionnaires catholiques, qui étaient, à leurs yeux, l'unique obstacle à la réalisation de leurs desseins. Mais tout porte à croire qu'ils n'y auraient jamais réussi cependant, sans les évènements de 1883, qui, en favorisant singulièrement leurs vues, leur procurèrent l'occasion si ardemment souhaitée. Mais l'expulsion des Français ne devait être que momentanée ; et, en voyant, d'une part, les résultats acquis au moment du départ de nos missionnaires, (2) de l'autre, les nouveaux avantages obtenus jusqu'à ce jour, il est permis d'envisager l'avenir en toute confiance, à la condition d'obtenir du gouvernement malgache le *retrait de la néfaste loi des écoles, défendant aux enfants de passer d'une école à une autre après leur inscription primitive.*

Ce n'est évidemment que par la persuasion que nous pourrons arriver à faire rapporter ces dispositions restrictives de la liberté individuelle et de la liberté de conscience, puisque nous nous trouvons en face d'une loi visant uniquement les sujets de la reine et que le traité de 1885 nous interdit de nous immiscer dans les affaires intérieures de son gouvernement. Mais nous n'en avons pas moins le devoir de donner des conseils et de faire des représentations.

---

(1) Voyez *Vingt ans à Madagascar*, d'après les notes du Père Abinal, p. 306. — Paris, Victor Lecoffre (90, rue Bonaparte), 1885.

(2) Au moment de cette expulsion, voici quelle était la situation de la Mission, malgré son infériorité en personnel et en subsides, vis-à-vis des ressources des Anglais : 80,000 Malgaches faisaient profession de suivre la prière des Français, comme ils le disent ; 20,000 élèves fréquentaient les écoles de la Mission, qui comptait aussi deux collèges à Tananarive et chez les Betsiléos. Le nombre des instituteurs et des institutrices malgaches dépassait 500 ;

Divers dispensaires, où des remèdes étaient donnés quotidiennement à 130 malades environ, étaient ouverts dans les principaux centres ;

La léproserie, avec 100 lépreux entièrement à la charge de la Mission ; une imprimerie et un atelier de reliure à la capitale : 170 églises et chapelles construites, dont 4 à Tananarive ; 54 en construction ; 316 postes ou stations catholiques (lisez écoles).

Le personnel de la Mission, missionnaires, prêtres, Frères des Écoles chrétiennes et Sœurs de Saint-Joseph de Cluny, était de 105.

Parfois, d'ailleurs, le premier ministre lui-même, qui ne profite des armes forgées par les méthodistes qu'à la condition de les voir servir à son propre intérêt, sait écouter nos avis, surtout lorsque, comme dans le cas actuel, il ne doit pas en résulter le moindre affaiblissement de son autorité.

En fait, l'ambitieux et tout puissant Rainilaiarivony est un politique très habile. Il voit clair dans le jeu des méthodistes, et à toutes les tentatives pour affaiblir l'autorité de la reine (c'est-à-dire la sienne propre), il a toujours su résister victorieusement.

Le fait le plus caractéristique est certainement celui de la création, en décembre 1868, de l'Église d'Etat malgache, « conçue par « les Indépendants de Londres sur le modèle de l'Église officielle « d'Angleterre, avec hiérarchie parfaitement distincte, présentant « à sa base les pasteurs des villages des différentes provinces de « l'Imerina ; au milieu, les prédicants d'Angleterre, grands admi- « nistrateurs de neuf temples sacrés de Tananarive, qu'ils gouver- « naient en qualité d'évêques ; au sommet enfin, l'imposante figure « de la reine, chef suprême de l'Église. » (1)

Mais le premier ministre, comprenant la force d'une telle institution, se garda bien d'en laisser les ressorts entre les mains de ses auteurs ; de sorte que bientôt les méthodistes anglais, après avoir favorisé de tout leur pouvoir la formation et le développement de l'Église d'Etat, se trouvèrent n'en être plus que les humbles et presque inutiles serviteurs, le gouvernement hova ayant pris l'habitude de se passer d'eux et de confier à ses propres fonctionnaires les ministères les plus importants (1). Jamais, par exemple, ils ne purent prêcher à la chapelle du palais.

Aussi cette situation arrachait-elle au Révérend Street ces aveux significatifs, extraits d'une lettre imprimée dans le *Mercantile Record,* (12-13-15 octobre 1877), de Maurice.

« L'Église du palais, dit-il, avec ses émissaires à demi payés, s'immisce partout. Aucune liberté n'est laissée au missionnaire. S'il n'est pas souple, son auditoire se disperse, selon le bon plaisir de l'envoyé de l'Église du palais. Voici comment les choses se passent dans d'autres provinces, d'après une lettre d'un de mes confrères : la pression gouvernementale nous étouffe. Je me suis dit

---

(1) *Vingt ans à Madagascar* (ouvr. déjà cité), p. 136 et 302.

souvent, depuis un an : ce qu'on attend de nous, ce n'est pas Jésus-Christ, selon le *Nouveau Testament*, mais selon le premier ministre. »

Il n'est pas inutile de rappeler non plus qu'à diverses reprises, depuis l'établissement de la religion d'Etat et avant même l'établissement de notre Protectorat, le premier ministre, cédant aux instances de nos consuls, a laissé la reine elle-même assister aux examens des écoles françaises dirigées par nos missionnaires, et que bien des fois la reine et ses ministres ont proclamé l'excellence de nos méthodes d'enseignement et ont applaudi aux progrès constatés.

Depuis l'établissement du Protectorat, les examens publics et solennels qui précèdent à Tananarive, les vacances des écoliers et qui remplacent les distributions de prix, sont présidés fréquemment, concurremment avec le résident général et l'évêque, par de hauts dignitaires malgaches. En 1889, c'est le ministre de l'instruction publique hova qui assistait à la séance.

Il est intéressant de faire connaître un de ces programmes d'examen, celui de l'école supérieure des Frères de Tananarive, abstraction faite de la partie malgache, qui ne saurait évidemment être négligée dans les écoles :

1° Lecture française avec traduction malgache ; 2° Lexicologie ; 3° Conjugaisons, modèles ; 4° Analyse grammaticale ; 5° Dialogue français malgache ; 6° Fables, récitation dialoguée ; 7° Catéchisme, *en français* ; 8° Exercices d'orthographe ; 9° Grammaire française ; 10° Arithmétique : les quatre règles, fraction, réduction, système métrique, etc. ; 11° Ecriture de tout genre ; 12° Thèmes et version ; 13° Dessin linéaire, paysage ; 14° Solfége, exercices à quatre parties.

M. Le Myre de Vilers, qui a assisté à certains de ces examens, notamment à celui du collège d'Ambohipo, en 1884, a été également surpris des connaissances sérieuses des élèves en français. Entre autres poésies dites avec âme à cette solennité, il faut citer particulièrement : *La Mort de Jeanne d'Arc*.

Grâce à son zèle infatigable, notre ancien résident général a largement contribué aux progrès d'une excellente fanfare de 50 exécutants, dont est dotée l'école des Frères à Tananarive. Lors des concours annuels, c'est aux sons des airs nationaux des deux pays : *France* et *Madagascar*, que s'ouvrent les séances.

En réalité, Rainilaiarivony, âme du gouvernement malgache, est moins l'ennemi de notre influence morale, commerciale et religieuse, à Madagascar, que de nos anciens droits de suzeraineté sur l'île ; et s'il ne craignait toujours nos revendications à ce sujet, et par suite une atteinte à son autocratie, il favoriserait plutôt notre prépondérance que celle des Anglais. En voici une nouvelle preuve : en 1888, une princesse du sang royal, proche parente de Ranavalo III, a reçu en grande pompe le baptême catholique, du consentement de Sa Majesté (c'est-à-dire du prince consort Rainilaiarivony). Or, c'est là un fait très important, car pendant longtemps les Malgaches d'un certain rang, appartenant à l'Église de Rome, n'osaient se montrer aux églises catholiques, tant était grande la crainte d'encourir quelque disgrâce et de se compromettre. Peu à peu, les dispositions du premier ministre, véritable chef cependant de l'Église d'Etat malgache, derrière la reine, ont changé ; et aujourd'hui, une grande latitude est laissée à tous. Inutile de dire que les Révérends anglais voient la mort dans l'âme la liberté de conscience commencer à fleurir à Tananarive, de même qu'ils regrettent chaque jour davantage la reconnaissance de notre Protectorat par l'Angleterre. (1)

Ces bonnes dispositions du premier ministre permettent donc d'espérer que les efforts des chefs de notre Protectorat pour faire abolir la loi des écoles, aboutiraient, s'ils se manifestaient avec persévérance dans ce sens.

Il est probable que, de ce côté, des tentatives ont déjà été faites. La clairvoyance de M. Le Myre de Vilers, son habileté et son énergie pendant son trop court séjour à Tananarive, en sont un sûr

---

(1) Les derniers courriers de Madagascar, en nous apportant la nouvelle des différends qui se sont élevés de nouveau entre le Protectorat et le premier ministre au sujet de la question des *exequatur*, confirment notre manière de voir.

Voici comment les prédicants anglais ont apprécié l'acte du 5 août 1890 :

« Les termes de ce traité sont loin de faire honneur à notre pays. Non seulement le prestige anglais est sacrifié et l'amitié des Malgaches considérée comme étant de peu de valeur ; mais, par cette convention, nous assistons la France dans ses efforts à leur ravir leur indépendance.

« Il est notoire que le gouvernement malgache a *jusqu'ici résisté victorieusement aux tentations de la France d'imposer son protectorat sur l'île*. Ce mot a été très soigneusement évité dans le dernier traité de paix ; mais la Grande-Bretagne sanctionne non seulement tout ce que la France a obtenu par son traité avec la reine de Madagascar, mais encore tout ce qu'elle a vainement ambitionné en sus. La convention fortifie définitivement les mains de la France dans la lutte qu'elle a entreprise contre une nation intelligente et pleine d'énergie. Et contre tous ces avantages, elle donne en échange son consentement à établir le protectorat anglais sur Zanzibar ! Il n'est certes pas gai de réfléchir sur cette transaction. » (*Chronicle, de la Société des Missions de Londres*. — *Revue française de l'étranger et des colonies*, 1890, 2e semestre, p. 556).

garant ; mais nous ne devons pas cesser nos protestations pour amener la solution d'une question qui fera plus pour notre influence que cinquante années de Protectorat, car la diffusion de la langue est le meilleur procédé de conquête ou de colonisation. C'est elle seule qui procure tous les bénéfices moraux et commerciaux de la possession, sans les inconvénients politiques, sans les charges administratives et militaires.

Aussi nos rivaux s'en rendent si bien compte que c'est là tout le secret de leurs sacrifices pour multiplier leurs écoles, non-seulement à Madagascar, mais aussi dans tout l'Orient. Dans le 96ᵉ rapport de la *Société des Missions de Londres*, nous trouvons le tableau de leurs installations scolaires dans la grande Ile.

On y lit que les missionnaires anglais continuent à diriger (et dans quel sens, on le devine,) les principaux établissements d'instruction à Madagascar : 1° l'Institution théologique, d'où sortent les grands dignitaires de l'État et les hauts fonctionnaires ; 2° l'École normale d'instruction ; 3° l'École du palais, où sont instruits les fils des principaux personnages de la cour d'Emirne ; 4° l'École centrale des filles ; l'Imprimerie, qui fournit les collèges et écoles des livres d'instruction ; enfin, ils ont 1,200 écoles, comptant 82,000 élèves.

Lorsque nous aurons ajouté que contre 5 Français admis au conseil du gouvernement, on voit figurer 142 Malgaches sortis des écoles anglaises, savoir : 20 membres du cabinet, 9 chefs du ministère, 11 chefs de gardes, 7 chefs de comptabilité et 95 gouverneurs des principales villes et forteresses (1), on saura comprendre combien il est nécessaire de donner à nos religieux les moyens pratiques de lutter dans de meilleures conditions économiques, contre leurs puissants adversaires.

Réduits à la subvention du Conseil d'administration centrale des Missions de Lyon, nos missionnaires ont pu déjà, en dehors des charges du culte, ouvrir et entretenir *530 écoles*, renfermant plus de *30,000 élèves*. Ces chiffres éloquents, mais encore bien inférieurs à ceux de leurs rivaux, permettent d'envisager cependant les résultats extraordinaires qu'on obtiendrait promptement, si les Chambres accordaient au Gouvernement de la République les crédits néces-

---

(1) *Revue française de l'étranger et des colonies*, 1890, 2ᵉ vol., p. 749.

saires pour subventionner nos écoles à Madagascar. Notre ministre des affaires étrangères se rend très bien compte de cette irréfutable nécessité, et il est le premier à regretter que cette question, probablement insuffisamment connue d'une partie de nos représentants, ne lui permette pas de concourir, comme il le voudrait, à la diffusion par nos missionnaires, de la langue française à l'étranger, diffusion qui, il y a peu de temps encore, nous assurait en Egypte et dans tout le Levant une influence morale incontestable et incontestée, qui périclite chaque jour davantage, malheureusement, en présence des efforts de nos rivaux, trop habiles, hélas ! à profiter de la faute capitale que nous commettons dans la circonstance en ne subventionnant plus ou en n'aidant pas suffisamment nos établissements scolaires religieux dans ces régions.

Nous avons cherché à établir que, seuls, les Pères à Madagascar pouvaient travailler utilement à l'enseignement du français. Pourquoi donc les rejetterions-nous comme instituteurs? Ils ont fait aussi leurs preuves contre les Hovas, comme patriotes, pendant la dernière expédition ; et il est difficile de penser que sur ce point encore, le regretté M. Le Myre de Vilers, premier chef du Protectorat à Madagascar, et le résident supérieur actuel ne leur rendent pas la justice à laquelle ils ont droit. Pour faire face aux besoins de l'enseignement, nos religieux ont formé des maîtres des deux sexes qui, sous le nom d'*Instituteurs catéchistes*, enseignent notre langue et l'amour de la France dans les écoles catholiques de l'Imerina et des Betsileos. Le plus souvent, l'instituteur et l'institutrice d'une même localité sont mariés et se partagent ainsi l'enseignement des garçons et des filles. Il faut noter que l'instruction est donnée *gratuitement,* et que les Pères ont à subvenir à l'entretien mensuel de leurs catéchistes, puisque seuls les instituteurs des écoles méthodistes reçoivent des villages un traitement obligatoire. A la retraite annuelle des maîtres et maîtresses malgaches, en décembre 1889, plus de 600 instituteurs et institutrices réunis à Tananarive et à Fianarantsoa formaient le peloton des auxiliaires de nos missionnaires; sans compter nombre d'autres qui, retenus dans les provinces, n'avaient pu se rendre à la réunion habituelle de fin d'année. Il ne tient donc qu'à nous de transformer cet important noyau en une véritable armée, car les Malgaches envoient volontiers à nos écoles ceux de leurs enfants qui ne sont pas encore inscrits chez les méthodistes.

Un correspondant du *Temps* lui écrivait, à la fin de 1888, que Mgr Cazet, rentré d'une tournée dans le pays des Betsileos, lui avait dit que les élèves qui fréquentaient, en 1887, les écoles catholiques dans cette contrée étaient à peine au nombre de 2,000, et qu'ils étaient, en 1888, plus de 10,000 !!!

A Tananarive, les Frères des Écoles chrétiennes construisent de nouvelles écoles. Les Sœurs de Saint-Joseph de Cluny ont considérablement augmenté leur ancien établissement et en ont édifié de nouveaux ; enfin, les Jésuites ont fait bâtir à Ambohipo, à deux kilomètres environ de la capitale, un édifice destiné à l'enseignement secondaire et pouvant contenir au moins 200 élèves ; c'est le Collège Saint-Michel, séjour des futurs catéchistes, véritable école normale où l'élite des autres écoles reçoit, pour seconder nos infatigables missionnaires, une instruction plus forte et plus étendue. Parmi les trois professeurs, on compte un scholastique malgache.

Mais tout cela est bien insuffisant. Ainsi, l'école des Frères à Tananarive est déjà trop petite pour contenir les 400 élèves qui s'y pressent sous la direction de sept Frères. Si les ressources le permettaient, la maison serait agrandie, un renfort de professeurs viendrait en aide aux maîtres, et, sous peu, le nombre des élèves aurait doublé ou d'autres écoles supérieures seraient établies, tandis que la Mission ne peut, actuellement, en soutenir plus de trois, celles de Tananarive, de Fianarantsoa et de Tamatave, pour lutter contre la propagande anglaise. Il en est de même des écoles dirigées pour les filles, par les Sœurs de Saint-Joseph de Cluny.

L'influence et le prestige des Pères sur les Hovas et les Betsileos, notamment, sont très grands. Avec leurs faibles ressources, ils ont trouvé le moyen d'ouvrir des dispensaires, regrettant, hélas ! de n'avoir pas à leur disposition les ressources nécessaires pour entretenir des hôpitaux. Ils ont même une imprimerie, qui leur sert à combattre la propagande incessante des Indépendants. Toutes les réfutations des Pères sont ardemment recherchées des indigènes ; mais ce qui les a rendus populaires depuis longtemps, ce sont les soins qu'ils prodiguent, aux portes de la capitale, aux lépreux d'Ambahivozaka. Et là encore, malades et bien portants, en voyant le dévouement des Pères, bénissent le nom de la France ; car, à toutes les œuvres de leur ministère, qu'on le sache bien, nos missionnaires et nos Sœurs associent partout le nom de notre chère patrie, justifiant, une fois de plus, ces paroles de notre très honoré et très

patriote Président dans son discours d'ouverture du Congrès : « Par-
« tout où elle sera, la France saura se faire aimer, parce qu'entre
« toutes les nations, la France est généreuse ; elle a le culte de la
« justice et tend la main à ceux qui souffrent ! »

Faut-il rappeler que nos missionnaires sont, en outre, des savants remarquables ; qu'à Madagascar, la philologie, la géographie, l'astronomie, la météorologie, etc., sont du domaine ordinaire de leurs occupations ? Qui de nous ne connaît le P. Roblet, titulaire de la grande médaille d'or de la Société de géographie de Paris, pour ses travaux cartographiques ? Je parlais tout à l'heure de leur imprimerie à Tananarive. En 1888, un *Dictionnaire malgache-français*, in-8°, de 830 pages, est sorti de ses presses. Les PP. Abinal et Malzac sont les auteurs de ce véritable monument d'érudition, qui n'a pas demandé moins de quinze années d'études pour sa rédaction, mais qui laisse loin derrière lui tous les vocabulaires antérieurs. L'Observatoire récemment fondé à Ambohidempoua (4,400^m au-dessus du niveau de la mer) est dirigé par le P. Collin, qui se propose, en outre, pour le service météorologique, de relier entre eux divers points extrêmes de la grande Ile, en y installant des stations. Quel intérêt n'avons-nous pas encore à soutenir largement et à encourager cette entreprise ? On sait qu'il existe très peu d'observatoires astronomiques dans l'hémisphère austral ; la France, notamment, n'en possède aucun. Celui de Madagascar est donc appelé à rendre de grands services à la science, principalement pour la confection de la carte du Ciel au XIXe siècle, entreprise en collaboration par tous les Observatoires du monde.

Voilà les ouvriers admirables, les instruments providentiels (*Gesta Dei*) que nous avons à Madagascar (comme dans nos autres pays de missions, d'ailleurs) pour enseigner notre langue, nos idées, et propager le respect et la reconnaissance du nom français. Sachons donc les seconder et les utiliser.

L'Empire leur accordait une petite subvention de 30,000 francs ; et, en moins de vingt ans de mission, ils avaient accompli déjà, lors de l'expulsion de 1883, des choses étonnantes. Le Gouvernement de la République, jaloux de notre influence extérieure, de notre prépondérance à l'étranger, et encore plus dans les pays de Protectorat, est tout prêt, les discussions annuelles du budget le montrent, à prendre l'initiative de ce grand mouvement national ; mais il dépend du jeu de nos institutions parlementaires d'accorder les ressources nécessaires pour lui permettre de passer de la bonne volonté à l'action. (1)

Puisse le cri d'alarme que vient de pousser le dévoué et patriote secrétaire de l'*Alliance française*, sur les agissements en Égypte des Anglais, nos rivaux, nous dessiller enfin les yeux et nous montrer que le danger à conjurer est le même à Madagascar que sur la vieille terre des Pharaons !

La langue ! mais c'est la patrie, c'est l'âme, la vie, le génie de notre chère France. L'histoire, la géographie le crient incessamment. Partout, en effet, où nous avons passé, mêlant notre sang à celui des indigènes et des autres peuples qui se trouvaient alors en contact avec nous, nous avons pu disparaître comme dominateurs du sol, mais nous avons fusionné les races en leur infusant le principe créateur par excellence, le verbe lui-même de la vieille nation des Francs.

Aussi, sans invoquer le témoignage si vivant du Canada, cette nouvelle France d'Amérique, laissez-moi vous montrer précisément sur cette route de Madagascar, par le canal de Suez et en dehors des îles méditerranéennes et de l'Égypte, où se parle couramment notre langue, le groupe des Amirantes et l'île Maurice, dont la population tout entière (blancs, mulâtres, noirs) n'use que du doux langage créole, le même que celui de notre colonie de la Réunion, où les expressions du vieux français se mêlent si harmonieusement au parler de nos jours.

Les vicissitudes de la guerre nous ont forcés à quitter le sol des Seychelles et l'Île de France. Mais, comme au Canada, nous y régnons toujours quand même, dans *le home* surtout, par notre langue, par nos idées, par nos aspirations.

Le passé répond donc de l'avenir, et voilà pourquoi, Messieurs, nous devons ardemment désirer le développement du français à Madagascar.

---

(1) Notons, cependant, que le Ministre des affaires étrangères a obtenu, en juillet dernier, de la Commission du budget, une augmentation de 180,000 francs en faveur de nos Écoles d'Orient, qui, pensons-nous, comprennent aussi le Protectorat de Madagascar. Le crédit total mis ainsi à la disposition du Gouvernement serait donc, en 1892, de 700,000 francs, si les Chambres ratifient l'augmentation. 300,000 francs d'augmentation ont aussi été accordés au Ministre, au titre des fonds secrets, qui, croyons-nous, servent parfois aussi à subventionner nos écoles à l'étranger. Mais combien ces augmentations sont insuffisantes en présence du grand but national à atteindre !

A ces fins, j'ai l'honneur de proposer au Congrès l'adoption des vœux suivants :

1° Que les Églises protestantes françaises, comprenant l'intérêt qui s'attache à notre influence à Madagascar, y envoient des missionnaires, qui ouvriront des écoles pour l'enseignement de notre langue, à côté de celles dirigées déjà par nos religieux catholiques ;

2° Que les Chambres accordent au Gouvernement de la République les crédits nécessaires pour subventionner, tant à Madagascar qu'en Egypte, dans le Levant et les autres pays de protectorats et de missions, les institutions où notre langue est enseignée. (Applaudissements.)

M. LE SECRÉTAIRE GÉNÉRAL dépose sur le bureau du Congrès deux articles publiés dans la *Revue française*, par M. de Villemereuil, et donne lecture d'une note du même auteur, sur l'*Etat de navigabilité partielle du Mé-Kong*. M. de Villemereuil établit, dans cette note, que la passe par laquelle, en février 1890, MM. Mougeot, Pelletier et Fontaine ont pu franchir la cataracte de Khon, en longeant l'île Sdam, n'est autre que celle découverte, en août 1866, par Doudart de Lagrée. En outre de cette priorité, M. de Villemereuil établit également que l'on ne pourra franchir la cataracte par eau que pendant les trois ou quatre mois au plus où la crue battra son plein, et encore avec des bateaux spéciaux calant très peu d'eau.

M. le Secrétaire général rappelle que cette question a déjà été traitée dans un rapport de M. Delaporte, lu à la séance du matin. Il s'agit d'attribuer la priorité de ces constatations à Doudart de Lagrée.

M. LE PRÉSIDENT donne la parole à M. le comte de Dienne, pour lire au Congrès un travail sur *Les Desséchements*.

M. le comte de DIENNE prend la parole en ces termes :

Messieurs,

Les desséchements naturels, ou même artificiels, modifiant profondément l'aspect des pays où ils ont lieu, se rattachent aux études géographiques par des liens très étroits.

Là où existaient des lacs, comme dans la Limagne d'Auvergne ou dans les Dombes, des champs fertiles les ont remplacés. Un voyageur du dernier siècle chercherait en vain, aux environs de Haarlem, la vaste étendue d'eau à laquelle les Hollandais avaient donné le nom de mer ; il ne retrouverait, en Italie, que la place du lac Fucino et, en Grèce, pour peu qu'il tardât de s'y rendre, que l'emplacement du lac Copaïs.

Sur les côtes, les changements apportés par la dessication des terres sont encore plus sensibles. Des golfes, comme celui qui s'ouvrait, au commencement de notre ère, en face de l'île de Ré, et que représente seulement, aujourd'hui, la petite baie de l'Aiguillon, perdent chaque année de leur surface et tendent à disparaître. (1) D'autres, comme celui, beaucoup plus ancien, dont le delta du Rhône occupe le fond, non-seulement n'existent plus, mais sont remplacés par de vastes protubérances qui s'avancent journellement dans la mer et pourront peut-être, plus tard, former de véritables presqu'îles. (2)

Les ouvriers qui ont travaillé le plus puissamment à ces changements de notre globe sont les fleuves qui, depuis les plus grands jusqu'aux plus petits, déblaient près de leurs sources, puis roulent vers la mer des matières qui se résolvent en sédiments bourbeux, en gravier ou en sable.

Lorsque les atterrissements sont considérables, les eaux, rencontrant une barrière, se divisent et forment une île, grandissant sans cesse entre les deux bras qui l'enlacent ; île basse, couverte à la moindre inondation et qui ne peut s'assécher naturellement. D'autre part, ces modifications de la côte n'ont pas lieu sans déplacer certains courants, qui, se reportant plus loin, essaient et parfois réussissent à faire regagner à la mer une partie du terrain perdu.

Ici, le rôle de l'homme commence. Il a à défendre les anciennes

---

(1) Le golfe du Poitou avait une ouverture de 30 kilomètres. Il est facile de suivre son développement dans les trois départements de la Charente-Inférieure, des Deux-Sèvres et de la Vendée. L'anse de l'Aiguillon n'a plus qu'une ouverture de 7 kilomètres, dont 3, chaque année, s'ajoutent au continent, par suite d'un assèchement naturel et ininterrompu.

(2) Le Rhône verse annuellement dans la mer, 54 milliards 236 millions de mètres cubes d'eau, contenant 21 millions de mètres cubes de limon (17 pour le grand Rhône et 4 pour le petit). La grande bouche du Rhône progresse actuellement de 50 mètres, celle du Pô de 80, celle du Mississipi de 350. (V. *Mémoire* de l'ingénieur Surrill et les *Villes mortes*, de M. Ch. Lenthéric).

limites du pays, à défendre aussi et à utiliser ses dernières conquêtes. C'est là un travail difficile, coûteux, et l'on peut se demander, tout d'abord, s'il y a lieu de bénir la nature lorsque, pleinement généreuse et ne lui reprenant rien, elle donne à notre sol une nouvelle extension. M. Ch. Lenthéric nous a fait connaître *les Villes mortes du golfe du Lion* : Heracléc, Maguelonne, Rhode, Olbia, Athinopolis. D'autres, moins commerçantes jadis, sont aujourd'hui mourantes, comme Narbonne, enfermée au milieu des terres ; Agde, étouffant sous les sables ; Arles, éloignée de la mer de toute l'étendue des alluvions du Rhône ; Fréjus, dont les quais, le phare, les murs du chenal, bien conservés, se voient encore au milieu d'une ancienne rade comblée.

Avec le commerce, les habitants eux-mêmes s'éloignent de ces rivages, dont les émanations putrides sont malfaisantes et souvent mortelles. C'est ainsi que toute la côte orientale de la Corse, très prospère dans l'antiquité, est aujourd'hui déserte.

La mission des dessicateurs consiste à rappeler les populations sur ces vastes espaces, qui, assainis, doivent non seulement les enrichir, mais enrichir encore la nation à laquelle elles appartiennent.

Les travaux de desséchement ne peuvent se faire que pendant les époques de calme. Aussi, voyons-nous les efforts des empereurs romains (l. 3, an C de Justinien, titre XLI), des moines de nos grandes abbayes bénédictines, des rois de France de la maison des Valois, paralysés, soit par l'invasion des barbares, soit par la guerre de Cent ans, soit par les guerres de religion.

A Henri IV remonte le premier projet d'ensemble relatif au desséchement général des marais et lacs de France. « Ne s'étant trouvé aucun de ses sujets qui en aient fait l'offre », dit ce prince, dans ses édits de 1599 et de 1607, il lui fallut confier l'œuvre à une association formée, à l'origine, par des ingénieurs flamands et hollandais, très au courant de ces sortes de travaux et aidés, dans la partie matérielle des entreprises, par de nombreux banquiers, alors appelés modestement *marchands*, et dont les plus connus étaient aussi originaires des Pays-Bas.

Le gouvernement royal, encourageant, de tout son pouvoir, la nouvelle Société, qui devait agir avec la plus entière liberté, mais *à ses risques et périls*, établit, en sa faveur, une législation spéciale, et j'ai consacré à l'étude de cette dernière un chapitre du volume que je prie la Société de géographie de Rochefort de vouloir bien accepter.

Il fut décidé que tous les marais seraient desséchés, qu'ils appartinssent à l'État, à des communautés d'habitants ou à des particuliers. La juste moitié de ceux dépendant du domaine public devait, après l'assèchement des terres, appartenir aux dessicateurs en toute propriété. Quant aux impôts, une moitié en était exempte à jamais et l'autre moitié ne pouvait être taxée avant vingt ans. Relativement aux terres appartenant aux particuliers, mettant l'intérêt général avant l'intérêt privé, on avait créé à leur égard une sorte de droit d'expropriation au cas où un contrat régulier n'existerait pas entre la société et les propriétaires. Ces derniers avaient le choix, consacré de nos jours par la loi de 1841, entre le traité amiable et l'expertise. (1) Ils pouvaient, toutefois, échapper à cette expropriation en faisant eux-mêmes le desséchement dans un délai convenu ou en le donnant à entreprendre par la Société au prix de quarante sols par arpent, mesure de Paris, payable une fois seulement. Ils avaient encore la faculté de racheter la part de la Compagnie à un cinquième au-dessous de son estimation nouvelle (Édit de 1599, art. 12). Enfin, ils pouvaient la contraindre à affermer, pendant sept ans, les terres desséchées et à leur payer, durant cette période, un fermage plus élevé d'un quart « que le total des marais ne leur souloit valoir de revenu et profit avant le desséchement. »

Cette Société, dont j'ai essayé de montrer la constitution et le fonctionnement, assainit et gagna à la culture de nombreuses terres, tant en Aunis, en Saintonge et en Poitou, qu'en Normandie, en Picardie, en Languedoc, en Provence, en Dauphiné, en Auvergne. Ces diverses conquêtes sont exposées, avec un certain développement, dans des monographies qui forment les chapitres de ce livre.

Les documents imprimés en appendice et dont j'ai trouvé les plus intéressants à Amsterdam, chez le descendant d'un des dessicateurs hollandais vous montreront, Messieurs, l'importance de l'entreprise et vous remarquerez parmi eux, un rapport de 1690, extrêmement curieux, et qui pourrait être intitulé : *Voyage d'un agriculteur étranger, au XVIIe siècle, dans les propriétés qu'il possédait en France.*

---

(1) Faite par des commissions n'ayant qu'à donner leur avis sur la valeur des terrains.

Les monographies dont je viens de parler ont été composées après une visite minutieuse des lieux, et sur des documents inédits fournis par les archives publiques et privées de la France et des pays voisins.

La Révocation de l'Edit de Nantes, frappant un grand nombre de dessicateurs qui appartenaient à la religion réformée, vint porter un premier coup aux travaux de desséchement. Ils languirent pendant une partie du XVIIIe siècle et, malgré les efforts du secrétaire d'Etat Bertin, fondateur de notre vieille Société d'agriculture de France, les esprits, tournés vers les idées de réforme sociale, ne se préoccupèrent plus, que d'une façon accessoire, d'une œuvre qui avait été longtemps pour le pays une source de richesse.

En publiant un travail que la Société nationale d'agriculture a bien voulu récompenser par un prix et en me faisant le grand honneur de m'élire comme correspondant, j'ai eu le désir d'attirer l'attention sur cette œuvre du desséchement, due à l'initiative d'Henri IV, œuvre présentant un caractère si recommandable, et qui, reprise, donnerait, je crois, les résultats les meilleurs et les plus féconds.

D'après les recherches de M. Hervé-Mangon, cent mille hectares pourraient être rendus à la culture dans des conditions lucratives et, d'après mes propres investigations, ce chiffre devrait être singulièrement plus élevé, si je compare, au moins pour le département de la Corse, les renseignements qui m'ont été donnés dans ce pays avec ceux qu'il y a recueillis.

Et puisque je prononce le nom de ce département, permettez-moi, Messieurs, d'analyser rapidement devant vous, les études que j'y ai faites, au mois de mai dernier, lors du Congrès agricole d'Ajaccio, auquel j'avais été invité.

La grande île méditerranéenne que la France possède depuis plus de cent ans est loin, vous le savez, de donner tout ce que l'on est en droit d'attendre des richesses considérables enfermées dans son sein. Et cependant, lors de la cession qui nous en fut faite par la République de Gênes, il y eut un grand enthousiasme lorsque, devant les hésitations du roi Louis XV et l'opposition de certains conseillers, le duc de Choiseul montra « l'importance d'un tel « établissement dans la Méditerranée, les avantages et la sécurité « que la Corse offrirait à notre commerce du Levant, la nécessité « de prévenir les Anglais, les ressources de la nouvelle province en

« bois de construction pour la marine et la facilité de réparer, par
« ce moyen, l'inconvénient le plus grave de la perte du Canada. »
(Lacretelle).

Odoar de Fautin, le continuateur du président Hénault, dit que si
Gênes a fait un bon marché, la France en a fait un meilleur, puisqu'elle est « assez puissante pour se faire obéir dans cette isle, la
« policer, la peupler, l'enrichir, en y faisant fleurir l'agriculture,
« le commerce et les arts. Sa position, ajoute-t-il, pourrait être
« d'un grand avantage dans les intérêts qu'on pourrait avoir à
« demesler avec l'Italie et la bonté de son climat la rendroit propre
« à suppléer aux isles de l'Amérique, si jamais elles étoient séparées
« de la métropole. »

A-t-on, Messieurs, réalisé ces espérances ?

Je le répète, vous savez que non. Et cependant le gouvernement
royal avait pris à tâche de les changer en réalité.

La côte orientale présente, d'après les ingénieurs (1), environ
40,000 hectares de terre que les marais rendent improductifs. Une
ordonnance de 1774 prescrit son assainissement, et des canaux sont
creusés, soit pour mettre l'étang de Biguglia, aux environs de
Bastia, en communication avec la mer, soit pour en rafraîchir les
eaux stagnantes par le déversement de celles du Golo. Des ordres
sont donnés pour le dessèchement des marais des *Salini* et de
l'*Inforno*, près d'Ajaccio. Ceux de Saint-Florent sont concédés dès
1778. Des colons sont appelés à Ajaccio et à Calvi. Dans cette dernière province, c'est un des officiers de l'armée et son frère, magistrat, MM. de Sistrières-Murat, qui obtiennent une concession importante de sept cents arpents de terrains incultes, mais de bonne
nature, et de neuf cents arpents (2) de friches propres au pâturage,
sur la rive gauche de la Ficarella, dans le vallon de Lioli et dans la
plaine de Paratella, jusqu'à Precojo. (*Lettres patentes du mois de
septembre 1776.*) (3)

J'ai vu, Messieurs, aux archives départementales de la Corse,
les conditions qui avaient été imposées à ces colons. Elles me parais-

---

(1) Je cite M. Béguin, dont l'intéressant mémoire est de 1842. L'étendue dont il parle devait être bien plus considérable encore au XVIIIe siècle.

(2) L'ancien arpent corse égalait 1,111 toises. L'arpent moderne (d'hectare) est de 16 patti, le patti valant 625 m. c.

(3) Archives départementales de la Corse.

sent assez intéressantes pour vous être citées, d'autant qu'elles forment, pour ainsi dire, l'historique de la quatrième question de votre programme : *De la colonisation intérieure de la France.*

« Les sieurs de Sistrières, dit l'article 11 des lettres de conces-
« sion, feront les avances nécessaires pour conduire des familles en
« Corse, les nourrir jusqu'aux premières récoltes, les fournir de
« meubles et ustensiles nécessaires au ménage et à la culture des
« terres, de semences et de bestiaux jusqu'à concurrence de deux
« bœufs ou vaches et de dix brebis pour chaque ménage. Le roi
« leur fera rembourser six cent cinquante livres pour chaque
« maison construite et en état d'habitation. Outre cela, les sieurs
« de Sistrières donneront, *en pur don*, à chaque famille, 350 livres.
« Ils leur concèderont, en toute propriété, au moment de leur
« arrivée, vingt arpents de terre cultivable, chargés seulement du
« droit de champart (1). La concession augmentera de cinq arpents
« par individu pour les familles qui arriveront avec six enfants et
« au-dessus (art. 13). La terre et les habitants seront exempts de
« tous droits, même de champart, pendant cinq ans après leur
« arrivée (art. 14). L'évêque diocésain sera invité à ériger une cure
« pour les habitants de la concession (art. 16). Les avances pour la
« construction de l'église, de la maison curiale, etc., seront faites
« par les sieurs de Sistrières, sur le plan arrêté par le sieur inten-
« dant départi, avec la dimension nécessaire pour une paroisse de
« cent feux. Le roi remboursera 200 livres sur les dites avances
« pour ces constructions. La nomination de la cure appartiendra au
« seigneur. (art. 18) »

La Révolution arrêta les efforts du gouvernement. L'étang de Biguglia, qui avait été concédé à Mathieu de Buttafuoco, à la charge de faire, à ses risques et périls, les travaux nécessaires à l'assainissement du pays, fut confisqué et vendu, comme bien national, au sieur Auguste Vial, pour la somme de 100,000 livres (procès-verbal de vente du 6 mai 1792) (2) et bientôt, au milieu de la lutte des partis et du désordre le plus grand, la Corse passait sous la domination anglaise.

---

(1) *Champart* (Campi pars), part de récolte attribuée au seigneur et perçue après la dîme, part de Dieu. — V. Chéruel.

(2) Rappelé par un arrêté du préfet de la Corse, du 3 mai 1837. (Archives départementales de la Corse).

Les circonstances seules empêchèrent l'Empire, auquel nous devons la loi du 16 septembre 1807, sur le desséchement des marais, de réaliser, au sujet de l'île, les espérances conçues au moment de l'annexion, et des forçats napolitains furent chargés, sous des conditions méritant d'être étudiées, de mettre à sec l'étang des Salines.

Les princes de la maison de Bourbon s'occupèrent, à leur tour, de la province acquise par Louis XV. La Restauration a fait d'Ajaccio ce qu'il est, une de nos plus jolies villes maritimes, et le gouvernement de Louis-Philippe demanda, dès l'année 1841, un rapport très circonstancié, au sujet du desséchement des marais. Ce rapport, rédigé avec talent par M. l'ingénieur Béguin, et qui porte la date du 4 janvier 1842, fut le point de départ des travaux partiels commencés dès lors et continués sous le règne de Napoléon III. Mais on crut devoir d'abord établir dans l'île, le magnifique réseau de grandes routes que l'on y voit.

Aujourd'hui donc, la situation, au point de vue sanitaire, ne s'est pas notablement améliorée. Toutes les embouchures des fleuves (et j'appelle ainsi les petits torrents de la Corse, par respect pour la définition géographique) présentent une insalubrité qui tient à une particularité curieuse et que MM. les ingénieurs du département constatent tous comme étant spéciale à l'île. Les cours d'eau, d'une largeur toujours inférieure à 20 mètres sur une profondeur de 20 à 60 centimètres, ont leur barre précédée d'une fosse atteignant jusqu'à 60 mètres de large, avec une hauteur d'eau de 3 ou 4 mètres. Quelquefois même, on constate l'existence d'une autre fosse, non plus perpendiculaire mais oblique au rivage. L'été, la barre dépasse le niveau des eaux et intercepte leur écoulement, qui ne s'opère plus que par infiltration, le lit du fleuve étant à peu près à sec et sa fosse devenant un véritable marais.

Le Golo et le Tavignano se déversent encore assez librement ; mais le Fium'Orbo et la Solenzara ont une barre d'ensablement très prononcée. M. l'ingénieur Béguin indique clairement les travaux à opérer : rétrécir la fosse directe dans les limites qu'offre le lit et combler la fosse accessoire au moyen de remblais. Quant au Fium'Orbo, sa fosse principale, assez profonde pour recevoir de grands bâtiments de commerce, deviendrait un excellent port si un chenal navigable la faisait communiquer avec la mer, et sa conservation serait d'autant plus utile que la grande plage de 120 kilomètres existant entre Bastia et Porto-Vecchio n'offre aucun abri.

Quant aux étangs de Diana et d'Urbino, ils pourraient être utilisés de même et l'on devrait se borner à colmater leurs parties basses comme les marais qui les entourent.

Cette côte orientale de la Corse deviendrait une des terres les plus riches de France si des travaux y étaient exécutés ; mais comment faire face aux dépenses que nécessiterait cette œuvre ? Les municipalités et le département lui-même ne peuvent en prendre l'initiative, tandis que les deniers de l'Etat, portés sur d'autres points, ne semblent pas être réservés, même particllement, aux desséchements des marais.

En lisant les rapports, généralement très remarquables, qu'adressent annuellement à ce dernier ses administrations, vous constaterez peut-être comme moi, Messieurs, un certain sentiment de découragement très naturel produit sur les bonnes intentions et les tentatives du pouvoir par la passive résistance des communes. Cela rappelle absolument (l'histoire se répète) la mauvaise volonté des possesseurs de marais avant la Révolution. L'Etat se décourage donc et s'arrête et, étant donné notre législation actuelle, c'est souvent ce qu'il fait de mieux. Le gouvernement centralisateur, — et je ne parle, bien entendu, ici, qu'au point de vue théorique, — qui date en France de Richelieu et de Louis XIV, a certainement produit des hommes très distingués, qui ont dirigé et dirigent encore nos administrations publiques ; mais les défauts d'un gouvernement de ce genre sont surtout sensibles, lorsqu'il a à exercer son action sur un terrain où il faut voir juste et promptement, où les moindres retards sont préjudiciables. « Or, cette action, comme le dit très
« bien M. Taine, est souvent routinière, cassante et dispendieuse,
« de petit effet..., partant de trop haut..., s'étendant sur un cercle
« trop vaste..., transmise par la filière hiérarchique..., s'attardant
« dans les formalités et s'empêtrant dans les paperasses. Enfin,
« arrivée au but et sur place, appliquant sur tous les terrains le
« même programme, un programme fabriqué d'avance, calculant
« sur la moyenne..., pour l'ordinaire et ne convenant à aucun cas
« particulier.

C'est ce qu'avait compris l'ancien gouvernement de nos rois, qui méritait sans doute, aussi, une partie des reproches formulés plus haut, mais qui ne devint vraiment centralisateur qu'à partir du règne de Louis XIII. Il voulut, en chargeant des sociétés particulières de faire les desséchements à leurs risques et périls et, en même temps, en les favorisant de tout son pouvoir, se dégager de toute responsabilité financière et, cependant, donner toutes les marques d'intérêt possible aux entreprises commencées.

Pourquoi ne reprendrait-on pas cette ligne de conduite? M. le baron Mariotti, membre de la Société des Agriculteurs de France, et qui représente cette Société au Congrès d'Ajaccio, a eu l'excellente idée de créer une Société d'action, l'*Union Corse*, qui s'occupe non seulement de tout ce qui fait l'objet des transactions syndicales, soit pour l'achat, soit pour la vente, mais encore d'encourager des compagnies s'engageant à mettre en culture, dans des conditions déterminées et par l'établissement de nombreux colons, les terrains incultes de la Corse. Peuplée actuellement de 300,000 habitants, la Corse en nourrirait facilement un million, et, comme le dit très bien un ingénieur distingué, M. Le Cler, « il n'y a pas d'opérations « plus efficaces que le desséchement pour fixer la population sur le « sol des campagnes. Il suffit qu'un colon obtienne deux ou trois « hectares pour qu'il se marie et ne songe plus à s'éloigner du « pays. » (1)

M. Le Cler ajoute que ses travaux dans la baie de Bourgneuf, travaux que je viens de visiter, ont amené 227 colons représentant, avec leurs familles, un chiffre de 1,010 âmes. Dans le bas Poitou et en Saintonge, la famille de Commans, notamment, avait, au xviie siècle, amené sur les points desséchés, une population très nombreuse.

Je suis persuadé, Messieurs, que vous approuverez l'initiative courageuse de M. le baron Mariotti, laquelle rentre dans les vœux que le Congrès a tenu à exprimer, au moins mentalement, en inscrivant sur son programme la question de la colonisation intérieure de la France.

Quant aux encouragements que l'Etat donnerait aux entreprises de dessication, ils ne sauraient évidemment rappeler tous les privilèges des anciens édits; mais bien des dispositions de ces derniers pourraient cependant encore être utilisées de nos jours, par exemple l'exemption en faveur des marais desséchés, de tout impôt pendant un certain laps d'années, ce qui, du reste, avait été reconnu par les lois de 1790 et 1791, qui fixaient cette période à vingt-cinq ans. Il pourrait, de plus, mettre à la disposition des dessicateurs, comme

---

(1) *Mémoire sur les polders.*

le lui demande M. Le Cler, dans son *Mémoire sur les polders*, le prêt des 100 millions destinés au drainage par une loi demeurée à l'état de lettre morte, le drainage n'étant qu'un des modes de dessèchement. Enfin, il devrait s'inspirer du rapport très complet présenté à la Société des Agriculteurs de France par son secrétaire, M. le comte de Luçay, dans sa session de février 1874. (Applaudissements.)

M. le comte DE DIENNE dépose ensuite sur le bureau du Congrès un ouvrage sur le même sujet, dont il est l'auteur.

M. LE PRÉSIDENT, après avoir remercié M. le comte de Dienne au nom du Congrès, donne la parole à M. Léon Moinet, de la Société de géographie de Rochefort.

M. MOINET n'a pas voulu que les membres du Congrès quittassent Rochefort sans qu'on leur eût donné au moins quelques détails sur cette ville ; il les emprunte à un travail dont il est l'auteur sur la *Démographie de la ville de Rochefort* :

Messieurs,

Dans les centres populeux principalement, il est nécessaire de s'occuper des différents groupes d'habitants occupant non-seulement le même immeuble, mais encore le même appartement.

Rochefort possède 3,523 maisons, et chacune d'elles comporte, en moyenne, deux appartements ; si nous divisons chacun de ces nombres par le chiffre de la population des 9,070 ménages, soit 26,690 habitants, nous trouvons, par maison, une moyenne de 7 hab. 575, et, par appartement, une moyenne de 3 hab. 624.

En divisant le nombre d'habitants par le nombre des ménages, nous trouvons par une plus grande divisibilité pour chacun de ces derniers, une moyenne de 2 hab. 942, soit : chiffre rond, 3 habitants par ménage.

En énumérant les différentes catégories des ménages que nous donne la récapitulation générale, nous trouvons pour chacune d'elles le nombre d'habitants qu'elle comporte, et ce, en nous basant sur le chiffre de 26,690 habitants, total de la population composant les 9,070 ménages à Rochefort.

Ménages de							
1 personne	1.636	ou 18 %	1.636 habitants.	6 % de la popul.
2 —	2.373	26 %	4.746	—	18 %	—
3 —	2.094	23 %	6.282	—	24 %	—
4 —	1.507	17 %	6.028	—	23 %	—
5 —	762	9 %	3.810	—	14 %	—
6 —	698	7 %	4.188	—	15 %	—
Totaux divers	9.070		26.690			
Établissements à part	20		815			
Totaux généraux divers	9.090		27.705			

Nous avons établi que le chiffre de la population donné par les différentes moyennes de chaque catégorie s'élevait à 26,690 habitants. En divisant ce nombre d'habitants entre les 9,070 ménages, nous trouvons pour chacun de ces derniers une moyenne de 2 hab. 942. Chiffre rond, 3 habitants.

En général, un appartement pour deux personnes compte de 48 à 60 mètres cubes d'air, capacité nécessaire à une hygiène bien entendue ; or, nous venons de voir que la moyenne générale nous donne 3 personnes par ménage et par appartement. Si nous jetons un coup d'œil sur le tableau de notre résumé, nous voyons que la troisième catégorie comporte déjà une moyenne anormale en comportant 3 habitants ; que devrons-nous donc penser des ménages comportant 4, 5 et 6 personnes et vivant dans le même appartement ? Il est clair que, dans ces conditions, malgré la propreté la plus méticuleuse, l'air devra être bientôt vicié et les habitants, surtout les enfants vivant dans ces milieux, ne tarderont pas à en subir les conséquences ; que sera-ce donc si l'hygiène n'est pas observée, et que ces parties habitées soient au rez-de-chaussée ? Évidemment, les émanations plus saisissantes encore de ces centres humides développeront des affections morbides, et les malheureux qui y sont confinés ne tarderont pas à être les victimes de cette insalubrité.

Nous avons dit, plus haut, que si on établissait une statistique des décès d'après l'élévation des immeubles au-dessus du sol, on trouverait, en faveur de ceux plus élevés, une différence notable, au point de vue sanitaire ; cette idée nous a été suggérée par le tableau énumérant les différentes parties des immeubles à Rochefort.

Rochefort compte 3,523 immeubles, en déduisant les 701 locaux servant de magasins, d'ateliers, etc. Nous trouvons comme parties habitées le résultat suivant :

Au rez-de-chaussée	2.822
Au premier étage	1.661
Au deuxième étage	847
Au troisième étage	104
Au quatrième étage	3
Total	5.437

Si nous divisons le chiffre de 26,690 habitants formant la population des 9,070 ménages à Rochefort, par 5,437, total des différentes parties habitées, nous trouvons, pour chacune d'elles, 4 hab. 908 ; en multipliant ce dernier chiffre par chaque partie différente composant les immeubles, nous trouvons, pour chacune d'elles, la partie de la population qui y réside :

Rez-de-chaussée	2.822 parties,	13.852 habitants,	ou	52 %	de la popul.
Premier étage	1.661 —	8.153	—	31 %	—
Deuxième étage	847 —	4.159	—	15 %	—
Troisième étage	104 —	511	—	2 %	—
Quatrième étage	3 —	15	—	» %	—
Totaux divers	5.437 —	26.690	—	100 %	—

Ainsi donc, plus de la moitié de la population habite au rez-de-chaussée ; vraiment, il y aurait à craindre, si chaque habitant n'observait l'hygiène. Généralement, qu'ils appartiennent à l'industrie, à l'Arsenal, au commerce ou à l'agriculture, nous pouvons affirmer que les nombreux habitants de la commune de Rochefort, par leur sobriété et l'amour du foyer qui les anime, éloignent ce qui pourrait les atteindre dans leur santé. Joignant à ces qualités individuelles les améliorations apportées à l'hygiène générale par notre édilité, Rochefort, comme centre populeux, est encore une des villes de France où l'état sanitaire est excellent.

Pour terminer ce sujet, nous devons dire que Rochefort, plus que toute autre ville du département, a subi, par suite de la crise agricole, l'immigration des habitants des campagnes. Si quelques-uns de ces derniers ont trouvé dans l'Arsenal à pouvoir utiliser leurs qualités professionnelles, combien d'autres, sans profession, n'ont pu trouver facilement à gagner leur vie ; aussi, ces malheureux ont-ils augmenté le nombre déjà trop élevé, hélas ! de ceux que nous avions déjà dans nos murs.

En effet, Rochefort ne compte pas moins de 550 chefs de ménage qui, par leur état physique, sont dans l'impossibilité non-seulement de subvenir aux besoins des 1,832 individus composant leurs familles, mais encore moins de satisfaire à l'hygiène la plus élémentaire. Évidemment, dans des conditions aussi pénibles, n'y aurait-il rien d'étonnant à ce que des affections morbides pussent exister et, comme conséquence, la moyenne générale de la vitalité des habitants de Rochefort s'en ressentir ?

Mais, si les épidémies n'envahissent pas les demeures de ces gens si dignes d'intérêt, nous le devons non-seulement à la haute sollicitude de notre édilité, mais encore à ceux qui administrent notre Bureau de bienfaisance, à ces hommes qui ne comptent pas avec le dévouement, et qui ont su dépenser avec tant de discernement les fonds qui leur sont confiés, que, cette année encore, ils ont pu secourir plus de 4,000 personnes.

Chaque centre populeux a ses besoigneux ; mais la ville de Rochefort, dont la population est essentiellement composée de travailleurs, a-t-elle, proportionnellement, plus de charges qu'aucune autre ?

Pourquoi cacherions-nous nos plaies ! C'est en les montrant qu'on pourra les cicatriser, et certes, quelle que soit la situation sociale de nos concitoyens, leur charité nous est un sûr garant que nous n'avons rien à craindre pour les déshérités que notre ville renferme. (Applaudissements.)

M. LE PRÉSIDENT donne la parole à M. P. Vibert, sur *La topographie au point de vue colonial*.

M. P. VIBERT annonce qu'il a plutôt à exposer au Congrès des idées et des essais que des résultats d'ensemble définitivement acquis.

On sait qu'il y a deux modes différents de traduire les levés topographiques : par des cartes en relief, et par des cartes à courbes de niveau.

Les cartes en relief ont l'avantage de frapper les yeux de façon à intéresser les enfants et les jeunes gens ; mais elles sont d'une exécution difficile : on ne peut pas toujours les exécuter en province, ni, à plus forte raison, aux colonies ; enfin, elles ont l'inconvénient grave, au point de vue scientifique, d'être absolument fausses, parce qu'elles reposent sur des données absolument conventionnelles. L'Association nationale de topographie a donc invité ses chefs de section de l'Algérie à dresser simplement des cartes topographiques au moyen de courbes de niveau. L'Association ne possède encore de sections qu'en Algérie ; celles des colonies viendront plus tard. Les chefs de section, en Algérie, sont presque tous instituteurs, et les données d'après lesquelles ils opèrent sont appelées, dans l'opinion de l'orateur, à rendre les plus grands services à la colonisation française, tant au point de vue de l'agriculture qu'à celui de l'hygiène.

En relevant, par exemple, les différences d'altitude qui séparent le bord de la mer du plateau d'Emyrne à Madagascar ou de celui d'Anahuac au Mexique, on arrive à dresser des cartes qui permettent aux colons de connaître l'état sanitaire des diverses parties du pays étudié, et les cultures qu'il est possible d'y entreprendre.

La démonstration de l'utilité de ces recherches, en même temps que de l'aptitude colonisatrice des Français, aptitude qui leur a été si longtemps déniée, résulte de l'extension que la culture de la vigne a prise en Algérie. C'est un des phénomènes les plus merveilleux qu'on puisse enregistrer dans l'histoire des colonies, et il est tout à fait à l'honneur de la France.

L'Algérie, qui ne possède de vignobles que depuis vingt ans, produit une grande variété de vins excellents, et cette diversité est obtenue par la différence, non des plantations, mais des altitudes ; les produits changent de nature et de propriétés selon qu'ils proviennent de vignes plantées dans le Sahel, ou dans la plaine de la Mitidja, ou dans les hautes vallées de la Kabylie.

Les fièvres disparaissent tous les jours ; la plaine de la Mitidja, meurtrière en 1830, est devenue maintenant très saine ; mais il reste encore, malheureusement, dans l'Algérie même, et dans d'autres colonies, dans des pays neufs, des régions infestées de maladies : à Madagascar, par exemple, ou dans l'Indo-Chine.

L'Association nationale voudrait arriver à faire dresser, par exemple, une carte topographique de la vigne ; une autre, du liège ; une autre, des arachides, pour le Sénégal ; et d'autres cartes indiquant la nature et la fréquence des maladies selon les différences d'altitude. Ces cartes formeraient, pour les administrateurs et les colons, autant de *vade mecum* simples et pratiques, qu'on pourrait trouver dans les ministères, qui ne refuseraient certainement pas leur appui à ces travaux, que le département de l'instruction publique a déjà accueillis avec intérêt.

Si des cartes de ce genre étaient dressées pour toutes les colonies françaises ; si on les répandait à grand nombre d'exemplaires, accompagnées de ces petites notices que les Canadiens et les Argentins savent si bien faire, on obtiendrait certainement des résultats pratiques avantageux ; on verrait beaucoup moins de Français s'embarquer à l'aveugle ; le succès aux colonies leur serait plus facile et ils subiraient moins de déceptions. (Approbation).

M. le Président donne la parole à M. A. Couilliaux, pour une communication relative à la *Fondation d'une Société d'instruction mutuelle*.

M. A. Couilliaux s'exprime en ces termes :

Messieurs,

Si la très courte communication que j'ai à vous faire ne présente pas un caractère absolument géographique, elle ne sera peut-être pas déplacée parmi nos intéressants travaux, puisqu'elle a pour but d'appeler votre bienveillante attention sur un projet de Société destinée à la vulgarisation des vérités scientifiques, à la connaissance de tout ce qui peut amener le développement de l'esprit humain et servir le progrès.

C'est dire que l'étude de la géographie y aura sa place toute marquée.

Le titre qui a été choisi est celui-ci : *Société nationale d'instruction mutuelle*.

Son organisation est facile, ses moyens d'action très simples.

Voici, du reste, quelques passages de la communication que j'ai faite, le 13 novembre 1890, à la Société des sciences naturelles de La Rochelle, sur ce sujet :

« Ce n'est qu'après l'enfance, au moment où l'homme se trouve en face de la nature, en face du travail pratique, de la vie réelle, alors qu'il réfléchit mûrement, que les leçons d'expérience lui sont véritablement profitables.

« Et c'est justement à ce moment là qu'elles lui manquent le plus.

« C'est précisément lorsqu'il a oublié depuis longtemps (en supposant qu'elles lui aient été enseignées à l'école), les notions pratiques de son métier, de son état ou de sa profession, qu'il se trouve abandonné à lui-même, au milieu des difficultés nombreuses qui accompagnent toujours les débuts d'une carrière, réduit à l'usage de ses propres forces et de son peu d'expérience.

« Cela est vrai de tous les corps d'état. Mais il en est un surtout, pour lequel toutes les ressources de la science seraient à peine suffisantes ; état rude et pénible, qui exige des connaissances multiples, et exercé précisément par ceux qui en ont moins ; état souvent ingrat, à cause de l'ignorance des bons procédés et des meilleures méthodes à employer.

« Cet état, c'est celui de cultivateur.

« Combien, en effet, ne faudrait-il pas d'études scientifiques approfondies, de recherches intelligentes et opiniâtres, pour obtenir du sol cultivé le *summum* de ressources qu'il peut produire ?

« Et quelles richesses prodigieuses perd, chaque année, la France par l'ignorance, l'incapacité et le manque de connaissances techniques d'un grand nombre de gens qui occupent dans la société des situations dont ils ne savent pas tirer le plus avantageux parti ?

« Que faudrait-il donc pour remédier à un état de choses si préjudiciable aux intérêts de tous ?

« Il faudrait instituer dans chaque commune, une école des hommes comme il y a une école des enfants.

« Cette théorie peut paraître étrange, absurde peut-être. Elle n'en porte pas moins en soi un germe fécond et certainement appelé tôt ou tard à produire des résultats considérables.

« Et si nous examinons attentivement l'état actuel de notre

société, ne voyons-nous pas que dans certains milieux favorisés, ces écoles d'hommes existent déjà.

« Que sont, en effet, nos Sociétés scientifiques, littéraires, nos Académies, sinon des écoles d'hommes où nous venons nous instruire, nous enseigner mutuellement ?

« Eh bien ! ce qui n'est que le privilège de quelques-uns, devrait être, par une organisation bien entendue, mis à la portée de tous.

« Dans l'état actuel des choses, il n'est pas possible à chacun de faire partie d'une Société scientifique, littéraire ou autre, parce que toute adhésion entraîne forcément avec elle des considérations de temps, de distance et d'argent avec lesquelles il faut compter.

« Et puis, nos Sociétés actuelles sont toutes des sociétés fermées au public, des sociétés particulières, restreintes, de telle sorte que celui qui voudrait s'instruire d'une façon générale pour devenir un *homme* et non une *spécialité*, devrait faire partie de toutes les Sociétés.

« Loin de moi la pensée de vouloir faire une critique de ces Sociétés. Je me plais à reconnaître, au contraire, qu'elles sont excellentes et indispensables, parce qu'elles sont la réunion des notabilités qui s'intéressent aux mêmes choses et poursuivent le même but, et le laboratoire vivant où viennent s'étudier les précieuses productions de la terre et s'épurer celles de la pensée.

« Mais il faut venir à elles, et c'est là pour les habitants des campagnes, surtout, un obstacle insurmontable.

« Et si les habitants des campagnes ne peuvent pas venir aux Sociétés, pourquoi les Sociétés n'iraient-elles pas à eux ?

« Une seule, au surplus, comprenant dans son sein toutes les branches d'instruction et qui serait pour ainsi dire une petite Académie destinée à porter la bonne semence jusqu'au fond des plus humbles bourgades, serait suffisante.

« Voyons maintenant où devrait s'établir cette Société, et comment elle devrait fonctionner.

« Pour obtenir un résultat effectif, pour être pratique, cette Société devrait être établie au chef-lieu du canton, de façon à pouvoir étendre avec facilité son action sur toutes les communes qui composent le territoire de ce canton.

« Les membres de cette Société se réuniraient chaque mois et désigneraient un certain nombre d'entre eux pour aller faire des conférences dans les communes.

« Les membres qui seraient ainsi désignés, soumettraient à l'approbation de la Société, dans la plus prochaine réunion, la conférence qu'ils devraient faire.

« Pour commencer, les conférences dans les communes auraient lieu seulement quatre fois par an, un jour de dimanche. Lorsque le nombre des conférenciers serait suffisant, les conférences pourraient avoir lieu tous les deux mois et même tous les mois.

« Chaque conférencier prendrait le titre de *Délégué de la Société* et sa conférence s'appellerait simplement *Causerie*.

« Ces causeries pourraient être faites oralement ou par écrit, sur toutes sortes de sujets appropriés aux milieux et aux auditoires, mais ayant toujours un but pratique.

« Le nombre des délégués devrait être, autant que possible, égal à celui des communes du canton. Ces délégués seraient choisis parmi les médecins, pharmaciens, vétérinaires, notaires, fonctionnaires des finances ou de l'enseignement et propriétaires-cultivateurs instruits.

« Chaque délégué irait faire successivement la même causerie dans chaque commune du canton.

« En sorte que, s'il y avait douze communes dans le canton, chaque délégué, faisant quatre conférences par an, mettrait trois ans pour visiter les douze communes du canton.

« Et comme chaque délégué ferait sa causerie sur un sujet spécial, chaque commune entendrait donc dans l'espace de trois années douze causeries différentes ; et il suffirait pour cela de trouver seulement autant de délégués qu'il y aurait de communes dans le canton.

« On peut voir qu'une Société ainsi organisée ne demanderait qu'un peu de bonne volonté à un nombre bien restreint de personnes, puisqu'il suffirait à chacune d'elles de préparer une seule causerie tous les trois ans, si cette causerie devait se faire quatre fois par an, et tous les ans seulement, si elle avait lieu chaque mois.

« Cette sorte de roulement des douze délégués, allant tous les trois mois, le même jour, chacun dans une commune et passant successivement dans chacune d'elles, permettrait de faire beaucoup.

« Je ne sais si je m'abuse, mais il me semble qu'une telle Société, établie dans tous les cantons de France, serait féconde en bons résultats.

« Et si l'on m'objectait qu'il y aurait de grandes difficultés à l'établir et surtout à la faire fonctionner, parce que les personnes qui voudraient se dévouer à cette œuvre seraient trop rares, je répondrai qu'il n'est pas admissible qu'il ne se puisse rencontrer par canton douze personnes de bonne volonté.

« Il n'est pas possible qu'il ne se trouve pas douze personnes, même six, même trois — ce nombre serait suffisant à la rigueur — qui n'aient le bon vouloir de faire profiter leurs concitoyens des connaissances et des lumières qu'ils possèdent et en même temps le désir de s'instruire elles-mêmes par une communication périodique avec les travailleurs de toutes catégories.

« Car ce serait bien un enseignement mutuel, une véritable école des hommes, qui serait ainsi organisée dans chaque commune ; école où les professeurs eux-mêmes, les délégués, viendraient profiter aussi de l'expérience et des observations de leurs auditeurs.

« Les réunions communales seraient publiques.

« Il serait nommé à chaque réunion, un président, pris parmi les citoyens les plus âgés, et un secrétaire, pris parmi les plus jeunes.

« Après la causerie du délégué, le président inviterait les personnes présentes à faire toutes communications, observations, remarques ou questions, qu'elles croiraient utiles, sur quelque sujet que ce fût.

« Il serait dressé, séance tenante, un procès-verbal de la réunion, qui relaterait succinctement ce qui aurait été dit et tiendrait note de toutes les questions posées.

« Les documents, objets ou autres choses intéressantes qui auraient été communiqués, pourraient trouver place au musée scolaire.

« Toute question qui ne pourrait pas être résolue immédiatement serait communiquée par le délégué à la Société cantonale, qui l'étudierait dans sa plus prochaine séance.

« Un bulletin départemental ou régional pourrait être créé, qui reproduirait les conférences et donnerait le compte-rendu des réunions cantonales et communales.

« Il est facile de concevoir combien des réunions périodiques de cette nature seraient profitables, et quels fruits la nation tout entière pourrait retirer de ces relations cordiales d'hommes, se réunissant ainsi dans un même but : s'instruire mutuellement et travailler ensemble résolument à l'accroissement de la fortune publique et au bien-être de chacun. »

Eh bien, Messieurs, cette Société s'est fondée dans le canton de

Tonnay-Charente, et nous espérons que l'exemple sera suivi par tous les cantons de France.

Nous avons, du reste, reçu, pour cette œuvre essentiellement philanthropique, les plus grands encouragements.

A Tonnay-Charente, les adhésions sont venues nombreuses et de tous les côtés.

Notre président, M. Martineau, juge d'instruction à Rochefort, n'attend plus que l'approbation de nos statuts pour nous faire entrer dans la période d'activité.

Ces statuts sont très courts, Messieurs. En voici quelques articles :

Art. 1er. — Une Société nationale d'instruction mutuelle est fondée en France.

Art. 2. — Elle a pour but de contribuer au développement de l'instruction populaire, au progrès de la science, et, par l'emploi des meilleurs méthodes et procédés, au bien-être de chacun et à l'accroissement de la fortune publique.

Art. 3. — Elle se divise en autant de sections qu'il y a de cantons en France.

Art. 4. — Chaque section ou Société cantonale est indépendante et autonome.

Société cantonale de....

Art. 5. — Cette Société se compose de toutes les personnes qui adhèrent aux présents statuts.

Elle commencera à fonctionner aussitôt que le nombre de ses membres sera égal à celui des communes du canton.

Art. 6. — La Société est administrée par un président, un vice-président, deux assesseurs, un secrétaire et un trésorier.

Leurs fonctions sont gratuites.

Ils sont élus pour un an.

Art. 7. — Elle comprend des membres d'honneur, des membres honoraires, des membres fondateurs, des membres perpétuels et des membres actifs.

. . . .

Art. 14. — Des récompenses, sous formes de diplômes et de médailles, pourront être accordées aux membres qui se seront distingués par leur dévouement à la Société.

Ils deviendront de droit membres d'honneur et seront exempts, à l'avenir, de toute cotisation.

S'ils appartiennent à une administration, ils seront signalés à la bienveillante attention de leurs supérieurs.

. . . .

Réunions cantonales

Art. 16. — Les réunions de la Société auront lieu le premier dimanche des mois de février, mai, août et novembre.

Art. 17. — Dans ces réunions, la Société conférera à un certain nombre de ses membres le titre de *Délégués de la Société*.

Art. 18. — Ces délégués auront pour mission d'aller dans chaque commune du canton faire une *causerie familière* sur un sujet de leur choix, mais ayant un but pratique.

. . . .

Art. 20. — Chaque délégué ira faire successivement sa même causerie dans toutes les communes du canton.

Art. 21. — Lorsque la situation financière le permettra, la Société pourra faire venir des conférenciers étrangers.

Réunions communales

Art. 22. — Ces réunions auront lieu dans toutes les communes du canton, le premier dimanche des mois de janvier, avril, juillet et octobre.

Si le nombre des délégués le permet, elles auront lieu tous les mois et même plus souvent.

Art. 23. — Elles seront publiques et auront lieu dans la salle d'école ou de la mairie, avec l'agrément de l'autorité.

. . . .

Art. 25. — Après la causerie du délégué, le président donnera la parole à tout auditeur qui aurait des communications à faire dans l'intérêt de la Société.

Art. 26. — Toute communication qui ne recevrait pas de solution immédiate serait soumise par le délégué à la Société cantonale.

. . . .

Dispositions générales

Art. 29. — La Société pourra correspondre avec les Sociétés des autres cantons, pour avoir communication de leurs travaux ou pour faire échange de délégués.

Art. 30. — Un bulletin mensuel sera fondé, qui relatera les travaux des Sociétés.

Art. 31. — Une bibliothèque sera créée et alimentée par des achats de livres, bulletins scientifiques et autres et par des dons en nature.

Art. 32. — Un comité de patronage sera établi à Paris pour la vulgarisation des présents statuts, l'organisation des Sociétés cantonales, et la centralisation de leurs travaux.

Ne vous semble-t-il pas, Messieurs, qu'une Société ainsi répandue dans tous les cantons de France serait féconde en heureux résultats?

Et, pour ne parler que de la science géographique, à laquelle vous vous êtes consacrés avec tant d'ardeur et que vos intéressantes études font chaque jour si heureusement progresser, ne pensez-vous pas qu'elle trouverait dans cette Société nouvelle un puissant auxiliaire de vulgarisation?

Si vous le croyez, Messieurs, il ne me reste plus qu'à exprimer un vœu : c'est que vous preniez notre jeune enfant sous votre haute et bienveillante protection. (Applaudissements.)

M. le Président donne lecture d'une proposition de vœu présentée par M. A. Couillaux, et ainsi conçue :

« Le Congrès, en vue de la vulgarisation de la géographie,
« exprime le vœu qu'une Société nationale d'instruction
« mutuelle soit fondée dans tous les cantons de France, et
« qu'un comité de patronage soit créé à Paris. »

Cette proposition de vœu, mise aux voix, est adoptée à l'unanimité.

M. le Président donne la parole à M. le Secrétaire général, pour la lecture d'un mémoire de M. Bazangeon, sur *La politique à suivre à l'égard des pays limitrophes* : *Siam, Laos et Chine* :

Messieurs,

Le Samson mongol va-t-il s'écraser lui-même en secouant furieusement les colonnes de ses pagodes ; ou sa chevelure va-t-elle, en atteignant une longueur inaccoutumée, lui redonner une force invincible ? La race chinoise asservie marchera-t-elle de nouveau, comme en 1862, à la conquête de sa capitale et de sa liberté ; ou les deux éléments tartare et chinois vont-ils oublier leur haine séculaire et faire cause commune contre l'ennemi commun, les barbares d'Occident ? Il se peut que l'empire du Milieu soit voué à un démembrement, dans un avenir plus ou moins lointain, à la suite d'invasions étrangères combinées avec de formidables guerres civiles. Mais il est possible aussi que le géant tartare sorte, nouveau Lazare, régénéré, de sa léthargie séculaire, et qu'il recommence, plein de vigueur, une longue série d'existences successives. L'avenir peut seul répondre à ces obscurs points d'interrogation.

Il y a en Chine, deux levains bien différents : l'élément tartare ou mandchou et l'élément chinois proprement dit, le premier ayant fourni la dynastie actuelle, le second en défiance à la cour ; celui-là dominateur, celui-ci opprimé, vivant côte à côte, mais l'un oppresseur et l'autre conquis. Les Tartares sont la race conquérante, les Chinois la race vaincue ; quelque chose ressemblant, mais dans des proportions gigantesques, à ce qui existe en Alsace-Lorraine, où les anciens Français de nom, les toujours Français de cœur, subissent le joug des Germains, les Tartares-Mandchoux. Cette composition de la population de la Terre-des-Fleurs étant donnée, on comprend que la dynastie régnante ne professe pas la confiance la plus absolue vis-à-vis des éléments chinois, dont elle a renversé la dynastie légitime, et dont elle a soumis tout le territoire par le seul droit de la conquête violente. Défiance justifiée, d'ailleurs, car si les Chinois se sentaient les plus forts et en mesure de dicter la loi, ils auraient bien vite porté des ciseaux libérateurs sur leurs longues tresses de cheveux et marcheraient, les armes à la main, à la conquête de leur propre capitale, les cheveux coupés court, comme jadis les Taypings, soldats de la « Grande-Paix. »

Aussi, l'armée impériale régulière ne se compose-t-elle actuellement que d'éléments tartares, les seuls qui soient instruits et constitués en régiments susceptibles d'être transportés d'une extrémité à l'autre de l'empire. Les Chinois, au contraire, doivent au peu de sécurité qu'ils inspirent à la cour, d'être exempts du service militaire à l'extérieur ou en dehors de leurs provinces. Ils constituent une sorte de garde nationale, de milice, faisant leur service dans leur pays et ne devant jamais être appelés à combler les vides de l'armée régulière.

Le soldat tartare ou chinois est recruté dans la lie de la population et sa discipline laisse tout à désirer, surtout dès qu'il est en campagne, que ce soit à l'intérieur contre des rebelles ou sur un territoire étranger. Cela se comprend aisément. La plupart du temps, les troupes ne sont pas payées et doivent vivre de maraude et de brigandage. L'exemple de la rapacité leur est donné par leurs chefs. Mais, en face de l'ennemi, ce soldat pousse la bravoure jusqu'à la témérité. S'il est facile aux paniques et se débande à la moindre alarme en rase campagne, il ne faut pas en conclure qu'il manque de courage, mais seulement qu'il a conscience de l'incapacité de ses officiers. Mais voyez-le derrière les remparts d'une citadelle, derrière un retranchement provisoire élevé à la hâte, chacun combat jusqu'à la mort. C'est que, là, le rôle de l'officier, du commandant en chef même, est secondaire, et que le soldat sent qu'il suffit qu'il combatte en désespéré. C'est parce qu'il connaissait le peu de valeur des officiers chinois, le peu de confiance qu'ils inspirent à leurs troupes, que Gordon-Pacha, alors que l'on croyait la guerre imminente entre la Russie et la Chine, à la suite du traité de Livadia et de la disgrâce de l'ambassadeur Chung-Hao, disait au cabinet de Pékin : « Ne livrez jamais de batailles rangées, ce serait préparer des victoires à vos ennemis. Ne traînez pas de canons à la suite de vos armées, ce serait préparer des trophées à vos vainqueurs. » Mais c'est aussi parce que, ancien commandant en chef de « l'armée toujours victorieuse » qui, dans les tristes années 1862-1864, sauva la dynastie et l'intégrité de l'empire, il connaissait par expérience la bravoure héroïque des Chinois assiégés, qui se feraient massacrer sur leurs remparts envahis plutôt que de déserter leurs postes, qu'il disait ensuite : « Si l'ennemi s'empare de vos murailles, ne vous obstinez pas à les défendre ; sortez de la ville pour conserver une force à la patrie. » Il savait aussi la vénalité des généraux impériaux, lui qui, dans un cri de colère et d'indignation, écrivait au gouvernement Céleste : « La Chine ne peut pas constituer une armée tant que ses généraux se feront payer pour cinq mille hommes, tandis qu'en réalité ils n'en auront que deux mille. Ces généraux doivent avoir la tête tranchée ! » Au Tonkin, l'armée chinoise assiégée a toujours suivi le second conseil. Le soldat chinois, endurci aux plus rudes fatigues, vivant d'un bol de riz cuit à l'eau, ne recule jamais devant le travail le plus pénible, devant la plus longue étape, ne portant ni fourniment, ni havre-sac et ne nécessitant pas de bagages. Dès qu'il est arrivé au lieu de halte, après une marche forcée, comme les anciennes légions de César et d'Annibal, son premier soin est d'élever autour de son camp, un retranchement en terre. Il ne se reposera qu'après l'avoir terminé. Quelques heures de sommeil lui suffisent. Toujours prêt au moindre signal, il méprise la mort, qui, pour lui, n'est qu'un changement d'existence.

Comme armée défensive, la Chine possède peut-être les meilleurs soldats du monde. On sait, en effet, que les hommes habitués à combattre avec l'épée et avec la lame peuvent former les meilleures troupes régulières. Ne combattant qu'avec des armes blanches, ces troupes sont redoutables et peuvent être victorieuses si le pays est partout difficile et si elles sont dix contre un en face de leurs ennemis. S'il en est ainsi dans ce cas, ce sera encore bien plus vrai quand ces soldats seront armés de fusils ordinaires à tir rapide et disciplinés à l'européenne. Nous ne sommes plus au temps de Palikao. Une armée de 15,000 hommes n'arriverait plus aussi vite ni aussi facilement aux portes de la capitale, si même elle pouvait échapper à une destruction complète. La Chine est donc aujourd'hui très forte chez elle.

Mais peut-elle devenir conquérante à son tour ? c'est-à-dire, peut-elle transformer ses armées provinciales en une seule armée nationale ? Deux hommes de grande valeur, connaissant admirablement le peuple chinois, M. Robert Hart, directeur général des douanes chinoises, et le général Gordon-Pacha, ancien généralissime en Chine, sont d'opinions diamétralement opposées. Et cette divergence s'explique aisément. M. Hart rêvait de faire de la Chine une puissance non-seulement capable de défendre ses immenses territoires, mais encore susceptible, dans un avenir plus ou moins éloigné, de devenir agressive à son tour et conquérante, et de jeter sur la Russie, soit en Sibérie, soit dans le Turkestan, la masse d'armées tartares répondant au chiffre énorme de sa population. Il rêvait de mettre aux prises les deux colosses pour que les armées du Dragon plantassent leurs étendards sur les rivages de la mer Caspienne, ce qui chasserait les Moscovites des frontières de l'Inde. Ce calcul est peut-être digne de Machiavel et est assurément habile, aujourd'hui que le Léopard et le Dragon vivent en bonne intelligence, le premier ne désirant exploiter le second que par son commerce ; mais il pourrait être cruellement déjoué. Si jamais la Chine pouvait mobiliser des armées proportionnées à sa population, elle n'irait sans doute pas les ensevelir sous les neiges de la Russie et, une fois maîtresse, par la victoire, de tout le Turkestan jusqu'à la Caspienne, peut-être son ambition ne serait-elle satisfaite qu'après qu'elle aurait imposé ses pinceaux et ses caractères à tout l'Hindoustan.

Gordon-Pacha, plus clairvoyant des intérêts de sa patrie et de ce qui est possible au pouvoir central de Pékin, voulait constituer à la Chine des armées provinciales, solides, capables de repousser victorieusement toutes attaques, toutes invasions ; mais il reculait devant la responsabilité de doter le géant tartare d'une armée pouvant à son tour faire irruption au dehors. Au contraire de M. Hart, il ne croyait pas que, de longtemps, le gouvernement de l'empereur pût détruire l'homogénéité des provinces au profit du pouvoir central, même au seul point de vue militaire. Tandis que le premier voulait centraliser dans les bureaux du ministère de la guerre de Pékin, toute l'organisation militaire de l'empire, en transformant toutes ses armées provinciales en une seule armée nationale, à l'européenne, et déclarait que la Chine ne pouvait devenir une grande puissance militaire qu'en unifiant son armée, le général Gordon ne voyait le salut et la force du Céleste-Empire que dans le maintien du système actuel, qu'il voulait seulement perfectionner. Envisageant la situation de l'empire, sa constitution provinciale d'une force et d'une vitalité extrêmes, il considérait la tâche de la centralisation comme étant au-dessus des forces du pouvoir impérial, qui s'exposerait à être brisé par la résistance des provinces, et il affirmait que la force de la Chine réside non dans le pouvoir central, mais dans les groupes provinciaux. Par suite, il préconisait la formation de groupes, composés chacun de quatre provinces, chacun de ces groupes disposant d'une armée aussi forte que les Etats européens et armée de fusils à tir rapide d'un même modèle, modèle pouvant varier d'un groupe à un autre.

Cette constitution provinciale de l'empire est-elle, au point de vue militaire, une cause de force ou d'impuissance ? Les deux hommes les plus compétents en la matière ne sont pas d'accord à cet égard, on l'a vu plus haut. Cependant, leurs deux opinions doivent être combinées pour donner une réponse à cette question, et l'on doit considérer que des armées provinciales munies d'armes à tir rapide et disciplinées à l'européenne, rendraient la Chine invincible chez elle, tandis qu'une armée unique nationale lui serait indispensable pour lui permettre de se lancer à la conquête de l'Inde ou de l'Europe. Cette tâche gigantesque ne serait peut-être pas au-dessus de ses forces, étant donné le chiffre énorme de sa population, le jour où son armée nationale, armée et disciplinée à l'européenne, serait placée sous les ordres d'un Gengis-Khan, d'un Tamerlan, d'un Alexandre ou d'un Napoléon.

Mais, bien que l'Europe ne doive jamais compter sur des insurrections intérieures venant à son aide, insurrections qui se retourneraient, sans nul doute, contre l'ennemi commun, les barbares d'Occident, il se passera peut-être plus d'un siècle avant que le Céleste-Empire puisse constituer une armée en état de se mesurer, en batailles rangées, avec les troupes de l'Europe. Et d'ici là, la Chine peut être mise dans l'impossibilité de poursuivre la réforme de longue haleine qu'elle a entreprise et à laquelle elle travaille lentement dans l'ombre, réforme d'autant plus difficile à accomplir qu'elle va à l'encontre des mœurs nationales.

En Chine, on le sait, le pouvoir civil domine et la carrière des armes y est peu estimée. C'est que, pour arriver aux fonctions civiles, il faut être instruit, lettré, avoir subi des examens littéraires à chaque grade, en un mot être un esprit cultivé, tandis que pour avancer dans la carrière militaire, les examens se bornent à des exercices d'adresse et de force musculaire ; on ne demande nulle instruction, et le plus illettré des bateliers de Peï-Ho peut arriver à la plus haute dignité militaire, s'il est adroit et bien membré, comme Tsao-Ko-San, ancien rameur, considéré aujourd'hui comme l'un des plus grands hommes de guerre du Céleste-Empire. Le remplacement des armes blanches par un armement perfectionné changera-t-il cet état de choses, relèvera-t-il le métier des armes dans l'opinion publique, et fera-t-il exiger, pour l'obtention des divers grades, des connaissances techniques et scientifiques ? C'est possible et même probable ; mais il faudra des années pour atteindre ce résultat, qui montre bien contre quels obstacles a à lutter le gouvernement central.

Il semble que l'unification de la force navale de la Chine pourrait plus facilement être centralisée à Pékin. Cette mesure, cependant, se heurterait à l'opposition des provinces du littoral. Du reste, la force navale chinoise est bien plus nominale qu'effective. La Chine a bien pu créer un matériel navigant, elle a pu faire sortir de ses arsenaux de marine et de ses chantiers des navires cuirassés et des canonnières armées ; mais un corps d'officiers et de sous-officiers ne se forme pas aussi vite et exige des connaissances spéciales que la Chine ne peut espérer trouver de longtemps chez ses propres officiers nationaux. Aussi, Gordon ferme-t-il la haute mer à ses flottes et leur conseille-t-il de rester dans ses ports et dans ses fleuves, sièges de sa puissance.

La France est aujourd'hui, avec la Russie et l'Angleterre, l'une des trois grandes puissances en contact avec les frontières de la Terre-des-Fleurs. Elle a donc grand intérêt à suivre les progrès militaires de la Chine, qui, précisément parce qu'elle est rebelle à la civilisation occidentale, prendra à celle-ci ses propres armes pour la combattre et la repousser plus efficacement. A-t-elle intérêt à vivre en mauvaise intelligence avec le fils du Ciel et à chercher à s'agrandir territorialement à ses dépens? La négative ne fait doute pour personne. Même en présence de son état de faiblesse relative actuel, la Chine n'est plus une quantité négligeable, et il faut compter avec elle et avec ses armées. Une guerre sérieuse avec elle serait ruineuse au point de vue financier, et coûterait la vie à un nombre incalculable d'hommes, le climat étant plus meurtrier que les rencontres, et les Asiatiques ne faisant pas de prisonniers.

Dans ces conditions, la France doit faire tout ce que permet sa dignité pour entretenir des relations amicales à Pékin, en ne perdant pas de vue que les Asiatiques ne respectent que ce qu'ils craignent, qu'ils n'affectionneront jamais l'Europe, mais qu'ils baiseront la main qu'ils sauront ne pouvoir couper. Il faut lutter avec les hommes d'Etat chinois sur leur propre terrain, celui où ils se croient nos supérieurs : la diplomatie. Vaincus de ce côté, bien loin de garder rancune de leur échec, ils admireront et auront une haute opinion de la puissance qui aura réussi à les surpasser en habileté. Voyez la Russie, redoutée et respectée à Pékin : dans un espace de quarante ans, sa diplomatie patiente et fine, sa diplomatie seule, lui a valu deux immenses territoires, les rives de l'Amour et le Kouldja. La France doit donc se montrer l'amie de la Terre-des-Fleurs, son amie dans la mauvaise comme dans la bonne fortune. Elle doit pénétrer pacifiquement dans les provinces centrales de l'empire, au moyen des voies ferrées et des télégraphes. La vallée du fleuve Rouge est admirablement située pour atteindre ce but, et sa diplomatie doit pouvoir obtenir que le fils du Ciel fasse construire des chemins de fer venant se raccorder avec ceux du Tonkin.

Elle l'obtiendra sûrement, si elle se montre habile et bienveillante, et si nulle maladresse, aucune violence de langage, sinon dans les actes, ne vient éveiller les susceptibilités d'hommes d'Etat chez qui la méfiance et le désir de tromper sont des défauts ou des qualités innées.

La République doit créer des consulats dans toutes les provinces centrales qui peuvent, dans un avenir plus ou moins rapproché, être reliées au Tonkin par le raccordement des voies ferrées. Elle doit créer des consulats généraux dans les chefs-lieux des provinces de Kouang-Tong, de Kouang-Si et du Yunnan. Mais ces consulats devraient être purement commerciaux et n'avoir aucune attribution politique, ce qui froisserait les susceptibilités méfiantes des autorités chinoises. A la suite du traité de Livadia, la Russie a établi des consulats dans des villes des provinces intérieures, dont on ignore même le nom en France.

La France possède en Chine, un élément d'influence qu'elle aurait tort de négliger, quelles que puissent être les opinions de ses gouvernants. Aux yeux des Chinois en général, et même du gouvernement de Pékin, les missionnaires sont bien plus des étrangers, des Français, que des religieux. Les soutenir accroît l'influence de notre pays. C'est ce qu'avait bien compris l'un de nos anciens consuls généraux de Shanghaï, qui répondait aux protestations du supérieur des Jésuites : « Nous vous protègerons, même malgré vous. » Sans doute, nos missionnaires s'écartent souvent de leur mission purement religieuse et empiètent sur les attributions du pouvoir civil, aussi jaloux de ses prérogatives en Chine qu'en France. C'est à nos agents diplomatiques à savoir démêler s'ils ont tort ou raison. Mais, en règle générale, le bouddhiste n'est pas fanatique comme le catholique ; surtout, il est bien moins exclusif que lui. Si l'on respecte sa religion et ses mœurs, il respectera les opinions de ceux qui ne pensent pas comme lui. Le missionnaire, malheureusement, prétend être, dans sa chrétienté, un chef civil absolu aussi bien qu'un directeur spirituel. Dans les pays qu'il traite de païens, parce que la religion nationale n'est pas le catholicisme, il a la prétention qu'aucun fonctionnaire ne pénètre dans sa chrétienté et d'être lui-même le percepteur des taxes et le juge suprême. Il est évident que le pouvoir civil ne peut admettre cette multiplicité de petits actes indépendants dans l'Etat. Et ce sont toujours des empiètements de cette nature qui provoquent le fanatisme et les persécutions, la population étant alors excitée contre les missionnaires et les étrangers par les mandarins, dont on a méconnu l'autorité. Il faut donc soutenir les missionnaires, même malgré eux, mais seulement quand ils ont raison. (Applaudissements.)

M. LE PRÉSIDENT donne la parole à M. Martineau, pour une communication sur *Le Commerce européen dans les Amériques, et le projet d'union douanière pan-américaine.*

M. MARTINEAU rappelle qu'il y a deux ans à peine, se réunissait, aux Etats-Unis, un Congrès comprenant des délégués de tous les Etats d'Amérique, à l'effet d'organiser une union douanière pan-américaine, reposant sur le principe d'une prohibition complète à l'égard des produits européens. Ce projet ayant échoué, parce qu'il était trop évident que les Etats-Unis de l'Amérique du Nord seuls profiteraient d'une telle convention, cette République s'attacha à réaliser le même objet, en ce qui la concernait, au moyen des dispositions ultra-protectrices des bills Mac-Kinley.

A côté des Etats-Unis, le Canada, lui aussi, a adopté depuis longtemps une législation douanière protectionniste ; mais il existe dans ce pays un parti puissant, disposé à abaisser les tarifs, et il y a lieu d'espérer qu'aux élections prochaines, ce parti l'emportera, au grand profit du commerce français.

Aux Etats-Unis, les partisans de l'abaissement des tarifs ont déjà triomphé dans le scrutin pour l'élection de la Chambre des représentants. La question électorale a été posée sur ce principe de bon sens, que chacun doit rester libre d'acheter ce dont il a besoin au meilleur marché, et de vendre ses produits le plus cher possible. Le peuple des Etats-Unis s'est dérobé, en cette circonstance, à la direction des politiciens, et a envoyé au Congrès une majorité libre-échangiste, avec le mandat formel de faire passer dans la loi douanière ce principe de liberté, en faisant de la douane un instrument purement fiscal, destiné uniquement à procurer des revenus au Trésor fédéral, conformément à l'esprit de la

Constitution des Etats-Unis, qui veut que les ressources de ce Trésor soient prises surtout dans les impôts indirects. C'est sur ce principe que s'est appuyé l'ancien président Cleveland, quand il a voulu, comme l'Angleterre, à la suite de Cobden et de Robert Peel, faire de la douane une institution purement fiscale.

Cette révolution est grosse de conséquences pour l'avenir du commerce français sur ce vaste marché des Etats-Unis, qui lui était fermé depuis la guerre de Sécession ; mais ces conséquences ne commenceront à se produire que lorsque les pouvoirs du Sénat et du Président actuels, partisans du système restrictif, auront passé en d'autres mains. Il est, toutefois, certain qu'à bref délai la réforme de la législation douanière sera accomplie et que les tarifs seront abaissés. C'est au commerce et à l'industrie de la France à se tenir prêts pour ce moment. (Approbation.)

M. Martineau termine en proposant au Congrès l'adoption du vœu suivant :

« Le Congrès, considérant que la structure géographique
« du monde, la variété des produits suivant le climat et la
« diversité du génie des races s'opposent à l'isolement éco-
« nomique des divers peuples, émet le vœu que l'on emploie
« les moyens utiles à l'effet de développer l'influence fran-
« çaise dans les deux Amériques. »

La proposition de vœu, mise aux voix, est adoptée.

M. le docteur Bourru dit qu'il a voté contre le vœu, parce qu'il ne croit pas que la question soit de la compétence du Congrès.

M. le Président dit qu'en effet c'est une question d'économie politique plutôt que de géographie.

M. Martineau explique qu'il a improvisé la rédaction de son vœu à la séance même.

M. Vibert dit que, bien que libre-échangiste convaincu, il va faire des constatations protectionnistes. Au lendemain de la guerre de Sécession, les Etats-Unis avaient une dette de 30 milliards ; grâce aux tarifs de protection qu'ils ont établis à cette époque, ils ont éteint leur dette ; en outre, et c'est ce qui fait que la France n'a plus d'intérêt à voir abaisser les tarifs aux Etats-Unis, ils ont créé chez eux, à l'abri de ces tarifs, une grande industrie nationale, laquelle se heurtera sur leur marché à l'industrie européenne, et contre laquelle celle-ci doit déjà lutter sur tous les marchés du monde. Cette protection, qui serait désastreuse en Europe, a donné aux Etats-Unis des résultats merveilleux. Ainsi donc, quand même les Etats-Unis réduiraient leurs tarifs, la France ne peut guère espérer y importer que des objets d'art ou de grand luxe.

Quant à l'Amérique du Sud, les marchés en seront ouverts au commerce français longtemps encore, jusqu'au moment où la République Argentine aura réalisé les mêmes progrès que les Etats-Unis. Alors, dans cinquante ou soixante ans, les marchés de l'Amérique du Sud seront fermés à leur tour.

M. Martineau répond qu'un système douanier comme celui dont il prévoit l'établissement aux Etats-Unis, c'est-à-dire un système ayant pour unique objet de fournir des ressources au Trésor fédéral, donnerait des recettes bien plus considérables que celui de la prohibition complète, car ce qui n'entre pas dans un pays ne paye pas de droits de douanes. Les Etats-Unis ont donc un intérêt financier à ne créer que des droits modérés, ce qui laissera nécessairement leur marché ouvert.

D'autre part, plus le marché se développera, plus les Etats-Unis s'enrichiront, et plus le commerce européen aura de chances d'y trouver des débouchés et d'y écouler les produits dont il dispose ; les produits ne s'échangent que contre des produits ; ceux de l'Amérique auront ceux de l'Europe pour contre-valeur. Le résultat prévu par M. Vibert ne peut donc pas se produire.

M. Vibert répond que si le gouvernement des Etats-Unis. en établissant des droits à peu près prohibitifs, a perdu sur les recettes des douanes, il a trouvé la compensation de cette perte dans les revenus de l'industrie nationale, qui s'est créée, et dans l'économie réalisée sur les achats à l'étranger.

Quant à la théorie des échanges qui vient d'être exposée, elle est exacte, mais seulement s'il s'agit de peuples qui ont à échanger des produits différents ; mais la France et les Etats-Unis, quand ceux-ci seront complètement outillés, ce qui ne tardera pas, n'auront plus guère à s'offrir que des produits similaires, d'où cette conséquence qu'il ne se fera plus entre les deux nations qu'une quantité d'échanges très restreinte.

M. Barbier fait remarquer que la discussion que le Congrès vient d'entendre a porté sur une question d'économie politique qui n'est pas de sa compétence.

L'orateur rappelle que les délégués des Sociétés de géographie ont à se réunir immédiatement après la présente séance, pour statuer définitivement sur les vœux qui ont été émis, et il propose de clore les délibérations du Congrès.

M. Vibert dit que la question sur laquelle il a discuté avec M. Martineau, relevait absolument de la géographie commerciale. Le champ des études du Congrès n'est pas strictement limité à la géographie physique ou politique.

M. Barbier répond que la géographie commerciale ainsi entendue, est quelque chose d'extrêmement élastique.

Le Congrès, consulté, prononce la clôture de la discussion.

M. le Président annonce que l'ordre du jour est épuisé.

M. Barbier demande la parole pour s'acquitter, en son nom et au nom de ses confrères les délégués des Sociétés de géographie, du devoir qui leur reste à remplir : ce devoir consiste à remercier chaleureusement la Société de géographie de Rochefort, pour l'accueil bienveillant et hospitalier qu'ils ont reçu d'elle. Ces remerciements s'adressent particulièrement à son président, M. l'amiral Juin ; à son secrétaire général, M. le docteur Bourru, et à leur dévoué et trop modeste collaborateur, M. le commandant Silvestre. Le bureau tout entier de la Société de géographie de Rochefort a droit à la gratitude des délégués, dont l'orateur est heureux de se faire l'interprète, et qui ne perdront jamais l'agréable souvenir de leur séjour dans cette ville et des excursions charmantes faites dans ses environs. (Applaudissements prolongés.)

M. LE PRÉSIDENT, après avoir constaté que personne ne demande plus la parole, déclare close la XIIe session du Congrès national de géographie.

Il rappelle à ses collègues que, ce soir, à huit heures et demie, M. Merchier fera, à la salle de la Bourse, une conférence publique sur *L'Empire des tzars*.

La séance est levée à cinq heures.

Réunion du Comité des délégués des Sociétés françaises de géographie.

Président : M. BARBIER.

Le samedi, 8 août, à la suite de la dernière séance du Congrès, les délégués des Sociétés de géographie se sont réunis :

1° Pour choisir la ville où se réunira en 1892, le XIII⁰ Congrès national :

Le Congrès décide que la ville de Lille est choisie pour 1892, et Tours pour 1893.

2° Pour examiner les vœux proposés et acceptés par le Congrès et décider quels sont ceux qui seront maintenus.

Le Congrès accepte les vœux suivants :

I. — Vœu relatif à la Charente maritime et au Port de Rochefort.

Le XII⁰ Congrès national de géographie,
Considérant que le port de guerre de Rochefort est, à de nombreux points de vue, indispensable aux grands intérêts de la France, par sa situation générale au centre du littoral méridional de l'Océan et par sa situation particulière intérieure, qui le met à l'abri de tout ennemi,
Émet le vœu que l'Arsenal reçoive l'extension qui lui est nécessaire, et que la Charente soit creusée, afin qu'en toute circonstance de mer, les plus grands bâtiments puissent y naviguer.

II. — Vœu relatif à la colonisation à l'intérieur de la France.

Considérant qu'il importe de ne pas émettre vers les régions non françaises, des émigrants dont les bras peuvent faire défaut à la France continentale.

Le Congrès émet le vœu que les Sociétés de géographie veuillent bien organiser dans leur région respective, par le moyen de Comités régionaux, composés de spécialistes indépendants, une sorte d'enquête ayant pour objet de rechercher les terrains improductifs ou qui ne produisent pas ce qu'ils devraient, faute de bras, et les moyens de porter remède à cet état de choses en leur rendant les éléments d'action nécessaires. Elles sont priées de faire connaître les résultats obtenus au prochain Congrès.

III. — Vœu relatif à l'extension de l'enseignement de la langue française à l'étranger.

Le XIIe Congrès national émet le vœu que les Chambres votent les crédits nécessaires pour subventionner à Madagascar, en Egypte, dans le Levant, et généralement dans les colonies et les pays de protectorat et de missions, les instituteurs et missionnaires français qui travaillent au développement de notre langue et de notre influence.

IV. — Vœu proposé par M. Edouard Blanc.

En ce qui concerne la question générale de la France en Afrique, le Congrès national des Sociétés françaises de géographie engage le Gouvernement à maintenir énergiquement et intégralement les droits de la France sur tous les territoires qui lui sont concédés par les traités et conventions, et notamment sur tous ceux qui sont situés au nord du parallèle allant de Saï au lac Tchad, sans préjudice de ses droits à venir sur les territoires, encore inoccupés, qui sont situés au sud-est de cette limite, et dont l'occupation pourra permettre plus tard de réunir nos possessions du Congo à celles de l'Algérie.

Et dans cet ordre d'idées, le Congrès proteste, de la façon la plus formelle, contre les prétentions récemment émises par la Compagnie anglaise du Bas-Niger, sur l'Aïr et le Damergou, pays situés au nord de la limite qui est reconnue à l'influence française.

V. — Vœu relatif à l'influence française en Afrique.

Le Congrès national des Sociétés françaises de géographie verrait avec peine la suppression des canonnières en service sur le Niger et estime qu'il y aurait lieu de les utiliser, dans le plus bref délai, en vue d'une expédition ayant Saï pour objectif, de façon à relier entre eux et au besoin ravitailler MM. Mizon, Ménard et Monteil.

VI. — Vœu relatif à la centralisation des documents de navigation.

Considérant que les capitaines de navires sont obligés de tenir régulièrement un journal de bord, dit livre de loch, qui contient les renseignements les plus précieux pour la navigation, en relatant toutes les circonstances de vent, de courant, qui peuvent l'intéresser ;

Considérant qu'en fait, le plus grand nombre de ces journaux sont inutilisés, malgré les désirs et les encouragements des ministères de la marine et de l'instruction publique ;

Le XIIe Congrès national émet le vœu que :

En fin de voyage, tout capitaine soit obligé de remettre son livre de loch au commissaire de l'inscription maritime du port d'arrivée, en même temps que son rôle d'équipage ;

Que ces journaux soient immédiatement transmis aux directeurs des mouvements du port des arrondissements et sous-arrondissements maritimes, lesquels seront chargés d'en faire le dépouillement et de l'adresser au Bureau central météorologique.

VII. — Vœu relatif à une publication périodique des documents recueillis par les navigateurs.

Considérant que les cartes journalières publiées par le Bureau central météorologique de France, contiennent les renseignements les plus intéressants sur l'état du temps ; que ces renseignements s'arrêtent aux côtes et ne mentionnent pas les faits concernant les mers voisines ;

Considérant qu'il existe dans d'autres pays, des publications mensuelles, telles que les *Pilot-Chart Américaines*, qui donnent les renseignements les plus précieux pour la navigation, notamment en ce qui concerne la météorologie, les courants et les épaves rencontrées à la mer ;

Que ces renseignements sont faciles à obtenir des capitaines, en exigeant qu'ils remettent leurs livres de loch au port d'arrivée :

Le Congrès émet le vœu :

Qu'une publication mensuelle analogue à celle des *Pilot-Chart*, soit entreprise et répandue dans les grands ports de commerce, dans l'intérêt de la navigation.

Une enquête sur la création d'un Institut géographique avait été décidée, en 1888, au Congrès de Bourg.

M. Barbier en avait été chargé.

Il résulte de ses recherches qu'une somme de 500,000 fr. serait nécessaire pour une entreprise analogue à celle de Gotha.

M. Malavialle fait remarquer qu'un Institut cartographique officiel serait facile à réaliser, par exemple, par le ministère de la guerre, mais qu'un Institut privé deviendrait fatalement une affaire de librairie.

Après une courte discussion, le Comité, sur la demande de M. Barbier, vote la décision suivante :

Le Comité, prenant acte des efforts de M. Barbier, reconnaît qu'il a rempli la tâche qui lui a été confiée, et décide qu'il en est déchargé, du moins pour le moment.

CONFÉRENCES

Mardi, 4 août (soir)

M. le baron JULES DE GUERNE. — *Explorations du fond des mers.*

Présidence de M. MILNE-EDWARDS.

La séance est ouverte à neuf heures moins un quart.

M. LE PRÉSIDENT se félicite de la bonne fortune qui lui est échue d'avoir à présenter à l'auditoire M. le baron J. de Guerne, qui va exposer les résultats des recherches scientifiques auxquelles il a collaboré, à bord du yacht l'*Hirondelle*, appartenant à S. A. le prince de Monaco, au cours de plusieurs croisières dans l'océan Atlantique.

Aujourd'hui, on s'intéresse vivement à ces recherches. Autrefois, il suffisait au marin que son navire pût flotter ; peu lui importait la profondeur d'eau qu'il avait sous sa quille. A présent, on demande davantage et l'on s'occupe de connaître exactement le relief du fond des mers et d'en dresser des cartes. On veut aussi connaître les courants de l'Océan et l'on sait quels merveilleux résultats a obtenus le commandant Maury, de la marine des Etats-Unis, qui a pu tracer aux navires leur route la plus courte entre l'Amérique et l'Europe.

M. de Guerne, après plusieurs années de travaux, est devenu un maître véritable dans cette science qu'on appelle aujourd'hui l'*Océanographie*, et M. le président est certain d'interpréter fidèlement les sentiments de ses auditeurs en le remerciant d'être venu les entretenir des intéressantes explorations auxquelles il a pris part. (Applaudissements.)

M. J. DE GUERNE réclame l'indulgence de ses auditeurs. S. A. le prince de Monaco avait formé le projet de venir à Rochefort prendre part aux travaux du Congrès de géographie ; un accident survenu à son nouveau yacht, la *Princesse-Alice*, l'ayant empêché de réaliser son intention, il a chargé un de ses plus anciens collaborateurs d'exposer les résultats de ses recherches océanographiques ; mais cette conférence n'a pas pu être complètement préparée, et le conférencier a un autre titre encore à l'indulgence qu'il sollicite : c'est la difficulté que va lui créer le fonctionnement important de l'appareil de projection photographique.

Le titre donné à la conférence sur l'affiche est un peu trop étendu ; il serait, d'ailleurs, superflu de parler trop en détail de l'exploration du fond des mers devant les habitants de Rochefort, à qui l'on a déjà fait connaître les résultats des voyages du *Talisman* et du *Travailleur*, navires armés presque entièrement dans leur arsenal. M. de Guerne les entretiendra donc simplement des recherches faites à bord de l'*Hirondelle*, et spécialement des recherches zoologiques ; l'océanographie sera laissée un peu de côté.

Les travaux poursuivis dans les différentes campagnes de l'*Hirondelle* ont abouti à cette conclusion que, pour obtenir des résultats nouveaux au point de vue zoologique, il fallait employer des appareils également nouveaux. Aussi, les efforts des explorateurs ont-ils constamment tendu à améliorer ou même à remplacer les appareils anciens, qui étaient surtout des dragues, des chaluts et quelques accessoires, tels que des petits filets en soie ou en étoffe fine qu'on traînait à la surface de la mer.

Les inconvénients des chaluts étaient : l'obstruction de l'ouverture par les barres croisées qui la tiennent ouverte, la lenteur de la manœuvre, qui permet aux poissons et aux crustacés agiles de s'échapper, et l'impossibilité de déterminer exactement la profondeur à laquelle vivent et ont été capturés les animaux recueillis.

Pour obvier à ces inconvénients, M. le prince de Monaco a eu l'idée d'employer des nasses ou casiers, comme ceux qui servent à prendre les homards et les langoustes. Après différents essais, on s'est arrêté à des nasses en toile métallique, de forme prismatique régulière, qui ont donné d'excellents résultats, particulièrement dans les parages des Açores. On les a descendues jusqu'à des fonds de 2,000 mètres, amorcées avec des poissons frais ou avec des poissons conservés, que, pour leur rendre du goût, on assaisonnait d'assa fœtida, ce qui plaisait fort aux crustacés, mais beaucoup moins aux poissons. Ces casiers sont assez vastes, — ils ont 1^m,50 de hauteur, — pour admettre des animaux de grande dimension ; mais il y a également intérêt à capturer de petits animaux et surtout des jeunes, qui sont souvent très curieux ; pour cela, on plaçait de petits casiers dans les grands. On a pu prendre ainsi des familles entières de poissons dont on ne connaissait jusqu'à présent que les adultes ; on a pris par centaines des spécimens d'espèces nouvelles, depuis la plus grande taille, soit environ 60 centimètres, jusqu'à la plus petite : ce sont des poissons anguilliformes ; les jeunes ressemblent assez à des vers de terre. Beaucoup de poissons subissent, d'ailleurs, après la sortie de l'œuf, des métamorphoses assez remarquables.

Avec ses nasses, on a essayé les palangres à de très grandes profondeurs, mais sans beaucoup de succès. Les fauberts ont mieux réussi. Tout le monde connaît ces houppes de chanvre qui servent à nettoyer le pont des navires ; on en a attaché au bord de l'ouverture des nasses, des dragues et des chaluts ; en s'étalant dans l'eau, elles ont accroché et ramené dans leurs filaments très déliés des êtres fort délicats, qui parviennent à la surface en parfait état de conservation. C'est ainsi qu'on a pris, aux Açores, accroché par les dents à un faubert, — dents extrêmement longues et pointues, — un poisson d'une espèce toute nouvelle, dont il n'existe qu'un autre échantillon, pêché peu de temps après dans la baie de Bengale.

Les fauberts ont également ramené beaucoup de crustacés nouveaux, intéressants par leurs formes, par la carapace épineuse qui les couvre et par la longueur de leurs pattes et de leurs appendices.

Un autre appareil nouveau, qui a également fourni des résultats intéressants, c'est le filet batypélagique, baptisé par un naturaliste suisse d'un très grand talent, ayant pour objet de prendre les animaux ou les plantes qui vivent dans les régions pélagiques profondes. On nomme pélagique, l'organisme qui vit en pleine eau, sans jamais toucher le fond ni le bord de la mer, et qui peut parcourir, dans le sens horizontal comme dans le sens vertical, des distances considérables. La flore et la faune pélagiques sont encore très peu connues quant aux conditions d'existence, car la spécification et la nomenclature en sont assez complètes depuis longtemps, grâce aux observations faites au temps de la navigation à voiles, alors que les calmes laissaient aux officiers de marine studieux d'histoire naturelle, comme l'était dans sa jeunesse le regretté amiral Cloué, le loisir de pêcher le long du bord. Cela n'est plus possible avec la navigation à vapeur, et les découvertes nouvelles ne peuvent plus se faire qu'au moyen d'expéditions purement scientifiques. D'ailleurs, ces sortes de pêches et de recherches ne se font bien qu'avec des bâtiments de dimensions médiocres et peu élevés au-dessus de la surface de la mer, conditions qui facilitent l'observation de cette surface, la manœuvre des appareils et la mise à l'eau des embarcations en pleine mer, opération qui, par le mauvais temps, présente toujours certains dangers.

Dans la mer des Sargasses, ainsi nommée à cause des masses considérables d'algues qui se rassemblent dans cette partie de l'Atlantique, l'*Hirondelle* a recueilli des animaux, poissons, crustacés et vers, d'une physionomie toute particulière, ayant revêtu une livrée spéciale, dont la coloration se confond avec celle des paquets d'algues dans lesquels ils se trouvent, et dont on les fait sortir en mettant ces mêmes algues dans l'eau.

Les animaux pélagiques ont leurs analogues parmi les animaux littoraux ; mais ces derniers n'ont ni les appendices spéciaux, ni la transparence qui sont les caractères habituels des espèces réellement pélagiques, comme, par exemple, les méduses.

On avait remarqué que les pêches d'animaux pélagiques, pratiquées le long du bord, ne donnaient pas les mêmes résultats à toutes les heures du jour et de la nuit. On avait observé que, pendant les nuits sans lune, on prenait des animaux différents et en plus grande abondance, et on avait conclu, naturellement, que ces animaux, craignant la lumière, vivaient dans le jour à de grandes profondeurs et venaient la nuit seulement à la surface. C'est pour les atteindre pendant le jour, dans ces profondeurs obscures, où ils se réfugient, qu'on a inventé le filet bathypélagique, et pour être certain que ce filet, en descendant de la surface à la profondeur voulue ou en en remontant, ne se remplirait pas d'animaux appartenant aux zones intermédiaires, on a imaginé un appareil qui permet de ne l'ouvrir que lorsqu'il est parvenu à la couche d'eau où la lumière du jour ne pénètre plus et de le refermer au moment de le faire remonter à la surface. On a pris avec ces filets, par centaines d'exemplaires, des animaux extrêmement rares, notamment des poissons ayant, de chaque côté du corps, un grand nombre de taches lumineuses très brillantes, qu'on avait pris autrefois pour des yeux accessoires.

On a imaginé encore, à bord de l'*Hirondelle*, ce qu'on a appelé des chaluts de surface, filets composés de cette soie très fine qui sert à bluter la fleur de farine dans les minoteries. Ces chaluts, au lieu d'être lestés, comme ceux qui sont destinés à aller au fond de la mer, sont, au contraire, soutenus à la surface par des morceaux de liège. Grâce à une disposition très simple, en usage depuis longtemps dans certaines pêcheries anglaises, l'ouverture de ces filets pouvait, à une certaine allure du navire, avoir de 7 à 8 mètres de diamètre. Aussi ont-ils donné des résultats excellents au point de vue de la quantité et de la rareté des espèces recueillies.

C'est à la suite de ces recherches sur la faune pélagique et de ces pêches, que S. A. le prince de Monaco a publié sa note si connue sur la nourriture des naufragés en pleine mer. Il est certain que des hommes pourraient soutenir assez longtemps leur existence à l'aide de quelques petits filets qui leur serviraient à prendre à la surface divers animaux pélagiques et, en particulier, certains crustacés. On sait, d'ailleurs, que de très grands animaux, les baleines, par exemple, arrivent à s'alimenter uniquement en avalant des myriades de ces infiniment petits. Tout récemment, en Angleterre, il a été fait des expériences en ce sens, et, dans un laboratoire de Liverpool, six ou sept savants ont fait un repas presque complètement d'animaux pélagiques, mais dont ils avaient exclu avec soin les méduses et autres animaux analogues, armés d'organes urticants, qui occasionneraient certainement de graves désordres dans des estomacs humains. Cependant, certains animaux, par exemple la tortue marine, dont l'orateur a pu étudier les mœurs aux Açores, n'hésitent pas à se nourrir de ces nématocystes, galères et physalies, bien que la piqûre de ces dernières soit assez douloureuse pour paralyser les forces d'un nageur et le noyer. Il faut dire que la muqueuse de l'estomac de la tortue est très dure et que son œsophage est garni de papilles cornées. Les tortues, d'ailleurs, ne sont pas difficiles : on trouve dans leur estomac des bouchons de liège et des pierres ponces ; elles avalent tout ce qui flotte.

M. de Guerne signale, en passant, les travaux de M. le docteur G. Rouch, qui était médecin à bord de l'*Hirondelle*, sur l'alimentation des tortues, dont la carapace, en dépit de son apparence solide et rigide, s'aplatit quand l'animal maigrit.

Un poisson curieux, très agile et difficile à prendre, est le poisson-lune, dont la peau est si dure que le harpon n'y pénètre pas toujours, et rebondit comme sur une cuirasse. L'*Hirondelle* en a pris, en plein Atlantique, un spécimen magnifique, qui, par une anomalie singulière, avait conservé sa queue ; cet appendice n'existe que chez les sujets tout à fait jeunes, comme ceux qu'on a trouvés, au laboratoire de Naples, dans l'estomac de poissons carnassiers, et qui n'étaient pas plus grands que l'ongle du pouce.

La région des Açores est très fréquentée par les cachalots, cétacés encore très peu connus, au point de vue anatomique, jusqu'à ces dernières années. On n'en connaissait même pas exactement la forme extérieure, ce qui s'explique par la nécessité où se trouvent les pêcheurs, quand ils prennent un cachalot, de le dépecer le plus promptement possible, à ce point que lorsqu'on est prévenu de la capture d'un cachalot, il est assez difficile d'arriver à temps pour le dessiner ou le photographier. M. de Guerne a pu prendre la photographie d'un de ces cétacés et reconnaître ainsi qu'ils n'ont point la partie antérieure de la tête brusquement tronquée, ainsi qu'on l'avait cru jusqu'à présent, d'après les représentations imparfaites qui en avaient été données. Le museau a à peu près la forme de l'éperon d'un navire cuirassé, ce qui explique la rapidité très grande d'évolution qui caractérise le cachalot.

L'orateur décrit, d'après une autre photographie, le dépècement d'un cachalot, opération qui s'accomplit d'une façon absolument méthodique et très rapidement ; l'extraction du blanc de baleine, substance employée en parfumerie, qu'on puise à l'aide de seaux dans le vaste crâne de l'animal, la recherche de l'ambre gris, que les cachalots des Açores fournissent, d'ailleurs, en petite quantité. Mais certains de ces cétacés en donnent pour une valeur de 5,000 fr., ce qui, ajouté à celle des autres produits de l'animal, forme un total qui n'est pas à dédaigner. Aussi, bien que l'industrie aux Açores ne soit pas assez développée pour tirer elle-même parti de ces produits, et que la plus grande part du profit en reste à l'étranger qui les achète, la chasse du cachalot y est-elle très bien organisée. Elle exige, d'ailleurs, de grandes précautions, car le cachalot se jette parfois sur les embarcations, ce que ne font jamais les autres cétacés, à l'exception de l'orque. Outre les harpons, on emploie, pour cette pêche, d'énormes lances ; les baleiniers des Açores sont également munis de carabines à balles explosibles, mais ils n'aiment pas beaucoup à se servir de ces engins modernes.

Les embarcations sont toujours prêtes à être mises à l'eau, dès que la présence d'un cachalot est signalée par les guetteurs qui veillent, dans chaque village de la côte, pour le compte des associations, formées de quinze à vingt personnes, qui se livrent à la pêche du cachalot. Tous les associés — jusqu'au prêtre en train de dire sa messe — abandonnent leur occupation actuelle pour courir au village et s'embarquer : c'est que la capture d'un cachalot est pour ces insulaires une source de profit considérable.

M. de Guerne a été assez heureux pour se procurer et rapporter au Muséum de Paris un cerveau de cachalot ; c'est la première fois que ce viscère a pu être étudié d'une façon scientifique dans un laboratoire bien outillé.

De temps en temps, les passagers de l'*Hirondelle* relâchaient aux Açores ; les naturalistes en ont profité pour étudier la faune de ces îles, qui sont de formation assez récente. Cette faune est, par conséquent, pauvre. Les mammifères, grands et petits, ont été presque tous introduits par les immigrants européens ; les oiseaux sont nombreux et se rattachent à la faune ornithologique de l'Europe occidentale ; plusieurs espèces paraissent avoir été apportées par des ouragans.

L'orateur a spécialement étudié la faune d'eau douce des lacs, aux Açores, qui occupe généralement le fond des cratères, et le plus grand n'a guère que 2 kilomètres de diamètre. On le croyait absolument dépourvu d'animaux ; c'était une erreur ; il renferme des rotifères, des crustacés, et des poissons rouges, qu'on y a introduits, ainsi que des grenouilles. Les petits organismes ont été évidemment apportés par le vent et par les oiseaux migrateurs, les canards sauvages, par exemple. Le même fait s'est probablement toujours reproduit sur toute la surface de la terre : le peuplement des nappes d'eau qui se forment se fait par l'apport de germes réviviscents, qui peuvent supporter la dessication l'hiver et même geler, sans perdre pour cela la faculté de revivre une fois placés dans des conditions favorables, et de donner naissance à des animaux semblables à ceux qui les ont produits. Ce qui montre bien que le peuplement des lacs des Açores a été un fait accidentel et dû au hasard, c'est qu'on y rencontre des êtres dont la présence n'avait encore été signalée que dans un seul lieu de la terre, par exemple un certain rotifère, que l'orateur a découvert dans une nappe d'eau presque inconnue d'une de ces îles, et qui avait été trouvé, il y a trente ou quarante ans, en Egypte.

Ce sont là des faits de géographie zoologique intéressants et dont le nombre ne manquerait pas de s'accroître par des recherches ultérieures. On voit, par les résultats des explorations de l'*Hirondelle*, qu'il est permis d'espérer de nouvelles campagnes que compte entreprendre le prince de Monaco sur son nouveau yacht, qui a été construit tout exprès en vue de travaux scientifiques. Il renferme deux laboratoires de biologie, un laboratoire d'océanographie, et porte des appareils accessoires de toute espèce, entre autres un appareil à sonder, d'une construction toute nouvelle, qui pourra descendre jusqu'à 10,000 mètres ; cet appareil, qui fonctionnera automatiquement, a été établi sur les mêmes principes qui ont été appliqués pour la première fois, à l'Arsenal de Rochefort, par M. l'ingénieur Thibaudier ; pour l'océanographie, des thermomètres spéciaux et des sondeurs, — ce sont les pièces qui, au bout du câble de l'appareil à sonder, vont toucher le fond de la mer et en rapporter l'échantillon, — qui ont déjà fonctionné à bord de l'*Hirondelle* et, sous la direction de M. Milne-Edwards, à bord du *Travailleur* et du *Talisman*. Mais un perfectionnement y a été apporté, qui rend plus faciles l'ouverture et la fermeture du sondeur. Le nouveau yacht emportera encore une bouteille à eau d'une construction toute nouvelle et fort coûteuse, puisque, devant posséder une grande force de résistance sous un assez faible volume, elle est faite d'un acier de première qualité, celui qui sert à faire les meilleurs canons. Aussi pourra-t-elle supporter une pression de 800 atmosphères. L'orateur décrit en détail le mécanisme et le fonctionnement de cet appareil, destiné à recueillir de l'eau de mer à toute profondeur.

J'en ai dit assez, Mesdames et Messieurs, ajoute M. le baron de Guerne, pour vous donner envie de voir ce yacht ; je ne doute pas que S. A. le prince de Monaco ne le conduise à Rochefort et ne consente à vous montrer ces installations nouvelles, qui sont réellement dignes de tous les éloges et qui nous donnent, pour l'avenir, les plus hautes espérances scientifiques. (Applaudissements.)

M. l'amiral JUIN, président de la Société de géographie de Rochefort, remercie M. le baron de Guerne pour sa très intéressante conférence, et s'excuse auprès de lui de ce que l'appareil à projections n'a pu fonctionner ; ce contre-temps vient de ce que l'on a cherché à améliorer la lumière en employant le gaz oxhydrique ; c'est une nouvelle preuve de cette vérité, que le mieux est parfois l'ennemi du bien. (Rires et applaudissements.)

La séance est levée à dix heures moins un quart.

Mercredi 5 août (soir)

M. Marcel MONNIER. — *A travers l'Amérique.*

Présidence de M. ISAAC, sénateur.

La séance est ouverte à neuf heures moins un quart.

M. LE PRÉSIDENT, après avoir remercié le bureau du Congrès qui l'a appelé à présider cette séance, annonce à l'assistance que M. Harry Alis, dont la conférence avait été annoncée sous ce titre : *A la conquête du Tchad*, a été appelé à Paris par la nouvelle d'un deuil inattendu auquel s'associeront assurément tous les membres du Congrès. M. Marcel Monnier a bien voulu le remplacer et donner, ce soir, le récit de ses impressions de voyage à travers l'Amérique du Sud. M. le Président, en le présentant à ses auditeurs, sollicite en sa faveur la même sympathique attention qu'ils auraient accordée à M. Harry Alis. (Applaudissements.)

M. Marcel MONNIER se propose d'exposer l'itinéraire et les incidents d'un voyage qu'il a accompli, en 1886-1887, à travers le continent sud-américain, du Pacifique à l'Atlantique, de la côte du Pérou à l'embouchure du fleuve des Amazones.

Il y a longtemps que l'Amérique est découverte, et il y a peu de mérite à la traverser de part en part. La seule originalité de ce voyage a consisté à le faire, livré à ses seules ressources, et avec des indigènes recrutés sur la route pour toute compagnie. Néanmoins, si les sources et le cours du Marañon ou fleuve des Amazones sont connus d'une façon générale, il y reste encore beaucoup à trouver pour le géographe et le naturaliste ; et la région est, en outre, intéressante par l'avenir magnifique que lui réservent son climat, la variété de ses productions et ce réseau fluvial, le plus beau qui soit au monde.

Le hasard, qui joue un grand rôle dans les voyages, est venu souvent déranger les plans de M. Marcel Monnier et modifier son itinéraire. Il s'était proposé de partir du haut plateau de l'Équateur et de gagner le Marañon par un des affluents de ce fleuve, le Rio-Pastassa, qui n'a pas encore été exploré dans son ensemble ; divers incidents l'ont empêché de réaliser son projet, notamment l'éruption d'un volcan qui, depuis un siècle, n'avait pas donné signe d'existence.

Après un séjour d'un mois sur le plateau de Quito, capitale de la République de l'Équateur et l'une des villes les plus élevées qui soient au monde (3,000 mètres au-dessus du niveau de la mer), le voyageur se rendit au Pérou, où il apprit qu'il lui serait très difficile de franchir la chaîne des Cordillères maritimes sans l'aide des missionnaires espagnols, qui, connus dans la plupart des villages indiens, pourraient lui procurer des mules ou des porteurs et lui faire obtenir l'hospitalité. Précisément, des missionnaires, moines franciscains, devaient, deux mois plus tard, entreprendre une expédition vers la vallée de l'Ucayali ; ils permirent à M. Marcel Monnier de les accompagner, et il utilisa ce délai pour se perfectionner dans la langue quechua, dont la connaissance est indispensable à ceux qui veulent traverser les Andes. A l'époque fixée, les RR. PP. Franciscains, ayant remis leur expédition à l'année suivante, M. Marcel Monnier résolut de partir seul, malgré les prédictions décourageantes de ses amis de Lima. Cependant, un naturaliste de cette ville, M. Raimondi, qui avait visité les régions andines, lui assura qu'un homme seul pouvait encore mieux se tirer d'affaire qu'une expédition en règle, encombrée de matériel et composée de gens armés qui excitent toujours un peu la défiance et les craintes des indigènes.

Le voyageur se rendit d'abord à Huanchaco, qui est le port de la ville moderne de Trujillo, dans le voisinage de laquelle se trouvent les ruines de Chimoa, cité de l'ancien empire des Incas, où l'on voit des ruines fort curieuses, entre autres celles d'un temple du Soleil, assis sur une montagne qui, ainsi que la plaine environnante, est percée de galeries funéraires et couverte de tombeaux profanés par la curiosité des savants, ou par la cupidité des indigènes à la recherche de trésors enfouis.

Sorti de Trujillo, il commença l'escalade de la Cordillère maritime, premier chaînon des Andes qui se divisent en quatre régions distinctes : celle de la sierra maritime, qui borde la côte ; celle des *puñas*, ou hauts-plateaux ; la Cordillère proprement dite, presque toujours couverte de neiges éternelles ; et, enfin, la *montagne*, expression générale qui désigne tout le versant oriental des Andes, et cette forêt immense qui descend vers le Brésil.

De la côte à Cajamarca, on rencontre deux ou trois villages et des *tambos*, huttes élevées par le gouvernement pour servir d'abris aux voyageurs, constructions extrêmement primitives. Après six journées de route, le voyageur fut surpris par la nuit sur une côte dominant la vallée de Cajamarca, et son guide déclara qu'il avait perdu sa route et qu'il ne pourrait pas la retrouver, la suivant pour la première fois de sa vie ; mais il fit passer en tête de la caravane une des mules de charge, qui, elle, avait déjà passé par ce chemin ; elle sut, en effet, le reconnaître et s'arrêta précisément à la porte principale de Cajamarca.

Cette ville, où Pizarre mit à mort l'Inca Atahualpa, est une localité misérable, comptant à peine 4,000 à 5,000 habitants, dont plus du tiers sont de race indigène. On voit, aux environs, les ruines du palais de l'Inca et les décombres de l'ancienne ville, qui ont servi à construire la nouvelle. Les partis politiques se disputent constamment le pouvoir dans cette capitale de province, comme dans le reste du Pérou, et, tous les dix-huit mois, en moyenne, il s'y livre une bataille sanglante : les maisons sont criblées de balles.

Une insurrection très grave d'Indiens et de Métis venait précisément d'éclater dans la province voisine : celle d'Amazonas. Les insurgés occupaient la haute vallée dans laquelle le Marañon, au début de son cours, se dirige du Sud au Nord avant de se tourner vers l'Est, et qui forme un véritable fossé de défense entre la Cordillère maritime et la Montagne ou versant oriental des Andes ; ils s'étaient emparés des radeaux qui servent au passage du fleuve. Le voyageur, très perplexe, ne savait quel chemin prendre et ne recevait aucun conseil ni aucune aide des autorités, elles-mêmes fort inquiètes et qui, en attendant des secours de Lima, procédaient au recrutement de volontaires, c'est-à-dire de malheureux Indiens raccolés par force, qu'on leur amenait garrottés comme des criminels. M. Marcel Monnier, après trois semaines d'attente, se décida à faire un détour de 150 lieues environ au Nord pour traverser le Marañon ; mais, au bout de deux jours, il rencontra, dans un misérable village, un inconnu, un blanc, qui, l'ayant interrogé avec cordialité sur l'objet de son voyage, lui apprit que les insurgés avaient brûlé la ville de San-Carlos, massacré les femmes et les enfants ; qu'ils croiraient voir en tout étranger un représentant du gouvernement de Lima et le tueraient certainement en cette qualité. Lui conseillant d'aborder plutôt de front l'obstacle, il lui proposa de le conduire à son hacienda, située sur la rive même du fleuve, où il le mettrait en rapport avec un de ses amis qui, pour sauvegarder sa personne et ses biens, s'était joint aux révoltés.

M. Marcel Monnier accepta et suivit son nouvel hôte dans la vallée du Marañon, qui n'est autre chose qu'un couloir de rocher, où le fleuve roule à 150 ou 200 mètres de profondeur. Après quelques jours de repos dans cette hacienda, triste et pauvre habitation presque suspendue sur l'abîme, et dont le maître, séparé de toutes relations avec sa famille et le reste du monde, privé de tout bien-être, mène une vie aussi misérable que celle de ses *peones* ou serviteurs, on descendit au bord du fleuve, ou plutôt du torrent, large sur ce point d'une quarantaine de mètres. Comme il n'y avait pas d'embarcation, et que personne, de l'autre rive où l'on voyait des habitations, des cultures, des bois de palmiers et d'orangers, ne répondait à l'appel des voyageurs, celui-ci prit le parti de passer à la nage. Dans une maison, sur l'autre bord, il trouva une douzaine d'indigènes qui lui déclarèrent que le passage était interdit ; il serait retenu prisonnier pour avoir enfreint cette défense. On le garda, en effet, jusqu'au lendemain, où il fut mis en liberté, avec la permission de retourner d'où il venait ; mais on lui refusa un radeau et il dut se remettre à la nage, si bien qu'emporté par le courant, il fut jeté presque inanimé sur la rive gauche, où il fut recueilli et soigné par l'haciendero et ses serviteurs, qui l'avaient attendu. On chercha en vain le moyen de passer le fleuve sur ce point, qui était sévèrement gardé, et M. Marcel Monnier prit le parti de chercher à le traverser à 50 ou 60 lieues plus au sud, et il y réussit, après avoir remonté le Marañon pendant quinze ou vingt jours. Il s'engagea ensuite dans la Cordillère proprement dite. C'est là une des régions les moins connues et les plus accidentées du Pérou ; on l'appelle la province de Patas. On trouve rarement, dans un rayon aussi restreint, une aussi grande variété de climats et de productions, à mesure qu'on s'élève, du fond des vallées, où règne une température tropicale, aux crêtes et aux cols des montagnes, où l'on trouve un froid que l'organisme a peine à supporter. On passe ainsi, en quelques heures, de l'équateur au pôle. Il n'y a pas de sentiers tracés ; il faut s'en rapporter, pour le choix des passages, à l'instinct des mules. Le voyageur parvint ainsi au village de Cayambamba, sur la limite extrême de la région praticable aux bêtes de somme.

La physionomie des habitants de cette partie de la Cordillère reflète, en quelque sorte, l'aspect morose et triste de la région où ils vivent. Ces Indiens ne sont jamais gais ni joyeux, même sous l'influence de l'ivresse ; très misérables, d'ailleurs, ils ne sentent pas le besoin d'améliorer leur situation ; ils ne se donnent même pas la peine de recueillir les paillettes d'or qui se trouvent dans les cours d'eau. Ces populations sont très défiantes, et la première réponse que reçoit toujours le voyageur est celle-ci : « *Il n'y a pas !* » Pour prévenir leurs mauvaises dispositions, il est bon de leur offrir, avant de leur demander aucun service, de petits présents, médailles, chapelets, verroteries. En outre, pour ces pauvres gens, le *taïta*, le blanc, est toujours médecin : chacun vient lui demander un conseil ou un remède ; c'est ainsi qu'on a, un jour, réclamé l'aide du voyageur pour une femme en couches, et, une autre fois, pour un mort décédé depuis plusieurs heures.

Les fêtes, au Pérou, sont très nombreuses ; ces jours-là, il vaut mieux se tenir à l'écart. L'Indien, une fois ivre, peut devenir dangereux. Ces fêtes ont un caractère tout particulier. Bien que chrétiennes, ces populations ont gardé, dans une certaine mesure, les souvenirs de l'ancien culte et quelques-unes de ses pratiques, telles que les libations et les sacrifices d'animaux domestiques.

Il s'agissait d'engager des hommes pour poursuivre le voyage. Or, ces gens de la montagne ne consentent que difficilement à descendre sur le versant oriental des Andes et dans ces forêts vierges que leur imagination peuple de dangers. Il fallut plusieurs jours de diplomatie pour engager cinq hommes valides, qui consentirent à l'accompagner seulement jusqu'à la rivière dite Rio-Yuga, sur les bords de laquelle existent d'importants gisements de sel. Ils se proposaient de rapporter des chargements de cette denrée, rare et précieuse dans la Cordillère, où elle coûte 2 fr. 50 ou 3 fr. le kilogramme.

M. Marcel Monnier se proposait d'atteindre la rivière à une ancienne mission, *Pampa-Hermosa Tucachi*, fondée jadis chez les Indiens Solones, mais aujourd'hui déchue et abandonnée. La place en est indiquée sur la carte dressée en 1792 ou 1793 par le missionnaire Sobrevilla, premier explorateur de ces régions, mais avec une erreur assez considérable. Pour faire les trente lieues qui l'en séparaient, le voyageur mit plus de dix-neuf jours, en se taillant, huit ou neuf heures par jour, un chemin dans la forêt vierge, exubérante de végétation, où l'on pénètre dès qu'on a franchi la crête de la dernière chaîne des Andes. Son dernier campement sur la montagne était à la hauteur de 3,800 mètres.

Dix fois par jour, on doit passer des torrents ; quelquefois, on peut improviser un pont ; mais le plus souvent il faut traverser à gué, ce qui est assez incommode. La construction d'une passerelle formée d'arbres abattus sur le rio Catamayo, prit deux jours entiers. En cette occasion, les Indiens firent preuve d'une grande adresse.

Mais les principales difficultés d'un tel voyage proviennent surtout du caractère des indigènes qu'on emmène. Ils ne reculent ni devant la fatigue, ni devant les obstacles ou les dangers matériels ; mais ils ont peur de l'inconnu et des êtres fantastiques, sortes d'ogres ou de démons, qui habitent, à ce qu'ils croient, ces forêts solitaires. Ils se rendent mal compte de la direction et des distances. Un des porteurs de M. Marcel Monnier, lui voyant consulter la boussole et observant les oscillations de l'aiguille, lui dit fort sérieusement : « Que demandes-tu à cette petite bête ? Tu vois bien qu'elle est en colère ; nous sommes perdus ! »

Ses hommes faillirent l'abandonner après huit ou dix jours de marche, après l'avoir vainement engagé à retourner sur ses pas. Puis la petite caravane subit un véritable déluge de pluie, qui dura soixante-douze heures. On ne pouvait plus allumer de feu et il fallait marcher pieds nus, aucune chaussure ne pouvant tenir sur les lianes glissantes ou dans la vase, où l'on s'enlisait jusqu'à mi-corps. Enfin, on abandonna, dans des cachettes où l'on se proposait de revenir les prendre, les bagages les plus encombrants et même une partie des armes. Les Indiens, dans ces tristes circonstances, firent preuve d'un courage et d'une patience extraordinaires. Enfin, le soir du dixième jour, on déboucha sur une clairière où brillaient les feux allumés par quelques Indiens de la tribu des Solones, qui accueillirent les voyageurs avec bienveillance. Le village de la Mission était en ruine, et, après deux ou trois jours de repos, M. Marcel Monnier remonta péniblement jusqu'à un village, nommé Tucachi, pour se procurer des bateliers. Ce fut avec peine qu'il put embaucher trois hommes. Ces villages sont presque tous déserts. Les efforts tentés par les missionnaires pour élever les Indiens à une conception plus élevée de la vie sociale ont toujours échoué contre l'esprit d'isolement et d'indépendance qui les pousse à retourner, dès qu'ils le peuvent, dans les bois, où ils vivent de chasse et de pêche. Ils recueillent aussi un peu de caoutchouc, qu'ils échangent contre des armes, des verroteries, etc., avec les trafiquants du bas de la rivière. Leur vêtement constitue un singulier mélange de barbarie et de civilisation.

Ce sont des mariniers excellents et des chasseurs incomparables, qui manient aussi bien le fusil que l'arc ou la sarbacane. Ils naviguent sur la rivière au moyen de *balsas*, radeaux de 4 à 5 mètres de long sur 2 ou 3 mètres de large, et qui se composent de planches reliées par des lianes. Au centre, se trouve une petite plate-forme de bambous, à claire-voie, où se placent les voyageurs et les bagages. La descente du fleuve ne pourrait pas s'effectuer avec d'autres embarcations à cause des nombreux rapides qui barrent le cours du Rio-Yuga ; ils sont au nombre de quarante-deux, dont dix particulièrement redoutables. Le plus souvent, d'ailleurs, les Indiens cherchent à les tourner par des portages. Au plus grand de ces rapides, les voyageurs, ayant manqué l'atterrissement, furent emportés par le courant et précipités au bas de la cataracte, où ils faillirent tous périr. Ils ne purent aborder que plusieurs milles plus bas et mirent plusieurs jours à refaire leurs radeaux. Le nom de ce passage, en quechua-aymara, signifie *poussière des eaux*.

La rivière, à partir de ce point, est libre d'obstacles, à l'exception des arbres tombés qu'elle roule dans ses flots, et serait facilement accessible à des embarcations à vapeur ne calant pas plus de 1 mètre ou 1^m,50 ; mais actuellement elles ne remontent pas plus haut que l'île de Yurumagua, située à 40 milles en aval. Le Rio-Yuga est large, à cet endroit, de 1,100 mètres et profond de 12 à 15 mètres. M. Marcel Monnier comptait, pour continuer son voyage, sur un petit vapeur qui se trouvait dans ces parages, mais qui fut réduit à l'état d'épave par la rupture de l'arbre de couche de son hélice.

Ce point est à 4,000 kilomètres de l'Atlantique et à 90 kilomètres du confluent du Rio-Yuga avec l'Amazone ; il n'est élevé que de 137 mètres au-dessus du niveau de la mer. La déclivité de l'immense bassin amazonien est donc presque insensible.

Ayant descendu le Rio-Yuga sur une longueur de 470 kilomètres, et traversé ainsi une des plus belles régions du Pérou, pleine d'avenir, le voyageur arriva enfin au Marañon. Le pays qu'il quittait, un des plus sains entre les pays intertropicaux et des plus favorisés sous le rapport de la distribution des cours d'eau, est préservé des inondations par la hauteur des berges des rivières, et les sentiers tracés par les Indiens s'y transformeront promptement en chemin.

Là se trouve une contrée des plus intéressantes, la pampa ou la plaine du Saint-Sacrement, entourée de plusieurs rivières qui en font une île à l'époque des crues ; la fertilité du sol y est admirable ; les fièvres y sont inconnues. Pendant deux ans, une Société formée aux Etats-Unis du Nord, sollicita du gouvernement péruvien la concession de ce magnifique territoire ; mais les Américains demandaient des privilèges qui faisaient ressembler cette concession à une sorte d'annexion, et les négociations n'aboutirent pas. La constitution de grandes compagnies d'exploitation est cependant indispensable pour mettre en valeur les territoires tropicaux, où le principal obstacle à vaincre est la végétation trop riche qui couvre le sol et dont les efforts individuels ne pourraient jamais venir à bout. On tirera certainement un jour de ce sol vierge, à l'aide d'associations de ce genre, plus de richesses que n'en eut jamais cet Eldorado fabuleux qui attirait les convoitises des conquérants espagnols.

Aujourd'hui, le commerce est représenté, dans cette région, par des factoreries où se fabrique un alcool de canne qui s'exporte au Brésil et dans la République Argentine, et où s'accumule le caoutchouc apporté par les Indiens. Les bénéfices sont extrêmement aléatoires, car le sauvage arrive les mains vides à la factorerie, où on lui remet, pour les emporter dans son village, une certaine quantité de marchandises représentant une récolte de caoutchouc à venir, qu'il apportera dans quatre ou cinq mois, ou peut-être même jamais, car il lui arrive parfois de porter sa denrée à une autre factorerie pour en toucher deux fois le prix.

Les factoreries sont de simples hangars couverts en chaume ou en roseaux, dans la construction desquels il n'entre pas un clou ; les poutres y sont assujetties dans les mortaises au moyen de courroies en peau de lamantin. Le mobilier fait absolument défaut.

Ces habitations sont exposées aux attaques des sauvages qu'on appelle *los Indios bravos*. Ces attaques ne sont souvent que des représailles et des représailles trop justifiées. Il part quelquefois des factoreries de l'Amazone une chaloupe à vapeur bien armée, dont l'équipage va surprendre un village d'Indiens, l'incendier, tuer les hommes et ramener les enfants et les jeunes filles pour en faire des esclaves. Or, l'Indien a la mémoire très longue, et quand il a été victime d'un attentat de ce genre, il le venge, fût-ce plusieurs années plus tard, sur le blanc qu'il peut attaquer sans danger, fût-ce un voyageur inoffensif, un savant ou un missionnaire. Ces chasses à l'homme et les représailles qui les ont suivies n'ont pas peu contribué à la destruction des établissements fondés jadis par les Espagnols sur le haut Marañon. Ce ne sont plus que des ruines, habitées par des Indiens ou des métis.

Sur un bateau à vapeur qu'il put se procurer à la factorerie de San-Lorenzo, le voyageur remonta pendant 300 kilomètres ce Rio-Pasasa, dont il avait projeté d'abord de descendre le cours depuis le haut plateau de l'Equateur, et qui se jette dans le Marañon à 60 milles environ au-dessus du confluent de ce fleuve avec le Rio-Yuga. C'est une magnifique rivière au cours capricieux et dont les rives basses subissent, ainsi que le lit, de perpétuels changements. Ce voyage fut très pénible, car c'était la première fois qu'un vapeur pénétrait dans le Rio-Pasasa. On courait le risque tantôt de s'échouer sur des bas-fonds, tantôt de se heurter à des arbres énormes emportés par le courant.

Au cours de cette navigation sur le Rio-Pasasa, M. Marcel Monnier releva plusieurs affluents de cette rivière. L'un des affluents de droite, qui s'y embranche à Majana, conduisit en une demi-journée l'explorateur au lac qui porte le même nom, et qui a une quarantaine de milles de longueur ; malheureusement, le fond ne dépasse pas 5 ou 6 mètres. A l'extrémité supérieure se trouve un autre cours d'eau qui fut également remonté, et qui se trouva être un canal communiquant également avec le Rio-Pasasa. Par conséquent, il y a là une double communication formée par un chenal que les inondations ont creusé. C'est quelque chose d'analogue, en petit, à ce qui a dû se passer entre l'Orénoque et le Rio-Negro, affluent de l'Amazone, pour le canal naturel du Rio-Cassiquiare, qui réunit ces deux fleuves. Pendant une journée et demie, M. Marcel Monnier rencontra un autre rio ; mais il dut rétrograder à cause de la saison des pluies, qui commençait. Les Indiens lui dirent que, de ce point, on pouvait gagner un sentier conduisant au village de Casunlo, sur le plateau de Quito, point qui fut atteint autrefois par le voyageur allemand Steingel.

La végétation de cette région est très belle. Les arbres à gomme y sont abondants ; mais les Indiens Aguarunas ne sont pas d'humeur commode, et les voyageurs reçurent au passage plusieurs volées de flèches de sarbacane, dont un homme fut blessé ; il fallut cautériser la plaie pour l'empêcher de s'envenimer.

Redescendu à la factorerie de San-Antonio, M. Marcel Monnier reprit son radeau et descendit l'Amazone jusqu'à la frontière brésilienne, formée par la rivière Yavari, où il rencontra un vapeur chargé de caoutchouc, avec lequel il suivit le cours entier du fleuve jusqu'à Para.

Les géographes font commencer le fleuve des Amazones proprement dit à son confluent avec l'Ucayali, grande rivière qui s'y jette sur la rive droite, en face de Nauta. Ce confluent est à 3,500 ou 3,600 kilomètres de l'Atlantique, et le fleuve a, sur ce point, une largeur d'environ 1,500 mètres et 16 à 18 mètres de profondeur moyenne. Aussi, dans la saison des pluies, qui dure plusieurs mois, pourrait-il recevoir des navires de quatre ou cinq mille tonneaux. Dès à présent, de grands bâtiments de New-York et de Liverpool viennent jeter l'ancre dans le port de Manaos, au confluent du Rio-Negro, à 900 milles marins environ de l'embouchure.

Du Para, M. Marcel Monnier s'embarqua pour la France, qu'il faillit ne jamais revoir, car il fit naufrage quelques heures avant d'arriver : le navire qui le portait, la *Ville-de-Rio*, fut coupé en deux par la *Champagne*. Il put conserver ses notes et une partie de ses clichés photographiques, mais il perdit toutes ses collections. La chaloupe qui l'emmenait avait à peine quitté les flancs de la *Ville-de-Rio* depuis deux ou trois minutes, que le malheureux paquebot fit son plongeon final et disparut. (Applaudissements prolongés).

M. LE PRÉSIDENT, au nom de la Société de géographie de Rochefort et de l'assistance, dont il est certain d'être en cette occasion le fidèle interprète, remercie M. Marcel Monnier pour l'intéressante conférence qu'il vient de faire. (Nouveaux applaudissements).

La séance est levée à dix heures.

Jeudi 6 août (soir).

M. Fritz du BOIS. — *L'Archipel malais et l'île de Java.*

Présidence de M. BACHELAR, président de la Chambre de commerce de Rochefort.

La séance est ouverte à neuf heures moins un quart.

M. Bachelar, après avoir remercié le Congrès de géographie de l'avoir appelé à présider la conférence de ce soir, demande à faire connaître aux savants et aux explorateurs qui, depuis lundi, initient les habitants de Rochefort à leurs travaux et à leurs découvertes, les besoins et les vœux de ce grand port.

De la discussion qui a eu lieu hier au Congrès, il résulte qu'on pourra tirer de la Charente tout le parti que l'on voudra pour la défense nationale, et faire de Rochefort un port militaire de premier ordre, moyennant une dépense insignifiante.

Les améliorations déjà réalisées sur les instances des assemblées municipales donnent au port de commerce une vie nouvelle, témoin les énormes navires australiens qui viennent décharger leurs cargaisons dans le bassin neuf.

Le port militaire et le port de commerce vivent à côté l'un de l'autre, en bonne intelligence, s'entr'aidant à l'occasion.

La Charente, — ce fleuve docile, aux rives inoffensives, au fond immuable, prêt à livrer l'approfondissement qu'on lui demandera, et sur lequel circulent déjà des bateaux chargeant jusqu'à 2,000 tonnes, — la Charente porte, en traversant un pays riche, à Saint-Savinien, Taillebourg, Saintes, Cognac, Jarnac, Châteauneuf et jusqu'à Angoulême, ainsi qu'aux nombreuses usines construites sur son cours et sur ses affluents, les produits exotiques importés à Rochefort et à Tonnay-Charente, en échange de leurs produits d'exportation.

Certains auteurs, dont les livres sont mis aux mains des enfants, y compris même le grand Elisée Reclus, semblent ignorer tout cela. L'orateur demande au Congrès de bien vouloir faire réviser ces ouvrages dans le sens de la vérité, en tenant compte des progrès accomplis et des changements survenus.

Les résultats déjà obtenus sont le fruit de longs et incessants efforts ; la persévérance et l'énergie des représentants et des amis de Rochefort permettront d'atteindre le but désiré. (Approbation.)

Après s'être excusé de cette digression, qui n'était point dans le programme, le président présente à l'auditoire M. Fritz du Bois, qui va le conduire aux grandes îles de la Sonde.

M. FRITZ DU BOIS ne prétend pas raconter son voyage étape par étape ; il se propose seulement de faire connaître à ses auditeurs, par un tableau d'ensemble, l'île de Java telle qu'il l'a vue.

La plupart des *globe-trotters* se contentent de visiter Batavia, ville cosmopolite très peu javanaise, et négligent de parcourir l'île de Java, qui, cependant, par ses volcans, ses forêts vierges de la côte Sud, par les antiquités, temples et villes en ruines, et par les mœurs de ses habitants, mériterait l'intérêt et l'attention des voyageurs.

Les communications sont faciles ; il y a des routes en abondance, et même des chemins de fer.

Au commencement de ce siècle, le général Daëndels, gouverneur des Indes néerlandaises, voulant traverser l'île de l'occident à l'orient, fit avertir tous les chefs des villages qu'il avait à traverser, qu'ils seraient mis à mort si, pour l'époque de son voyage, une route carrossable, belle et large, n'était pas achevée. La route fut faite, et elle existe encore. Du sud au nord, on a construit des lignes de chemins de fer, sur lesquelles on peut parcourir les régions les moins intéressantes de Java pour aller droit à ce qui mérite d'être vu.

Le centre de l'île est assez dénudé ; on y a abattu beaucoup de forêts pour faire des plantations de cannes à sucre et de tabac.

La route centrale passe à Buitenzoorg, capitale politique de l'île ; Batavia est la capitale d'affaires. Buitenzoorg est situé sur une montagne, dans le voisinage d'un volcan, nommé Ghédé.

Avant le départ de M. Fritz du Bois pour l'intérieur, les Hollandais, à qui il s'était adressé pour avoir des renseignements, avaient cherché à le dissuader d'entreprendre son exploration en lui disant qu'il n'y avait rien d'intéressant à voir ni à étudier, et que le nord de l'île était tout à fait semblable au sud. Or, ce sont deux régions tout à fait différentes : le nord est si peuplé de Chinois et d'Européens que les Javanais ont été pour ainsi dire refoulés vers le centre ou vers le sud, où les forêts vierges sont très belles, et valent certainement la peine d'être visitées, bien que les moyens de communication y fassent un peu défaut. On voit également dans l'intérieur de très beaux temples, soit debout, soit en ruines, consacrés au brahmanisme ou au boudhisme, les deux religions de l'Inde, anciennement professées par le peuple javanais. Les ruines des villes antiques marquent les régions où se sont jouées les principales scènes de l'histoire de Java.

Parmi les antiquités, une des plus remarquables et des plus célèbres est le temple de Borgoudhur, édifice gigantesque qui couvre toute une colline ; il est de forme pyramidale, couronné par plusieurs étages de terrasses que domine une coupole. Les terrasses sont ornées de bas-reliefs et de statues de Bouddha, qui témoignent d'un sentiment artistique élevé et d'une grande habileté d'exécution.

Les Hollandais sont entièrement maîtres du pays et le gouvernent et l'administrent à leur gré. Il y a cependant deux provinces appelées *Le pays des Princes*, qui ont conservé une ombre d'indépendance, l'une sous un sultan, l'autre sous un empereur. La direction politique y appartient réellement aux Hollandais ; mais ces princes administrent eux-mêmes leurs terres, qui sont de véritables fiefs.

Le pays des Princes est situé dans la partie orientale de l'île, où il s'étend du nord au sud ; il est séparé de la partie occidentale par une chaîne de montagnes volcaniques ; mais une vallée large et sinueuse livre passage vers la ville importante de Sourabaya, où siège l'empereur de Sourakarta, qui exerce une autorité absolue dans son *kraton* ou palais. Hors de là, les Hollandais ont le contrôle de tout ce qui se fait, même des sentences rendues par les tribunaux indigènes. L'empereur représente les traditions, le passé, aux yeux de ses sujets, qui ont pour lui une vénération profonde ; malheur à qui renverserait cette idole ! Les Hollandais ont bien compris les liens qui attachent le peuple à son prince ; aussi ont-ils laissé à celui-ci son trône, tout en lui enlevant la réalité du pouvoir.

L'empereur porte le costume de général hollandais ; il entretient un corps de soldats de parade. Il ne peut sortir de la ville qu'une fois par an et doit alors en prévenir le résident, qui lui fournit une escorte de soldats européens, ce qui flatte l'orgueil du souverain tout en permettant de le surveiller. Ce potentat, très orgueilleux, souffre de la situation qui lui est faite. Il soulève quelquefois des conflits avec le résident; mais celui-ci, fort du prestige de la Hollande, a toujours le dernier mot.

L'empereur a soixante enfants et a désigné pour être son héritier un de ses fils, âgé de 19 ans. Dans le cas où les Hollandais jugeraient nécessaire de déposer l'empereur, ils mettraient à sa place le chef d'une famille rivale, nommé Nianko-Négora, qui a reçu d'eux le titre de prince indépendant. C'est un grand ami de la France, et voici pourquoi : c'est de sa cour que sont venues, en 1889, ces danseuses du Kampong javanais, qui ont attiré tout Paris ; il a été si enchanté de voir les portraits de ses danseuses dans l'*Illustration*, qu'il recevait, si émerveillé des splendeurs de l'Exposition et de la tour Eiffel, qu'il en a gardé pour la France une grande admiration, et M. Fritz du Bois est certain que tout voyageur français sera reçu désormais par ce prince aussi cordialement qu'il l'a été lui-même. (Applaudissements.)

Dans la province voisine, celle de Djoejakarta, il y a un sultan, à côté duquel on a placé aussi un prince indépendant. Ce sultan vit, d'ailleurs, sur un pied d'excellente amitié avec les Hollandais ; aussi en est-il bien mieux traité que l'empereur de Sourakarta. Sa liste civile, comme celle de ce dernier, est de 1,500,000 fr. On voit que les Hollandais sont généreux envers ces princes qui, outre leur liste civile, ont le revenu considérable de leurs terres. Aussi s'accordent-ils le luxe d'une nombreuse domesticité et de ces troupes de parades déjà mentionnées, auxquels les uniformes européens donnent un aspect assez grotesque. Ceux du sultan sont commandés par un ancien soldat de l'armée des Indes, qui attache une énorme importance à son titre de commandant en chef de la garde impériale de Djoejakarta. Les anciens soldats javanais étaient vêtus d'une façon plus seyante et plus pittoresque ; les officiers portaient une coiffure toute particulière, usitée seulement dans le pays des Princes, et réservée aux sultans, aux grands seigneurs, aux courtisans et aux soldats des palais ; c'est l'ancienne coiffure nationale javanaise.

Ces princes donnent souvent de grandes fêtes, où ils déploient un faste tout oriental, où les danses, les spectacles et les représentations historiques tiennent une grande place. Les costumes des danseurs et des acteurs des deux sexes sont faits d'étoffes précieuses ; le prix de certains de ces costumes s'élève jusqu'à 10,000 fr. Les représentations de marionnettes sont aussi des spectacles de jour très en faveur à Java.

Les représentations et les danses sont ordinairement accompagnées par la musique des *gamelans*. Cet orchestre indigène appartient à l'empereur. Parfois, des chœurs de voix d'hommes, de femmes et d'enfants, répètent à l'infini, toujours à l'unisson, les mêmes phrases musicales. Ces spectacles, qui se donnent aussi, mais avec moins de luxe, chez les princes indépendants, ont lieu dans un vaste bâtiment se composant d'une base de maçonnerie dallée de marbre, de piliers massifs en bois ou en pierre, et d'un toit à la chinoise. Cette salle est meublée à l'européenne, de fauteuils en velours et de centaines de lampes, le tout apporté de Hollande, d'Angleterre ou de Paris. Les plus petits chefs indigènes ont de ces salles, nommées *pendopos*, et le plus grand honneur qu'ils puissent faire à un étranger est de l'inviter à s'y rendre, pour assister à un ballet.

L'usage de la chique de bétel est général à Java ; la boîte à bétel et le crachoir font partie du mobilier usuel.

Outre les gamelans, l'orchestre javanais comprend encore divers instruments à vent, des gongs et un instrument à touches métalliques.

Les princes traitent avec hauteur, presque avec dédain, le peuple qui se prosterne sur leur passage, et les plaintes de leurs sujets ne leur parviennent pas directement, mais par une filière hiérarchique. Après les princes viennent les régents, qui administrent les provinces, puis les administrateurs de districts, les chefs de villages et enfin le peuple. Les Hollandais, pour ménager les indigènes, usent de beaucoup de prudence en matière administrative et leur laissent une large part d'autonomie, car, à côté des pouvoirs civils, existe une autorité d'ordre moral, celle des *hadjis*, qui exercent une grande influence, ayant reçu, par un pèlerinage à la Mecque, la consécration religieuse musulmane. Les hadjis peuvent devenir redoutables pour les Hollandais en faisant sentir au peuple son état de servitude.

Quoique le peuple javanais se soit rallié à l'islamisme, les doctrines musulmanes ont sur lui peu d'influence en pratique ; il a pour cela trop d'indolence et de douceur ; aussi, quand ils obéissent à la parole des hadjis, n'est-ce pas du tout par fanatisme religieux.

La superstition est poussée à l'extrême, surtout dans le pays des Princes, où le sang javanais s'est conservé le plus pur. L'esprit de caste, tradition reçue de l'Inde, y subsiste également, et se manifeste par le respect servile qu'on témoigne aux princes. Quand on s'adresse à eux, on emploie une langue cérémonieuse particulière ; ils se servent, pour répondre, du dialecte populaire. En dehors de cette langue des cours, deux dialectes sont en usage à Java : celui des villes, altéré par le contact quotidien de la population avec les Arabes et les Chinois, et celui des campagnes, qui est le plus pur.

Bien que les Chinois soient nombreux à Java, le gouvernement hollandais leur interdit absolument de s'établir à la campagne. On ne les trouve que dans les villes et généralement dans les centres commerciaux.

Hors des villes et des marchés, la population indigène est sans aucun contact avec les étrangers ; elle vit isolée dans ses plantations.

Les villages de la campagne, formés de maisonnettes de bambous, se nomment Dessaks ; ceux qui avoisinent les villes, sont appelés Kampongs.

Chaque village a son chef, qui exerce sur ses administrés une autorité toute paternelle et connaît chacun d'eux par son nom. D'ailleurs, il n'existe pas d'autre état-civil, et il est aussi impossible de savoir exactement l'âge d'un Javanais que celui d'une Parisienne. (Sourires.) Toutefois, les chefs en savent assez, à cet égard, pour répartir équitablement entre ceux qui doivent la corvée, les travaux à exécuter dans les plantations et sur les routes pour le compte des Hollandais. En compensation de ces travaux, chaque village reçoit un lot de terres communales, qui sont ensuite distribuées aux habitants, qui y plantent ce qu'ils veulent : c'est généralement du riz. Sur la récolte, un prélèvement d'un cinquième environ est opéré par le fisc hollandais ou par les princes dans les sultanies. Le reste appartient à l'indigène, qui le garde pour sa consommation. Outre ce morceau de terre et sa maison, construite par lui-même à peu de frais, l'indigène possède ordinairement une ou deux paires de bœufs de labour. Personne n'est pauvre à Java. Le riz et le poisson salé sont le fond de la nourriture dans tout le pays. Les boissons les plus usitées sont l'infusion de feuilles de caféier, le vin de palmes, le lait de coco et diverses sortes de sirops.

Les loisirs que laisse aux Javanais la culture sont consacrés soit à ne rien faire, soit à assister aux danses, aux spectacles et aux fêtes populaires, qui sont très fréquentés.

La vie javanaise laisse une profonde impression sur l'Européen et lui inspire souvent le désir de retourner dans ce beau pays.

Les indigènes étaient autrefois passionnés pour les combats de coqs, dont l'attrait était doublé par l'importance des paris dont ils étaient l'occasion. Les Hollandais ont interdit ce spectacle sanglant; ils en tolèrent cependant d'autres qui sont tout aussi cruels. A Vitar, petite ville de la région méridionale, on faisait combattre, il y a quelques années encore, des tigres et des buffles. Aujourd'hui, on voit des massacres de tigres. Au milieu d'un cercle formé par trois rangs d'indigènes armés de lances, on ouvre un ou deux pièges où sont renfermés des tigres pris la veille ou le jour précédent. L'animal, d'abord étourdi par le passage subit des ténèbres à la lumière, ne tarde pas à essayer de franchir cette barrière humaine et tombe bientôt percé de coups.

Il existe entre les Javanais, beaucoup de solidarité. Un homme riche prendra à sa charge ses parents pauvres, qui deviennent en quelque sorte ses clients et lui font cortège dans les rues. Les indigents malades sont recueillis dans les kampongs, mais on traite sévèrement les paresseux et les mendiants valides.

La population témoigne beaucoup de respect aux Européens, entre lesquels, d'ailleurs, on ne fait pas de différence. On se découvre ou l'on se prosterne devant eux sur les routes. Cependant, dans certaines régions voisines du pays des Princes, où les voyageurs européens pénètrent rarement, l'indigène passe devant eux sans tourner la tête, ou même leur jette un regard malveillant; mais dans aucune partie de l'île, fût-on seul, on n'a jamais rien à redouter des indigènes, que le respect qu'ils ont pour leurs princes empêchera toujours de violer, par un attentat sur un Européen, le pacte conclu avec les gouvernants hollandais. Ce n'est que très rarement, dans les temps de famine et de misère publique, que les excitations des hadjis ont pu avoir assez d'influence sur le peuple pour l'amener à se soulever. Quant aux princes et aux chefs, ils reçoivent trop d'argent des Hollandais pour ne pas bien recevoir les Européens que ceux-ci leur recommandent. M. Fritz du Bois, pour sa part, n'a eu qu'à se louer de l'accueil qu'il a reçu des chefs à qui il a eu affaire.

Les gens du peuple font d'excellents domestiques, peut-être un peu paresseux, — c'est dans leur sang, — mais très dévoués à leurs maîtres quand ceux-ci les traitent avec justice ; mais quand on les rudoie, ils deviennent craintifs et méfiants. Les Javanais, habituellement calmes et indolents, peuvent devenir, sous l'empire d'un sentiment vindicatif, furieux jusqu'à la folie. Aussi faut-il leur parler avec résolution et fermeté au besoin, mais éviter toute action violente. D'ailleurs, et ceci est tout à l'honneur des Hollandais, le gouvernement de Batavia exige de tous les Européens établis ou séjournant dans le pays, qu'ils traitent leurs serviteurs javanais avec douceur et humanité.

En résumé, dit M. Fritz du Bois, le peuple de Java est extrêmement intéressant. De tous les peuples orientaux que j'ai visités, c'est celui qui laisse au voyageur la meilleure et la plus profonde impression, et, selon moi, entre toutes les nations de l'archipel Malais, c'est la population javanaise qui tient le premier rang. (Applaudissements.)

M. le Président remercie le conférencier de son intéressant récit. Ses auditeurs, par leurs applaudissements, lui en ont déjà témoigné leur reconnaissance.

La séance est levée à dix heures.

Vendredi 7 août (soir)

M. E. BLANC. — *Voyage au Turkestan.*

Présidence de M. DUPLOUY, directeur du service de santé de la Marine.

La séance est ouverte à huit heures et demie.

M. LE PRÉSIDENT se félicite d'être appelé à l'honneur de présenter à l'auditoire M. Edouard Blanc, le géographe bien connu du monde savant par ses travaux et ses explorations en Algérie, en Tunisie et sur ce plateau central de l'Asie, qui va faire l'objet d'une conférence dont la primeur était réservée au XII° Congrès national de géographie.

Cette immense contrée qu'on nomme le Turkestan, est aujourd'hui conquise presque en entier à la domination russe, et comme rien de ce qui touche aux intérêts d'une nation amie ne saurait laisser des Français indifférents, cette considération ajoutera encore au vif intérêt et à la curiosité légitime que ne peut manquer d'exciter le récit du voyage accompli par M. Edouard Blanc. (Vifs applaudissements.)

M. Edouard BLANC remercie M. le Président des termes trop élogieux dans lesquels celui-ci vient de le présenter à l'assistance, à laquelle il se propose de donner, en l'ennuyant le moins possible, une idée générale d'une région encore très peu connue.

Le voyage de l'orateur dans la partie centrale du continent asiatique, bien qu'accompli avec une très grande célérité, a duré un an, sur un itinéraire de près de 1,600 kilomètres. On comprendra qu'il ne le raconte pas en détail dans le temps restreint dont il dispose ; il se bornera à donner des notions générales sur les pays qu'il a visités, puis à faire connaître le but qu'il a atteint et les principales étapes qu'il a parcourues, tant à l'aller qu'au retour.

L'Asie n'est pas aujourd'hui, dans ce partage du monde qui s'opère entre les nations civilisées, un champ d'action pour la France, excepté dans l'Extrême-Orient, et il ne peut guère être pour elle que l'objet d'un intérêt purement géographique ou historique.

Or, ce continent, le plus vaste de tous, le plus anciennement peuplé et civilisé, et qui, selon toute apparence, a été le berceau de l'humanité, est peut-être le moins connu de tous. Grâce aux découvertes récentes, l'espace réservé sur les cartes d'Afrique et d'Océanie à ce qu'on appelait *terræ incognitæ* a notablement diminué depuis vingt ans, tandis que l'Asie présente encore d'immenses surfaces sur lesquelles la science européenne ne possède que des données extrêmement vagues.

La charpente du continent asiatique est constituée par quatre grandes chaînes de montagnes : l'Himalaya, qui sépare l'Inde de la Chine ; les Mont-Célestes, prolongés par différents autres systèmes de montagnes, qui séparent la Chine de la Sibérie ; les monts qu'on appelait autrefois Paropamises, et qui, sous divers noms modernes, séparent toujours les populations iraniennes des populations touraniennes ; et enfin un autre système orographique qui sépare l'Inde de l'Afghanistan et vient se rattacher aux trois précédentes en un point commun pour former un énorme nœud auquel on a donné le nom de Pamir.

L'Asie est ainsi divisée en quatre compartiments, dont chacun est peuplé par une race d'hommes particulière : entre l'Himalaya et les Monts-Célestes habite la race jaune ; au sud de l'Himalaya, se trouve l'Inde, dont la civilisation est si ancienne ; au sud des Monts-Paropamises, est l'Iran, siège de la vieille civilisation persane ; enfin, les Paropamises et les Monts-Célestes délimitent la vaste région qui a été pendant longtemps le domaine exclusif des Touraniens, et où la Russie commence à étendre son action civilisatrice. A ces quatre anciennes civilisations, en effet, il s'en est superposé deux autres plus modernes, celles de la Russie et de l'Angleterre, et l'on peut dire qu'à présent ces quatre chaînes de montagnes divisent l'Asie non plus en quatre, mais en trois parties : la région anglaise, au sud de l'Himalaya et des Paropamises, comprenant l'Inde et l'Afghanistan ; la région russe, au nord des Paropamises et des Monts-Célestes ; et la région chinoise, à l'est de cette dernière chaîne.

En entreprenant son voyage, M. E. Blanc s'était proposé divers objets principaux, dont le premier était l'étude du chemin de fer transsaharien. Cette dernière question, qui touche de si près à l'expansion de l'influence et de la domination françaises en Afrique, a donné lieu, depuis quinze ans, à de nombreux projets et à des discussions complètes mises à l'ordre du jour de la science géographique par le dernier Congrès international tenu à Paris. Elle réclamait une solution, et l'orateur a jugé qu'il y avait lieu de passer du domaine de la discussion à celui de l'action, en allant étudier, au Turkestan, le seul modèle existant de ligne ferrée construite à travers un désert. Le chemin de fer transcaspien a été pour la Russie un instrument de conquête et de colonisation, comme le sera peut-être un jour pour la France le transsaharien.

Ayant reçu une mission du gouvernement, qui lui donnait ainsi un appui moral à défaut de concours budgétaire, M. E. Blanc put atteindre ce premier objet de son voyage.

Le chemin de fer transcaspien se développe sur une ligne de 1,400 kilomètres, entre Ouzoun-Ada, sur la mer Caspienne, et Samarkande, ancienne capitale de Tamerlan.

Les conditions, les moyens et les résultats de la conquête de l'Algérie, par les Français, et de la conquête du Turkestan, par les Russes, pourraient donner lieu à une comparaison curieuse et instructive ; mais une étude aussi complexe réclamerait une conférence entière.

Arrivé à Samarkande, M. E. Blanc voulut visiter la région environnante, autrefois le centre de la domination mongole, et aujourd'hui occupée par les Russes.

Il se rendit à Tachkent, où se tenait, l'an dernier, à l'occasion du 25e anniversaire de la prise de la ville, une Exposition qui réunissait une grande quantité de documents précieux concernant la statistique et la géographie de l'Asie centrale.

Après avoir pris connaissance de ces documents, le voyageur se rendit dans la riche province du Ferganah, ancien Khanat de Khokand, pays inaccessible aux Européens, il y a quelques années encore, et où Vambéry eut toutes les peines du monde à pénétrer sous le déguisement d'un derviche. Khokand est un centre d'industrie très important.

Remontant le petit cours d'eau qui arrose cette ville, puis le cours supérieur de l'Yaxartès ou Syr-Daria, M. E. Blanc atteignit le pied des monts du Pamir, qu'il entreprit de passer. La saison (on était en hiver) n'était pas favorable ; mais il était impossible à un géographe de ne pas tenter l'aventure. Il réussit à franchir les passes et à entrer sur le territoire chinois, et s'y livra à diverses études de géographie physique, puis il dut songer à revenir vers l'Ouest.

Reprenant l'itinéraire qu'il vient de résumer rapidement, le conférencier décrit, sans entrer dans les détails techniques de la construction, le chemin de fer transcaspien. Ce chemin traverse deux régions distinctes. La première section s'étend depuis Ouzoun-Ada, sur la Caspienne, — port provisoire qui sera bientôt remplacé par celui de Krasnovolsk, — jusqu'à Ouchat. La ligne traverse le pays des Turcomans en suivant les montagnes qui forment la frontière de la Perse. Ce pays est suffisamment arrosé par des ruisseaux et n'a pas opposé à la construction de grandes difficultés. Ensuite le chemin de fer oblique vers le nord, quitte le pays turkmène pour traverser un désert de sable, au bord de l'Oxus, — aujourd'hui Amou-Daria, — et entre dans le pays des Sartes, qui ne sont point nomades comme les Turcomans, mais constituent des populations sédentaires très industrieuses, tenant le milieu entre les Turcs et les Chinois.

Les principaux centres turkmènes sont Kizil-Arbat et Geok-Tépé, place célèbre par la résistance qu'elle opposa à Skobeleff. Cette région forme l'oasis de l'Akal-Tekké, qui, pendant dix années, soutint les attaques des armées russes.

Les Turkmènes, aujourd'hui, forment une milice régulière au service de la Russie, et cette milice a pour officiers, précisément, plusieurs des anciens chefs qui ont combattu contre Skobeleff.

Les chevaux turcomans n'ont pas une apparence qui réponde à leur réputation ; leurs formes sont extrêmement anguleuses et ils ressemblent plutôt aux chevaux anglais qu'aux arabes. Ils sont de très grande taille et, grâce à un entraînement spécial, ils peuvent supporter des fatigues extraordinaires ; faire, par exemple, des courses de 100 kilomètres par jour et soutenir ce train pendant dix et douze jours. C'est la nécessité de rapporter dans leur pays le produit de leurs rapines qui avait conduit les Turcomans à former cette race de chevaux ; mais, depuis l'occupation russe, l'industrie du brigandage n'est plus exercée.

Geok-Tépé se composait d'un quadrilatère de murailles, fortifié aux coins de quatre tours en terre. Dans cette enceinte assez petite s'étaient réfugiés 30,000 Turcomans. Les Russes s'emparèrent de la place en faisant sauter une des tours d'angles au moyen d'une mine. Cet assaut coûta la vie à 8,000 de ses défenseurs.

Sur la partie la plus méridionale du chemin de fer transcaspien, se trouve la grande oasis de Merv, qui s'est donnée volontairement à la Russie. Ces oasis de l'Asie centrale sont beaucoup plus étendues que celles du sud de l'Algérie. Le voisinage de grands fleuves permettent des irrigations abondantes, et, par suite, des cultures qui couvrent des centaines de mille d'hectares et nourrissent des populations nombreuses. L'oasis de Merv compte 60,000 habitants et 60,000 autres à demi nomades.

A 30 kilomètres de Merv se trouve, sur le chemin de fer, une localité très curieuse, appelée le vieux Merv, qui se compose de quatre villes entièrement abandonnées de leur population, faute d'eau, et dont les ruines sont extrêmement imposantes. Une de ces villes a été détruite dès le IXe siècle, et l'histoire a conservé le nom de son dernier souverain, le sultan Sandjiar.

La ville, située à l'extrémité de la ligne ferrée, dans le pays habité par les Sartes, la grande cité de Samarkande n'est plus, depuis plusieurs siècles, que la seconde capitale du sultan de Boukhara ; elle a été prise par le général Kaufmann, dans des circonstances particulièrement dramatiques.

La limite entre les Turcomans proprement dits et les Sartes est formée par l'Oxus ; les premiers n'habitent que la région comprise entre la mer Caspienne et la vallée de ce grand fleuve ; les pays situés à l'est de l'Oxus sont tout à fait différents.

La région où est située Samarkande est sujette à des tremblements de terre très fréquents, qui ont détruit, en tout ou en partie, les monuments érigés, au XVe siècle, par Tamerlan et ses deux premiers successeurs.

Le conférencier décrit, en accompagnant ses explications de projections photographiques, divers monuments de Samarkande, construits pour la plupart en briques et décorés de faïences émaillées : le palais élevé par la reine Babi, femme de Tamerlan ; la grande mosquée, qui est en même temps une bibliothèque et un séminaire ; la mosquée de l'Inscription-d'Or, la mosquée des Lions, etc. Il décrit également la foule qui se presse dans les rues de la ville ; les hommes sont montés sur des chevaux ou des chameaux. On ne marche guère à pied dans ce pays-là. Pour transporter les bagages, les femmes et les enfants, on se sert de voitures assez bizarres. Les roues, dont la couronne est formée d'un arbre simplement courbé et non équarri, n'ont pas moins de 3 mètres de diamètre, et la largeur de voie est à peu près égale : ces dispositions ont été commandées par la nécessité de traverser souvent à gué de grands fleuves, tel que le Zérafchane, qu'il faut passer pour venir au marché de Samarkande. Le conducteur est généralement à cheval et règle avec son pied le mouvement de la voiture aux montées et aux descentes.

Les Sartes portent un bonnet qui n'est pas sans analogie avec celui des Chinois. Leur vêtement d'été consiste en une sorte de robe de chambre rayée, en étoffe de coton.

La coiffure habituelle des Turcomans est une espèce de bonnet à poil très volumineux, qui leur sert à la fois de magasin, de vestiaire et de préservatif contre les coups de soleil et les coups de sabre.

Revenant aux monuments de Samarkande, M. E. Blanc décrit en détail le tombeau de Tamerlan. Le conquérant du monde voulut être enterré aux pieds de son maître de philosophie, ce qui tendrait à faire croire que ce conquérant ne fut ni aussi barbare ni aussi illettré que le disent les historiens.

Un édifice voisin porte le nom de Schah-Zindeh. C'est un ensemble formé de huit mosquées, véritables bijoux d'architecture, réunies par une sorte d'allée couverte ou de portique, et entièrement revêtues de faïences très anciennes, antérieures à l'époque de Tamerlan. Dans une salle est conservé un énorme Koran, le plus grand des manuscrits connus ; les pages n'en ont pas moins de trois mètres de hauteur.

Au fond de cette chapelle se trouve l'entrée d'un souterrain obscur au fond duquel est inhumé le patron de ces huit mosquées, Schah-Zindeh, — ce nom signifie *le roi vivant*, — personnage sur l'identité duquel on n'est pas d'accord et qui était déjà considéré comme très ancien, du temps de Tamerlan. C'était un saint, en même temps qu'un souverain, et il avait obtenu de Dieu le privilège de rester toujours vivant, même dans sa tombe. Tamerlan voulut faire vérifier la chose : un esclave, à qui l'on donna le choix entre une mort immédiate et les dangers d'une pareille exploration, descendit dans le puits funéraire et déclara, en remontant, qu'il avait vu le schah en très bonne santé, mais que le défunt l'avait averti que, s'il parlait de ce qu'il avait vu, il deviendrait muet immédiatement, — ce qui ne manqua pas d'arriver.

Les gens de Samarkande sont de mœurs douces, amateurs de jeux et de spectacles et généralement lettrés. Ce sont des musulmans plus tolérants et plus tempérés que ceux du nord de l'Afrique ; les prêtres permettent aux étrangers de pénétrer dans les mosquées et même de les photographier.

Si de Samarkande, on pénètre dans l'intérieur du pays, on trouve plusieurs villes importantes. Une des principales est Tachkent, qui compte 150,000 habitants et qui est le siège du gouvernement russe. Une des provinces les plus peuplées est celle de Ferganah, qui constitue une des divisions du gouvernement général du Turkestan. C'est une plaine à peu près circulaire, ayant 400 kilomètres de diamètre, et entourée de montagnes très hautes et peu connues, dont la ligne de faîte atteint 7,000 mètres.

Cette plaine, qui est depuis longtemps le théâtre d'une civilisation avancée, compte plusieurs grandes villes : Khokand, Namghan, Marghilan, Andidjan.

Le khanat de Khokand s'est rendu à la Russie après une résistance insignifiante. Khoudaia-Khan, le souverain, abdiqua ensuite, plus ou moins volontairement, entre les mains de Skobeleff. Khokand est le plus grand marché de l'Asie centrale : on y trouve les produits de la Chine, de l'Inde, de la Sibérie et de la Perse.

Une photographie, d'après un dessin fait dans cette ville par le peintre russe Véreschaguine, représente un groupe de derviches hurleurs ou *divanas*, communauté très répandue dans l'Asie centrale, dont les membres portent un costume spécial, un bonnet d'étoffe de laine bordé de fourrure, et à la ceinture, comme signe distinctif, le fruit de cette plante bizarre, qu'on appelle *le coco de mer*. Ces gens ont une grande réputation de sainteté ; leur nom de hurleurs vient de ce qu'ils poussent seuls, à l'unisson, des cris bizarres ; ils parcourent les bazars en chantant des chants particulièrement discordants.

Une autre photographie représente la femme du dernier khan. Elle est vêtue d'une robe faite d'une sorte de bourre de soie provenant d'un bombyx, qui n'est pas le même que celui de la Chine et qu'il serait peut-être intéressant d'introduire en Europe.

Arrivé au fond du Ferganah, M. Edouard Blanc entreprend la traversée de ce nœud de montagnes auquel on donne le nom collectif de Pamir. Il y a plusieurs routes praticables ; mais, en hiver, elles ne sont généralement pas pratiquées. Un mois avant M. E. Blanc, trois voyageurs français avaient traversé le Pamir, du nord au sud, pour passer en Afghanistan. Au prix d'efforts extraordinaires, et après avoir perdu tous leurs chevaux, ils avaient pu atteindre la ville de Tchitral, où ils reçurent des secours des autorités anglaises. Mais aucun Français n'avait encore fait ce voyage de l'ouest à l'est. Le voyageur y parvint, et même conserva les seize chevaux qu'il avait emmenés, ce qui est un succès remarquable. Les difficultés furent grandes. Il n'était pas possible d'emmener des chameaux sur ces montagnes, dont certains sommets, comme le pic de Kaufmann, atteignent 8,000 mètres, et qui, en novembre et en décembre, sont couvertes de verglas. Il fallut donc réduire considérablement les bagages. La caravane comptait, outre son chef, six personnes, dont un Russe, M. Waliensky, fils d'un professeur à la Faculté de médecine de Saint-Pétersbourg ; un cavalier kirghiz et un cuisinier chinois. On supprima absolument tout campement et toutes provisions européennes. Trois chevaux de bât étaient chargés : l'un de riz, l'autre d'orge, et le troisième de bois ; ce dernier devait porter de plus les collections recueillies en route.

Les voyageurs durent coucher quinze jours et quinze nuits de suite, sans abri, sur la neige ou sur la terre gelée, par des froids extrêmes et sous des pressions atmosphériques très faibles, à des altitudes de 3,000, 4,000 et même 4,200 mètres. Ils n'eurent heureusement à regretter aucun accident sérieux. Au moment où il pénétrait dans la montagne, à Oche, M. E. Blanc rencontra le capitaine, — aujourd'hui colonel, — Grunschewsky, qui en sortait. M. Grunschewsky lui remit une partie de ses instruments et lui fit voir ses collections. Cet explorateur, déjà célèbre, est le successeur de Prjewalsky, mort il y a dix-huit mois, après avoir fait six voyages, dont les résultats constituent à peu près tout l'ensemble des connaissances actuelles sur cette région.

Un incident de cette traversée du Pamir peut servir à démontrer que la physique est de quelque utilité en voyage. M. E. Blanc lui a dû d'être canonisé par les Kirghizes. La caravane, sur le point de franchir la ligne de faîte, arriva, vers la tombée de la nuit, à un endroit nommé Sari-Koutchou. On était fatigué et affamé ; cependant, le cuisinier déclara qu'il ne lui était pas possible de faire cuire le riz, et que ce jour-là on ne dînerait pas. Interrogé, il raconta la légende suivante : « Un saint homme, à une époque probablement très ancienne, rencontra dans ce lieu une caravane, et les voyageurs, en train de dîner, lui refusèrent l'aumône d'une écuelle de riz. Levant alors les mains au ciel, il maudit ce lieu et annonça que, désormais, personne ne pourrait plus y manger de riz. »

M. E. Blanc, qui avait très faim, trouva cette malédiction fort injuste, et, réfléchissant que l'impossibilité de cuire les aliments tenait à ce que le point d'ébullition de l'eau, qui est de 100° au niveau de la mer, est notoirement abaissé à la hauteur de 4,000 mètres où l'on se trouvait, il déclara qu'on mangerait néanmoins. Il fit couvrir la marmite avec un plat de métal, en lutant hermétiquement, au moyen de morceaux de feutre, les intervalles qui pouvaient exister entre la marmite et le plat, qui fut ensuite chargé de pierres ; le tout constituait une sorte de *marmite de Papin*, où le point d'ébullition de l'eau se trouva surélevé, et le riz fut parfaitement cuit. Ce résultat valut au voyageur la vénération des montagnards qui lui servaient de guides, et qui le déclarèrent unanimement un saint très supérieur à l'ancien patron du lieu. (Rires.)

Après avoir passé, en franchissant un col élevé de 4,700 pieds, du haut bassin de l'Yaxartes dans celui du Tarim, tributaire du Lob-Nor, on descendit sans grandes difficultés, jusqu'à la grande ville de Kaschgar, capitale d'une province qui s'était autrefois rendue indépendante de la Chine sous l'autorité d'un chef musulman, Yakoub-Beg, qui, parti de très bas, — il avait été palefrenier, — avait fini par devenir souverain d'un état plus grand que la France. Mais ses fils, dont l'un vit encore, ne montraient pas le même talent, et le pays fut reconquis par les Chinois.

M. E. Blanc fut reçu en grande pompe par les autorités, qui l'invitèrent à un banquet composé d'un grand nombre de mets étrangers. Il assista aussi, à quelque distance de la ville, à une cérémonie qui fut célébrée sur le lieu même où Schlagentweit, célèbre voyageur allemand, qui fit l'ascension des principaux pics de l'Himalaya et à qui l'on doit les plus importantes découvertes du siècle dans cette partie de l'Asie, fut tué par ordre du chef d'une de ces fréquentes insurrections musulmanes qui cherchent à secouer le joug de la Chine. Le gouvernement chinois, à titre de réparation, a fait élever une petite pyramide de pierre, qui sera surmontée d'une croix envoyée, sur la proposition de M. E. Blanc, par la Société de géographie de Paris, avec une plaque commémorative. La pyramide fut bénie, en présence de M. Petrowski, consul de Russie, voyageur et orientaliste très distingué, et du voyageur autrichien Troll, par un Père Franciscain des missions de Mongolie, l'abbé Hendricks, de nationalité hollandaise. Au nombre des assistants se trouvaient le gouverneur de Kaschgar, le commandant militaire de la ville de Yanguissar et divers autres personnages importants.

Les Sartes du versant oriental du Pamir diffèrent un peu, comme type, de leurs congénères de l'autre côté. Ils ont à peu près le même costume et le même bonnet, autour duquel, quand on est en voyage, on roule un gros turban de mousseline blanche.

De Kachgar, M. E. Blanc se dirigea vers le sud-est et rencontra près de la ville de Yanguissar, une expédition anglaise, qui venait de franchir l'Himalaya. Il pensa quelque temps à se joindre à cette expédition, qui allait retourner dans l'Inde ; mais les deux cols de Karok et de Tchittra étaient bloqués par les neiges et impraticables à cette époque de l'année ; la neige couvrait également le grand désert de Gobi, à travers lequel le voyageur avait songé à gagner Pékin, et rendait impossibles les observations qu'il aurait pu faire, en toute autre saison, sur le régime des sables et les conditions météorologiques dans ce désert asiatique, qu'il eût été intéressant de comparer avec les observations précédemment faites dans l'Afrique. Il se dirigea, en conséquence, vers le nord, et se mit en mesure d'étudier, sur place, certains problèmes de géographie physique relatifs à la formation des dunes dans les déserts, à la constitution de cette nature de terrain spéciale qu'on appelle *lœss*, qui n'arrive en Chine que transportée et remaniée par les vents et qui est formée de poussières résultant de la désagrégation des roches dans les monts Tian-Chan ou Célestes. Le voyageur traversa cette chaîne très élevée. Après quinze jours d'une marche extrêmement pénible, il atteignit le lac Issi-Koul et se rendit aux bords de la rivière Tchou, qui a été l'objet d'une hypothèse géographique du plus haut intérêt. On a supposé, en effet, que cette rivière, qui se perd aujourd'hui dans les steppes et se jette dans un petit lac sans importance, recevait autrefois plusieurs affluents et allait elle-même se jeter dans l'Yaxartes (aujourd'hui Syr-Daria), et que la violence de son courant et le volume de ses eaux suffisaient à imprimer à ce fleuve, qui se jette aujourd'hui dans la mer d'Aral, une direction sud-ouest qui le conduisait à l'Oxus. Or, l'Oxus lui-même, aujourd'hui Amou-Daria, grossi de plusieurs rivières, telles que le Eri-Roun et le Zarafchane, qui se perdent maintenant dans les sables ou servent aux irrigations, se jetait dans la mer Caspienne par un lit dont les traces subsistent encore et qu'il n'a, d'ailleurs, abandonné qu'au moyen-âge.

De l'étude du système hydrologique de la région du lac Issi-Koul, M. E. Blanc a tiré cette conclusion que jamais ce lac ni les eaux qui s'y rendent ne se sont déversés dans le bassin de l'Yaxartes, et que si l'Issi-Koul a rompu les digues naturelles qui le bordent pour communiquer avec le Tchou, ce n'a été que pendant une période très courte.

Les populations de la vallée du Tchou et de la région du lac Issi-Koul sont peu connues. Les races y sont très mélangées ; il y a des Chinois de race pure, mais musulmans, et des groupes se rattachent à la race finnoise, qu'on désigne sous le nom de Dzoungares et de Tarantchis. On y rencontre aussi des Tadjiks, Sartes très mélangés de Touraniens, et des Kirghizes. Le pays, situé au nord de la grande chaîne de montagnes qui s'étend du lac Issi-Koul et du lac Balkasch au Turkestan, est entièrement peuplé de nomades. Il n'y a pas d'autres maisons que celles qu'y ont construites les colons russes et sibériens. On y rencontre cependant des monuments, comme celui qui subsiste à quelque distance de Pichpeck, qui témoignent de l'existence d'une ancienne civilisation ; mais il est impossible d'en déterminer la date, ni la destination.

Arrivé dans la plaine, au pied des monts Alatahou, le voyageur se trouvait en Sibérie. Il visita les colonies agricoles fondées sur ce point, soit par les paysans russes, soit par les mennonites allemands, puis il retourna vers le sud pour étudier les parties du Turkestan qu'il avait incomplètement vues à son premier passage. Il se rendit à Tachkent et poussa jusqu'à Otrar, où mourut Tamerlan, au moment où il allait à la conquête de la Chine.

M. E. Blanc visita ensuite Boukhara, la seule grande ville de l'Asie centrale qui soit actuellement indépendante de la Russie. Elle compte 120,000 à 130,000 habitants ; l'activité commerciale y est très grande. Les hommes y portent le turban et de longues robes garnies de fourrure. Les monuments sont plus modernes que ceux de Samarkande, et l'architecture en est toute différente. Tous les édifices religieux ont une tour plus large à la partie supérieure qu'à la partie inférieure et sont construits en briques, sans revêtement de faïence. On remarque la *Tour des supplices*, haute de 60 mètres, et du haut de laquelle on précipite les condamnés à mort. Récemment encore, ils étaient achevés par la populace au moment où ils tombaient sur le sol ; mais, depuis qu'un agent diplomatique russe réside à Boukhara, cette coutume a été réformée : on coupe la gorge à ces malheureux avant de les précipiter.

L'émir actuel, inféodé à la Russie, est un prince assez débonnaire ; mais son prédécesseur, Mouzafer-Eddin, s'était fait un grand renom de cruauté.

Les juifs, assez nombreux à Boukhara, y ont un type tout particulier, qui se rapproche du type hindou. On croit qu'ils descendent d'israélites transportés dans ces régions à l'époque de la captivité de Babylone, ce qui expliquerait la très grande différence qui existe entre eux et leurs coreligionnaires d'Europe. Ils ne sont pas mêlés au reste de la population et sont soumis à des règlements extrêmement sévères. Ils ne peuvent sortir dans la rue sans être ceints d'une corde qui, théoriquement, doit permettre au premier venu de les pendre s'il lui en prend la fantaisie. En réalité, cela ne se fait jamais, et les juifs ont, d'ailleurs, rendu ces exécutions impossibles en réduisant cette corde à la dimension d'une petite ficelle. Il leur est aussi défendu d'aller à cheval ; ils ne peuvent monter que des ânes ; quelquefois même, on les oblige à avoir la figure tournée du côté de la queue de l'animal.

Boukhara étant, avec Khokand, la plus grande ville commerçante de l'Asie centrale, on y trouve des représentants de toutes les races, notamment des Indiens, qui y exercent toutes sortes de commerces et de professions.

Une des mosquées de Boukhara est remarquable par son architecture, qui est un curieux mélange de style turc et de style chinois. Devant la porte des mosquées sont des bassins remplis d'eau, qui sont considérés comme sacrés, et que, par conséquent, il est interdit de nettoyer et de curer. La ville toute entière s'abreuve de l'eau de ces bassins, car il n'y a pas de rivière à Boukhara ; ils sont au nombre de 300 environ. Dans ces bassins pullule un animal extrêmement dangereux, dont le germe, avalé avec l'eau, se loge sous la peau, principalement sous celle des bras, et se développe sous forme de ver jusqu'à atteindre la longueur d'un mètre. On le fait sortir en incisant la peau et en roulant peu à peu le parasite sur un petit bâton. Pour s'en préserver, les étrangers de passage à Boukhara doivent renoncer à boire l'eau crue et à se laver le visage et les mains, précautions qui sont, on le croit aisément, des plus pénibles à observer.

A l'occasion d'une projection photographique représentant un pont de bois construit par le général Annenkof, et sur lequel passe le chemin de fer transcaspien, le conférencier décrit cet ouvrage d'art remarquable, long de quatre kilomètres, et dans lequel est entrée toute une forêt. Il décrit également les lourds bateaux qui descendent l'Amou-Daria jusqu'à Khiva, et les peaux de chèvre gonflées et cousues sur lesquelles les habitants du Turkestan se placent à califourchon pour passer les fleuves et les rivières, à défaut de ponts, car il n'existe dans l'Asie centrale, que celui de Khodjend, construit par les Russes.

Les habitants du Turkestan se servent, pour tirer des puits l'eau nécessaire à leurs irrigations, d'une sorte de *noria* grossière, appareil à roues mû par un cheval ; la manœuvre en est pénible et on l'entend fonctionner à la distance de trois ou quatre kilomètres.

Les populations sédentaires sont économes, laborieuses et adonnées au commerce ; il faut les gouverner par de tous autres moyens que les Arabes de l'Algérie. La Russie s'est emparée de cet immense pays sans bruit et presque sans effusion de sang, en appliquant graduellement le plan tracé par Pierre-le-Grand et surtout par la grande Catherine. Elle a eu affaire à des races très diverses : les unes nomades, les autres sédentaires ; les unes guerrières, les autres pacifiques ; et pour arriver à les placer sous sa domination, elle a eu à lutter contre des difficultés plus grandes que celles que la France a rencontrées dans ses colonies. Elle a dû faire traverser à ses armées d'immenses déserts, des chaînes de montagnes élevées, où les cols servant de passage atteignent la hauteur des plus hauts sommets des Alpes, et leur faire supporter tantôt des froids excessifs, tantôt des chaleurs brûlantes. La ténacité des Russes doit servir d'exemple aux Français, à cette heure où les nations civilisées de la vieille Europe se partagent le monde. La France ne peut pas rester en arrière et se désintéresser de l'œuvre d'expansion coloniale dont elle a fait les premiers frais. La persévérance et la fermeté peuvent seules assurer sa grandeur dans les siècles à venir. A ceux qui craignent les responsabilités et se déclarent partisans d'une politique de désintéressement qui n'est réellement qu'une politique d'abstention. M. E. Blanc demande à citer un mot du général Tcherniagoff. Il y a vingt-six ans, cet officier, alors colonel, se trouvait à 2,200 kilomètres d'Orembourg, sa base d'opérations, et à deux journées de marche seulement de Tackent, ville de 150,000 habitants, défendue par 400 canons. Il ne disposait que de 900 combattants fatigués, car on était à la fin d'une campagne, et son état-major, hésitant, lui conseillait de remettre la suite de l'expédition à l'année suivante. C'est dans ces circonstances qu'il reçut une dépêche lui enjoignant de s'arrêter et de revenir sur ses pas prendre ses quartiers d'hiver.

Tcherniagoff mit la dépêche dans sa poche, donna l'assaut à la ville et la prit. Quand, plus tard, on lui reprocha sa désobéissance, il répondit fièrement : « On ne juge pas les vainqueurs ! »

Ce mot résume une grande vérité politique, qu'il ne faut jamais oublier en matière coloniale : les vainqueurs ont toujours raison. Or, sur tous les points du monde où se discutent les intérêts français, ces intérêts ont été victorieusement défendus par l'armée et la marine françaises, toutes les fois que la Patrie a fait appel à leur dévouement. Par conséquent, ce n'est point le moment de reculer ou de rester en arrière, ni de se laisser détourner de son but et désarmer de ses droits par les protestations de rivaux envieux et parfois déloyaux. La postérité ne pardonnerait pas aux Français d'aujourd'hui d'avoir pratiqué une politique d'inertie. (Vive approbation.)

M. E. Blanc, après avoir étudié de nouveau, en détail, au point de vue technique, certaines parties du chemin de fer transcaspien, descendit jusqu'à la frontière de l'Afghanistan ; puis il reprit la direction de la mer Caspienne, qu'il traversa une seconde fois, et revint en Europe par le Caucase. (Applaudissements prolongés.)

M. LE PRÉSIDENT dit que M. E. Blanc a largement dépassé l'attente de ses auditeurs, qui conserveront longtemps le souvenir de son intéressante conférence. En leur nom et au nom du Congrès de géographie, il lui adresse ses plus vifs remerciements (Nouveaux applaudissements.)

La séance est levée à dix heures et demie.

Samedi 8 août (soir)

M. MERCHIER. — *L'Empire des Tzars.*

Présidence de M. le colonel BLANCHOT.

La séance est ouverte à huit heures et demie.

M. LE PRÉSIDENT dit que le Congrès de géographie a renoncé à son intention de clore la série de ses conférences par une communication sur le Soudan. Mais, depuis ce matin, le pavillon français est en berne sur le continent noir ; il ne faut pas agiter le crêpe qui le couvre, mais se contenter de saluer avec respect la mémoire des Français dont le cœur, plein de dévouement et de patriotisme, vient à peine de cesser de battre. Au nom de tous les assistants, au nom du Congrès national de géographie, M. le colonel Blanchot adresse un dernier souvenir d'admiration et de regrets à Crampel et à ses vaillants compagnons. (Vive adhésion.)

C'est vers une autre région, que l'on considère comme glacée et où battent cependant des cœurs chauds et sympathiques à la France, c'est vers la Russie qu'il faut se tourner, ce soir, vers ce grand pays dont le souverain vient d'adresser une lettre de remerciements à la ville de Cherbourg, un des grands ports français ; vers cette dynastie impériale russe, qui a combattu souvent la France, mais qui, même dans la guerre, l'a toujours traitée avec générosité et respect. (Longs applaudissements. Acclamations : *Vive la Russie !*)

M. Merchier, délégué de la Société de géographie de Lille, va parler de l'empire des Tzars. Sa parole éveillera certainement, chez ses auditeurs, des sentiments qui répondront dignement aux élans de fraternité dont la Russie envoie chaque jour l'expression à la France. (Bruyants applaudissements.)

M. le Président, avant de donner la parole au conférencier, prie M. le docteur H. Bourru, secrétaire général du Congrès, de lire le texte du vœu émis dans la séance de ce jour, au sujet du port et de l'Arsenal de Rochefort.

M. LE SECRÉTAIRE GÉNÉRAL donne lecture de ce vœu, qui est accueilli par de vifs applaudissements.

La parole est donnée à M. Merchier.

M. MERCHIER rappelle qu'au XVIe siècle deux navires anglais partis à la découverte d'un passage entre l'océan Atlantique, la mer glaciale Arctique et l'océan Pacifique, ce passage nord-est qui n'a été réellement trouvé que de nos jours, échouèrent sur les côtes de la mer Blanche. Les équipages, guidés dans l'intérieur du pays, reçurent du prince qui y régnait alors une hospitalité luxueuse, et les Anglais se firent si bien venir de ce souverain, qu'il eut le désir de prendre femme dans leur nation. Il envoya, en conséquence, en Angleterre, une ambassade chargée de lui ramener une épouse et qui demanda pour lui la main d'une des filles d'honneur de la reine Elisabeth. Mais cette prudente jeune personne prit des renseignements sur son futur : elle apprit qu'elle serait la septième femme de ce monarque oriental, et que la sixième, cousue dans un sac, avait été jetée à la rivière ; elle renonça à l'honneur qui lui était offert.

La rivière était la Moskwa, et le monarque était le tzar de toutes les Russies.

Ces premières relations de la Russie avec l'Angleterre ne laissèrent pas beaucoup de traces en Europe. En 1697 seulement, sous le règne de Louis XIV, la Moscovie y envoya une autre ambassade, celle-là destinée à la France, et qui suivit ce curieux itinéraire : elle s'embarqua à Arkhangel, doubla le cap Nord, passa par la mer du Nord, la Manche, l'océan Atlantique et le détroit de Gibraltar, et prit terre à Toulon, d'où elle se transporta à Versailles. On considéra cette ambassade comme quelque chose de fort extraordinaire et on frappa une médaille commémorative.

Voilà ce que l'on savait de la Russie en 1697. Depuis lors, on a fait avec elle plus ample connaissance.

Le conférencier fait à grands traits l'esquisse géographique de l'empire des Tzars. Cet empire, y compris la Russie d'Asie, ne couvre pas moins d'un septième du globe ; mais le sujet serait trop vaste, et la seule description de la Russie d'Europe suffira à remplir la soirée.

Les dimensions de la Russie d'Europe sont déjà immenses ; elle s'étend entre 70° et 45° de latitude nord, soit un total de 625 lieues du nord au sud ; et en y comprenant la Pologne, son étendue, de l'est à l'ouest, est sensiblement égale.

Elle est bornée, au nord, par l'océan Glacial, sur lequel s'ouvre, mais seulement six mois de l'année seulement, à cause des glaces polaires, le magnifique port d'Arkhangel, et, au nord-ouest, par la mer Baltique, sur lequel elle possède un autre port de premier ordre au point de vue commercial, celui de Riga ; mais les vaisseaux y sont quelquefois bloqués pendant six semaines en hiver. La mer Baltique a, d'ailleurs, cet inconvénient, que, pour entrer et sortir, il faut traverser le passage étroit du Sund, entre la grande île danoise de Seeland et la côte de Suède. Il est vrai que l'empereur de Russie s'est concilié le bon vouloir du portier de la Baltique en épousant sa fille, et qu'ainsi le passage se trouve ouvert aux flottes russes.

Au sud, la Russie borde une grande partie de la mer Noire, que les anciens appelaient par ironie Pont-Euxin, c'est-à-dire la mer Hospitalière. La mer Noire, battue de fréquentes tempêtes, est fermée, elle aussi, par un détroit, les Dardanelles, dont les Russes ne sont pas les maîtres, mais dont la possession les rendra singulièrement puissants au point de vue maritime, et dont, par conséquent, ils chercheront de nouveau, quelque jour, à s'emparer.

Quant à la mer Caspienne, elle n'ouvre à la Russie de communication avec aucune autre partie du globe ; c'est une mer fermée, et, pour ainsi dire, de plaisance.

Les frontières continentales de la Russie, du côté de l'Europe, sont très vagues et indéterminées, à ce point que beaucoup d'Allemands prétendent que les Russes détiennent une forte portion de la patrie allemande. Sur quoi les Russes protestent, au contraire, que c'est l'Allemagne elle-même qui est quelque chose d'hypothétique, ayant été, à certaines périodes de l'histoire, réduite presque à rien, et s'étendant maintenant du Rhin au Niémen.

Les frontières de la Russie d'Europe ne sont pas beaucoup plus marquées du côté de l'est. Il est vrai qu'au dire des géographes, il y a là une chaîne de montagnes. Mais les monts Oural, en réalité, sont bien moins des montagnes qu'une ligne de falaises ayant bordé une ancienne mer intérieure, qui subsiste encore dans ses deux plus profondes dépressions, la mer Caspienne et la mer d'Aral, dont le niveau est plus bas que celui de la Méditerranée. Le fond de cette mer a émergé par l'effet d'un soulèvement lent et continu, comme celui qui s'opère sur certains points des côtes de France. Il existait donc un long chapelet de mers, sinon une mer continue, qui séparait l'Europe de l'Asie, à l'Orient ; et le bon Homère avait raison : le fleuve Océan a bel et bien existé.

Le territoire compris entre ces limites est une pleine immense, qui n'offre, au nord comme au midi, que des reliefs rares et fort peu accentués. Le point culminant de la Russie, situé au fond du plateau de Waldaï, s'élève à 388 mètres au-dessus du niveau de la mer. C'est un relief imperceptible, réparti sur une étendue de plusieurs centaines de lieues ; il en résulte, par mètre, une pente absolument infinitésimale.

Il en résulte, pour les conditions climatériques du pays, des conséquences très importantes. C'est un climat extrême. Les mers, ces grands régularisateurs de la chaleur, sont trop éloignées au nord et au sud pour exercer leur bienfaisante influence. La chaleur est donc très forte en été, et en hiver, le thermomètre descend à 15°, à 25° et même à 30° au-dessous de zéro. D'autre part, les variations de la température amènent des courants d'air extrêmement violents, véritables trombes de vent, qu'aucune barrière n'arrête et qui dévastent tout sur leur passage. Une légende populaire russe décrit ainsi ce phénomène : Une espèce de méchante fée, la Yaga-Baba, poursuit à travers l'interminable plaine une jeune fille, qu'elle hait et dont elle veut la mort. La jeune fille jette son voile derrière elle : un grand fleuve alors s'étale entre elle et la Yaga-Baba, mais celle-ci en boit les eaux en quelques minutes. Sur le point d'être atteinte, la jeune fille alors jette son peigne : cette fois, une immense forêt se dresse entre elle et son ennemie, qui doit renoncer à la poursuivre.

C'est bien l'image du climat de la Russie ; les vents impétueux ne sont point arrêtés par les eaux, qu'ils dessèchent au contraire ; mais une épaisse forêt est pour eux un obstacle impénétrable.

La Russie présente, au point de vue hydrologique, une très grande régularité. Le plateau de Waldaï paraît être le centre d'où s'échappent les eaux. Dans la direction du nord, un chapelet de marais conduit au lac Ilmen, suivi, un peu plus au nord-est, par le lac Onéga, qui s'écoule par le Svir, comme le lac Ilmen par le Volhow, dans le lac Ladoga, d'où sort, pour se jeter dans le golfe de Finlande, la formidable Néva, à l'embouchure de laquelle les marins russes et français se sont rencontrés, il y a quelques jours, dans une fraternelle étreinte. (Applaudissements.)

A l'ouest, la puissante Duna, après de capricieux détours, se jette dans le golfe de Riga, où elle a permis la création de ce grand port. Le conférencier éprouve quelque orgueil à nommer cette ville de Riga, où se trouve un pont métallique qui est une des merveilles de la Russie et qui sort des ateliers de Fives-Lille.

Un autre fleuve prend la direction du sud, c'est le Dniéper, dont l'énorme masse liquide traverse et draine les grands marais où vint un jour s'enliser Charles XII ; le Dniéper, qui vaut deux fois le Rhône, et au bord duquel s'élève une des villes qui tiennent le plus au cœur de la Russie, Kiew, où fut apporté d'abord le christianisme. Wladimir, le premier tzar, qui adopta la foi chrétienne, la choisit, dit-on, pour une raison assez curieuse. Sollicité en même temps par des missionnaires musulmans et par saint Cyrille, il s'avisa de demander aux premiers si l'on boirait du vin dans le paradis de Mahomet ; et, sur leur réponse négative, il se fit chrétien. Ainsi, de petites causes amènent quelquefois de grands effets.

Enfin, le plus beau et le plus puissant fleuve de la Russie, descendu également du plateau de Waldaï, où il sort des marais de Wolgo, décrit dans son cours une sorte de vaste Z : c'est le Volga, ou plutôt la Volga, qui se dirige d'abord de l'ouest à l'est et traverse plusieurs villes importantes, notamment la fameuse Nijni-Novgorod, où se tient annuellement une foire remarquable par la réunion de marchands et l'accumulation de marchandises provenant des pays les plus divers. Puis le fleuve, ayant reçu sur sa rive droite une rivière plus considérable, l'Oka, grossie elle-même de la Moskwa, arrose la ville de Kazan, et, s'infléchissant vers le sud, reçoit encore, sur sa rive gauche, un important cours d'eau, la Kama, venue des monts Ourals, et qui est elle-même, par une profonde dépression de terrain, en communication directe et facile avec une rivière sibérienne, qui se déverse dans l'Obi. Ainsi la Volga, par l'Oka, qui touche presque aux frontières occidentales de l'empire, et par la Kama, forme une route d'eau presque ininterrompue, rattachant l'Europe à l'Asie. A la hauteur de Kazan, le fleuve coule presque du nord au sud, et, fait assez curieux, s'éloigne peu à peu de cette ville, qui était autrefois sur la rive, et s'en trouve maintenant à deux kilomètres. Ce phénomène de déplacement tiendrait, d'après une théorie scientifique acceptable, au mouvement de rotation de la terre, mouvement plus étendu à l'équateur qu'aux pôles. Un cours d'eau partant du côté du pôle, et animé d'une vitesse initiale peu considérable, rencontre, à mesure qu'il descend vers l'équateur, des terrains animés d'un mouvement plus rapide ; l'eau ne suit pas ce mouvement, parce que les fluides n'ont pas la même cohésion que les solides ; elle reste pour ainsi dire en retard et finit par se déplacer en rongeant continuellement la rive occidentale, qui surplombe d'environ 60 mètres la rive orientale. Sur celle-ci, on trouve la steppe, vaste étendue d'herbes qui prolonge le continent asiatique jusqu'aux bords de la Volga ; mais, de l'autre côté, du haut de cette falaise de 60 mètres, toujours rongée par le fleuve, de gros blocs se détachent sans cesse, et il se produit des éboulements qui entrainent des villages entiers. Il y a quelques années, près de la ville de Simbrisk, la moitié d'un cimetière fut ainsi précipitée dans le fleuve et emportée par les eaux.

Après avoir traité de l'orologie et de l'hydrologie de la Russie, le conférencier tient à dire quelques mots de la nature du sol et de ses productions. Dans le gouvernement qui avoisine la mer Blanche, le sol est couvert de marécages bourbeux, à moins qu'ils ne soient complètement gelés : c'est la continuation des *toundras* de la Sibérie.

Plus au sud, on trouve la région forestière. La Russie a les plus belles forêts de l'Europe ; elle a même, dans ses gouvernements du Nord, de véritables forêts vierges. On y rencontre toute une faune inconnue des chasseurs occidentaux, l'ours, l'aurochs, l'élan, et nombre d'autres espèces qui ont disparu depuis longtemps des pays déboisés. Le sol des forêts défrichées est extrêmement favorable à la culture du lin, dont on exporte en France des quantités considérables par le port de Dunkerque, et à celles de l'avoine et du seigle. Ces cultures sont pratiquées au nord de la ligne idéale qui s'étend de Riga à Kazan. Au sud de cette ligne, sur le plateau délimité par la Volga, existe une terre extrêmement meuble, noire, que les Russes appellent *Tchernozème*. Cette région, qu'on pourrait appeler la Russie noire, a été, de temps immémorial, occupée par des peuples nomades et pasteurs, comme les Scythes d'Hérodote, et plus tard les Cosaques, qui ne se livraient à aucune culture. Chaque année, pendant des siècles, les herbes ont pourri sur place, et ont fini par former une sorte de terreau de plusieurs mètres d'épaisseur. Ce sont ces terres qui, sans presque demander de travail, fournissent en abondance ces blés de Russie qui, embarqués à Odessa, viennent faire concurrence aux blés français, et se vendent à si bon marché qu'il a fallu les frapper de droits d'entrée pour rétablir un peu l'équilibre.

Au sud de cette zone, depuis Kiew jusqu'à Tzaritzine, s'étend la steppe poudreuse sur laquelle la charrue du paysan russe mord davantage de jour en jour. Dans cette région on cultive la vigne, surtout en Crimée, où le vin est d'assez bonne qualité pour que le tzar en réserve une grande partie pour sa propre table.

Après la terre, il faut parler des hommes.

La société russe est à la fois très primitive et très moderne. Elle est primitive par le principe patriarcal qui la domine : c'est l'autorité du chef de la famille et celle du chef de l'Etat à qui l'on obéit, non pas à raison d'une fiction constitutionnelle, qui le ferait considérer, ainsi que dans les pays occidentaux, comme le représentant de la loi et de la patrie, mais parce qu'on le regarde comme le père de tous ses sujets. Les Russes — le peuple, bien entendu — aiment leur tzar et lui obéissent bien plus comme à un père que comme à un souverain. Ce sentiment patriarcal est surtout vivace chez le paysan et l'ouvrier russes, qu'on appelle *les moujiks*, dont la simplicité s'affine peu à peu au contact de l'Europe, mais par une transformation extrêmement lente.

Pour montrer quelle est la puissance sur les moujiks, de ce principe patriarcal, le conférencier rappelle l'émeute qui éclata à Saint-Pétersbourg, en 1825, lorsque Nicolas Ier fut appelé au trône, sur le refus de son frère Constantin ; Nicolas monta dans une petite voiture attelée de deux magnifiques chevaux noirs, se lança au milieu de la foule et prononça ces seuls mots : *A genoux, canaille !* Et la foule se mit à genoux. Pour les quelques régiments qui s'étaient soulevés, il fallut une ou deux volées de mitraille. Ce qui donne une idée de la simplicité de ces pauvres gens, c'est que, s'étant révoltés au cri de : *Vive Constantin ! Vive la Constitution !* ils croyaient que la Constitution était la femme de Constantin.

D'autre part, la Russie a adopté les mœurs et les usages de la France très vite, peut-être même un peu trop vite ; il en résulte parfois d'étonnants contrastes. Ainsi, dans un récent ouvrage sur la Russie, M. Paul Leroy-Beaulieu, qui a fait dans ce pays un long séjour, raconte que, visitant une de ces familles de vieille souche qui se transforment tout doucement en Européens, on lui montra une chambre à coucher magnifique, et dans cette chambre à coucher un lit d'une richesse inouïe, orné d'un couvre-pied de dentelles valant plusieurs milliers de francs. « Osez-vous bien coucher dans un pareil lit? demanda, en riant, le Français au maître de la maison. — Moi? répondit l'autre tout étonné ; oh non ! je dors dessous ! »

Voilà comment, parfois, les Russes entrent dans la civilisation moderne.

L'aristocratie russe apprécie très bien le luxe et le confort de la vie occidentale, ainsi que les modes de cuisine et les vins de la France. Entre cette aristocratie, très raffinée, et la masse populaire, encore un peu fruste, se place le clergé, très intéressant à étudier, et divisé en deux classes principales : le clergé noir et le clergé blanc.

Le clergé noir comprend les moines et les hauts dignitaires de l'Église. Le célibat leur est imposé ; ils ne mangent point de viande, sauf en cas de maladie. Au-dessus des moines et des simples prêtres sont placés hiérarchiquement l'archimandrite et le métropolite. Il existait, autrefois, un patriarche ; mais cette dignité a été abolie, en 1720, par Pierre-le-Grand, qui trouva expédient de se déclarer le chef spirituel de ses sujets en même temps que leur maître temporel.

Le clergé blanc, celui qui touche de plus près au peuple, se compose de prêtres de paroisses ; ils sont mariés, et souvent, outre leurs fonctions sacerdotales, ils exercent quelque petit négoce. Les méchantes langues prétendent même que le commerce qu'ils préfèrent est celui des liqueurs, et qu'ils sont eux-mêmes leurs meilleurs clients. Le conférencier se hâte de déclarer qu'il ne parle pas ainsi de son chef, mais d'après des Russes, et, notamment, d'après le poète irrévérencieux qui avait fait pour un prêtre l'épitaphe suivante : « *Passant, dans ce cimetière il y a une tombe ; dans cette tombe il y a un cercueil ; dans ce cercueil il y a un pope, et dans ce pope il y a de l'eau-de-vie !* »

En dépit de ces malices, le Russe est extrêmement religieux. Plusieurs fois par jour, en rentrant chez lui, il se prosterne devant les images saintes ou *icônes,* accrochés à un mur. Jamais le moujik ne passe devant saint Isaac ou saint Basile sans faire de nombreux signes de croix. Sa dévotion se traduit, dans les églises, par une gymnastique : il se frappe la poitrine à grands coups de poing, s'agenouille, s'étend sur la terre et la baise, quelque souillée qu'elle puisse être, et cette ferveur, peut-être un peu superficielle, n'en est pas moins très sincère.

Bien que la Russie soit une puissance relativement moderne, elle a des origines fort anciennes. Moscou est le centre du pays ; là, se succédèrent de nombreux grands-ducs, qui prirent plus tard le nom de tzars, qu'on devrait écrire czars. C'est, en effet, la corruption du mot grec *kaisar*, qui signifie césar ou empereur ; ils en avaient hérité des empereurs de Constantinople, à l'époque où la religion grecque, chassée par les Turcs, sembla se réfugier en Moscovie. Aussi Pierre-le-Grand, — à qui on a prêté un testament qu'il n'a point fait, — avait-il coutume de dire que le flambeau de la civilisation, porté de Constantinople à Moscou, devait être reporté à Constantinople et y briller de nouveau, à la condition, bien entendu, que ce fût entre les mains des tzars.

Un des princes les plus connus parmi les tzars de Moscovie, fut Ivan IV, le Terrible, qui exterminait les boyards ou gentilshommes en masse, sauf à faire dire ensuite des prières à leur intention pour leur assurer la vie éternelle, montrant par là quelque ressemblance avec notre roi Louis XI. Ce despote eut de faibles successeurs, dont le dernier fut un enfant, qui disparut. Alors s'ouvrit pour la Russie une ère d'anarchie et de discordes ; à la guerre civile, vinrent s'ajouter les invasions des Polonais et des Cosaques. Les boyards oublièrent la patrie pour ne songer qu'à leurs intérêts particuliers. Beaucoup se rallièrent à Ladislas, roi de Pologne, qui entra à Moscou et put se croire, un instant, maître de toute la Russie. La situation y était semblable à celle de la France après la guerre de Cent ans ; mais, là aussi, ce fut le peuple qui se réveilla. Le patriotisme français eut son incarnation dans une bergère, Jeanne d'Arc ; le patriotisme russe eut la sienne dans un simple artisan, le boucher Minine, de Novgorod, qui, de concert avec un noble resté fidèle à son devoir, le prince Dimitri Pojarski, fit appel à toutes les forces vives de la nation et parvint à chasser l'étranger. On voulut nommer Minine empereur ; il refusa et présenta lui-même aux suffrages de la nation un membre de l'ancienne famille régnante, Michel Romanow, âgé de 13 ans, que les Polonais cherchèrent aussitôt à enlever, et qui fut sauvé de leurs mains par le dévouement généreux d'un simple paysan. C'est le sujet du bel opéra écrit par le compositeur russe Glinka : *La Vie pour le tzar*.

Un des descendants de Michel Romanow, Alexis Mikhaïlowitch, laissa deux fils : Féodor, qui mourut très jeune, et Pierre, qui devait porter le surnom de Grand, et qui était né d'un second mariage, accompli dans des conditions très romanesques, entre le tzar et la nièce d'un simple orfèvre de Moscou, Eudoxie Lapoukhine. Pierre avait une sœur aînée, Sophie, qui, avec l'appui de la milice nationale des Strélitz, s'empara de la régence en faisant enfermer dans un couvent la mère du jeune empereur, et régna sous le nom de celui-ci. Pierre, abandonné à lui-même, profita cependant des conseils de ses précepteurs, le Français Lefort, l'Allemand Zimmermann et un brave prêtre qui lui apprit l'histoire de son pays au moyen d'images. C'est ce qu'on appelle aujourd'hui l'enseignement par les yeux ; il n'y a rien de nouveau sous le soleil.

Pierre, qui avait du goût pour les exercices militaires, après avoir réuni pour jouer avec lui aux soldats, tous les polissons de Moscou, en forma une compagnie qui, peu à peu, devint un bataillon et qui fut le noyau du fameux régiment de Préobajensky ; à la tête de cette troupe armée, exercée à l'européenne, il se débarrassa de sa sœur, qu'il relégua dans un couvent, et commença à régner par lui-même. Après avoir figuré incognito, avec le titre de simple secrétaire, dans une ambassade qu'il envoya à Dresde, il se rendit en Hollande où, sous le nom de Peter-Baas, il apprit la navigation et l'art des constructions maritimes ; il passa en Angleterre. S'il ne vint pas en France, c'est qu'il apprit que Louis XIV ne voulait pas le recevoir. Rappelé alors en Russie par la révolte des Strélitz, il l'étouffa par une répression terrible, puis se donna tout entier à l'œuvre de la régénération de la Russie.

Il avait trouvé un pays asiatique par les institutions et les mœurs aussi bien que par le costume ; il entreprit de réformer complètement tout cela. Ce qui lui donna le plus de peine, ce fut de faire renoncer ses sujets à leurs longues barbes ; il y parvint cependant, en frappant tout porteur de barbe d'un impôt de 100 roubles. Il fit aussi une révolution dans la condition des femmes, qui vivaient auparavant cloîtrées dans le *térem* ou gynécée et ne pouvaient sortir que voilées. Il voulut que, désormais, elles s'habillassent à l'européenne et parussent en public. En somme, il fit entrer de force la Russie dans un moule européen ; mais il accomplit ses réformes trop vite, et le moule qu'il choisit n'était pas le meilleur ; il voulut ôter aux Russes leur caractère propre et les transformer en Allemands.

Pierre-le-Grand ne fut pas un modèle de moralité. On n'aurait certes pas pu mettre sur sa tombe : *Il fut bon père et bon époux.*

En effet, après avoir répudié et enfermé sa femme, il fut soupçonné d'avoir fait périr son fils, et vécut publiquement, pendant longtemps, avec une ancienne servante d'auberge courlandaise, que le sort de la guerre avait fait tomber entre les mains du général Menschikow, qui l'avait cédée à son maître : c'était Catherine, dont il fit une impératrice, et qui, d'ailleurs, avait sauvé la Russie en obtenant des Turcs, par d'habiles négociations, un traité avantageux au moment même où Pierre était cerné par leur armée, sur les bords du Pruth.

Sa fille, Elisabeth, avait failli épouser le roi Louis XV ; mais on ne l'avait pas trouvée d'assez bonne maison pour entrer dans la famille des Bourbons Elle n'en conserva pas moins une vive sympathie pour la France, dont elle fut la fidèle alliée pendant la guerre de Sept ans, grâce à l'influence qu'exerçait sur elle l'ambassadeur La Chélardie, sur qui elle avait reporté une partie des sentiments que Louis XV lui avait autrefois inspirés.

Son neveu, Pierre III, grand admirateur du roi Frédéric de Prusse, ne voulut que des Prussiens autour de lui et mécontenta si bien ses sujets, qu'il se produisit une révolution. Ce fut sa propre femme, une princesse de Holstein, qui le détrôna et se fit proclamer impératrice : deux jours après, il mourait de coliques néphrétiques.

Catherine II continua l'œuvre de Pierre-le-Grand, qui avait ouvert à la Russie une fenêtre sur l'Europe en créant Saint-Pétersbourg. Elle conquit les bords de la mer Noire, et, bien qu'Allemande d'origine, fit preuve de sentiments véritablement russes. Cependant son règne, comme celui de ses prédécesseurs, ne fut encore qu'une transition entre l'ancienne barbarie contemporaine de Louis XIV et la civilisation moderne. Il faut arriver à l'époque de Napoléon Ier pour voir la Russie retrouver, en quelque sorte, la moralité, sous le règne d'Alexandre Ier.

Ce souverain triompha, en 1812, de l'invasion française ; mais cette invasion même contribua, presque autant que les efforts du souverain, à régénérer la Russie en lui donnant conscience d'elle-même. Elle devait lui rendre encore le même service, de 1853 à 1856. La présence de l'étranger sur le sol de la patrie a électrisé les Russes ; ils se sont senti les coudes et la nationalité russe a pris, en quelque sorte, un nouvel essor.

La pensée russe, délivrée de sa carapace allemande, s'est précisée et affirmée davantage encore sous le règne d'Alexandre II, qui guérit la plaie du servage. Le paysan russe est maintenant tout aussi libre que le paysan français ; il est même, jusqu'à un certain point, propriétaire, par indivis, de la terre qu'il cultive et que la commune répartit par lots entre les chefs de famille, au prorata des besoins de chacun.

Après ces réformes, inaugurées par son père, Alexandre II, le tzar actuel a trouvé son peuple préparé à rompre avec la tradition de Pierre-le-Grand, c'est-à-dire avec le germanisme. Grâce à ces réformes, la Russie a acquis une puissance considérable. Le service militaire obligatoire, corollaire indispensable de l'émancipation, lui permettra de mettre sur pied, au jour du danger, quatre millions de soldats. Mais cette armée est propre surtout à la défensive. A côté d'une cavalerie incomparable, elle comprend un corps d'artillerie qui se perfectionne tous les jours et qui demande à l'industrie française ses canons de nouveaux modèles. Enfin, une infanterie très solide, très brave, mais relativement peu exercée.

La Russie est donc surtout organisée pour la défensive. Ainsi, à la première station du chemin de fer de Berlin à Moscou, qu'on rencontre sur son territoire, il faut descendre de wagon. L'écartement des rails est beaucoup plus grand sur la voie russe que sur la voie allemande ; et, en cas de guerre, tout le matériel russe se retirerait dans l'intérieur et le matériel allemand ne pourrait pas avancer. Les Allemands devraient s'enfoncer dans les provinces Baltiques, où les villes sont très espacées, les routes rares et peu fréquentées, et où l'on n'élève qu'une race de chevaux très petite, ce qui fait que les portes des écuries sont extrêmement basses, condition bien défavorable pour loger les grands chevaux des Allemands. Toute une série de précautions ont été prises contre une invasion de ce côté.

Quand on parle de la Russie, ajoute M. Merchier, il est impossible de ne point se transporter, par la pensée, à Moscou, la ville sainte des Russes. Il décrit, à traits rapides, le slawanski-bazar, qui n'a d'un bazar que le nom, où se trouvent de luxueux restaurants ; les traktirs, plus modestes, où le repas qu'on vous sert est accompagné de torrents d'harmonie versés par des orgues gigantesques ; la place Rouge, où s'élève le monument consacré au prince Pojarski ; la fameuse porte du Sauveur, qui donne accès au Kremlin, avec son image miraculeuse, devant laquelle chacun doit se découvrir. Une anecdote locale prétend que, Napoléon Ier ayant négligé cet acte de déférence, un furieux coup de vent s'engouffra sous la porte et lui enleva le petit chapeau légendaire.

Le conférencier conduit ensuite ses auditeurs au petit palais qu'affectionnait Nicolas Ier, qui fut, lui aussi, un des régénérateurs de la Russie, puis au pied de la tour d'Ivan Véliki, haute de 178 mètres, et devant la cloche fameuse qui, en 1735, se détacha du sommet de cette tour et qu'on nomme *Tzar kolokol*, c'est-à-dire la reine des cloches ; à la chapelle, où sont offertes à la vénération des fidèles des reliques de toutes sortes, venues autrefois de Constantinople, et dont il est déjà question dans la vieille chronique de Novgorod ; au grand palais, où l'on admire la salle Saint-Georges, la salle Saint-Alexandre, la salle du Trône ; au musée de faïence, au musée d'orfèvrerie ; à l'arsenal, et enfin au Térem, ou palais des anciens tzars, qui conserve la physionomie de la vieille Russie. Devant les casernes, on voit toute une rangée de canons, parmi lesquels il en est un de dimensions colossales qu'on appelle *Tzar pouschka*, le roi des canons ; il n'a jamais servi parce qu'on a craint qu'il n'éclatât, ce qui a fait dire à un mauvais plaisant, nommé Herzen, que Moscou était surtout remarquable par deux choses : une cloche qui ne sonne pas, et un canon qui ne part pas. Au sortir du Kremlin, on se rend à l'Exposition française, établie dans une vaste rotonde que le tzar Alexandre III a bien voulu ouvrir aux produits français, afin de leur permettre de se faire mieux connaître et apprécier en Russie. Là, on retrouve la France, toujours rieuse et gaie, cherchant à se faire aimer du peuple russe. L'orateur espère qu'elle y a réussi. Pour sa part, il est heureux de voir dans la salle même où il parle, le pavillon russe flotter au-dessus des têtes d'un amiral et d'un colonel français. Il est certain que les sympathies qui se sont récemment manifestées seront solides et durables, que les mains françaises et russes pourront toujours se rejoindre, fallut-il, pour renouveler cette étreinte cordiale, traverser dans toute sa longueur la plaine allemande ! (Bruyants applaudissements. — *Vive la Russie !*)

M. LE PRÉSIDENT croit inutile de féliciter l'honorable conférencier pour le talent dont il vient de faire preuve. Ses auditeurs lui ont suffisamment montré, par leurs applaudissements, que le charme de sa parole, son érudition, la verve de son esprit et surtout les sentiments patriotiques qu'il a si bien exprimés étaient appréciés à leur valeur et laisseraient après eux un souvenir ineffaçable. (Nouveaux applaudissements.)

M. le Président ajoute que, le Congrès touchant à sa fin, il croit devoir adresser, au nom de tous ses confrères des Sociétés de géographie, un témoignage de gratitude aux membres de la Société de géographie de Rochefort et à son Président, l'honorable amiral Juin, pour leur courtoisie et leurs prévenances hospitalières. (Applaudissements.)

M. l'amiral JUIN déclare que les remerciements qui viennent de lui être adressés lui sont extrêmement précieux. Quant à lui personnellement, il n'aurait pu faire que peu de chose, sans le concours de M. le Secrétaire général et de ses collaborateurs. Mais la Société de géographie et la Ville de Rochefort doivent, à leur tour, de la reconnaissance aux membres des autres Sociétés, dont la science et le zèle ont assuré le succès de ce Congrès national. Désormais, quand on parlera du XIIe Congrès de géographie, on parlera aussi de Rochefort, de son arsenal, de son port, de sa magnifique rivière et de la population patriote qui l'habite. M. l'amiral, en disant adieu aux membres du Congrès, éprouve le même sentiment que le marin qui s'éloigne de ses amis ; il espère, du moins, qu'ils garderont un bon souvenir des habitants de Rochefort ; ceux-ci, de leur côté, ne les oublieront pas. (Applaudissements prolongés.)

La séance est levée à dix heures et quart.

RÉCEPTIONS ET EXCURSIONS

RÉCEPTION A L'HOTEL-DE-VILLE

La municipalité de Rochefort avait mis tous ses soins à préparer aux membres du Congrès un accueil empressé. Quelques jours avant son ouverture, on lisait déjà sur les murs de la ville l'affiche suivante :

MAIRIE DE ROCHEFORT

CONGRÈS NATIONAL DES SOCIÉTÉS DE GÉOGRAPHIE

Chers concitoyens,

Le Congrès annuel des Sociétés de géographie de France se tiendra à Rochefort, du 3 au 9 août prochain.

La Municipalité s'apprête à recevoir dignement les savants qui vont nous honorer de leur visite et étudier avec nous, en dehors des choses scientifiques générales, des questions qui intéressent au plus haut point la Ville et l'Arsenal, notamment l'approfondissement de la Charente.

L'Administration municipale espère donc que les habitants voudront bien se joindre à elle, pour fêter les hôtes illustres qui séjourneront quelque temps parmi eux, et elle les invite à pavoiser et à illuminer leurs maisons, le 3 août, jour de l'ouverture du Congrès.

A cette occasion, l'Hôtel-de-Ville et la place Colbert seront illuminés, et la Musique municipale se fera entendre de 8 heures 1/2 à 9 heures 1/2.

A l'Hôtel-de-Ville de Rochefort, le 31 juillet 1891.

Le Maire, E. BRAUD.

Le 3 août, à huit heures et demie du soir, pendant que la musique municipale se faisait entendre sur la place Colbert, un punch a été offert aux membres du Congrès, dans une des salles de l'Hôtel-de-Ville. Le champagne et les paroles ont coulé à flots. De nombreux toasts, en effet, ont été portés. C'est d'abord M. Braud, qui a porté la santé de M. le président de la République, des délégués des ministres, du président et des membres du Congrès. Le député de Rochefort a annoncé, en même temps, que M. Grimanelli, préfet de la Charente-Inférieure, l'avait chargé de l'excuser de n'avoir pu, à son grand regret, se rendre à cette fête.

M. Liégey, sous-préfet, après avoir félicité M. Braud d'avoir bu à la santé de M. le président de la République, et s'être associé à ses paroles, a, en termes vibrants de patriotisme, porté un toast à l'armée de terre et à la marine nationale.

M. Milne-Ewards, président du Congrès, a pris à son tour la parole et a commencé par rappeler la réception chaleureuse, comme celle d'aujourd'hui, qui lui fut faite lorsque, il y a huit ans, en compagnie d'autres géographes, il vint s'embarquer à Rochefort, à bord du *Travailleur*, pour aller explorer le fond des mers. Puis il a, en quelques mots, montré la nécessité de multiplier les Sociétés de géographie et porté la santé des marins, auprès desquels il a toujours trouvé un accueil aussi sympathique qu'empressé, et qui sont tous géographes, tandis que les géographes ne sont pas tous marins.

M. l'amiral Ribell, préfet maritime, a répondu que la marine ne refusait jamais d'aider les savants dans leurs recherches et a levé son verre à la prospérité de la ville de Rochefort, cette vaillante cité qui lutte pour faire de son port ce qu'il doit être par sa situation géographique, un port de premier ordre.

M. Isaac, sénateur de la Guadeloupe, a remercié, lui aussi, la municipalité de la façon charmante avec laquelle elle a reçu les membres du Congrès, et a exprimé l'espoir que les travaux de celui-ci seraient utiles à la France tout entière, et, en particulier, à la ville de Rochefort, préoccupée, en ce moment, de la question d'approfondissement de la Charente.

L'orateur a ajouté qu'étant un peu Rochefortais, puisqu'il a passé une partie de sa jeunesse au Collège de Rochefort, les intérêts de cette ville ne lui étaient pas indifférents, et que, au sein de la Commission sénatoriale de la marine, dont il est membre, aussi bien que devant le Sénat, il défendrait le projet de loi relatif à cet approfondissement. Il a terminé en buvant à la prospérité de la ville de Rochefort.

M. Gauthiot, président de la Société de géographie de Paris, délégué du ministère de l'instruction publique, nous a fait connaître la mission dont il est chargé et nous a appris, en même temps, qu'il était le promoteur, l'inspirateur, des congrès de géographie en France. C'est lui qui, après entente avec le savant et zélé secrétaire général de la Société de géographie de Rochefort, M. le docteur Bourru, et avec son dévoué président, M. l'amiral Juin, a donné l'idée de réunir, cette année, dans notre ville, les délégués des Sociétés de géographie de France. M. Gauthiot a rappelé les critiques dont, au début, ont été l'objet ces congrès. On a dit qu'ils étaient prétexte à parties de plaisir et qu'ils n'étaient d'aucune utilité pour la science. L'orateur a déclaré que cela n'était pas exact et que ses collègues et lui étaient venus ici pour étudier les besoins de la région au point de vue géographique.

M. Gauthiot a terminé en levant son verre au développement de la Société de géographie de Rochefort et à la santé de son président.

M. l'amiral Juin a remercié M. Gauthiot et invité l'assemblée à boire à la santé des délégués.

M. Merchier, délégué de la Société de géographie de Lille, avec la verve d'un Méridional, est venu alors dire l'enthousiasme avec lequel a été accueilli le capitaine Trivier, lors de la conférence qu'il a faite dans cette ville, il y a deux ans, et a porté un toast au vaillant explorateur du Continent noir.

Pour terminer la série des toasts, M. le Maire a porté la santé de M. de Mahy, président de la Commission des 33, vice-président de la Chambre, très dévoué au port de Rochefort, et qui regrette vivement que ses occupations ne lui aient pas permis de venir prendre part aux travaux du Congrès.

Tous ces toasts ont été couverts d'applaudissements, et il était onze heures quand on s'est séparé.

EXCURSIONS

I

Excursion à La Pallice et à La Rochelle

Rendez-vous avait été pris à la porte principale de l'Arsenal, à six heures du matin ; à six heures vingt-cinq, par une jolie brise d'Ouest, le temps un peu orageux, la canonnière de l'Etat le *Boyard*, prêtée par M. le préfet maritime, amiral Ribell, et l'*Archimède*, aussi obligeamment prêté par l'administration des ponts-et-chaussées, larguaient leurs amarres, emportant cinquante-cinq membres du Congrès, joyeux et allègres, parmi lesquels quelques dames. Le jusant se fait déjà sentir ; mais la Charente coule à pleins bords, et, du haut de la passerelle, dominant les plantureux paysages qui s'étalent sur les rives, les bateaux à vapeur défilent, rapides, le long des navires, des cales et des quais du port militaire, bruyants et déjà en pleine activité. Plus loin, ce sont : *Martrou*, aux abords tout encombrés des roches extraites du lit du fleuve pour le dérasement des seuils ; *Soubise*, le *Vergeroux*, *Lupin*, etc. Entre *Fouras* et l'*île Madame*, les excursionnistes débouchent dans l'Océan. Cette entrée en mer est superbe ; les rades splendides et bien closes sont admirées par tous, et les membres rochefortais du Congrès racontent par le détail cette lamentable affaire des Brûlots, qui nous coûta, en 1809, la perte d'une flotte sur ces lieux mêmes.

Avançant toujours, les deux excellents petits vapeurs s'éloignent un instant de la côte, et, à l'ouvert du pertuis d'Antioche, une légère houle se fait sentir.

Les membres du Congrès sont arrivés, à neuf heures, à La Pallice, où ils ont été reçus par M. Delmas, maire et député de La Rochelle, entouré de MM. Couneau, un de ses adjoints ; Gougnart, adjoint de Laleu ; Beltrémieux, président de l'Académie de La Rochelle ; les ingénieurs Drouet et Coustolle ; Musset, qui a remis à chacun des excursionnistes un exemplaire de son travail, intitulé : *La Rochelle et ses environs*, et illustré par M. Couneau.

Les compliments de bienvenue et les remerciements échangés, les congressistes visitent en détail les beaux bassins de La Pallice, malheureusement vides de navires à ce moment, puis se rendent, par le chemin de fer, à La Rochelle, où les attend le déjeuner, commandé à l'avance.

A l'issue de ce déjeuner, la municipalité leur a offert le café à l'Hôtel-de-Ville. Le beau monument a été admiré comme il convient, et les invités de La Rochelle étant réunis dans le grand salon des Fêtes, des toasts ont été portés.

Le Président de la Société de géographie de Rochefort, l'amiral Juin, a remercié les représentants de La Rochelle de l'accueil cordial fait aux membres du Congrès et a porté la santé de M. Delmas, qui sait si bien défendre les intérêts de ses mandants.

M. Delmas a répondu qu'une partie des éloges qui lui étaient adressés revenaient à ses collaborateurs, les conseillers municipaux, qui l'ont puissamment aidé dans tout ce qu'il a entrepris pour sa cité, et que Rochefort et La Rochelle devaient être deux villes sœurs. Il a ajouté ensuite qu'il était de tout cœur, non-seulement pour le maintien du port de Rochefort, mais encore pour son développement, parce qu'il doit être la sentinelle vigilante des côtes de l'Ouest. M. le Maire de La Rochelle a terminé en disant que la ville de Rochefort pouvait compter sur lui pour sauvegarder ses intérêts maritimes.

M. Grimanelli, préfet de la Charente-Inférieure, prenant à son tour la parole, a exprimé le regret de n'avoir pu assister à la séance d'ouverture du Congrès et souhaité la bienvenue aux délégués, qui ont su répandre le goût de la géographie et dont les travaux ne peuvent qu'être profitables au pays, tant au point de vue scientifique qu'au point de vue commercial. M. le Préfet a terminé en buvant à la prospérité des Sociétés de géographie.

M. Gauthiot, au nom des délégués, a remercié la municipalité de la cordialité avec laquelle elle a reçu les membres du Congrès.

Après une visite extrêmement intéressante de l'Hôtel-de-Ville, — un bijou, — du Musée et de la Bibliothèque, sous la conduite de M. Delmas et de ses collaborateurs, aussi aimables que savants, les excursionnistes se sont dispersés par la ville, désireux de voir de plus près et en détail, cette cité à la physionomie si originale, et qui a su, avec un soin et un bon goût frappants, garder les plus curieux souvenirs d'un passé dont elle est orgueilleuse à juste titre. Le beau livre de MM. Musset et Couneau à la main, ils ont visité la tour Saint-Nicolas, dont la chaîne fermait le goulet du port, au moyen-âge, chaîne encore conservée au Musée, et dont Rabelais « a con-« servé plaisamment le souvenir en narrant que c'était l'une d'elles « qui servait à lier Pantagruel enfant ; » (1) la tour de la Lanterne, la Grosse-Horloge, etc., etc.

Le retour à Rochefort s'est effectué par chemin de fer ou par mer, au gré de chacun. Beaucoup de congressistes ont voulu, au prix d'un moment de mal de mer, jeter encore un coup-d'œil sur la splendide rade de l'île d'Aix et examiner l'embouchure de cette Charente, qu'il serait si facile, à peu de frais, comme l'a si bien démontré M. Courcelle-Seneuil, de rendre accessible aux navires du plus fort tirant d'eau.

En remontant le fleuve, ils ont pu, d'ailleurs, se convaincre de l'importance du mouvement commercial du port de Rochefort, par la rencontre qu'ils ont faite de trois beaux steamers étrangers, de fort tonnage.

A six heures du soir, les congressistes rentraient en ville, pour assister à la conférence du soir, dans la grande salle de la Bourse.

II

Excursion à Royan, par Soubise, Brouage, Marennes, la Seudre, La Tremblade, la forêt d'Arvert, les dunes, le pertuis de Maumusson, Saint-Palais et Pontaillac.

Faisant suite à une première promenade, de Rochefort à La Rochelle et à La Pallice, par la Charente et les rades, cette deuxième excursion a complété la visite de cette partie si intéressante du littoral de l'Océan, aux sites variés, et qui, sous la protection d'un rempart d'îles magnifiques, se découpe en une succession de promontoires abritant les meilleures rades du golfe de Gascogne et une trentaine de ports aussi sûrs que d'un accès facile.

---

(1) G. Musset, *La Rochelle et ses ports*, p. 39.

Pour la plus grande commodité des excursionnistes, le Comité de la Société de géographie de Rochefort avait jugé utile de réunir en une plaquette, les indications essentielles touchant l'itinéraire à parcourir, et quelques renseignements sur les principales localités qu'il traverse. Par cette simple notice, le Comité a voulu ajouter au plaisir des yeux une collection de souvenirs et d'indications qui éveilleront peut-être l'attention des chercheurs et qui, en tout cas, ne pouvaient qu'ajouter à l'intérêt de la promenade.

Le départ s'est effectué à six heures du matin, au moyen de grands breaks couverts, de la maison Mémain.

Sortis de Rochefort par la porte de La Rochelle et ayant traversé les cours d'Ablois et Roy-Bry, aux extrémités desquels s'aperçoivent le splendide Hôpital de la marine, d'une part, et, d'autre part, la Vieille-Paroisse, ancien prêche des seigneurs de Rochefort, plus tard affecté au culte catholique sous le vocable de saint Roch, les touristes ont suivi la rue Gambetta, dépassé l'Ecole de dressage et, par la route de Soubise, se sont engagés dans ces plaines de l'Aunis qu'ont formées les atterrissements de la mer. Autrefois marécages malsains, elles sont aujourd'hui endiguées, admirablement drainées et devenues de riches pâturages.

A *Soubise* (3,500 m., 790 h.), on a traversé la Charente au moyen de bacs remorqués par un bateau à vapeur, et l'on a visité la mairie, ancienne maison seigneuriale, où l'on voit encore de curieuses cheminées, des gargouilles et, sur le mur de la cour, un plan en relief de la vieille forteresse, sculpté dans la pierre ; les restes des anciennes fortifications, rasées après les guerres de religion ; des grottes creusées pour l'habitation, aux temps préhistoriques (notamment au hameau des Lauriers) ; des bancs de coquilles fossiles (gryphées-colombes) ; et dans les environs, les dolmens de la Sauzaie et le tumulus celtique d'Irablet.

Sur la gauche de la route on aperçoit *La Rouillasse* (2,500 m.), où se trouvent deux sources minérales (carbonate de fer et chlorure de sodium et de calcium). Au XVIIe et au XVIIIe siècles, ces eaux ont joui d'une grande vogue ; les malades s'y rendaient en grand nombre, et les gens de Rochefort envoyaient leurs enfants en nourrice sur ce plateau salubre.

Arrêt à *Moëze* (437 h.), pour visiter un beau clocher à flèche dentelée, du XVIe siècle, qui sert d'amer aux marins. Après Moëze commence la région des marais-gâts et des marais salants. Dans le cimetière se trouve un curieux monument, de la Renaissance, entouré de colonnes d'ordre corinthien, et supportant une pyramide que surmontait autrefois une croix hosannière. On a beaucoup discuté et l'on discute encore sur l'origine et l'intention de ce monument.

Le Congrès s'est ensuite arrêté à *Brouage* (733 h., y compris Iliers), qui fut autrefois un havre renommé. Au XVIII° siècle, les marées de l'Océan venaient encore baigner ses murailles et remontaient même une lieue plus loin. Fortifiée par Hardouin de Villiers, après la bataille de Moncontour (1569), dans la crainte qu'elle ne retombât au pouvoir des calvinistes, cette ville fut érigée en place forte par le cardinal de Richelieu après le siège de La Rochelle (1628), et l'on y entretint une garnison de cinq à six cents hommes. Le prince de Condé ayant fait, en 1586, couler à l'entrée du havre vingt bâtiments chargés de pierres et de terre, les alluvions ont rapidement comblé le port. — De beaux bastions, revêtus de blocs énormes de pierre de Saint-Sornin, tenus par des crampons de fer, des remparts plantés d'arbres magnifiques, des corps-de-garde, des magasins subsistent encore. On y voit sculptées dans la pierre, les armes royales, unies à celles de Richelieu.

Les poudrières, abandonnées depuis quelques années, sont dignes d'attention. La plus grande et la plus belle a été vendue à un particulier pour un prix minime. C'est un bâtiment, long de soixante mètres, dont le rez-de-chaussée est voûté et soutenu par une rangée de piliers à arêtes se profilant jusqu'aux clefs de voûte. On accède à l'étage supérieur par deux larges escaliers. — Du haut des remparts on voit se dérouler le paysage de l'île d'Oleron, et la vue s'étend jusqu'au fort Boyard.

Très vieille église, dont les dalles portent les noms des personnages qui y reçurent une sépulture, — entre autres, le marquis de Carnavalet, gouverneur de Brouage. Devant l'église se trouve le modeste monument élevé, en 1877, par le Conseil général du département, à la mémoire de Samuel Champlain, fondateur de Québec.

Lors de son excursion à La Rochelle, le Congrès avait décidé qu'au cas où, les dépenses payées, il se trouverait un reliquat, cette somme serait consacrée à l'achat d'une couronne qui serait déposée sur le monument du grand Saintongeois. C'est en exécution de ce vœu que les congressistes se sont groupés autour de la simple colonne. Pendant qu'on y suspendait la couronne et des palmes d'or, parées des couleurs nationales, l'amiral Juin a rappelé, en quelques mots, aux applaudissements des habitants, qui s'étaient joints aux congressistes, la vie et les travaux de notre illustre compatriote. (1)

On lit, sur le ruban tricolore :

A Samuel CHAMPLAIN,

Le XIIe Congrès national des Sociétés de géographie.

Rochefort. — 1891.

Reprenant leur itinéraire, les excursionnistes ont traversé *Hiers* (4 kilom. avant d'arriver à Marennes), où l'on trouve des maisons anciennes, dont quelques-unes sont encore en assez bon état de conservation. L'une d'elles fut habitée par Marie Mancini, nièce de Mazarin, et porte, d'ailleurs, cette inscription : « M. M. 1639. »

Marennes (4,766 h. — Sous-préfecture), où ils n'ont eu que le temps de jeter un rapide coup-d'œil sur le clocher, remarquable par l'élévation (78 m.) et l'élégance de sa flèche, et sur la statue du marquis de Chasseloup-Laubat, ministre de la marine et des colonies sous Napoléon III.

A partir de Marennes, la route traverse les marais salants et les parcs à huîtres qui bordent la Seudre depuis son embouchure jusqu'à l'Éguille ; on longe, à droite, le chenal qui unit la ville au fleuve et, à gauche, les salines et les *claires* s'étendent à perte de vue, se prolongeant jusqu'à La Tremblade.

Enfin, l'on arrive à *La Cayenne* (4 kilom.), un hameau de quel-

---

(1)   Ottawa, le 2 septembre 1891.

Monsieur le Secrétaire,

J'ai été très heureux de recevoir votre lettre du 12 avril, me communiquant la nouvelle que le Congrès des Sociétés françaises de géographie avait désiré rendre un tribut d'hommages à Samuel de Champlain, à Brouage, le 9 août dernier.

Champlain est considéré chez nous, comme le père et le fondateur de la Nouvelle-France. J'ai communiqué votre lettre au Conseil de ville et à la presse, et elle a été d'autant mieux accueillie que les citoyens de Québec sont justement à la veille de réaliser un vœu qui a été bien souvent exprimé, celui d'élever dans la cité un monument digne de celui dont la vieille capitale a toujours vénéré la mémoire et qui est son premier fondateur.

Veuillez, Monsieur le Secrétaire, présenter mes hommages à M. le Président de la Société de géographie de Rochefort, ainsi qu'à vos collègues, et leur faire part de mon sincère attachement.

                                                         J. FRÉMONT,
                                                         Maire de Québec.

ques maisons au bord de la Seudre, dont le magnifique estuaire, large de 100 mètres environ et profond de 10 mètres aux hautes eaux, a jadis abrité les flottes du duc de Beaufort.

La traversée de cette superbe nappe d'eau s'est effectuée par un très beau temps, au moyen des embarcations offertes le plus obligeamment du monde par M. Moritz, commandant de l'aviso-torpilleur le *Bruat*, posté à l'embouchure de la Seudre. Après un quart d'heure de navigation, les congressistes prennent terre à *La Grève*, où se trouve le point terminus de la voie ferrée de Saujon à La Tremblade.

En quittant La Grève, on longe, à droite, des parcs à huîtres, à gauche, le chenal qui mène au port de La Tremblade, après un parcours de 1,650 mètres environ.

A l'entrée de la ville de *La Tremblade* (3.210 h., chef-lieu de canton), le Congrès est reçu par M. Verneuil, maire et conseiller général, entouré des conseillers municipaux, qui, dans une allocution très cordiale et dans les meilleurs termes, lui souhaite la bienvenue, pendant que la musique locale joue la *Marseillaise*. En quelques paroles, l'amiral Juin remercie la municipalité et la ville d'un si bienveillant accueil. Il rappelle que La Tremblade a été, de tout temps, une pépinière de marins vaillants, qu'un enfant de La Tremblade, Forant, fut amiral de Hollande et capitaine de vaisseau français sous Louis XIV. Les fils et les petits-fils n'ont jamais failli à ce sang généreux.

Les compliments échangés, le cortège se met en marche, musique en tête, à travers les rues pavoisées, et se rend à la salle du Théâtre, où l'attend un déjeûner dont on peut dire que la mer a fait presque tous les frais.

Vers une heure, les congressistes remontent dans les breaks et se rendent à *Ronce-les-Bains* (4 kilom. de La Tremblade). C'est une charmante station, dont les chalets et les villas s'alignent au bord d'un lac bleu enchâssé dans une émeraude. En face, l'île d'Oleron, couverte de pins et frangée de sables d'or ; à droite, la pointe et le fort du Chapus ; plus loin, la masse blanchâtre du Château d'Oleron.

A Ronce, on abandonne les breaks pour de légères charrettes à très larges roues, propres à circuler sur le sable fin de la plage ; la plupart préfèrent parcourir à pied les quelques centaines de mètres au bout desquels on atteint le *Galon d'or* (d'aucuns disent le *Galion d'or*), près du pertuis de Maumusson, « qui a toujours l'écume à la bouche et dont le mugissement emplit l'étendue. » On voit s'y produire des bouillonnements effrayants et il s'en dégage comme une vapeur qui le fait comparer à un immense bassin en ébullition.

Au Galon d'or vient aboutir la ligne de tramways que l'administration des forêts met si obligeamment à la disposition des excursionnistes, et sur ses commodes wagonnets l'on peut parcourir la partie la plus belle de son vaste et curieux domaine. De la pointe d'*Arvert* à *Terre-Nègre*, à petite distance de la *Côte sauvage* et pendant un parcours de vingt et quelques kilomètres, il longe cette immense plage, « où l'on marcherait tout un jour ainsi qu'en un désert, entre des montagnes de sable et des montagnes d'eau... Et cette côte tragique se déroule indéfiniment, sans que rien en rompe la monotonie, hormis des navires éventrés arquant leur carcasse comme des squelettes d'animaux gigantesques, autour desquels tournoient des vols lourds d'oiseaux de mer. » (1)

Près de Ronce, et dans les dunes, on rencontre quelques débris de peu d'importance, qui passent pour être tout ce qui reste de la ville d'*Anchoine*, engloutie sous les sables, au moyen-âge.

Laissant le rivage à droite, le tramway forestier s'enfonce immédiatement en pleine forêt et court au milieu des pins, parmi lesquels quelques-uns sont vieux déjà et marqués pour la cognée. Peu après, une bifurcation détache un tronçon qui va vers la *Pointe Espagnole*, pour ne s'arrêter qu'à la maison des gardes, voisine du *Refuge*, à deux pas de la dune littorale, pendant que la voie principale se prolonge vers le Sud. On dépasse ainsi successivement les hauteurs de *Nambroche* et du *Gardour*, cette dernière couronnée d'une tour (82 mètres d'altitude) ; les postes forestiers des *Clônes*, de *Négrevaux*, de la *Passe-Blanche*, et l'on atteint la *Bouverie*, où l'on fait une halte.

La *Bouverie* et le *Pavillon*, centre d'exploitation forestière, constituent presque un village, où demeurent des familles de résiniers et de gardes des forêts ; on y trouve l'habitation des ingénieurs, une école, un restaurant à l'usage des touristes. C'est là que, naguère, se centralisait le service des ensemencements ; un incendie en a détruit dernièrement les magasins, et cela d'autant plus aisément qu'ils étaient couverts en une sorte de roseau des sables, appelé *gourbet*.

---

(1) Victor Billaud, *Royan et ses environs*.

De là, les congressistes ont poussé une pointe jusqu'à la *Côte sauvage*. Pour s'y rendre, ils ont suivi à pied un chemin pratiqué dans les sables, après avoir traversé le *Barrachois*, son jardin potager et ses vignes. On peut aussi aller en wagonnet presque jusqu'à la plage.

Ce *Barrachois* n'est autre chose qu'un lais marécageux, large de 1,200 mètres et long de deux lieues, ancienne baie conquise sur la mer, il n'y a pas plus d'un siècle ; il est asséché par un canal et planté de vignes, de peupliers, d'aulnes, de tamaris, etc.

Remonté sur les wagonnets et poursuivant la voie forestière, on atteint bientôt la pointe de la *Coubre*, laissant à droite et à gauche de hautes dunes de 19, 21, 37, 40 mètres d'altitude. A la pointe, sur un sommet de 26 mètres, au milieu d'un désert de sable semé de débris de naufrages, on trouve le phare, tête de ligne des feux du littoral saintongeois. Un gardien du phare de la Coubre avait, autrefois, pris soin de recueillir les proues des navires naufragés et avait entouré son jardin de bustes qui portaient les noms de Montézuma, Tippo-Saïb, Ohio, Troja et tant d'autres. Dans ces dernières années, on y visitait les coques ensablées du *Devonshire*, de l'*Arctos* et de l'*Antonio*. Non loin se voient encore les terre-pleins et les parapets d'une batterie autrefois baignée par la mer et qui en est séparée aujourd'hui par des dunes ; on a dû y abandonner de vieux canons qui achèvent de s'y rouiller.

A 800 mètres du phare, se trouve un sémaphore dominant la mer de très haut et offrant à l'œil un splendide panorama. Ce sémaphore, chargé de reconnaître les navires qui entrent dans la Gironde, en signale à la Chambre de commerce de Bordeaux, par le fil télégraphique, les noms et la nationalité, en même temps qu'il renseigne la marine sur l'état de la mer.

On y rencontre ensuite :

La maison forestière de *Bonne-Anse*, cachée au milieu d'allées de fusains ;

Les ateliers de l'administration pour l'injection des bois au sulfate de cuivre, et les aires à sécher les semences de pins ;

Le marais de *Bréjat*, constamment menacé par des retours de la mer et dont les digues protectrices furent emportées par la terrible tempête du 28 octobre 1882 ;

La baie de *Bonne-Anse*, qui s'étend de la pointe de la Coubre à la pointe de la *Palmyre* et où se pêche, au printemps, la petite et délicate sardine connue sous le nom de *royan*. Sur la gauche, à 1,600 mètres environ, on laisse le phare de la Palmyre, qui domine les dunes de la forêt de *Saint-Augustin*, non loin du village de ce nom : feu électrique, d'une portée de 19 milles. A droite, et dans le fond de la baie, s'allonge la *Barre-à-l'Anglais*.

Dans cette partie de la forêt, des dunes énormes se succèdent, couvertes de végétation, et forment des chaînes séparées par des ravins ; les plus élevées sont la *Brisquette blanche* et la *Brisquette noire*, toutes deux surmontées de balises, le pic littoral du *Volcan*, ainsi nommé parce qu'il lançait autrefois une aveuglante fumée, faite des sables roulés à son faîte par les vents du large. Ces sables étaient charriés en telle abondance, avant la fixation du sol, qu'une dune s'est déplacée d'un mètre en quatre heures, transportée pour ainsi dire grain par grain. Aussi, disait-on que les montagnes marchent, dans le pays d'Arvert.

Plus loin se trouvent les *Combots*. Il y existait, jadis, trois dolmens et trois tumuli ; des chaufourniers ont détruit les dolmens, et les tumuli ont été envahis par les sables.

Le tramway s'arrête à la *Combe-à-Massé*. Il faut alors prendre des voitures qui, par la route du littoral, vous mènent à *Pontaillac* (5 kil.), la station balnéaire du high-life, aux villas élégantes, à la plage merveilleuse toujours battue par la lame du large et à la riche ceinture de pins et de chênes verts.

A Pontaillac, le Congrès est reçu par M. Guignon, premier adjoint, remplaçant le maire, et par un groupe de conseillers municipaux, qui lui souhaitent la bienvenue. Invités à une réception par la municipalité, au Parc de la ville, et aux représentations de la soirée au Parc et au Casino, les congressistes arrêtent là seulement l'emploi des très courtes heures à passer à Royan.

Grâce à l'attention aimable qu'a eue la Compagnie Decauville de leur réserver des places dans son mignon chemin de fer, ils réussissent, non sans peine, à se tirer de la foule énorme des baigneurs et baigneuses, et en quelques minutes, filant à toute vapeur à travers les jardins et les villas, ils se trouvent rendus sur la terrasse du port, au cœur de ce Royan si pittoresque, si charmant, et qui retiendra plus d'un congressiste.

A huit heures, a lieu le dîner dans le magnifique hall de l'hôtel d'Orléans, puis on se rend au Parc, où M. Guignon et le Conseil municipal reçoivent les membres du Congrès avec la courtoisie la plus parfaite. M. l'amiral Juin, qui ne compte plus ses discours de la journée, répond en bons termes aux compliments de M. le premier adjoint de Royan, et M. Merchier, dans une improvisation qui soulève, à plusieurs reprises, de chaleureux applaudissements, remercie Royan, La Tremblade, La Rochelle, Rochefort et toute la région de l'accueil si sympathique fait partout au Congrès.

Cette dernière journée s'est achevée dans les théâtres du Parc et du Casino, dont les directeurs avaient, de la façon la plus aimable, réservé des places aux hôtes de la Ville, et, après avoir applaudi *Roméo et Juliette*, merveilleusement interprété par des artistes de premier ordre, les congressistes se sont séparés, en se donnant rendez-vous l'année prochaine, à Lille.

RÈGLEMENT DES CONGRÈS NATIONAUX

DES

SOCIÉTÉS FRANÇAISES DE GÉOGRAPHIE

I. — Tous les membres des Sociétés françaises de géographie sont admis à faire partie du Congrès national.

II. — Le Congrès tiendra sa session annuelle au siège de l'une des Sociétés, laquelle sera chargée de l'organisation.

III. — Chacune des Sociétés françaises de géographie déléguera spécialement, pour la représenter au Comité du Congrès, un de ses membres, muni de ses pouvoirs.

IV. — Les délégués des Ministères et des Sociétés qui ont certaines études communes avec les Sociétés françaises de géographie pourront prendre part aux travaux du Congrès. Seuls, les mandataires des Sociétés de géographie précitées constitueront le Comité du Congrès.

V. — La session du Congrès pourra durer de cinq à six jours consécutifs. Autant que possible, la Société organisatrice devra éviter de l'entrecouper par des excursions.

VI. — Lorsque la Société appelée à recevoir le Congrès aura organisé une Exposition, le jury sera formé par ses soins pour préparer les opérations du jury définitif.

VII. — Durant la session, les membres du Congrès, suivant leur aptitude, seront répartis dans les diverses sections pour constituer le jury définitif.

VIII. — Ne pourront faire partie du jury les membres du Congrès qui sont exposants personnels, s'ils ne sont mis hors concours, au moins dans la section dont ils font partie.

Toutes les expositions collectives seront, pour les récompenses accordées, mises hors concours.

Il est entendu, toutefois, que les membres isolés de ces collectivités auront droit à concourir aux récompenses à titre personnel.

IX. — La session s'ouvrira par une séance générale, dans laquelle seront prononcés les discours de cérémonie.

Dans la séance générale suivante, et dans l'ordre d'ancienneté des Sociétés françaises de géographie, le délégué de chacune d'elles fera l'exposé sommaire de ses travaux.

X. — Les comptes-rendus des autres Sociétés se feront à la suite et dans l'ordre précité. La lecture des rapports ne devra pas durer plus d'un quart d'heure.

XI. — Une fois ouvert, le Congrès tiendra une séance le matin et une l'après-midi.

Les séances du matin seront exclusivement consacrées aux travaux sujets à discussion.

Celles de l'après-midi comprendront les communications diverses.

Il ne pourra être dérogé à cette disposition qu'en cas de force majeure, ou quand il y aura surcharge à l'une des séances au détriment de l'autre.

Il pourra être organisé, suivant les besoins, des séances du soir pour des conférences spéciales.

XII. — La Société organisatrice sera chargée de pourvoir aux services du secrétariat de la publicité.

XIII. — Afin d'éviter les surcharges d'ordre du jour et de conserver aux délibérations du Congrès leur caractère absolument géographique, les personnes qui auront des communications à faire devront en donner, au préalable, le titre et, au besoin, le caractère défini, à la Société organisatrice.

XIV. — Les ordres du jour seront préparés par le bureau de la Société organisatrice.

Si, dans le cours de la session, sous un titre géographique, il est présenté un travail ayant un tout autre objet, la parole sera retirée à son auteur après consultation de l'assemblée par le Président.

XV. — La présidence des séances du matin, comme celles de l'après-midi, revient de droit aux délégués officiels des Sociétés de géographie et par ordre d'ancienneté de chacune d'elles. Il ne pourra être dérogé à cette règle que sur l'avis du Comité du Congrès.

XVI. — Si des délégués du Gouvernement, des membres des

Sociétés étrangères de géographie sont présents, à titre officiel ou non, la présidence d'honneur de l'une ou l'autre séance pourra lui être offerte.

Le bureau de la Société pourra présenter comme vice-présidents ou assesseurs, les représentants des Sociétés, académies, administrations ou institutions locales.

XVII. — L'ordre du jour et l'organisation du bureau des séances supplémentaires du soir sont réservés à la Société organisatrice.

XVIII. — Toute question admise au Congrès sera traitée en séance de discussion générale. Les vœux qui pourront être formulés seront tous renvoyés au Comité, composé uniquement des délégués spéciaux des Sociétés de géographie, à raison de un par Société. La désignation du Comité pour l'acceptation ou le rejet des vœux sera souveraine.

En séance générale de clôture, le Président du Congrès fera connaître les vœux que le Comité aura maintenus.

XIX. — A chaque session, le Congrès désignera la Société qui devra le recevoir à la session suivante. Cette désignation devra être faite, quand il sera possible, deux ans à l'avance.

XX. — Le Président de chaque séance sera chargé d'assurer l'exécution du présent règlement et de prendre toutes les mesures nécessaires pour maintenir la régularité de la marche des travaux.

XXI. — Un exemplaire du présent règlement sera distribué à chacun des membres du Congrès à la séance d'ouverture de chaque session et sera déposé en permanence, par les soins de la Société organisatrice, sur le bureau de l'assemblée.

Le présent règlement a été délibéré et arrêté par le Congrès réuni à Toulouse et dûment saisi, dans la séance du 9 août 1884.

FIN DU COMPTE-RENDU DU CONGRÈS DE 1891

TABLE DES MATIÈRES

	Pages
Introduction	5
Composition du Congrès	12

Séances

Séance d'ouverture	21
Séance du mardi matin	31
Séance du mardi soir	72
Séance du mercredi matin	105
Séance du mercredi soir	142
Séance du vendredi matin	166
Séance du vendredi soir	186
Séance du samedi matin	230
Séance du samedi soir	251

Liste des vœux et résolutions 304

Conférences

M. le baron Jules de Guerne. — *Exploration du fond des mers*	308
M. Marcel Monnier. — *A travers l'Amérique*	316
M. Fritz du Bois. — *L'Archipel malais et l'île de Java*	316
M. E. Blanc. — *Voyage au Turkestan*	334
M. Merchier. — *L'Empire des Tzars*	348

Réception à l'Hôtel-de-Ville 365

Excursions

Excursion à La Pallice et à La Rochelle	368
Excursion à Royan	370

Règlement des Congrès de Géographie 379

Rochefort. — Société anonyme de l'Imprimerie Ch. Thèze.

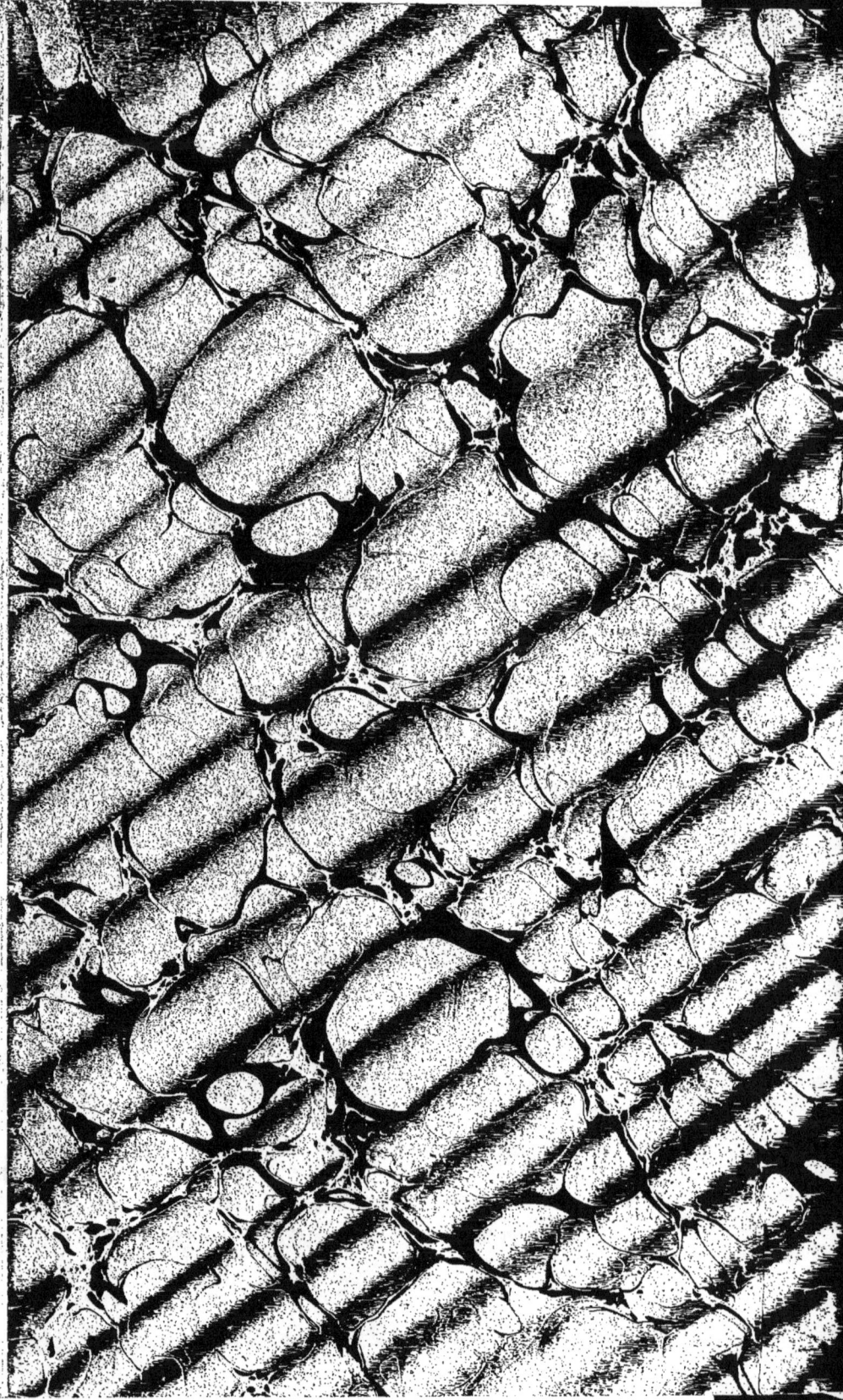

BIBLIOTHEQUE NATIONALE DE FRANCE

3 7502 00625218 5

www.ingramcontent.com/pod-product-compliance
Lightning Source LLC
Chambersburg PA
CBHW060052190426
43201CB00034B/731